대동문화연구총서 33

공동체 원형을 찾아서

마을공동체
진안군 중평中坪

배수호 지음

성균관대학교
출판부

인간은 망망대해에 외따로 떠 있는 섬 마냥 살아갈 수는 없습니다. 우리는 누군가와 끊임없이 소통하고 교류하면서 살아갑니다. 오늘날 우리 사회에 '공동체', '사회적경제', '공유경제', '공감' 등이 널리 회자되는 이유입니다. 공동체의 신뢰와 기반이 탄탄하게 구축되어 있지 않은 사회에서 아무리 소득 수준이 높고 잘 먹고 산다고 하더라도 인간의 실존은 고독할 수밖에 없습니다. 우리는 가족이라는 울타리 속에서 정서적 안정감을 얻고 삶의 위로와 마음의 치유를 받습니다. 그리고 공동체 내 타인과의 관계 속에서 자신의 삶에 대한 존재 이유를 찾고 함께 더불어 살아가고 싶어합니다.

인간은 과거라는 토양 위에 자리 잡고 있습니다. 손자와 손녀의 얼굴에 부모님과 조부모님의 얼굴이 겹쳐 보이듯, 우리의 삶 여기저기에는 과거의 흔적이 무수히 묻어 있습니다. 애써 부인한다고 하여 과거가 지워지는 것이 아닌 것입니다. 과거를 그대로 들여다볼 수 있을 때, 보다 성숙한 사람으로 성장할 수 있습니다. 이는 개인의 집합체인 사회라고

하여 크게 다를 바는 없습니다.

옛 선조들의 삶을 들여다보면 우리가 극복해야 할 흔적과 상처를 발견하게 됩니다. 그러나 그곳에서 우리가 미처 잊고 있던 우수한 문화적 자산을 발견할 수 있습니다. 한 예로, 공동체 구성원 간 신분 계급이 엄연히 존재하던 과거 지역사회에서도 '함께·더불어' 살아가려는 마음과 인식만큼은 확고하게 자리 잡고 있었습니다. 어떤 지역사회든 고아, 홀아비, 과부, 자식 없는 노인, 병자 등 어려움에 처해 있는 사람들을 결코 외면하지 않았습니다. 이러한 상부상조의 전통은 함께 어울려 살아가던 공동체의 모습이었습니다.

오늘날 우리는 공동체 안에서 정서적 안정감을 느끼지 못하고 삶의 활력조차 찾지 못하고 있습니다. 공동체는 해체의 길에 서 있으며, 모두 각자도생의 길로 내몰리고 있습니다. 공동체 위기와 해체의 징후가 곳곳에서 파열음을 내고 있는 것입니다.

공동체는 기본적으로 평등과 배려의 가치를 공유합니다. 그렇다고 구성원 간의 완전하고 획일적인 평등을 전제하고 있는 것은 물론 아닙니다. 구성원들이 가지고 있는 '같은 공동체로서 하나'라는 소속감과 정체성은 구성원 간의 차별과 배제보다는 포용과 배려를 우선시합니다. 그리고 어려운 처지에 있는 구성원들을 따뜻한 눈길로 공감하며 적극 돕고자 하는 노력으로 이어지게 됩니다. 이렇게 형성된 소통, 신뢰 및 사회적 자본은 공동체를 보다 건강하게 만들고 미래를 향해 발전해 가도록 합니다.

전 세계적으로 대유행하고 있는 코로나19 바이러스[1]의 확산을 막기

---

1) 코로나바이러스감염증(코로나19)은 SARS-CoV-2 바이러스로 인해 발생하는 감염 질환으로, 2019년부터 전 세계적으로 대유행하고 있다. 특히 노약자나 기저질환자가 코로나19에 감염될 경우 일반인에 비해 중증으로 악화될 가능성이 높다고 알려져 있다.

위해 정부와 보건당국에서는 온갖 노력과 갖가지 방역대책을 내놓고 있습니다. 위기 극복의 핵심은 시민의 자발적인 '사회적 거리 두기'의 실천에 있습니다. 시민들이 자신의 활동을 스스로 자제하고 사회적 거리 두기를 실천할 때, 비로소 코로나19 바이러스의 확산을 온전히 막아낼 수 있습니다. 하지만 개인의 자유라는 미명 하에 거리낌 없이 행동하다 보면 그 피해는 고스란히 이웃과 공동체 구성원들에게 돌아가기 마련입니다. 공동체 구성원 각자가 다른 사람과 밀접하게 연계되어 있음을 깨닫는 순간, '나'의 생각과 행동은 '우리'를 위한 생각과 행동으로 숙성되고 발효됩니다. 평등과 배려의 가치를 포기하는 순간, 사회 시스템의 마비와 붕괴를 불러오게 됩니다. '함께·더불어' 만들어가는 삶이야말로 인류 역사에서 생존과 번영의 방식인 것입니다. 이것이 바로 공동체의 지혜라고 생각합니다.

오늘날 공동체와 지역 공동체에 대한 관심은 시대적 필요와 요청으로 여겨집니다. 한반도에서 오랫동안 지탱해온 힘은 공동체의 저력에서 나왔다고 하여도 그리 틀린 말은 아닙니다. 조선 후기 소빙기에 따른 대기근, 세도정치, 서세동점, 일제강점기의 혹독한 압제, 해방 이후 좌우갈등, 6·25 전쟁, 이승만 독재, 군사 쿠데타와 권위주의 정권, 인권 탄압 시기를 버텨오게 한 근원적인 저력을 우리의 오랜 공동체 전통에서 찾을 수 있습니다.

이제는 점점 사라져가고 있는 공동체의 관행, 관습 및 전통을 다시 되돌아보는 노력과 자세가 필요합니다. 이러한 노력이 꾸준히 이루어진다면 우리 사회에서 공동체의 복원과 사회적경제의 활성화를 위한

2022년 4월 19일 9시 기준으로 세계 인구 중 4억 8,500만 명 가까이 코로나19에 확진되었고, 이중 617만 명 이상 사망하였다. 우리나라는 1,650만 명 가까이 확진되었고 이중 2,100명 이상 사망하였다(질병관리청 홈페이지, 2022/04/19 자료 접근).

방향성과 혜안을 찾을 수 있을 것입니다. 우리가 배우고 계승해야 할 우수한 공동체 전통은 무엇인지, 오늘날 현실에 어떻게 재해석하고 적용할 것인지 등에 대한 고민이 바탕이 되어야 합니다. 그리고 오늘을 살아가는 데 우리의 공동체 전통에서 지양하고 반성해야 할 사항은 무엇인지 깨닫고, 이를 극복해나갈 방법에 대한 지혜 또한 얻을 수 있을 것입니다.

이 책에서 저자는 한 마을공동체와 그 안의 공동체 조직들에 대한 심층적이고 탐색적인 사례 분석을 시도하고자 합니다. 바로 전북 진안군 성수면 중평(中坪) 마을공동체입니다. 중평 마을은 오랜 역사와 전통을 이어오고 있는 전형적인 산촌 마을입니다.

중평 마을공동체에 주목하는 이유는 다음과 같습니다.

첫째, 자세한 기록은 남아 있지 않으나, 중평은 이웃 마을인 점촌(店村)과 함께 오랫동안 마을공동체를 유지해오고 있습니다. 우선 중평(中坪)이란 마을 지명의 유래부터 범상치 않습니다. 통일신라시대 월랑현(月浪縣) 관청이 있었던 곳이라 하여 중평이라는 지명을 얻게 되었습니다. 아직도 마을 앞 들녘에는 당시 기왓장, 지명, 우물터 등이 다수 남아 있다고 합니다. 중평 마을에 위치한 초기 청자 가마터가 최근 '국가지정문화재 사적 제551호'로 지정되면서 이 마을이 더욱 주목을 받고 있습니다. 이곳 청자 가마터의 역사는 10~11세기로 거슬러 올라갑니다. 중평 마을의 청자 가마 유적지는 초기 청자의 역사를 말해주는 귀중한 문화유산이며, 호남 최대 규모의 가마터입니다. 그리고 이웃 마을 점촌(店村)의 지명에서도 이 지역이 도자기와 옹기그릇의 생산과 유통의 중심지이었음을 충분히 짐작하게 합니다.

둘째, 중평과 점촌은 예로부터 하나의 향촌 사회로서 동계(洞契), 송계(松契), 서당계(書堂契)와 같은 마을공동체 조직을 오랫동안 운영해왔습니다. 동계와 송계 관련 일부 기록들이 망실되어 정확한 연대는 추정하기 어려우나, 19세기 중·후반부터 현재까지의 자료가 풍부하게 남아 있어 마을공동체의 역사적 전개와 공동체 조직의 변화·발전 양상을 생동감 있게 파악할 수 있습니다. 특히 동계, 송계, 장학계(獎學契), 흥학계(興學契), 중촌송림계(中村松林契), 산림계, 문중계(門中契), 노인회, 부녀회 등 한 마을공동체 내에서 여러 공동체 조직들이 중층적·중복적으로 결성·운영되어 왔습니다. 이는 당시 전국 어느 지역사회에서나 나타나는 보편적인 모습이었습니다. 우리나라는 한때 '계의 나라'라고 해도 무방할 정도로 전국에 걸쳐 수많은 계 조직들이 결성·운영되어왔습니다. 중평 마을공동체는 적어도 19세기 중·후반부터 오늘날까지 한국적 전통사회의 모습을 생생하게 간직하고 있는 '마을공동체의 전형'이라 볼 수 있습니다. 일부 사료와 자료의 망실에도 불구하고 완문, 규약, 좌목, 회계장부 등 풍부한 자료들이 잘 보존되어 있습니다. 특히 중평 마을공동체에서 송계의 우수한 전통과 관행은 1960~1980년대 마을주민의 갹출로 공동기금을 조성하고 묘목 구입, 식목 및 조림사업, 산림 감시와 보호 활동 등을 공동체 차원에서 활발하게 추진하였습니다.

셋째, 신분적 계급질서와 차별이 엄연히 남아 있던 조선 후기에도 상당한 수준에서 계급적 평등을 지향하고 있었다는 점입니다. 비록 신분이나 빈부의 차이가 있더라도 이곳 향촌사회에서 '함께·더불어' 살아가는 우리 옛 공동체의 모습을 확인할 수 있습니다. 중평 마을공동체에서는 구성원 간의 평등과 배려의 가치가 공동체의 삶 곳곳에 뿌리내리고 있습니다.

넷째, 중평 마을은 전라좌도 풍물굿의 전통을 잇는 '중평굿'으로도 전국적 명성을 얻고 있습니다. 현재 진안군과 마을 차원에서 중평굿을 전승·발전시키고자 꾸준하게 노력하고 있습니다. 마을에 진안중평굿전수관이 세워져 일반인과 학생들을 대상으로 중평굿을 전수하고 있으며, '전라좌도 진안중평굿기념사업회'와 '진안중평굿보존회'를 중심으로 중평굿의 전승과 보급을 위한 활동을 활발하게 전개하고 있습니다. 중평 마을 주민들은 음력 정월에 달집태우기, 시암굿(샘굿), 마당밟이(지신밟기), 망우리굿(망월굿) 등의 전통을 계승하고 있으며, 오늘날까지 칠석날이나 백중날이 되면 술멕이굿을 꾸준하게 행하고 있습니다.

다섯째, 중평 마을공동체는 뛰어난 공동체 회복탄력성(community resilience)을 보여주고 있습니다. 조선 후기, 일제강점기, 그리고 해방 이후에도 마을공동체 조직들은 꾸준하게 유지·운영되어 왔는데, 심지어는 6·25 전쟁 중이던 1950~1952년에도 강신회(講信會), 즉 정기총회가 개최되어 회계결산과 감사가 이뤄지고 마을의 주요 현안들이 논의되고 결정되었습니다. 전쟁의 상흔과 후유증이 아직 남아 있던 1950년대에도 마을공동체 조직들은 본래의 기능을 조금씩 회복하면서 마을의 구심점으로 공동체의 중추적 역할과 기능을 수행하였습니다. 그러다가 1950년대 후반부터는 본격적으로 마을공동체의 삶이 정상화되고 전쟁의 상처로부터 완전히 회복하였던 것으로 보입니다.

이 책에서는 진안군 중평 마을공동체에서 오랫동안 결성·운영되어 왔던 각종 공동체 조직인 동계, 송계, 서당계 등을 중심으로 심층 사례 분석을 실시하였습니다. 또한 오늘날까지 계의 전통을 계승하고 있는 중평 노인회, 전라좌도 진안중평굿기념사업회 등과 같은 여타 공동체 조직들의 결성 배경, 참여 주체, 조직 구조 및 운영 방식, 재정 운영 및 관리, 주요 현안 대응 등을 중심으로 톺아봤습니다.

회계장부, 규약, 완문, 회의록 등 현존하는 사료와 자료에 의존하면서도 전설, 설화, 유적지를 살펴보고, 마을주민과의 면담 내용을 정리하여 얼개를 맞추어나가는 방식으로 연구를 진행하였습니다. 따라서 이론적 가정이나 전제를 최대한 배제하고 귀납적 방식을 활용하여 돌 하나하나를 차곡차곡 쌓아 탑을 세워 올리듯, 기초 자료부터 하나하나 이야기를 풀어가며 중평 마을공동체가 지닌 공동체 원형으로서 보편성 과 특수성을 함께 찾아보려고 하였습니다.

이 책이 완성되기까지 무엇보다도 중평 마을 어르신들의 환대와 도 움이 컸습니다. 중평 마을공동체에 대한 연구 취지를 적극적으로 동감 해주시고 마을과 삶에 관한 많은 이야기와 자료를 흔쾌히 공유하여 주 셨습니다. 우리 연구팀이 마을회관을 방문하였을 때 마을에서 차려주 신 맛있고 따뜻한 밥상을 잊을 수가 없습니다. 김장 김치와 된장찌개의 한 끼 식사는 마을 어르신들의 마음을 느끼기에 충분했습니다. 중평 마 을 어르신들께 무량의 감사 말씀을 드립니다.

중평 마을 어르신들은 2005년과 2006년 여러 차례 회의와 논의를 거쳐 마을회관에 보관해오던 동계, 송계, 장학계, 흥학계 등 마을공동 체 관련 상당수의 고문서들을 진안역사박물관에 기증하였습니다. 진안 역사박물관에 소장된 고문서들을 열람할 수 있도록 편의를 봐주신 엄 기일 학예연구사님께도 진심 어린 감사 말씀을 드립니다.

연구실 제자들의 도움도 잊지 못합니다. 중평 마을 현장조사에 동행 해 준 김창진 박사(당시 박사과정), 이영규 박사 수료생, 정회원 박사 과 정생에게도 감사 말씀을 드립니다. 진안역사박물관에서 고문서 한 장 한 장을 일일이 스캔하고 정리하는 노고를 마다하지 않았습니다. 거칠 고 엉성한 원고를 꼼꼼하게 읽고 좋은 의견과 교열을 해주신 배우정 박 사, 이영규 박사 수료생, 박성민·이서호 박사과정생, 임서림 석사과정 생에게도 감사의 마음을 표합니다. 그리고 이영규 박사수료생은 방대 한 분량의 면담 내용을 꼼꼼하게 정리해 주었습니다.

이 책이 최종 출판될 수 있도록 좋은 기회를 주신 성균관대학교 대동문화연구원과 정우택 원장님께도 무한의 감사를 드립니다. 전통적 (지역)공동체와 공동체 조직에 대한 관심과 연구가 오늘날 크게 주목받지 못함에도 불구하고 그 가치를 인정해 주셨습니다. 우리나라 인문학 연구의 오랜 전통과 권위를 지닌 대동문화연구원의 지원은 천군만마를 얻은 듯 가슴 벅찼던 기억이 여전히 남아 있습니다.

성균관대학교 사회과학대학 수선포럼에서 발표 기회를 주신 김비환 학장님과 수선포럼 대표 최훈석 교수님께도 감사드립니다. 2020년 한국행정이론학회 동계학술대회에서도 동일 주제로 발표하였습니다. 많은 분의 고견을 이 책에 최대한 반영하려 노력하였습니다. 지면의 한계로 일일이 언급할 수 없으나, 평소 저의 연구에 아낌없는 관심과 지원을 해주시는 분들께도 감사 말씀을 드립니다.

미국에서 석·박사 학위를 받았고, 미국·서구 중심의 행정학/정책학을 전공하였던 제가 우리나라 (지역)공동체 연구를 할 수 있었던 데에는 유년 시절의 경험이 깊게 배여 있기 때문입니다. 동족 마을에서 대가족의 일원으로 성장하면서 선(先)조부모님과의 끊임없는 대화와 유대감 속에서 전통 가치를 늦게나마 일깨울 수 있었습니다. 어린 시절 선조부님과 손을 잡고 산책하며 나누던 대화 하나하나가 옥구슬이 되어 학문적 결실로 하나씩 엮이고 있습니다. 농한기 겨울철이면 선조부모님과 함께 나누던 집안, 마을, 지역사회, 전설, 설화 등 무수한 이야기들이 이제는 제게 끝 모를 자양분이 되고 있습니다. 할아버님, 할머님, 사랑합니다. 감사합니다.

2021년 동짓날 우거(寓居)에서 저자 드립니다.

| 그림 차례 |

| 사진 |

| 부록 |

---| 용례 |---

○ : 인명을 알 수 있지만, 익명 처리한 경우
● : 인명을 알 수 없는 경우
□ : 한자를 알 수 있지만, 익명 처리한 경우(해당하는 경우는 거의 없음)
■ : 한자를 알 수 없는 경우
△ : 숫자를 알 수 있지만, 익명 처리한 경우
▲ : 숫자를 알 수 없는 경우

제 1 장

들어가며

'無恒産者 無恒心, 有恒産者 有恒心'이라고 하듯,[2] 먹고 살 만하고 경제적으로 생활이 안정되어야만 바르고 어진 마음을 가질 수 있다고 하였던가. 하지만 오늘날 우리 사회는 자본주의의 파고 속에서 가진 자이든 못 가진 자이든 힘들게 살아가고 있다. 일인당 국민소득 3만 달러가 넘어섰다고 하여 과연 행복한 삶이라고 자부할 수 있을까. 치열한 경쟁과 적자생존, 약육강식의 무도한 세상에서 우리는 외롭고 힘들다. 남을 배려하고 함께 더불어 살아가야 한다는 인식보다는, 내가 다른 사람을 짓밟고 올라서지 않으면 내가 죽는다는 사고가 세상을 지배하는 시대에 살고 있다. 잠시 쉬어가는 여유가, 남을 배려하는 여유가 사라진 지 오래되어 버렸다.

　인간은 망망대해에 외따로 떠 있는 섬 마냥 살아갈 수는 없다. 우리는 늘 누군가와 끊임없이 소통하고 교류하면서 살아간다. 혼자서는 생

---

2) 『맹자(孟子)』 「등문공장구상(滕文公章句上)」 〈제3장〉.

계와 생존조차 자신할 수 없다. 다른 사람들과의 관계 속에서 때로 힘든 경우가 있더라도 인간은 결코 혼자서는 살아갈 수 없다. 인간은 모둠으로 살아갈 수밖에 없는 사회적 동물이다. 오늘날 우리 사회에 '공동체', '공유경제', '공감' 등이 널리 회자되는 이유이다. 공동체의 신뢰와 기반이 탄탄하게 구축되어 있지 않은 사회에서 아무리 소득이 높고 잘 먹고 산다고 하더라도 인간의 실존은 고독할 수밖에 없다. 우리는 배부른 돼지보다는 배고프더라도 함께 어울려 살아가는 공동체 속 인간다운 삶을 영위하고 싶어 한다. 가족이라는 울타리 속에서 정서적 안정감을 얻고 삶의 위안과 마음의 치유를 받는다. 가족의 울타리에서 이를 조금씩 확장해 나가면 우리는 공동체 내 다른 이들과의 엮임과 관계 속에서 자신의 삶에 대한 존재 이유를 찾고 함께 더불어 살아가고 싶어 한다.

과거 우리 사회의 지나친 공동체의식은 많은 문제를 야기하기도 했다. 집단과 공동체를 위한 개인의 희생 요구가 당연시되기도 했다. 당시 공동체의 엄격한 규율과 질서 속에서 개인의 자유로운 생각과 행동은 삶의 모든 곳에서 크게 제약받을 수밖에 없었다. 개인의 삶보다 공동체를 우선시하고 공동체가 정해 놓은 규범의 틀 범위에서만 생각하고 행동할 수 있었다. 그때가 장밋빛 마냥 모든 게 행복했노라고 강변하고 싶은 것은 결코 아니다. 그때도 분명 문제와 병폐가 많았으리라. 그렇더라도 과거는 단지 과거일 뿐인가. 우리 인간은 과거라는 토양 위에 자리 잡고 있다. 손자와 손녀의 얼굴에는 부모님과 조부모님의 얼굴이 겹쳐 보이듯, 우리의 삶 여기저기에는 과거의 흔적이 끈끈하게 묻어 있다. 부인한다고 하여 과거가 지워지는 게 아니라, 과거 그대로 진솔하게 인정하고 들여다볼 수 있을 때, 우리는 보다 성숙한 자신을 마주할 수 있다. 이는 사회라고 크게 다르지 않다.

옛 선조들의 삶의 자취를 쫓아가다 보면, 우리가 극복해야 할 흔적과 상처도 다수 있겠지만 우리가 잊고 있었던 우수한 문화적 자산을 발견할 수 있을 것이다. 한 예로, 과거 지역사회에서 공동체 구성원 간 신분적 계급이 엄연히 존재하였는데도 구성원 모두 더불어 살아가려는 의식은 확고하게 자리 잡고 있었다. 그 지역에서 제아무리 학식이 높고 경제적인 부와 권세를 누린다 하더라도 한 마을에 함께 사는 구성원들을 돌보지 않고서는 지역 유지로서 인정과 대접을 받기 어려웠다. 마을 사람들의 도움을 필요로 하는 이들(고아, 홀아비, 과부, 자식 없는 노인, 병자 등)을 결코 외면하지 않았다. 이것이 바로 상부상조 전통이며, 함께 어울려 살아가던 공동체의 모습 그 자체였다.

신자유주의가 사회 전반에 큰 영향력을 발휘하면서 자유, 무엇보다 경제적 자유가 강조되고 중요시되어 왔다. 신자유주의 정책의 시행으로 대기업과 고소득층에게 집중된 경제적 부가 소위 '낙수효과(落水效果, trickle-down economics)', 즉 부의 일부가 중소기업, 저소득층, 노동자 계층과 같은 소외 계층에게 돌아갈 것이라는 논리가 득세하고 있다. 위의 독에 물을 계속 채우면 아래 독에게도 흘러들어가듯, 경제성장으로 종국에는 모두가 이득을 본다는 논리이다. 하지만 1997년 아시아 금융위기를 겪으며 IMF 주도로 신자유주의 정책을 적극 추진해온 우리 사회에서 경제성장은 있었는지 모르겠지만, 사회적 불평등은 더욱 심화되었고 부의 편중은 일부 소수의 사람들에게만 집중되어왔다.

우리 사회에서 가진 자의 자발적인 배려를 거의 찾아볼 수 없다. 가진 자는 더 많이 갖고자 혈안이 되어 동분서주하고 있다. 못 가진 자는 가진 자를 질시하고 불편한 시각으로 이들을 바라본다. 빈부의 양극화가 심화되면서 인간관계가 갈수록 삭막해지고 모래알 마냥 흩어지고 있다. 오늘날 우리는 공동체 안에서 정서적 안정감을 느끼지 못하고 삶의 활력을 찾지 못하고 있다. 공동체는 해체의 길에 서 있으며, 사람들은 각자도생의 길로 내몰리고 있는 것이다. 공동체 위기와 해체의 징후가 여기저기에서 파열음을 내고 있다.

공동체는 기본적으로 평등과 배려의 가치를 공유한다. 그렇다고 구성원 간의 완전하고 획일적인 평등을 전제하고 있는 것은 아니다. 구성원들이 품고 있는 '같은 공동체로서 하나'라는 소속감과 정체성은 일부 구성원의 차별과 배제보다 포용과 배려를 우선시한다. 공동체 구성원 각자가 자신은 다른 사람과 밀접하게 연계되어 있음을 깨닫고 나 자신이 우리로 발효되는 순간, 나의 생각과 행동은 변하게 된다. 어려운 처지에 있는 이들을 따뜻한 눈길로 공감하며 적극 돕고자 하는 노력으로 이어진다. 이렇게 형성된 소통, 신뢰와 사회적 자본은 공동체를 보다 건강하고 탄탄하게 만들어나간다.

평등과 배려의 가치야말로 공동체의 지혜가 아닐까 싶다. '함께·더불어' 사는 삶이야말로 인류 역사에서 생존과 번영의 방식이었다. 평등과 배려 가치를 포기한다면 사회 시스템의 마비와 붕괴를 불러온다. 우리는 그 소중한 가치와 지혜를 잠시 잊고 살아온 것은 아닐까. 누구와의 관계와 협력 없이 올곧이 혼자서 이 세상을 살아가는 게 가능이나 할까. 누군가의 도움 없이는 나 자신의 생존 자체가 불가능하다는 진실을 깨닫는 순간 나는 변하게 된다. 남을 밀치고 더 빨리 앞질러가려던 사람도 주위의 어려운 사람들을 돌아보고 도우려 한다. 앞만 보고 내달리던 사람도 이제는 보폭과 속도를 줄이고서 주위의 사람들과 소통하고 상생할 방법을 찾는 것이다.

공동체보다는 개인의 가치가 중요시되는 요즈음에 공동체는 과거 속에서만 존재 가치를 확인할 수 있다. 사실 우리가 오랫동안 지탱해온 힘은 거의 모두가 공동체에서 나왔다고 해도 지나치지 않을 듯하다. 조선 후기 환경재앙에 따른 대기근, 세도정치, 서세동점, 일제강점기 동안 혹독한 압제, 해방 이후 좌우 갈등, 6·25 전쟁, 이승만 독재, 군사 쿠데타와 권위주의 정권, 인권 탄압 시기를 버텨오게 한 근원적인 저력은 우리의 오랜 공동체 전통에서 비롯된 것이다. 안타깝게도 이런 공동체 전통이 우리 사회에서 급속하게 사라져가고 있다. 이제는 우리 공동체의 관행, 관습 및 전통을 다시 되돌아보는 노력이 절대적으로 필요해 보인다. 앞으로 공동체의 복원과 활성화를 위해 우리가 배우고 계승해야 할 우수한 전통은 무엇이고 오늘날 현실과 여건에 부합하도록 어떻게 재해석하고 적용할 것인지에 대한 진지한 고민과 노력이 필요하다. 그리고 오늘날 민주주의 사회를 살아가는 데 지양하고 반성해야 할 사항은 무엇이고 어떻게 발전적인 방향으로 극복해나갈 것인지에 대한 혜안을 얻을 수 있어야 한다.

이 책에서 저자는 전라북도 진안군(鎭安郡) 성수면(聖壽面) 중평(中坪) 마을공동체에서 조선 후기부터 오늘날까지 동계, 송계, 서당계 등 여러 계 조직의 결성·운영 그리고 활동에 주목하고 이를 고찰하고자 한다. 중평 마을은 오랜 역사와 전통을 이어오고 있는 전형적인 산촌(山村)이며 우리나라 공동체의 전형적인 모습과 특성을 보여준다. 현재 마을은 고령화와 이농으로 노인 인구가 절대 다수를 차지하고 있다. 산업화와 도시화의 진행 속에서 마을의 존립 자체마저도 위협받고 있다. 저자가 여러 차례 마을을 방문하였을 때, 어르신들은 마을의 미래에 대해 많은 걱정을 하시면서도 마을의 역사와 전통을 살려 전승하고자 하는 노력에는 힘을 아끼지 않으셨다.

저자가 중평 마을공동체에 주목한 이유는 여러 가지이다. 마을 창설의 기록이 남아 있지 않아 자세한 내력을 파악할 수 없으나, 중평 마을은 이웃마을인 점촌(店村)과 함께 자연마을 단위로 오랫동안 지역공동체를 유지해오고 있다. 우선 중평(中坪)이란 마을 지명의 유래부터 범상치 않다. 통일신라시대 월랑현(月浪縣) 관청이 있었던 곳이어서 중평이라는 지명을 얻게 되었다고 한다. 아직도 마을 앞 들녘에는 당시 기왓장, 지명, 우물터 등이 다수 남아 있어 월랑현 관청터였을 개연성을 높여준다. 중평 마을에 위치한 초기 청자 가마터가 최근 '국가지정문화재 사적 제551호'로 지정되면서 더욱 주목받고 있다. 초기 청자 가마터의 역사는 10~11세기로 거슬러 올라간다. 저자가 중평 마을을 방문하였을 때도 마을 여기저기 흩어져 있는 청자 파편들을 쉬이 확인할 수 있었다. 중평 마을의 도요 유적지는 초기 청자의 역사를 말해주는 귀중한 문화유산이며, 호남 최대 규모의 가마터이다(서울신문, 2019/09/03). 그리고 이웃마을 점촌이라는 지명에서도 추정할 수 있듯, 이 지역은 오랜 세월 동안 도자기와 옹기그릇의 생산과 유통의 중심지였을 것으로 짐작된다.

중평과 점촌은 하나의 향촌사회로서 오랫동안 동계, 송계, 서당계 등 지역공동체 조직들을 함께 운영해왔다. 과거 동계와 송계 관련 기록들이 일부 망실되어 정확한 연대는 추정하기 어렵지만, 19세기 중후반부터 현재까지 현존하는 자료가 상당수 남아 있어 지역공동체의 역사적 전개와 공동체 조직의 변화·발전을 파악할 수 있는 귀중한 정보를 제공해준다. 특히 동계, 송계, 장학계(奬學稧), 흥학계(興學稧), 중촌송림계(中村松林稧), 산림계, 문중계, 노인회, 부녀회 등 한 마을공동체 내에서 여러 계 조직들이 중층적이고 중복적으로 결성·운영되어 왔음을 알 수 있다. 이는 당시 마을공동체에서 흔히 볼 수 있던 현상이다. 한때 '계의 나라'라고 해도 무방할 정도로 전국에 걸쳐 마을 단위, 지역사회 단위로 수많은 계들이 결성·운영되고 있었다. 따라서 중평 마을공동체는 적어도 19세기 중후반부터 오늘날까지 전형적인 한국적 전통사회의 모습을 생생하게 간직하고 있는 마을공동체라 할 만하다. 일부 자료의 망실에도 불구하고 오늘날까지 완문, 규약, 좌목, 회계장부 등 관련 자료들이 잘 보존되어 있다.

이곳 중평 마을공동체는 조선 후기 신분적 계급질서와 차별이 존재하던 시대에도 마을 구성원 사이에 계급적 평등성을 상당한 수준에서 지향하고 있었다. 신분, 빈부 등에 따른 차이에도 '함께 · 더불어' 살아가는 우리의 옛 공동체 모습이 중평 마을공동체에서 확인되기 때문이다.

한편, 중평 마을공동체는 전라좌도 풍물굿의 전통을 잇고 있는 '중평굿'으로 전국적인 명성을 얻고 있는 곳이기도 하다. 현재 진안군과 중평 마을 차원에서 중평굿을 전승 · 발전시키려는 노력들을 꾸준하게 전개하고 있다. 마을 주민들은 마을 관내에 '진안중평굿전수관'을 건립하여 일반인과 학생들을 대상으로 중평굿을 전수하고 있으며, '전라좌도 진안중평굿기념사업회'와 '진안중평굿보존회'는 중평굿을 국내외에 널리 알리고 계승 · 발전시키는 노력을 계속해오고 있다. 중평 마을 주민들은 음력 정월에 달집태우기, 시암굿(샘굿), 마당밟이(지신밟기), 망우리굿(망월굿) 등 전통과 굿을 꾸준히 계승하고 있으며 칠석과 백중에 술멕이굿의 전통을 오늘날까지 이어오고 있다.

이 책은 중평 마을공동체와 공동체 조직에 관한 심층 사례연구의 결과물이다. 중평 마을공동체는 놀라운 회복탄력성(resilience)을 보여준다. 조선 후기, 일제강점기, 그리고 해방 이후에도 마을공동체 조직들은 꾸준하게 유지 · 운영되어 왔다는 사실에서 이를 확인할 수 있다. 심지어는 6 · 25 전쟁 중인 1950~1952년에도 강신회, 즉 동계 정기총회가 개최되어 회계결산과 감사가 이뤄졌다. 전쟁 상처와 후유증이 아직 남아있던 1950년대 기간에도 마을공동체 조직들은 본래의 기능과 역할을 조금씩 회복하면서 마을공동체의 구심점으로서 역할을 수행하기 시작했다. 그러다가 1950년대 후반부터는 본격적으로 마을 주민의 삶이 정상화되고 전쟁의 상처로부터 완전히 회복할 수 있었던 것으로 보인다. 최근 학계에서 주목하는 공동체 회복탄력성의 관점에서 보더라도 놀라운 일이 아닐 수 없다. 이렇게 뛰어난 공동체의 저력은 대체 어디서부터 비롯된 것일까.

저자는 자료의 수집을 위해 진안역사박물관과 중평 마을을 여러 차례 방문하였다. 중평 마을회관에서 어르신들과 수차례 심층 면담을 실시하였고, 중평 마을공동체 차원에서 이용·보호·관리하던 송계산 '역구실산[蓼谷山]'을 직접 답사하였다. 또한 진안군청, 진안문화원, 성수면사무소 등을 방문하여 추가 자료를 확보하였다. 진안 지역의 향촌사회와 민속을 연구하는 진안 향토사학자들과의 면담을 통해 진안 지역 전반에 관한 역사, 유적, 지리, 민속 등에 관한 자료와 정보를 확보할 수 있었다.

이 책에서는 중평 마을공동체와 공동체 조직들에 관한 분석과 이해를 시도한다. 여기에는 온갖 종류의 정보와 자료를 망라한다. 저자의 능력 범위 내에서 주관적인 관점과 판단을 최대한 배제하고, 회계장부, 규약, 완문, 회의록 등 현존하는 사료와 전설, 설화, 유적지, 면담 내용을 바탕으로 얼개와 이야기를 맞추어나가는 방식으로 연구와 분석을 진행하고자 한다. 어떠한 이론적 가정이나 전제를 내세우지 않고, 귀납적 방식으로 서술할 것이다. 돌 하나씩 차곡차곡 올려 탑을 쌓아가듯, 기초부터 하나하나 이야기를 풀어가면서 중평 마을공동체가 지니고 있는 보편성과 특수성을 두루 살펴보려 한다. 책의 말미에는 중평 마을공동체가 오랜 세월 동안 지속 가능하게 전승·발전해 올 수 있었던 요인들을 고찰할 것이다.

오늘날 공동체의 복원, 사회적 경제, 공유경제, 상생 등이 중요하게 대두되는 시점에서 중평 마을공동체와 공동체 조직에 대한 분석과 논의를 통해 새로운 시각, 관점 및 방향성을 제시해 줄 수 있기를 희망한다. 더불어 조직 구조, 계원의 충원과 구성, 재정 운영과 관리 등 공동체 조직의 운영방식을 이해할 수 있는 계기가 되었으면 한다. 마지막으로 이 연구를 통해 공동체의 복원과 활성화에 중요한 개념인 회복탄력성의 온전한 이해에 도움이 되었으면 하는 바람이다.

제1절
공동체 논의

1. 공동체 및 지역공동체 개념

공동체, 지역공동체는 우리에게 낯설지 않은 개념이자 실체이다. 인간은 사회적 존재, 아니 정확하게 표현하자면 다른 사람들과의 사회적 상호작용을 통해 살아가는 존재이다. '나'라는 인간은 매 순간마다 다른 사람과의 관계 속에서 살아가고 있다. 인간은 때로 혼자 있고 싶을 때가 있지만 항상 그럴 수 없다. 나 자신이 고립되어 있다고 생각하는 순간 내 존재와 삶의 의미가 없어져 버리는 아이러니가 발생한다. 그렇다면 과연 공동체 혹은 지역공동체는 무엇일까. 오늘날 공동체 개념은 단지 지역공동체만을 의미하지 않고 개념적 확장이 계속 이뤄지고 있다.

공동체를 논할 때 자주 언급되는 19세기 말 사회학자 퇴니스(Tönnies)는 게마인샤프트(Gemeinschaft, community)와 게젤샤프트(Gesellschaft, society)를 구분한다. 우리에게 '공동체'로 번역되는 게마인샤프트는 구성원들이 일정한 지역과 공간을 함께 점유 혹은 공유하고 있는 유대 형태를 말한다. 전통적인 지역공동체가 이에 해당한다. 구성원의 가입과 탈퇴는 임의적이지 않은 일정한 강제성과 비자발성을 띤다. 구성원들은 공동체 규범 및 가치를 공유하고 높은 수준의 공동체적 정체성과 공동체의식을 지닌다. 즉, 전통적 의미에서 공동체는 특정 지리적 공간, 지역적 정체성, 공동체정신 및 공동체의식, 공동체 규범 및 가치 공유 등의 특성이 나타난다. 이에 반해, '사회'로 번역되는 게젤샤프트는 지역적 공간과 정체성을 반드시 필요로 하지 않으며, 구성원의 가입과 탈퇴는 자의적이고 자발적이며, 화폐와 계약법에 기초를 두는 유대형태를 말한다(이재열, 2006; 이선미, 2007: 13-21).

일반적으로 공동체와 지역공동체는 크게 구분하지 않고 혼용되고 있다. 공동체의 주요 특성이 지역 및 공간, 지역적 특수성과 정체성을 기반으로 하기 때문이다. 많은 학자들은 공동체의 구성요소로 지역 및 공간, 지역적 정체성 등 지역성을 강조한다(Hillery, 1955; Wilkinson, 1991; Mattessich & Monsey, 1997; 박병춘, 2012; 김학실, 2014). 김우창 교수는 공간이 필요하다는 것은 가장 기본적으로 혼자 살 수 없다는 사실과 밀접하게 관련되어 있다고 주장한다.[3] 사람들이 모여 부대끼며 사는 것 자체가 공간을 이미 전제하고 있다는 주장이다. 김우창 교수는 동물생태학에서 동물의 삶의 터전을 의미하는 영토성(territoriality), 나아가 극작가이자 인류학자인 아드리(Robert Ardrey, 1908~1980)의 "지상명령으로서 영토성(territorial imperative)"을 소개하면서 집단 및 집단의식도 결국에는 땅, 공간 등 영토성 개념과 연관되어 있다고 말한다.

최근 새롭게 등장하고 있는 공동체 개념에는 지역성, 영토성, 공간 등이 반드시 필요하지 않다. 한 예로, '학습공동체(learning community)'는

---

3) 김우창 교수 강연. (2020/01/11). 「삶의 공간 - 공동체/마을, 고향, 민족, 국가, 세계, 우주」. 열린연단: 문화의 안과 밖 〈삶의 지혜 40강〉. (https://openlectures.naver.com/contents?contentsId=143493&rid=2951) (2020/07/20 자료 접근).

학습을 주목적으로 하는 개인들이 자발적으로 구성한 집단으로, 구성원들이 협력적으로 상호작용하면서 학습에 새로운 가치를 부여하고 이를 통해 학습활동을 전개해나간다(위키백과, 2020/07/21 자료 접근). 학습활동에 필요한 질문이나 주제를 구성원들이 함께 탐색하고 이를 해결하기 위한 학습 자원 및 지식을 공유하는 노력이 구성원들 사이에 자율적으로 이뤄지게 된다. 즉, 서로의 학습에 관여하는 상호적인 학습활동을 통하여 학습자 개개인은 자신의 지식과 기술을 향상시켜나가는 방식이다(위키백과, 2020/07/21 자료 접근).

　'실천공동체(community of practice)'는 학습공동체와 유사한 개념으로, 공동의 주제와 목적을 가진 사람들이 자발적으로 모여 서로 간의 신뢰를 바탕으로 해당 주제 영역의 지식과 기술을 체화하고 체득된 결과를 공유하고 실천함으로써 지식을 창출하는 집단공동체를 의미한다. 이는 특정 관심 영역과 주제를 나타내는 '영역(domain)', 구성원의 자발적 참여와 의지로 구성되는 '공동체(community)', 공동체 구성원의 '실천(practice)' 등 세 가지 구성요소를 가진다(전재영, 2012). 특히 공동체 구성원들은 서로 간의 직접적 혹은 간접적인 실천을 통하여 명시적 지식뿐만 아니라 암묵적 지식(tacit knowledge)까지 체득하게 된다. 이은철·최문선(2015)은 실천공동체를 "동일한 관심사를 가지고 있고 일련의 문제를 가지고 있으며, 특정한 주제에 대한 열정을 공유하면서 지속적으로 상호작용을 하면서 하나의 분야에 대한 지식과 전문성을 키워가는 사람들의 집단"으로 정의하며, 다음 세 가지 구성요소를 제시하고 있다. 먼저 실천공동체가 성립되기 위해서는 공동의 주제, 특히 특정한 공동의 주제가 있어야 한다. 여러 영역과 분야에 대한 관심과 다양한 주제는 실천공동체보다는 오히려 학습공동체에 더 적합하다. 두 번째로 구성원 간의 신뢰를 바탕으로 한 구성원들의 자발적 참여를 전제로 한다.

참여는 반드시 공식적 참여일 필요가 없고, 비공식적이거나 다양한 방식의 참여이면 충분하다. 세 번째로 구성원 공동으로 행해지는 실천이어야 한다. 지식은 개인적 차원의 지식에 머물러서는 안 되며, 구성주의 시각에서 사회적 맥락의 지식이어야 한다. 즉, 구성원들의 사회적 실천으로 만든 지식이어야 한다는 것이다(이은철·최문선, 2015).

공동체의 유형 중에는 오늘날 활발하게 활성화되고 있는 '가상공동체(假想共同體, virtual community)'가 있다. 가상공동체는 현실공간이 아니라 온라인 공간에서 다양한 목적, 가치, 정체성을 추구하기 위해 사람들이 집단을 형성하여 활동하는 공동체를 뜻한다. 이를 '인터넷 공동체', '인터넷 가상공동체', '인터넷 커뮤니티' 등으로도 불린다. 가상공동체의 형성과 참여는 자발적으로 이뤄지며, 가상공동체의 활동에서는 지역적·공간적 제약성을 뛰어넘어 활동의 반경을 넓힐 수 있다. 개인적 취미 및 여가 활동, 성 정체성, 정치적 이데올로기 등과 같은 특정한 가치를 위해서 개인들이 가상공간에서 집단을 형성한다. 가상공동체는 공간적 속성보다는 연결망적 속성이 더욱 강조되며, 많은 사람들에게 개방되어 있어서 강한 유대(strong tie)보다는 약한 유대적(weak tie) 특성이 나타나며, 가입과 탈퇴의 자율성이 상대적으로 높다. 가상공간에서 익명성이 보장되고, 비대면적 의사소통의 특성으로 인해 구성원 간의 상호적 작용, 관계 및 접촉이 빠르게 이뤄진다(김태영, 2006).

다양한 공동체 유형의 등장에도 여전히 공동체는 지역 및 공간을 기반으로 하는 공동체, 즉 지역공동체를 지칭하는 것이 보편적이며, 공동체와 지역공동체는 구분 없이 함께 사용되는 경우도 많다(황익주, 2016: 34-35). 황익주(2016: 19-25)는 지역공동체의 핵심 구성요소로 지역주민 간의 인간관계 및 사회적 교류, 지역사회 차원의 사회적 약자에 대한 돌봄과 복지체계, 지역주민의 지역 정체성(local identity), 지역주민의 적극적이고 주체적인 의지와 참여 및 실천, 지역사회에서 지리적 · 공간적 특성 및 디자인 등을 들고 있다. 우선 지역공동체의 형성과 유지를 위해서는 무엇보다도 지역주민 간에 친밀한 인간관계와 활발한 사회적 교류가 전제되어야 한다. 즉, 형식적 차원를 뛰어넘어 질적 차원의 인간관계와 사회적 교류까지 이뤄져야 할 것이다. 지역사회 차원에서 가난한 자, 환자, 노약자 등 사회적 약자를 배려하고 보살필 수 있는 나름대로 사회복지체계를 갖추고 운영하여야 한다. 지역주민들은 자신이 속한 지역사회를 통해 자신의 정체성을 확립하고 일정 정도 이상의 소속감과 애착심을 가지고 있어야 한다. 지역사회가 당면하고 있는 현안과 문제 상황을 개선 혹은 해결하는 데 지역주민들이 적극적으로 참여하고 실천하여야 한다. 지역사회의 지리적 · 공간적 특성도 중요하다. 때로는 공간적 디자인과 설계를 통해 지역주민 간의 교류와 지역주민의 정체성을 강화하려는 노력이 함께 요구된다.

이 책에서는 배수호(2019)의 지역공동체 개념 정의를 원용하고자 한다. 배수호(2019: 22-25)에 따르면, 지역공동체는 여섯 가지의 주된 특성을 지닌다. 첫째, 지역공동체는 일정한 지역을 대상으로 지역성(locality)과 장소성(place)을 가진다. 지역공동체에서는 한 지역이 가지는 특수한 역사, 맥락 및 장소성을 지니고 있다. 따라서 지역공동체는 결코 획일적이거나 일률적인 모습을 띠지 않는다. 구성원의 특성, 역사적 맥락, 사회경제적 상황, 환경적 · 지리적 특수성 등에 따라 지역공동체는 각각 특수적이며 다양한 모습과 특성을 지니기 마련이다.

둘째, 지역공동체에서 구성원들은 나름대로 동질성과 더불어 지역정체성을 지니고 있다(Wilkinson, 1991; Mattessich & Monsey, 1997). 공동체 구성원 사이에는 일정 정도의 공동체정신과 공동체의식을 공유하고 있다(McMillan & Chavis, 1986; 최인수 · 전대욱, 2014). 같은 공동체에 속한다는 귀속의식은 구성원 간의 유대감과 동질성을 높여준다. 공동체적 유대감과 정체성을 강하게 띠는 공동체일수록 구성원들이 지역공동체의 현안과 문제를 함께 대처하고 극복하려는 노력을 적극 경주한다. 또한 한 지역에서 형성·강화된 공동체적 유대감과 정체성은 구성원이 어려움과 역경에 처했을 때 모든 구성원이 함께 발 벗고 나서서 도와주려는 동인으로 작동하게 된다.

셋째, 지역공동체에서 구성원들은 상당한 기간 동안 동일한 역사와 경험을 공유한다. 지역공동체 구성원은 경제학에서 가정하는 자유시장 경제에서 일시적(temporary)이고 일회성 거래의 인간관계를 상정하지 않는다. 구성원들은 장기간 관계를 맺어왔으며 역사성을 공유한다. 구성원 간의 장기적 관계는 먼 과거의 수세대 이전까지 거슬러 올라가는 지역공동체도 다수 존재한다. 이는 지역정체성과 공동체정신을 형성하는 데 기여한다(McMillan & Chavis, 1986; 최인수·전대욱, 2014).

넷째, 지역공동체는 일정한 목적성을 띠며 공동이익을 추구한다. 공동이익에는 공동체 정체성 유지와 강화, 후속세대의 사회화, 경제 번영, 상호 부조와 상호 협력을 망라한다. 지역공동체는 공동체의 생존·번영과 같은 일반적인 목적성을 가지기도 하고, 경제적 이익 추구와 같은 구체적이고 특수한 목적성을 띠기도 한다. 달리 말하면, 지역공동체는 경제성과 호혜성의 특성을 지닌다. 여기서 중요한 사실은 지역공동체에서는 공동체 내 한 개인, 몇몇 소수, 혹은 특정 집단의 이익과 이해관계를 초월해야 한다는 점이다. 이렇게 지역공동체는 소수나 특정 집단의 편협한 이해관계에 갇히지 않고 구성원 전체의 이익을 모색하고 추구한다.

다섯째, 지역공동체는 자신의 정체성을 유지하고 공동체 번영을 추구하는 노력에 일정한 강제성과 규제를 구성원들에게 가한다. 지역공동체는 구성원들에게 도덕적 규범을 강요하고, 구성원의 일탈과 위반 행위에 대한 규제와 제재를 행사하기도 한다. 공동체에 해가 되는 행위를 한 구성원에 대해서는 도덕적 힐난과 비난뿐만 아니라 실질적인 제재를 가할 수 있는 장치를 마련해 두고 있다. 지역공동체는 자체 규정을 명문화하고 있거나 불문율과 관습에 근거하여 규제와 제재를 행사한다.

여섯째, 지역공동체는 공식적이든 비공식적이든 일정한 조직체계와 운영방식을 갖춘다. 부언하면, 지역공동체는 조직 구조, 조직 운영 책임자의 선정과 해임, 의사결정 절차와 방식, 재정 운영과 관리 방식 등을 구비하여 지역공동체 조직을 운영·관리한다. 때로 지역공동체는 중대하거나 긴급히 해결을 요하는 현안들에 대해 임의적·한시적인 조직을 구성하고 책임자를 선정하기도 한다. 한편, 안정적인 재정 기반을 갖춘 지역공동체는 자신의 정체성 유지와 번영을 담보하는 데 유리하게 작용할 수 있다. 재정기반이 없거나 탄탄하지 못한 지역공동체는 공동체의 현안과 위기를 대처하는 데 여러 어려움을 겪을 수밖에 없다. 많은 지역공동체에서는 구성원으로부터 회비나 기부뿐만 아니라 자체적으로 수익을 창출하는 사업을 추진하기도 한다. 또한 중장기적으로 공동 재산을 마련하고 체계적이고 투명하게 운영·관리하기 위한 체계를 갖추고 있다. 구체적으로, 재정 관리의 책임자 선정, 수입 및 지출 기록, 회계 감사 등 재정 관리의 전문성, 책임성 및 투명성을 확보하기 위해 나름대로 재정 관리의 방식과 체계를 갖춰 운영하고 있다.

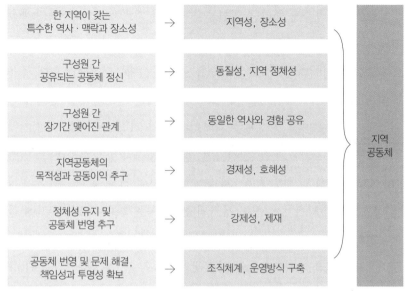

〈그림 1-1〉 지역공동체 개념 정의

한 지역이 갖는 특수한 역사·맥락과 장소성	→	지역성, 장소성	
구성원 간 공유되는 공동체 정신	→	동질성, 지역 정체성	
구성원 간 장기간 맺어진 관계	→	동일한 역사와 경험 공유	지역 공동체
지역공동체의 목적성과 공동이익 추구	→	경제성, 호혜성	
정체성 유지 및 공동체 번영 추구	→	강제성, 제재	
공동체 번영 및 문제 해결, 책임성과 투명성 확보	→	조직체계, 운영방식 구축	

*출처: 배수호(2019: 22-25).

2. 공동체 전통으로서 계(契)

우리 민족은 유구하고 강한 공동체적 지향성을 지니고 있다. 그 근저에는 계(契)의 전통이 뿌리 깊게 남아 전승되고 있기 때문이다. 오늘날 각종 모임에 굳이 '계'라는 명칭을 사용하지 않더라도 계의 전통과 관행은 꾸준하게 이어져 오고 있다. 계의 전통은 각종 상조회, 동창회, 공부모임, 친목 모임 등 우리 삶에 여전히 뿌리 내리고 있다.

우리 역사에서 계의 연원을 추적하는 것은 쉬운 일이 아니다. 그만큼 계의 역사가 오래되었다는 것이다. 일연(一然)이 지은 『삼국유사(三國遺事)』에서 "경덕왕 대에 강주(康州)의 남자 신도 수십 명이 극락 세계를 정성껏 구하여 주의 경계에 미타사(彌陁寺)를 짓고 1만일을 기약하며 계를 만들었다."라는 대목에서 계의 명칭이 최초로 등장한다(김미영,

1999).[4] 고려 의종(毅宗, 1127~1173) 시기에 문무관 자제들로 구성된 문무계(文武契), 벼슬에 물러난 대신들이 결성한 기로계(耆老契), 동갑계(同甲契) 등이 있었다고 한다.

오늘날 우리에게 익숙한 계의 전통은 신라시대부터 불사, 수행 등을 목적으로 결성된 결사체 조직인 향도(香徒) 혹은 향도계(香徒契)에서 연원한 것으로 보인다. 초기에는 지역의 승려와 지방 유력자들이 정기적인 모임을 갖고 염불 등을 실천하던 신앙공동체적인 성격을 띠고 있었다. 이후에 불상 및 불탑 조상, 매향(埋香)[5], 사원 건축 등 불사를 후원하는 상호부조적 공동체 성격이 부가되었다(김성순, 2016). 고려 후기에 들어서면서 향도계는 종교적인 신앙공동체 성격이 더욱 퇴색되면서 향촌 사회에서 회음의식(會飮儀式)과 상장례의 상호부조, 농경의례의 주관 등 향촌 공동체로서의 성격이 보다 강화되었다(채웅석, 2002; 김성순, 2016). 조선시대에 들어오면서 향도계는 촌락 단위에서 "공동노역이나 마을의 잡역(우물, 도로, 하천 관리), 그리고 무속적인 전통이 가미된 마을제사(음사(淫祀); 당제, 동제), 관혼상장의 공유와 그 부조" 등 지역공동체 조직으로서의 동린계(洞隣契)로 변모하였다(이해준, 2005). 오늘날까지 향도계라는 명칭은 여전히 남아 있는데, 중국 길림성 연변 일대에서 결성·운영되는 상여계를 향도계로 부르고 있다. 향도계는 상여계의 역할뿐만 아니라 마을의 제반 현안을 다루고 처리하는 동계의 역할과 기능을 수행한다(세계한민족문화대전, 2019/11/30 자료 접근). 연변자치주 '장백조선족자

---

4) 『삼국유사(三國遺事)』「감통제칠(感通第七)」〈욱면비염불서승(郁面婢念佛西昇)〉. 景德王代康州【今晋州. 一作剛州, 則今順安.】善士數十人, 志求西方, 於州境創彌陀寺, 約萬日爲契. 김원중(2002: 517~520)의 번역을 따랐다.

5) 매향(埋香)은 "미륵 정토신앙을 가진 이들이 56억 7천만 년 후에 예정된 미륵의 하생을 대비하여 바닷물과 민물이 만나는 지역에 향목을 묻어두는 불사"를 말한다(김성순, 2016: 각주5).

치현 현성조선족향도계'도 그 중 하나이며 결성된 지 60년이 넘는 세월 동안 운영되고 있다.[6]

조선 중기에 와서는 집권층과 재지사족(在地士族)들이 성리학적 질서를 향촌사회에 정착시키고 재지사족에 의한 향촌 자치와 기득권 유지를 위한 목적으로 향약(鄕約)을 향촌사회에 보급하였다. 이는 결국 기층민 중심의 지역공동체 조직들의 자율성과 역할을 약화시키는 결과를 가져왔다. 그러다가 양란 이후 조선 후기에는 상하합계(上下合契) 방식의 동계가 활성화되기 시작하였다. 동계는 재지사족을 계원으로 하는 상계(上契)와 기층민을 계원으로 하는 하계(下契)가 결합되는 형태였다. 전란 이후 향촌사회에서 하층민의 일탈을 방지하고 상하민 간의 질서를 재확립하고 전후 복귀를 위해서는 하층민의 도움과 협조가 절대적으로 필요해지면서 하계가 동계에 포함된 것이다.

시간이 흐르면서 상하합계 방식으로는 하층민의 요구를 더 이상 수용할 수 없게 되자, 동계에서 하층민 조직인 하계의 탈퇴가 두드러지게 나타났다. 촌락 단위에서 두레를 비롯한 촌계류 조직들이 등장하기 시작한 것이다. 이해준(2005, 2015)은 당시 현상을 '동계와 촌계의 이분화', '동계의 형해화(形骸化)'와 '촌계의 촌락에 대한 실질적인 책임 운영'으로 바라본다. 즉, 동계가 형해화되면서 재지사족 계원 간의 친목 조직으로 전락한 반면, 촌계 조직들은 "생활문화 기반 위에서 자연마을 단위로 존속하면서, 동제(洞祭)·당제(堂祭)·당산제(堂山祭)로 대표되는 마을의 민속적 제의와 공동노역(잡역; 울역)이나 동린적 상장부조를 담당하였으

---

6) "장백조선족자치현 현성조선족향도계는 장백진에 거주하고 있는 조선족들이 우리 민족의 장례문화를 계승발양하고 세세대대로 이어나가기 위해 설립한 군중성적인 민간조직이다. 자치현의 성립과 더불어 50여 년의 기나긴 력사를 갖고 있는 장백현성 조선족향도계는 시종 문명하게 장례를 치르고 사망자가족을 위해 돈을 적게 쓰고 사망자가족의 뒤근심을 크게 덜어주어 사회의 한결같은 절찬을 받고 있다"(길림신문, 2011/12/26).

며, 마을의 공동재산(전답(田畓), 동물(洞物))의 관리" 등을 담당하게 되었다는 것이다(이해준, 2005: 222).

한편, 이용기(2017)는 당시 현상을 동계와 촌계의 분화라기보다는 오히려 '동계의 성격 변화'로 파악한다. 즉, 동계의 성격 자체가 재지사족 중심의 향촌지배기구에서 개별 마을 단위의 자치조직으로 환골탈태하였다는 것이다(이용기, 2017). 19세기에 접어들면서 동계가 여러 마을을 아우르는 향촌 질서와 계급적 이해관계를 관철하기 위한 조직이라기보다는 자연마을 단위로 소규모화되는 경향이 뚜렷하게 나타났다. 또한 동계의 주요 기능이 향촌 질서 유지보다는 부세의 공동 납부, 마을 단위에 부과되던 각종 외압 및 현안 등을 공동으로 대응하는 데 무게중심을 두게 되었다는 것이다. 게다가 이 시기에 동계 내에서 신분적 상하 질서가 상당히 약화되었다는 주장이다.

조선 후기에 두드러진 또 다른 현상은 다양한 목적을 지닌 계 조직들이 다수 출현하기 시작했다는 점이다. 이는 촌락의 분화, 사회경제적 발전, 신분질서의 해체, 하층민의 의식 성장과 함께 특정 목적의 달성을 위한 여러 유형의 계들이 결성되기에 이르렀다.

몇 가지 예시를 제시하면 다음과 같다.

- 송계(松契) · 금송계(禁松契): 송계산, 마을 주변 산록에서 산림 공유자원의 지속 가능한 이용, 보호 및 관리
- 학계(學契) · 서당계(書堂契): 동네 주민의 자제 교육을 위한 서당 설립, 훈장 초빙과 보수, 전답 운영, 학용품 구입 등 교육 지원 활동
- 보계(洑契) · 수리계(水利契): 농사에 필요한 수자원 확보, 이용, 보호 및 관리
- 우계(牛契) · 우마계(牛馬契): 농사에 필요한 소나 말을 공동 구입과

증식

- 농구계(農具契): 농사에 필요한 기구와 연장 마련
- 동갑계(同甲契): 동년배들 간의 친목 도모
- 상계(喪契): 사상(四喪: 부모, 본인 및 배우자 상)과 같이 상을 당했을 때 계원 간의 상부상조
- 보민계(補民契)·군포계(軍布契)·호포계(戶布契): 조세, 부역 등에 공동으로 대응하기 위한 목적으로 결성과 운영
- 상여계(喪輿契): 장례 시 상여 운반과 산역 작업
- 문중계(門中契)[7]: 친족 간의 결속과 친목 도모, 조상에 대한 제사, 선영 보호와 관리
- 식리계(殖利契): 계원에게 일정 기금을 걷어 들여 대출사업을 통해 재산 증식

이 책에서는 우리 민족의 다양한 계의 전통 중에서도 진안군 중평 마을공동체에서 조선 후기와 일제강점기에 결성되어 최근까지 운영되어 온 동계, 송계 그리고 서당계를 중심으로 살펴보고자 한다. 앞서 언급 하였듯, 조선 후기로 넘어오면서 동계는 재지사족의 향촌 통제를 위한 방식에서 자연마을 단위의 상부상조를 위한 공동체 조직으로 변모하였 다. 시간이 지나면서 동계와 촌계의 구분은 큰 의미가 없게 되었던 것 으로 보인다. 동계나 촌계는 촌락과 구성원의 생존과 번영에 직·간접 적으로 관련된 제반 현안을 담당하였다. 즉, "공동체 내 신분질서 및 미 풍양속 유지, 상호 규검, 공동체의 생존과 번영, 공동체 구성원 간의 상 부상조" 등 일반 목적성을 띠었으며(배수호, 2019: 51), 더불어 전답·곗

---

7) 문중계는 족계(族契), 종계(宗契), 화수계(花樹契) 등 다양하게 불린다.

돈 등 동중 재산의 증식과 관리, 차양(遮陽)·관복·가마 등 동물(洞物) 제작 및 보수 관리 등 두루 담당하였다. 동계는 대개 봄과 가을에 모든 구성원을 소집해 마을의 주요 현안을 논의하고 총의를 모으는 강신회(講信會)를 개최하였다. 강신회는 오늘날 총회에 해당한다. 또한 동계에는 동수(洞首), 계장, 유사(有司) 등 계의 운영과 관리를 책임지는 임원 체계와 조직 구조를 갖추고 있었다. 동계의 창설·운영에 관한 문서를 작성하는 경우가 많은데, 동계의 창설·중수 시 작성하는 서문(序文), 계원 간의 결의문에 해당하는 완의(完議) 혹은 첨의(僉議), 계원들이 준수해야 할 사항·징벌·포상 등을 명시하는 규약(規約), 계원의 명단을 기록한 좌목(座目), 동중재산의 운영과 변동, 수입 및 지출 내역 등을 기록한 동계수지부(洞契收支簿) 혹은 동계수계기(洞契修契記)가 이에 해당한다.

송계는 금송계(禁松契), 송림계(松林契), 솔계, 소나무계, 목계(木契) 등으로도 불렸다. 조선 초기 "山場水梁 一國人民公利地也"[8]라고 하여 산, 하천, 바다에서 나오는 자원은 조선 백성이면 누구나 이용할 수 있도록 했다. 이들 자원은 공리지(公利地), 즉 공유자원으로 취급되었다. 산과 임야의 산림자원은 오직 병선 제조와 보수, 궁궐과 관아의 개축과 보수, 강무장, 목장, 관용시장, 왕실 관곽 등 국가 수요를 위한 공용지에 대해서만 일반 백성의 접근과 이용이 허용되지 않았고, 한양의 사대산(四大山)[9]과 같이 풍수지리상의 이유로 산림자원의 접근과 이용을 금지하였다. 나머지 산림자원은 조선 백성이면 누구나 접근·이용할 수 있었다.

---

8) 「太祖實錄」 卷11, 太祖 6年 4月 25日 丁未條.
9) 낙산(駱山), 인왕산(仁王山), 남산(南山), 북악산(北岳山)을 일컫는다.

하지만 이러한 원칙은 임진왜란 이후 조선 후기에 접어들면서 국가, 왕족, 권문세족, 재지사족 및 지방 토호세력에 의해 산림자원에 대한 사점화(私占化)와 광점화(廣占化)가 광범위하게 진행되면서 기층민들이 이용할 수 있는 공리지는 더욱 분할·축소되었다. 이는 기층민들에게는 생존 차원의 커다란 위협이었다. 과거 농경사회에서 목재, 농기구, 퇴비, 땔감 등 필요한 사항들을 모두 산림자원으로부터 얻어야 했기 때문이다. 이 절박한 상황에서 기층민들은 송계를 자체적으로 결성하고 관청으로부터 마을 주변 산을 송계산으로 입안(立案) 받아 산림 공유자원을 이용, 보호 및 관리할 수 있었던 것이다(배수호·이명석, 2018: 26-45; 배수호, 2019: 52-54).

서당계는 향촌사회에서 자제 교육을 진흥하고자 설립·운영되었다. 서당은 글방, 서재(書齋), 서방(書房), 책방(冊房) 등으로도 불렸다. 16세기 후반에 서원(書院)이 세워지면서 서당은 서원에 부속되어 재지사족 자제의 초등 교육 과정을 담당하였다. 그러나 17세기부터는 독자적인 교육기관으로 자리매김하게 되어 18세기 후반에 이르러 동족 마을을 중심으로 서당이 설립되었는데, 소규모 자산으로 서당의 설립과 운영, 자제 교육을 지원하기 위해 서당계를 결성하게 된 것이다. 그 후 서당계는 평민층 자제에게도 교육의 기회를 제공하는 데 적극 활용되었다. 조선 후기 화폐 및 상업경제 발전, 신분제의 변동 등을 겪으면서 서당계는 하층민에게 새로운 교육 기회의 장을 제공할 수 있었고, 이를 통해 보편적인 대중 교육이 활성화되기에 이른다(임하영, 2020/05/04 자료 접근; 정순우, 2013: 463-487). 대부분 영세한 향촌사회에서는 계원들이 소규모 금액이나 곡식을 십시일반(十匙一飯)으로 출연하여 서당계를 결성하고 서당계 소유의 전답을 구입하고 곗돈을 운영하였다. 이렇게 마련된 재원은 서당 건립·보수 관리, 교재·문방사우(文房四

友)[10] 구입, 훈장 초빙·보수 등에 유용하게 활용되었다.

조선 후기 서당 교육이 얼마나 보편화되고 민중 속에 깊이 자리 잡았는지는 곳곳에서 확인된다. 18세기 중후반에서 19세기 전반에 전국적으로 2만 1천여 개의 서당에서 26만여 명에 달하는 학생이 공부하고 있었던 것으로 추산된다(중앙선데이, 2020/02/12). 한편, 일본의 통계자료에 따르면 조선 후기에 전국의 동·리 수와 맞먹는 3만 개에 가까운 서당이 있었다고 한다(임하영, 2020/05/04 자료 접근). 19세기 말에 전라도 구례군 토지면 32개 마을에 687가구가 있었는데, 이 중 6개 마을에 서당이 있었다고 전해진다. 이는 5개 마을마다, 약 115가구마다 1개의 서당이 있었음을 의미한다(정순우, 2013: 431-435). 이는 정약용의 「목민심서(牧民心書)」에서 "한 고을에 수십 개의 마을이 있는데, 대략 4~5개의 마을에는 반드시 서재가 하나 있다."고 언급한 내용과 일치한다(임하영, 2020/05/04 자료 접근).

우리 사회에서 계의 전통은 일제강점기, 해방 이후 산업화와 도시화를 겪으면서도 면면히 계승되어오고 있다. 현재까지도 뿌리 깊게 남아 있는 공동체 지향성은 오랜 역사 기간 동안 계와 같은 자발적·자치적·자율적 결사체 조직들이 결성·성장·운영되어온 것에 기인한다. 오늘날 각종 모임, 이를테면 신도 모임, 공부 모임, 친목 모임, 상조회, 동창 모임 등은 과거 계의 전통과 맞닿아 있는 것이다.

---

10) 문방사보(文房四寶)라고도 하며, 서예나 동양화에 쓰이는 종이(紙), 붓(筆), 먹(墨), 벼루(硯)를 가리킨다.

제2절
연구방법

1. 사례연구

이 책에서는 진안군 성수면 중평 마을공동체를 연구 대상으로 다룬다. 중평 마을공동체에서 오랫동안 결성·운영되어온 공동체 결사조직인 동계, 송계, 서당계, 중평노인회, 전라좌도 진안중평굿기념사업회를 분석 대상으로 심층 분석을 진행하고자 한다. 무엇보다도 계 조직의 결성 배경, 참여 주체, 계원의 추입과 구성, 조직 구조와 체계, 운영 방식, 주요 현안 대응 등을 중심으로 살펴보고자 한다.

중평 마을공동체를 대상으로 한 사례연구는 단일사례연구에 해당하므로 중평 마을공동체에 대한 심층적 분석, 해석 및 이해를 제고할 수 있을 것으로 기대한다. 이론적 틀과 가설을 미리 설정하여 사례연구를 진행하는 것이 아니라, 중평 마을공동체와 각종 계 조직의 결성과 운영, 계 조직 간의 연계 등에 초점을 맞추어 여러 현상에 대해 상세한 기술(descriptive)과 해석(interpretive)을 시도한다. 이를 바탕으로 지역공동체와 지역 기반 공동체 조직의 지속가능성에 기여하는 요인들을 탐색한다. 따라서 이 연구는 기술적, 해석적, 그리고 탐색적(exploratory) 사례 연구의 특성을 모두 지니고 있다고 볼 수 있다.

중평 마을의 역사는 통일신라시대까지 거슬러 올라간다. 적어도 후백제 혹은 고려 초기에는 호남 최대 규모의 청자 가마터가 있었고, 우리나라의 청자 제작기술, 도자기 변천 등을 파악할 수 있는 '도통리 중평 청자요지'가 마을 안에 있으며, 이 청자 가마터는 2019년 '국가지정문화재 사적 제551호'로 지정되었다. 또한 오랜 옛날부터 전라좌도 농악의 전통을 잇는 '중평굿'이 전해 내려오고 있는 유서 깊은 마을이다. 그러나 사례연구의 분석 기간은 주로 19세기 후반부터 일제강점기, 해방 이후 오늘날(2018년)까지 아우른다. 이는 100여 년이 훌쩍 넘는 기간으로 중평 마을공동체, 구성원, 그리고 각종 공동체 조직들이 겪어온 변천상과 역동성을 상세하게 포착할 수 있으리라 기대한다. 따라서 이 연구는 종단적(longitudinal) 사례연구에 해당한다.

2. 자료 수집 및 활용

심층 사례연구를 수행하는 데 있어 1차 사료를 포함한 각종 자료의 확보와 접근은 절대적으로 필요하다. 앞서 언급하였듯, 저자는 여러 경로를 거쳐 1차 사료와 자료를 수집하였다. 우선 상당수의 1차 사료와 자료는 진안역사박물관(진안읍 내사양길 7)에서 확보할 수 있었다. 2005년과 2006년 중평 마을 주민들은 여러 차례 회의와 논의를 거쳐 마을 회관에 보관해오던 동계, 송계, 장학계, 흥학계 등 마을공동체 관련 고문서들을 진안역사박물관에 기증하였다. 일부 사료는 저자가 중평 마을을 직접 방문하여 마을 어르신들로부터 구득할 수 있었다. 이와 더불어, 네 차례 현장조사[11]를 통해 마을 어르신들로부터 마을 역사, 구전, 전설, 자신과 선조들의 삶, 증언, 의견 등 다양한 내용을 녹취할 수 있었다.

〈사진 1-1〉 마을 현장 조사 1

*출처: 저자 촬영 (2019년 1월 22일).

〈사진 1-2〉 마을 현장 조사 2

*출처: 저자 촬영 (2019년 1월 22일).

---

11) 현장조사는 2019년 1월 22일, 2월 17일, 2022년 5월 18일, 6월 8일에 진행하였다.

진안역사박물관과 중평 마을에서 확보한 1차 사료, 고문서, 자료 및
출처 내역은 다음과 같다.

- 「동계·송계수계기(洞稧松稧修稧記)」(1888년~1980년). (진안역사박물관
  소장).
- 「장학계원명부(奬學稧員名簿)」(1916년~1927년). (진안역사박물관 소장).
- 「흥학계안(興學稧案)」(1929년~1996년). (진안역사박물관 소장).
- 「조본조합계(租本組合稧)」(1937년). (진안역사박물관 소장).
- 「현재가옥관리부(現在家屋管理簿)」(1964년). (진안역사박물관 소장).
- 「현재가옥관리부(現在家屋管理簿)」(1978년). (진안역사박물관 소장).
- 「산림계정관(山林稧定款)」(1960년대 추정). (진안역사박물관 소장).
- 「중촌송림계수계기(中村松林稧修稧記)」(1981년~1990년). (진안역사박물
  관 소장).
- 「동적부(洞籍簿)」(1990년~2017년). (중평 마을회관 소장).
- 「노인회운영대장(老人會運營臺帳)」(2015년~2016년). (중평 마을회관 소
  장).
- 「노인회운영대장(老人會運營臺帳)」(2018년). (중평 마을회관 소장).

이와 별도로 진안군, 성수면, 그리고 중평과 점촌 마을에 관한 2차
문헌을 수집하였는데, 주요 문헌을 제시하면 다음과 같다.

- 진안군·진안문화원. (2016). 「진안군 향토문화백과사전」.
- 이상훈. (1998). 「鎭安의 마을신앙」. 진안문화원.
- 박재철·이상훈. (2014). 「진안의 마을숲」. 진안문화원.
- 이승철. (2015). 「전라좌도 진안 중평굿」. 진안중평굿보존회.

- 이주형. (2007).「鎮安郡 中坪마을 契조직에 관한 一檢討: 朝鮮末期부터 日帝强占期까지의 자료를 중심으로」. 전주대학교 석사학위 논문.
- 진안군마을축제조직위원회. (2018).「진안군마을축제 10년의 이야기」.

이 밖에도 마을공동체에 관한 풍부하고 종합적인 맥락과 상황을 이해하기 위해 열람 가능한 현존 기록 사료에만 의존하지 않고, 마을 유적, 유물, 송계산, 전설, 풍수지리 등에 관한 정보 수집은 필수적으로 요구된다(이해준, 2015). 저자는 수차례 마을과 주변 현장을 직접 답사하였고 마을 어르신들뿐만 아니라 진안 지역의 향촌사회사와 민속을 연구하는 학자들과 심층 면담을 진행하였다.

제3절
책의 구성

　진안군 중평 마을공동체와 공동체 조직들에 대한 기술과 분석을 시
도한 이 책은 총 7장으로 구성된다.

　제2장에서는 진안군 및 중평과 점촌에 관한 역사, 자연지리, 인문지
리, 풍수, 전설, 현황 등 전반에 대하여 기술한다. 진안고원에 위치한
진안 지역은 예로부터 다른 지역들과는 뚜렷하게 차이 나는 고유한 역
사적 전통과 정체성을 유지해오고 있다. 아직까지도 옛 전통과 문화가
상당 부분 남아 유지·전승되고 있는 지역이기도 하다. 진안 지역을 현
지답사했을 때, 마을과 지역공동체마다 풍수지리와 마을 지형에 관한
각종 이야기, 전설, 민간설화가 풍부하게 남아 있음을 확인할 수 있었
다. 진안 지역은 금강의 최상류지이자 섬진강의 발원지이다. 예로부터
교통, 군사, 문화 및 경제의 요충지였다.

　제3장은 오랜 세월 동안 중평 마을공동체와 구성원들에게 실질적
인 구심점 역할을 수행해오고 있는 동계의 결성, 계원 충원, 활동 내
역, 조직 운영 등을 분석하여 기술한다. 동계의 회계장부이자 결산 기

록인 「동계·송계수계기(洞稧松稧修稧記)」는 1888년부터 현재까지 꾸준하게 이어져오고 있다. 1888년 이전부터 수계기는 이미 작성되어왔던 것이 확실하나, 이전 자료들이 많이 망실되어 수계기 초기 작성의 정확한 연대는 확인할 길이 없다. 따라서 조선 후기(1888~1910년), 일제강점기(1910~1945년), 해방 이후(1945~2018년) 등 세 시기로 나누고, 각 시기별로 동계의 제도와 규약, 강신회 논의와 결의 사항, 조직 구조와 방식, 임원 구성과 선출, 계원 자격과 추입, 의사결정 체계와 과정, 재정 운영과 관리, 수익사업, 주요 사건 및 사례 등을 중심으로 분석과 기술을 시도하였다.

제4장에서는 중평 역구실 송계에 관하여 다룬다. 송계는 동계와의 밀접한 관계 속에서 운영·관리되었다. 송계산이던 역구실산의 소유권 분쟁이 촉발되었던 1979년 이전까지 동계와 송계의 인적 구성은 정확히 일치하였을 것으로 짐작된다. 대개의 경우 송계는 송계산의 점유권과 이용권을 행사하였다. 송계의 운영과 관리는 마을공동체와 구성원의 생존과 번영에 직결된 사항이었다. 중평 마을 어르신의 증언[12]에 따르면, 산골 마을에서 화전 개간, 먹거리, 땔감 등 생존에 필요한 많은 물자를 송계산에서 얻을 수 있었다고 한다. 이 장에서는 다른 계 조직과의 관계, 특히 동계와의 관계와 역할 분담, 송계 관련 결의사항, 조직 구조와 방식, 임원 구성과 선출, 의사결정 체계와 과정, 재정 운영과 관리, 산림 감시와 보호 활동, 수익사업 등을 중점적으로 다룬다. 특히 1979년 12월부터 촉발된 이웃 마을 '외궁리(外弓里)'와의 송계산 소유권 분쟁과 법적 소송' 사례를 상세하게 살펴본다. 법적 소송에서 최종 승리

---

12) 2019년 2월 17일 마을회관에서 전병선(全炳善, 1938년생) 어르신의 증언. 2022년 5월 18일 마을회관에서 이병열(李炳烈, 1941년생) 어르신의 증언.

하여 역구실산 소유권을 확정 지은 1980년부터 1989년까지는 '중촌송림계'가 주도적으로 마을공동체 관련 현안들을 주도하였다. 이 시기에는 마을공동체 운영의 주도권이 동계에서 송계로 넘어가 '송계수계기'가 작성되었다. 그러다가 1990년 역구실산이 외지인에게 팔리면서 송계는 공식적으로 해체되었다. 중평 마을에서는 「동적부(洞籍簿)」가 작성된 1990년부터는 동계가 다시 주도권을 행사하고 오늘날까지 수계기를 작성해오고 있다.

제5장에서는 장학계(1916~1927년), 홍학계(1929~1996년) 등 서당계의 운영과 관리에 관하여 살펴본다. 중평 마을공동체에서 일제강점기에 아동 교육을 목적으로 서당계가 설립되었는데, 동계·송계와의 밀접한 관계 속에서 운영·관리되었다. 1916년 장학계가 별도로 결성되기 이전부터 동계 차원에서는 마을 아동 교육을 위한 재원 지원이나 물품 제공이 지속적으로 이루어졌다. 1996년 홍학계 소유의 논이 팔리면서 공식적으로 해체되었고, 논 매각대금은 동계의 재산으로 이체되었다. 서당계의 운영과 관리에 있어 동계, 송계 등 다른 촌계류 조직과의 관계, 서당 건물의 운영과 보수, 결의 사항, 절목(節目), 조직 구조와 방식, 재정 운영과 관리, 활동 내역, 재원 분배 등을 심층적으로 다루고자 한다.

제6장에서는 최근 결성·활동하고 있는 공동체 조직으로 중평 노인회와 전라좌도 진안중평굿기념사업회에 관해 살펴본다. 여기서는 제도와 규약, 결의사항, 조직 구조와 방식, 임원 구성과 선출, 계원 자격과 추입, 의사결정 체계와 과정, 재정 운영과 관리, 수익사업 등을 중심으로 고찰한다. 특히 최근에 결성된 중평 노인회의 활동에 관해 자세하게 살펴본다. 주민의 고령화로 인해 동계와 함께 중평 노인회가 각종 행사, 공동울력 등을 주관하고 마을의 실질적인 운영을 담당하고 있다.

제7장에서는 이제까지 사례연구 결과를 토대로 중평 마을공동체의

지속성에 기여해온 요인들이 무엇인지에 대한 논의를 확장하고자 한다. 또한 이 연구를 통해 앞으로 (지역)공동체의 복원과 활성화를 위한 함의와 시사점은 무엇인지, 현재 정책적 관심사항으로 떠오르고 있는 사회적 경제, 공유경제를 활성화하는 데 어떠한 고려와 고민이 필요한지 등에 대해 다각적으로 논의하고자 한다.

〈보론 1〉에서는 진안중평굿보존회의 결성 배경, 운영 현황 및 활동 내역을 살펴본다. 우리 전통사회에서 공동체가 작동하는 데 명문 규칙, 불문율, 관습과 같은 제도적 요인도 중요하지만 그 밑바탕에는 지역적 정체성, 공동체 소속감과 유대의식의 원리가 중요하게 작동하고 있었다는 기존 연구의 결과들이 보고되고 있다(예: 이해준, 2015; 배수호·이명석, 2018; 배수호, 2019). 〈보론 2〉에서는 중평 마을공동체 차원에서 구성원들에게 지역적 정체성, 공동체 소속감과 유대감을 형성·함양하고자 어떤 노력을 기울여왔는지, 미풍양속, 상호규검, 상부상조, 마을의 주요 현안 등에 어떻게 공동으로 대처하여왔는지를 중점적으로 다룬다. 이와 더불어, 중평 마을공동체의 장래 지속성에 대한 전망도 논의하고자 한다.

진안군 중평 마을공동체

제1절
중평 마을공동체의 역사

1. 진안군의 역사 및 현황

　진안군은 전라북도 북동부에 위치해 있는 산간 지역으로, 남동쪽에 장수군, 북동쪽에 무주군, 서쪽에 완주군, 남서쪽에 임실군, 북쪽에 금산군 등 5개의 군과 접해 있다. 산간 내륙지역에 입지해 있는 탓에 기온의 연교차가 크게 나타나는 대륙성 기후를 보이고 있다. 진안군은 소백산맥에서 노령산맥이 갈라져 나온 진안고원에 위치해 있어 고도가 높고 산이 많기로 유명하다. 면적은 789.09km²이며, 1읍 10면으로 구성되어 있다(진안군·진안문화원, 2016: 6). 〈표 2-2〉에서 보듯, 2020년 6월 현재 13,291가구에 25,509명이 살고 있다.

　진안 지역에는 금강의 최상류지와 섬진강의 발원지가 있다. 섬진강은 백운면 신암리 팔공산(八公山, 1,151m) 자락의 깃대봉 데미샘[13]에서 발원

---

13) '데미'는 '더미', '봉우리'라는 뜻의 전라도 사투리이다(디지털진안문화대전, 2020/07/17 자료 접근).

하여 전북 임실과 순창을 지나 전라남도와 경상남도의 경계를 이루며 총 유로 연장 212.3㎞를 달려 광양만을 통해 남해로 흘러든다(진안군·진안문화원, 2016: 8; 환경부 영산강유역환경청 홈페이지, 2020/07/18 자료 접근). 금강은 전북 장수군 장수읍 수분리 마을 뒷산인 신무산(神舞山, 897m) 자락의 뜬봉샘[飛鳳泉]에서 발원하여 진안군을 거쳐 북류하여 총 유로 연장 395.9km를 달려 전북 군산과 충남 서천의 경계를 지나 서해로 흘러들어 간다(환경부 금강유역환경청 홈페이지, 2020/07/18 자료 접근). 마이산(馬耳山) 북사면에서도 금강의 한 줄기가 시작하여 진안읍과 상전면을 거쳐 용담호로 유입되었다가 금강으로 흘러든다. 진안의 주요 하천인 주자천, 정자천, 진안천, 구량천 역시 금강으로 흘러든다(진안군·진안문화원, 2016: 8).

진안 지역에는 진안군의 주산(主山)에 해당하는 운장산(雲長山, 1,126m), 말의 두 귀 형상을 닮은 마이산의 숫마이봉(681.1m)과 암마이봉(687.4m), 대덕산(大德山, 602m), 구봉산(九峰山, 1,002m), 덕태산(德泰山, 1,113m), 부귀산(富貴山, 806m), 천반산(天盤山, 647m) 등 풍광이 빼어난 산들이 많이 분포되어 있다. 인공호수인 용담호는 2001년 전라북도와 충청남도의 상수원용 용담댐이 건설되면서 생겨났다. 용담호의 저수 용량은 8억 1,500만 톤으로 1개 읍, 5개 면, 68개 마을이 수몰되었다(진안군·진안문화원, 2016: 6-8; 진안문화관광, 2020/07/19 자료 접근).

백제 시대 진안 지역에는 난진아현(難珍阿縣) 또는 월량현(月良縣),[14] 마돌현(馬突縣),[15] 물거현(勿居縣)[16]을 두었다. 통일신라 경덕왕 16년(757

---

14) 난진아현 혹은 월량현은 오늘날 진안읍, 부귀면, 상전면 일대를 관할했다(진안군·진안문화원, 2016: 12).

15) 마돌현은 오늘날 마령면, 백운면, 성수면 일대를 관할했다(진안군·진안문화원, 2016: 12).

16) 물거현은 오늘날 용담면, 동향면, 안천면, 정천면, 주천면 일대를 관할했다(진안군·진안문화원, 2016: 12).

년)에 당시 전국 지명을 중국식으로 개명하였는데, 이때 난진아현은 진안현(鎭安縣)으로 바꿔 벽계군(壁谿郡, 오늘날 장수군 장계면)의 치하에 두었다. 마돌현은 마령현(馬靈縣)으로 바꿔 임실군(任實郡)의 치하에, 물거현은 청거현(淸渠縣)으로 바꿔 진례군(進禮郡, 오늘날 금산군)의 치하에 두었다(최규영 편, 2010: 9-11; 진안군·진안문화원, 2016: 10-13).

〈그림 2-1〉 역사 속의 진안군 변천 지도

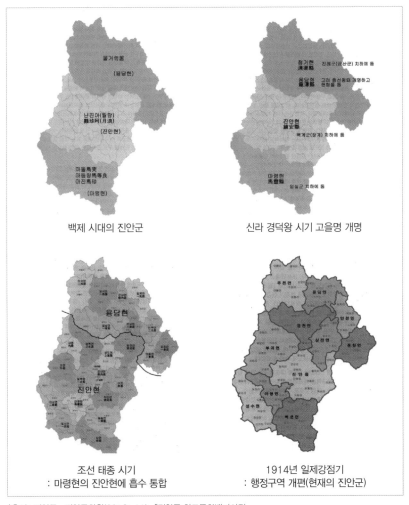

백제 시대의 진안군

신라 경덕왕 시기 고을명 개명

조선 태종 시기
: 마령현의 진안현에 흡수 통합

1914년 일제강점기
: 행정구역 개편(현재의 진안군)

*출처: 진안군·진안문화원(2016: 11). 「진안군 향토문화백과사전」.

고려 초기에 진안현과 마령현은 모두 전주 치하로 옮기고 감무(監務)를 두어 다스리다가 공양왕 3년(1391년)에 진안 감무가 마령 감무를 겸임하도록 하였다. 조선 태종 13년(1413년)에 마령을 진안으로 편입시키고 진안현으로 개칭하면서 현감을 파견하였다. 그 이듬해에 진안향교(전라북도문화재자료 14호)가 설립되었다. 용담 지역은 고려 충선왕 5년(1313년)에 용담현(龍潭縣)으로 개명하고 현령을 파견하였으며, 1391년 현령 최자비(崔自卑)에 의해 용담향교(전라북도문화재자료 17호)가 설립되었다. 이후 용담현은 조선시대에 들어와서도 그대로 유지되었다. 고종 32년(1895년)에 진안현은 진안군, 용담현은 용담군으로 개칭되어 남원부 소속으로 두었다가 이듬해에 다시 전라북도 소속이 되었다. 일제강점기인 1914년에 행정구역 개편으로 용담군이 진안군으로 합쳐지면서 진안, 동향, 마령, 백운, 부귀, 상전, 성수, 안천, 용담, 정천, 주천 등 11개 면을 관할하는 오늘날의 모습으로 갖춰지게 되었다. 진안면은 1979년에 진안읍으로 승격되었다(최규영 편, 2010: 9-11; 진안군·진안문화원, 2016: 10-13).

진안 지역은 오래 전부터 그릇을 생산·유통하던 곳으로도 유명하다. 현재까지 진안군 일대에 100여 개의 도요지가 확인되면서 고려시대부터 조선시대까지 도요 생산의 중심지로 새롭게 관심을 받고 있다. 삼국시대부터 조선 전기까지 진안 지역에 특수행정구역이던 강주소(岡珠所)가 설치되어 있었다. 학계에서는 강주소의 치소가 성수면 도통리 일대이었을 것으로 추정하고 있다(진안군·진안문화원, 2016: 289-290). 중평 마을은 성수면 도통리에 속해 있다.

과거 진안 관내 인구 현황을 살펴보면, 다음 〈표 2-1〉과 같다. 「세종실록지리지(世宗實錄地理志)」(1454년)에 따르면, 진안현은 총 169가구에 772명으로 가구당 인구수는 약 4.6명이었으며, 용담현은 총 86가구에

274명으로 가구당 인구수는 약 3.2명이었다. 진안현과 용담현을 합하여 총 255가구에 1,046명으로 가구당 인구수는 약 4.1명이었다.

330년 이후에 실시됐던 인구조사 기록인 「호구총수(戶口總數)」(1789년)에 따르면, 진안현은 총 2,765가구에 22,210명으로 가구당 인구수는 약 8명이었다. 반면 용담현은 총 3,155가구에 12,860명으로 가구당 인구수는 약 4.1명이었다. 두 현을 합하면, 총 5,920가구에 35,070명으로 가구당 인구수는 약 5.9명이었다. 일제강점기 기록인 「진안지(鎭安誌)」(1924년)에 따르면, 진안군은 총 11,749가구에 61,240명으로 가구당 인구수는 약 5.2명으로 나타났다.

<표 2-1> 조선시대 및 일제강점기 진안군 인구 현황

(단위: 가구, 명)

	진안현		용담현		계	
	가구수	인구수	가구수	인구수	가구수	인구수
「세종실록지리지」(1454년)	169	772	86	274	255	1,046
「호구총수」(1789년)	2,765	22,210	3,155	12,860	5,920	35,070
「진안지」(1924년)	진안군과 용담군 통합				11,749	61,240

*출처: 진안군 · 진안문화원 (2016: 11). "〈표 2〉 조선시대, 일제하의 진안군인구." 수정 및 보완.

오늘날 진안군은 이촌향도(離村向都)와 고령화에 따른 인구 감소를 심각하게 겪고 있다. 〈표 2-2〉에서 보는 바와 같이, 해방 이후 진안군은 한동안 인구가 계속 증가하다 1966년에 총 17,228가구 102,539명으로 정점을 찍은 이후로 지속적으로 격감하고 있는 실정이다. 앞으로 진안군의 지방 소멸이 현실화될지도 모른다는 우려가 계속해서 나오는 이유이다.

〈표 2-2〉 해방 이후 진안군 인구 변화

(단위: 가구, 명)

연도	가구수	인구수	남자 인구수	여자 인구수
1961	15,228	90,458	45,433	45,025
1966	17,228	102,539	52,147	50,392
1971	16,971	94,182	47,549	46,633
1976	15,799	92,967	47,130	45,837
1981	14,663	76,358	37,995	38,363
1986	13,898	60,333	30,364	29,969
1991	12,299	41,260	20,163	21,097
1996	12,270	38,125	19,207	18,918
2001	11,338	32,750	16,369	16,381
2006	11,564	27,425	13,921	13,504
2011	12,771	28,692	14,381	14,311
2016	12,654	26,398	13,158	13,240
2020.06. 현재	13,291	25,509	12,876	12,633

*출처:진안군·진안문화원 (2016: 11). "〈표 3〉 광복 이후 진안군의 인구 추이"; 행정안전부 주민등록 인구통계. (http://27.101.213.4/?&cpath=%2Fstats) (2020/07/18 자료 접근). 수정 및 보완.

〈표 2-3〉에서 보듯, 2020년 6월 현재 진안군 관내에 13,291 가구에 25,509명이 살고 있다. 가구당 인구는 1.92명 정도이며 남녀 비율은 비슷한 수준이나, 지역별로 다소간 차이를 보인다.

〈표 2-3〉 진안군 인구 현황 (2020년 6월 현재)

(단위: 가구, 명)

	가구수	인구수	남자 인구수	여자 인구수
진안군	13,291	25,509	12,876	12,633
진안읍	4,930	10,179	5,114	5,065
용담면	528	829	417	412
안천면	573	1,070	519	551
동향면	790	1,410	669	741
상전면	479	881	451	430
백운면	1,108	1,976	1,021	955
성수면	988	1,786	895	891
마령면	1,009	1,874	917	957
부귀면	1,469	2,903	1,520	1,383
정천면	548	1,094	575	519
주천면	869	1,507	778	729

*출처: 행정안전부 주민등록 인구통계. (http://27.101.213.4/?&cpath=%2Fstats) (2020/07/18 자료 접근).

진안 관내 농촌 지역은 어느 농촌사회와 마찬가지로 심각한 수준의 고령화 현상이 진행되고 있다. 〈표 2-4〉를 보면, 2020년 6월 현재 65세 이상 인구가 진안군 전체 인구의 약 34.5%를 차지하고 있다. 같은 기간 65세 이상 인구가 진안읍에서는 28%인 반면, 주천면은 약 45%를 차지하고 있다. 한편, 진안읍과 부귀면을 제외한 관내 지역에서 65세 이상 여성인구가 40% 이상을 넘어서고 있어 심각한 고령화 현상을 확인할 수 있다.

〈표 2-4〉 진안군 읍면별 인구 현황 (2020년 6월 현재)

(단위: 명, %)

	계			남자			여자		
	인구수	65세 이상	비율	인구수	65세 이상	비율	인구수	65세 이상	비율
진안군	25,509	8,790	34.5	12,876	3,738	29.0	12,633	5,052	40.0
진안읍	10,179	2,849	28.0	5,114	1,214	23.7	5,065	1,635	32.3
용담면	829	369	44.5	417	161	38.6	412	208	50.5
안천면	1,070	426	39.8	519	183	35.3	551	243	44.1
동향면	1,410	583	41.3	669	235	35.1	741	348	47.0
상전면	881	324	36.8	451	145	32.2	430	179	41.6
백운면	1,976	773	39.1	1,021	323	31.6	955	450	47.1
성수면	1,786	694	38.9	895	276	30.8	891	418	46.9
마령면	1,874	793	42.3	917	326	35.6	957	467	48.8
부귀면	2,903	910	31.3	1,520	409	26.9	1,383	501	36.2
정천면	1,094	392	35.8	575	181	31.5	519	211	40.7
주천면	1,507	677	44.9	778	285	36.6	729	392	53.8

*출처: 행정안전부 주민등록 인구통계. (http://27.101.213.4/?&cpath=%2Fstats) (2020/07/18 자료 접근).

2. 중평 마을공동체

중평 마을공동체는 오랜 옛날부터 자연마을인 중평과 점촌이 아울러 하나의 마을공동체를 이뤄왔다. 중평 마을은 오늘날 행정구역상 진안군 성수면(聖壽面)[17] 도통리(道通里)에 속한다. 한때는 이서면(二西面)에 속하였다가 1914년 행정구역 통폐합으로 성수면에 편입되었다. 중평 마을은 신라시대 월랑현(月浪縣)의 현청이 있던 자리라 하여 '중평(中坪)'으로 불리게 되었다고 한다(진안군·진안문화원, 2016: 285). 중평 마을은 함창 김씨가 먼저 들어와 살기 시작하였고, 후에 월랑 이씨[18]가 주요 성씨를 이루었다. 지금은 함창 김씨와 월랑 이씨뿐만 아니라 전주 이씨, 진주 하씨, 천안 전씨, 안동 권씨, 광주(廣州) 안씨, 경주 이씨 등 여러 성씨가 어울려 오순도순 살아가고 있다.

내동산(萊東山, 887.4m)은 백운면, 성수면, 마령면 등 3개 면을 끼고 있다. 옛날 내동산 인근에서 한 장수가 태어났으나 불행히도 죽게 되자

---

17) 성수면(聖壽面)은 진안군의 남서부에 위치하며, 8개 법정리, 32개 행정리, 43개 자연마을로 구성되어 있다. 면적은 71.7㎢로 진안군 전체 면적 789.14㎢의 약 9%를 차지한다. 이중에서 경지는 11.9㎢, 임야는 54.7㎢, 기타는 5.1㎢를 각각 차지한다(디지털진안문화대전, 2020/03/25 자료 접근). 성수면의 역사를 개괄하면, 마령현의 서쪽에 있다 하여 서면(西面)으로 불리다가 이후 일서면(一西面)과 이서면(二西面)으로 분리되었다. 조선 태종 13년(1413년)에 마령현이 진안현에 편입된 이후에도 일서면과 이서면은 그대로 두었다. 1914년 행정구역 개편에서 일서면과 이서면, 임실면 하북면 횡암리 일부를 병합하여 성수면으로 개칭하면서 오늘에 이르고 있다. 성수면의 명칭은 면 관내에 있는 성수산(聖壽山, 492.5m)에서 유래했다고 한다. 성수산은 성수면 도통리와 용포리에 걸쳐 있다(진안군·진안문화원, 2016: 494-496). 성수면은 관내 마령면과 백운면, 완주군 상관면, 임실군 관촌면에 접해 있다. 면 소재지는 외궁리 안평(雁坪) 마을이다. 주요 유적지로는 도통리 중평 청자요지, 도통리 양지 청자요지, 외궁리 점촌 청자요지 등이 있다. 주요 명승지로는 좌포리의 풍혈냉천(風穴冷泉)이 있다(최규영 편, 2010: 496-517; 진안군·진안문화원, 2016: 494-496).

18) 월랑은 진안의 옛 지명으로 월랑 이씨는 진안 이씨로도 불린다.

백마가 울며 튀어나왔다고 하여 백마산(白馬山)으로 불렸는데, 일제강점기에 내동산으로 이름이 바뀌었다고 한다(한국의 산하, 2020/07/17 자료 접근). 내동산의 산줄기가 북에서 뻗어내려 음수동(飮水洞) 마을을 지나 중평 마을을 앞뒤로 감싸고 있다. 마을 앞(북쪽)으로 바구리봉, 배치고개, 댓날산으로 산줄기가 이어지고, 마을 뒤(남쪽)로는 닭날봉[鷄峰], 점티재, 소리개재(솔개재), 검투봉으로 산줄기가 뻗어 있다. 내동산에서 발원하는 도통천(道通川)은 음수동에 위치한 중평저수지[19]에 모였다가 다시 흘러 중평 마을을 관통하고서 '해중이'[20]라는 너른 들을 형성한다(최규영 편, 2010: 506-511; 진안군 · 진안문화원, 2016: 284-285).

〈사진 2-1〉 중평저수지

*출처: 저자 촬영 (2019년 1월 22일).

---

19) 중평 마을 위쪽에는 도통리 음수동 마을이 있는데, 이곳에 중평저수지가 있다. 1960년에 축조된 것으로 수혜면적 50.6ha, 유역면적 305ha, 저수량은 16만 8천 톤에 달한다(진안군 · 진안문화원, 2016: 886).

20) '해중이'를 마을 주민들은 '해징이', '산밑이'라고도 부른다(이승철, 2015: 9).

풍수지리상 중평 마을은 배의 형국이라고 한다. 그래서 배와 관련된 지명이 많다. 마을 앞에 있는 솔정지라는 자그마한 솔밭은 풍수에서 배의 돛에 해당하며 돛대봉으로 불린다. 마을 뒤에 있는 배거리봉[21]은 풍수상 배가 떠내려가지 않고 한 곳에 묶어두기 위한 닻에 해당한다. 마을 뒷산은 실제 모습이 닭의 벼슬모양 같다하여 닭날봉[22]으로 불린다. 풍수적으로 흥미로운 지명들, 이를테면 누에머리, 뒤뜰(뒷뜰), 소리개재가 중평 마을을 둘러싸고 있다. 풍수지리와 지명은 지역의 풍속문화와 행태가 함께 나타난다. 솔개가 닭을 잡아먹으려 하고, 닭은 누에를 먹으려 들며, 뒤뜰(뒷뜰)은 뽕잎 모양을 하고 있다. 뒤뜰(뒷뜰)은 중평과 산주(散珠) 마을 사이에 있으며, 누에머리는 마을 앞에 있다. 솔개가 닭을 먹으면 안 되니 닭날봉과 소리개재 사이 중간 고개인 '아주개(아주고개)'에서 아이들이 꼭 뛰놀도록 했다고 한다. 솔개가 닭을 잡아먹지 못하도록 함이다. 예전에는 상여가 아주개를 지나갈 수 없었다고 한다. 상여가 지나가는 걸 보고 아이들이 무서워 도망치면 솔개가 닭을 잡아먹을 것이기 때문이다(이상훈, 1998: 116-117; 이승철, 2015: 9-10).

2006년 진안문화원의 조사 당시 아주개를 넘어가는 길목에 330년 된 느티나무가 있어[23] 정월 열나흘 날 당산제를 지냈으나 더는 지내지 않고 있다. 지금은 그 정자나무가 죽어 없어지고 느티나무 몇 그루가 자라고 있으며, 이 옆에는 모정(茅亭)[24]과 큰 샘이 있다. 정월 열나흘 날

---

21) 배거리봉은 '배걸이봉', '배걸매', '배글매'로도 불린다.
22) 닭날봉은 '달봉', '당골봉', '칠골봉'으로도 불리는데, 달봉과 당골봉은 닭봉이 와전된 것이라고 한다(이승철, 2015: 10).
23) 2006년 조사 당시 느티나무의 수령은 330년, 수고는 19m, 둘레는 5m이었다(진안문화원, 2006: 76).
24) 모정은 총 공사비용 4천만원이 투자되어 20.6m² 규모로 2013년 4월에 착공해 같은 해 8월 13일에 준공식을 가졌다(매일건설신문, 2013/08/14).

시암굿(샘굿)은 여전히 마을에서 행하고 있다(이승철, 2015: 10-11).

전해오는 이야기에 따르면, 옛날에는 마을이 해징이들에 형성되어 있었는데 당시 함창 김씨들이 큰 부자로 떵떵거리며 살았다고 한다. 함창 김씨들은 시주를 받으러 다니던 스님들을 몹시 박대하였다. 때로는 '스님 머리에 명주천으로 콩을 둘러매게 하고 콩에 물을 뿌려 콩이 불어나 머리를 옥죄게 하는 벌'인 태태형을 주어 스님들에게 고통을 주기도 하였다. 어느 날 한 노승이 마을에 나타나 마을 가운데 우물을 파면 마을이 더욱 번창할 거라 하였고 함창 김씨들은 욕심에 눈이 멀어 우물을 팠으나, 마을에 괴질이 돌아 곧 망했다고 한다. 바다에 떠 있는 배에 구멍을 내면 배가 침몰하는 것과 같은 이치로, 마을 전체가 풍수지리상 배의 형국인데 마을 가운데 우물을 팠으니 곧 마을이 망하게 되었다는 것이다. 이로써 해징이들에 있던 옛날 마을은 망하고 산 밑으로 이주하여 지금의 마을 모습을 갖추게 되었다고 한다(이상훈, 1998: 116-117; 이승철, 2015: 9-10; 현장방문 시 어르신 증언[25]).

중평 마을에 소재한 10~11세기 초기 청자 가마터인 '도통리 중평 청자요지(道通里 中坪 靑瓷窯址)'는 2019년 9월 2일에 '국가지정문화재 사적 제551호'로 지정됐다. 중평 마을 도요 유적지는 호남 최대 규모의 가마터이다(서울신문, 2019/09/03). 또한 중평 마을은 전라좌도 풍물굿의 전통을 잇고 있는 '중평굿'으로도 전국적인 명성을 얻고 있다. 현재 진안군과 중평 마을 차원에서 중평굿을 전승·발전시키고자 꾸준하게 노력하고 있다. 1992년 '진안중평굿보존회'와 2013년 '전라좌도 진안중평굿기념사업회'가 설립되고 중평 마을 내에 '진안중평굿전수관'이 세워져 일반인과 학생들을 대상으로 중평굿의 전수 교육을 행하고 있다. 진

---

25) 현장 방문조사(2019년 1월 22일)에서 여러 어르신 증언.

안중평굿보존회와 진안중평굿기념사업회에서는 국내외에 중평굿을 널리 알리기 위한 공연, 교육 사업 등을 활발하게 수행하고 있다. 중평 마을은 음력 정월대보름날에 달집태우기, 시암굿(샘굿), 마당밟이(지신밟기), 망우리굿(망월굿) 등을, 칠석날이나 백중날에 술멕이굿을 오늘날까지 행하며 오랜 풍물 전통을 계승하고 있다.

중평 마을은 2009년 '농촌건강장수마을'로 선정되어 두부공장을 운영하였으며, 2010년에는 '산촌생태마을'로 조성되었다. 주민 대부분은 주로 벼농사와 고추농사를 병행하고 있으며, 인삼, 영지버섯, 표고버섯 등을 재배하여 농가소득을 올리고 있다(매일건설신문, 2013/08/14; 이승철, 2015: 11).

〈사진 2-2〉 표고버섯 농사

*출처: 저자 촬영 (2019년 1월 22일).

한편, 점촌(店村)은 중평 마을의 북서쪽에 위치한 이웃 마을로 과거 중평 마을과 함께 이서면에 속하였다가 지금은 성수면 외궁리(外弓里)에 속해 있다. 풍수지리상 점촌에는 '닭이 알을 품고 있는[金鷄抱卵形]' 명당이 있다고 알려져 있다(진안군·진안문화원, 2016: 654). 규모는 중평 마을보다는 작으며, 옛날 약 120~130년 전에 옹기를 생산하여 팔던 곳으로 '옹기점골'을 형성하였다가 오늘날 점촌(店村)으로 불리고 있다(진안군청 홈페이지, 2020/07/18 자료 접근). 내동산에서 뻗어 내린 산줄기 닭날봉이 마을을 뒤에서 감싸고 있고 마을 앞으로는 역구실골 개울이 지나간다. 점촌 마을에는 초기 청자 가마터인 '외궁리 점촌 청자요지(外弓里 店村 靑磁窯址)'가 마을회관 뒤편 구릉 일대인 외궁리 산 56번지에 분포한다. 이 일대에서 3개의 초기 청자 요지가 확인되고 갑발 파편, 청자 파편 등이 발견되었다(진안군·진안문화원, 2016: 654; 디지털진안문화대전, 2020/07/17 자료 접근). 현재는 영광 김씨, 전의 이씨, 천안 전씨 등 여러 성씨들이 어울려 살고 있다(이주형, 2007). 중평 마을에서 점터재를 800여 미터 정도 걸어 넘으면 점촌 마을에 이른다.

중평 마을공동체의 일원인 중평과 점촌은 섬진강 상류지역에 위치하며, 마을 앞으로 흐르는 개울은 섬진강 물줄기에 합류한다. 중평과 점촌은 오랜 옛날부터 하나의 향촌사회로 여러 공동체 조직들을 함께 운영하여 왔다. 19세기 이후부터 중평과 점촌에서는 동계, 송계, 장학계, 흥학계, 문중계, 노인회 등 다양한 공동체 조직들이 결성·운영되고 있으며, 완문, 규약, 좌목, 회계장부 등 관련 자료들이 잘 보존되어 있다.

중평 마을공동체의 특성

1. 고려청자 초기 도요지

중평 청자요지는 중평 마을의 유구한 역사를 말해준다. 중평 청자요 지가 시기적으로 후백제 혹은 고려 초기까지 거슬러 올라간다는 사실 은 중평 마을에 아주 오랜 옛날부터 사람들이 거주했던 곳임을 짐작하 게 한다. 마을 어르신의 증언[26]에 따르면, 유년 시절에는 마을 주변 도 처에 갑발, 청자 파편들이 널려 있었다고 한다. 마을 주민들은 이것을 길에 깔기도 하고 담도 쌓기도 했다는 것이다. 지금은 가옥 개보수, 도 로 확장, 농경지 조성 등으로 많이 파괴되었다고 한다. 그럼에도 저자 가 중평 마을을 방문했을 때, 마을 골목길 곳곳에, 집벽과 담벼락에서 청자, 갑발 파편들을 직접 확인할 수 있었다.

---

26) 현장 방문조사(2019년 1월 22일)에서 여러 어르신 증언.

〈사진 2-3〉 자기 파편들(마을 골목길)

*출처: 저자 촬영 (2019년 1월 22일).

〈사진 2-4〉 자기 파편들(집벽)

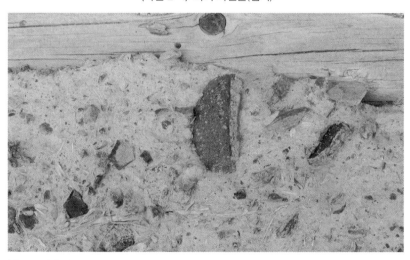

*출처: 저자 촬영 (2019년 1월 22일).

중평 청자요지는 성수면 도통리 산40-1번지 일원에 분포되어 있
다. 그 면적은 3,691㎡로 2016년 12월 16일에 '전라북도 기념물 제

134호'로 지정되었다.[27] 그 가치를 다시 인정받아 2019년 9월 2일 문화재청은 '국가지정문화재 사적 제551호'로 지정하였다.

중평 청자요지는 일제강점기였던 1938년 일본인 노모리 켄(野守健)에 의해 처음 알려졌고, 1982년 최순우가 다시 조사하였다. 그 이후 1992년 전라북도 지방 도요지 연구, 1997년 전라북도의 조선시대 도요지 연구, 2007년 문화유적 분포지도, 2011년 진안 지역 청자요지 연구 등이 차례로 실시되었다(진안군·진안문화원, 2016: 289-290). 그러다가 2013년부터 2017년까지 총 5차례 발굴조사가 이뤄지면서 중평 청자요지의 시기, 규모 등을 보다 구체적으로 파악할 수 있게 됐다.

중평 청자요지 주변에는 외궁리 점촌 청자요지(店村 靑磁窯址)와 도통리 양지 청자요지(陽地 靑磁窯址)[28]가 있어 이곳이 후백제 혹은 고려 초기에 청자 집단 생산지였음을 말해준다. 중평 청자요지는 점촌 청자요지와는 500미터, 양지 청자요지와는 400미터 정도 떨어져 있다. 이 지역은 남원, 임실, 전주 등으로 연결되는 전략적 요충지이자 내륙교통의 중심지로서 고려 초기 강주소(岡珠所)의 치소가 있던 곳으로 추정된다. 이로써 과거 강력한 토착세력이 이 지역에 존재하여 초기 청자의 집단 생산을 주도하였을 것으로 짐작케 한다(진안군·진안문화원, 2016: 289-290). 중평 청자요지는 점촌 청자요지, 양지 청자요지와 함께 우리나라 초기 청자의 전개과정을 잘 보여준다. 또한 이곳 청자요지는 호남 지역에서 가장 이른 시기에 청자가 제작되던 곳이며 호남 최대 청자가마터로 확인되었다.

---

27) 문화재청 국가문화유산포털(2020/07/16 자료 접근).

28) 도통리 양지 청자요지는 성수면 도통리 산 73번지 일원에 있는 고려 초기 청자 가마터로 중평 마을에서 북쪽으로 약 400미터 정도 떨어진 중선골 기슭에 있다(진안군·진안문화원, 2016: 289).

총 5차례 발굴조사에서 중평 청자요지에 초기 청자를 생산하던 가마 2기가 확인되었다. 1기는 진흙 가마이고, 나머지 1기는 벽돌·진흙 가마이다. 벽돌·진흙 가마에서는 처음에 벽돌 가마를 만들어 초기 청자를 생산하다가 후에 진흙 가마를 만들었다. 이는 국내에서 확인된 최초의 사례로 그 가치가 높으며 청자를 생산하던 가마의 변천 과정과 구조를 밝히는 데 귀중한 자료를 제공한다(문화재청 홈페이지, 2017/08/10).

1990년대만 하더라도 중평 마을 일대에는 7기의 가마가 있었으나, 안타깝게도 가옥의 보수 및 신·개축, 농경지 정리, 도로 정비 등이 이뤄지면서 가마 유적들이 다수 파괴되었다(진안군·진안문화원, 2016: 289-290). 그럼에도 5차례 발굴조사를 통해 2기의 가마 발굴과 함께 가마 주변 폐기장 유적지에서 대규모로 선해무리굽완, 중국식 해무리굽완, 한국식 해무리굽완, 병, 잔, 잔받침, 주전자, 꽃무늬 접시 등 다량의 청자 파편들이 발굴되었다. 또한 벽돌, 갑발(匣鉢), 갑발 받침, 도짐이 등 요도구(窯道具)도 다수 출토되었다. 향후 초기 청자에 관한 연구에 귀중한 자료로 평가받고 있다.

〈사진 2-5〉 진안 도통리 중평 청자요지 1

*출처:진안 도통리 중평 청자요지. (군산대학교박물관 제공, 문화재청 홈페이지 갈무리) (http://www.cha. go.kr/unisearch/images/monument/2018041614340900.JPG) (2020/07/16 자료 접근).

*출처: 진안 도통리 중평 청자요지. (국립전주박물관 제공, 문화재청 홈페이지 갈무리) (http://www.cha.
go.kr/unisearch/images/monument/2017080110280600.JPG) (2020/07/16 자료 접근).

2. 전라좌도 진안중평굿과 두렁쇠 故 김봉열(金鳳烈) 선생

 진안중평굿(이하 중평굿)은 중평 마을의 정체성 자체이며, 마을 주민
의 큰 자랑거리이자 자부심이다. 중평굿은 전라좌도 농악의 한 계파로
서 그 전통이 면면히 전승·발전되고 있다. 예부터 중평 마을은 '독경
소리보다 풍물소리가 더 낫다.'라는 말이 회자될 만큼 진안 지역에서
풍물로 이름이 알려져 있었다. 중평굿은 이 마을 출신인 故 김봉열(金

鳳烈, 1914년 3월 7일~1995년 8월 15일) 선생의 평생 노력으로 중평굿의 체계가 갖춰지게 되었고, 마을 주민들의 노력으로 오늘날까지 잘 전승되고 있다.

중평굿은 전라좌도 농악이 가지는 '투박하면서도 박진감 넘치는' 특성을 잘 간직하고 있다. 〈표 2-5〉는 진안중평굿보존회 홈페이지에 "좌도굿의 꽃" 제목으로 실려 있는 내용을 그대로 옮긴 것이다. 중평굿이 지니는 특성을 잘 설명하고 있다.

〈표 2-5〉 "좌도굿의 꽃"

〈 좌도굿의 꽃 〉

진안중평굿은 좌도굿의 가장 기본이 되는 교과서이자 좌도굿의 뿌리이다. 그러기 때문에 좌도굿의 전반적인 특징이 곧 중평굿의 특징이다.

좌도굿 가락은 높고 낮은 산의 조화처럼 투박하면서도 굵고 깊으며, 빠르고 가락수가 많다. 전투적이라고 할 수가 있는데 남성적인 힘을 바탕으로 한 판이 웃놀음의 조화로 박진감이 넘친다. 모든 치배가 전립(상모)을 쓰고 치복은 고정되어 있는 것이 아니며 상황에 따라 복색은 다를 수 있다. 거의가 오방색을 갖춰 입는 것이 보통이다.

좌도굿은 온몸으로 치지 않으면 상모짓을 할 수가 없다. 상모짓의 허공을 도는 선은 또 하나의 꽃이 피는 것 같아서 소리의 울림과 선의 조화로움은 가히 예술적이며 황홀지경으로 몰고 가는 일등공신이다. 좌도굿은 몸으로 쳐야지 손끝으로 기교를 부려서는 그 맛을 낼 수가 없다. 그래서인지는 몰라도 가락이 단순한 것처럼 보이나 그 속의 여백미가 있어 여유로우면서도 그 깊이는 한 층 더 높다. 혹자들은 좌도굿 배우기가 어렵다고 하고 재미없다고 말하기도 한다. 상모짓은 좌도의 대표적인 몸짓행위인데 한번 익히고 나면 그 맛을 알 수 있지만 그 과정이 순탄치만은 않다. 가락도 상모 따라 변하기도 하고 상모도 가락 따라 변하는 것이지마는 상모와 가락이 자연스러워질 때까지는 상당히 오랜 시간이 필요하다.

복색은 군악의 영향을 받아 군졸 옷차림과 비슷하며 상황에 따라 편리한 대로 입는다. 흰색저고리에 덧거리(검정, 파랑)를 입기도 하고 쇠는 덧거리 등에 삼색드림을 달아 입기도 했다. 보통 흰색 바지저고리에 삼색띠를 두른다. 삼색은 왼쪽 어깨에 파란띠를, 오른 어깨는 빨간색을 두르고 허리는 노란띠로 멘다.

상모는 전원이 쓰며 쇠·장구·징은 부들상모를 쓰고 소고는 채상을 쓴다. 부들상모(두루미털, 칠면조털)는 개꼬리상모를 쓰는데 김봉열 선생님은 격자 속의 줄을 자전거 살로 만들었고, 현재는 옛날 자연 그대로 실을 빳빳하게 꼬아 만드는데 쇠로 만든 느낌보다 부드러워 재주부리기가 낫다. 부들상모놀음(은) 군영에서 가락과 함께 암호로 신호역할을 했다. 상모짓으로는 외사, 양사, 사사, 팔사(돌개상), 나비상, 퍼넘기기, 전조시, 산치기, 개꼬리 등으로 예술적인 미를 더했고, 채상은 외사, 양사, 팔사, 나비상, 쫏음상 등으로 허공을 가르는 선을 통해 예술의 극치를 표현한다. 몸짓은 안대미, 연풍대, 두루걸이, 좌반뒤지기 등이 있다.

가락절차는 모든 가락이 느린 가락에서 빠른 가락으로 연결되어 가장 빠른 두마치로 끝난다. 가락의 연결이나 마치는 절차가 비슷한 것들끼리 묶어 보면 일정한 틀을 가지고 연행한다. 첫째, 넘는 가락과 두마치로 끝내는 가락은 세마치, 일곱, 여덟, 아홉마치와 파장굿인데 판굿의 첫 마당을 넘는 가락으로 넘어가서 쌓아가고, 끝 마당은 사설을 외치며 넘는 가락과 함께 마무리하는 절차를 질서 있게 푼다.

둘째는 외마치와 두마치로 끝나는 가락인데 갖은 열두마치, 느린삼채, 춤굿, 반잔지래기, 돌굿(보통열두마치)이다. 여기서 공통적인 특징은 판굿 맨 처음의 열두마치와 마지막 부분의 보통 열두마치인데 앞 열둘은 판을 열어 풀어가는 마당이고, 뒤의 열둘은 판을 정리하여 마무리하는 것이다. 또 느린삼채, 춤굿, 반잔지래기는 가락의 흐름이 비슷하고 어깨를 들썩이게 하는 흥거운 가락들이다.

셋째는 품앗이 가락과 두마치로 끝나는 것인데 품앗이굿, 각정굿, 노래굿, 영산, 왼잔지래기 등이다. 이 가락들은 짝을 이루어 진행하는 굿으로 지극히 집중을 요하고 주고받는 느낌을 강조하기 위해 징을 치지 않는 것이 특징이다.

진안중평굿은 전체적으로 가락에 힘이 있고 울림이 많다. 그것은 채와 타법이 다른 곳의 굿과 다르기 때문인데, 우선 채는 채끝의 알을 폭이 넓고 돌아갈 수 있게 만들어 가락을 투박하고 부드럽게 만들었으며, 타법은 직타와 원타의 조화를 이루어 박혀 울리는 소리로 마음을 솟아낼 수 있다. 특히 영산은 쇠의 울림을 길게 하고 선명하게 하기 위해 다섯 손가락으로 막음을 하며, 쇠를 잡은 팔을 펴서 척 내려놓는 모습은 마음을 비운 자연의 순수함과 닮았다.

*출처: 진안중평굿보존회 홈페이지. 좌도굿의 꽃. (https://jinangut.modoo.at/?link=sz9kj5ab) (2020/07/14 자료 접근). (가독을 위해 약간 수정함).

중평굿패는 기수, 앞치배, 그리고 뒤치배로 구성된다. 중평굿은 마당밟이(지신밟기), 걸궁굿, 마당판굿으로 크게 나뉘며, 당산굿, 시암굿(샘굿), 성주굿, 걸궁굿, 망우리굿(망월굿), 술멕이굿, 두레굿 등 구체적으로 구분된다. 중평굿패의 구성과 중평굿의 내용에 대한 이해를 돕고자 한 국민속대백과사전(https://folkency.nfm.go.kr/kr/main)에 실린 "진안중평농악(鎭安中坪農樂)" 내용을 〈표 2−6〉에서와 같이 중평마을 이장 김태형의 고증과 자료 제공으로 대폭 수정하였다.

<표 2−6> "진안중평농악(鎭安中坪農樂)" 일부 내용

〈진안중평농악(鎭安中坪農樂)〉

진안중평농악은 보통 '중평굿'으로 불린다. 기수와 악기를 주로 연주하는 '앞치배'와 농악대의 주변에서 흥을 돋우는 '뒷치배'로 구성된다. 뒷치배는 '어정잽이'라고도 부른다.

기수는 영기 2명, 단체기 1~2명, 농기 4명, 설맹이 4명, 용기 4명이다. 앞치배는 숫자가 정해져 있지 않다. 뒤치배는 대포수 1명, 양반 1명, 각시 1명, 조리중 1명, 광대 1명으로 편성된다.

1. **기수:** 중평굿의 기는 영기, 단체기, 농기, 설맹이, 용기 등 총 5가지로 구분되며, 기수는 15~16명이다. 용기와 설맹이는 각각 암기와 숫기로 인식한다. 용기는 25년 전 마을 창고 바닥에 마대에 담겨 방치되어 있던 것을 김태형이 집에 가져다 보관하였다. 당시 많이 상한 상태로 있다가 진안군의 지원으로 현재 복원 중이며 2022년 8월 6일 마을축제에 대동두레 재현과정에서 용기 깃발을 올렸다.

농기는 진안중평굿보존회가 보관하고 있었는데, 진안읍에서 상전면 방향 전수장에서 전수교육 활동 중 낙뢰로 화재가 발생하여 소실되었다. 1993년 김태형이 기록해 두었던 크기와 영상에 남아있는 모습을 보고 용기와 더불어 복원하였다.

故 김봉열 선생과 이병열 진안중평굿기념사업회 회장의 증언에 따르면, 설맹이는 글씨나 그림이 없는 깃발로 크기를 정확히 알 수 없어서 복원 과정에서 용기와 농기 크기의 중간 지점에서 정해 가로 12자, 세로 8자로 하였다. 깃발 주변에 다는 지네 발은 삼각형이 아닌 커텐이나 주름치마처럼 접어서 박음질하였다. 설맹이로 굿판 중앙에서 기를 돌리는 놀음을 했다고 한다. 이병열 회장의 증언에 따라 설맹이를 복원하였다.

영기는 2개로 크기는 사방 2자로 정사각형이며 이병열 회장의 증언에 따라 검은색에 빨강색이나 금색으로 '슈'자를 써 제작하였으며, 2022년 8월 6일 마을축제에서 게시되었다.

단체기는 '진안군 성수면 중평마을'과 '천년의 숨 − 청자 가마터', '백년의 흥 − 중평굿', '사람의 향 − 송계 문서'로 만장 형식으로 2개를 제작하였다.

---

2. **앞치배**: 농악을 연주하는 쇠, 징, 장구, 북, 소구 등을 다루는 자들을 이곳에서는 앞치
배라고 부른다. 복식은 모두 흰색 바지저고리에 청·적·황색 삼색 띠를 두르고 머리에
는 소구잽이를 제외하고 모두 부들상모를 쓴다.

3. 뒷치배

1) 대포수: 털모자를 쓰고 중의적삼에 망태를 등에 지고 손에는 총을 든다.
2) 조리중: 스님 복장에 염주를 목에 걸고 목탁을 들며 등에 바랑을 멘다.
3) 각시: 머리를 올리고 비녀를 꽂고, 수건을 쓰고 치마 저고리를 입는다.
4) 양반: 머리에는 정자관을 쓰고 한복에 도포를 입는다. 도포 등 뒤에는 '구대진사 삼대
권농九代進士 三代勸農'이라고 쓴다.
5) 광대: 찢어진 옷에 박으로 만든 탈을 쓴다.

중평마을굿은 '마당밟이(지신밟기)', '걸궁굿', '마당판굿'으로 나뉘는데, 구체적으로, 당
산굿, 시암굿(샘굿), 성주굿, 걸궁굿, 망우리굿(망월굿), 술멕이굿, 두레굿이 있다. 마
당밟이는 정초의례로서 당산굿, 시암굿, 성주굿, 장광굿(철룡굿), 노적굿, 다리굿, 술굿
으로 이루어진다. 걸궁굿은 들당산굿과 날당산굿으로 이루어지며, 망우리굿은 정월대보
름에 진행되고, 술멕이굿은 7월 초·중순 호미씻이 격으로 지역주민들이 술을 마시며 노
는 마을잔치굿이다. 두레굿은 일을 할 때 치는 굿이다. 마당밟이와 걸궁굿은 큰 의미에
서 같은 뜻을 품고 있다.

1. 마당밟이(지신밟기)

1) 당산굿: 마을 당산굿(제)에 관한 내력은 정확하지 않다. 故 김봉열 상쇠 생존시에 당
산굿을 진행했는데, 정월대보름, 술멕이날 또는 마을 밖으로 걸궁을 나가 돌아올 때
당산나무에 인사를 하는 굿이다. 당산제의 주관은 굿패가 주도한다. 당산나무에 금줄
(왼새끼줄)을 치고 간소하게 상을 차린 후 당산나무 주위를 돌며 굿을 친 다음, 굿패가
모여 어루기를 하며 절을 4번 하고 상쇠는 "한장 소지라도 만장 소지로 알고 받으소
서."라고 독축을 하고 다시 절을 한다.
2) 시암굿(샘굿): 시암굿은 매년 정월 열나흗날 저녁에 거행한다. 이른 저녁을 먹고 어둑
해질 무렵 굿패를 앞세우고 마을 주민들이 제일 큰 시암(샘)을 시작으로 마을에 있는
모든 시암을 돌며 깨끗하고 마르지 않는 생명수를 주시고 마을 주민의 안녕과 건강(을
염원하고) 나쁜 기운은 물리치고 명과 복은 가득 채워 주시라는 염원을 담아 치성을 드
린다. 바가지나 두레박에 쌀을 담아 불을 밝힌 뒤 굿패의 어루기에 절을 4번 한 후 상
쇠의 "동해바다 용왕님네 남해바다 용왕님네 서해바다 용왕님네 북해바다 용왕님네 맹
강수 청강수 처얼철 아따 그물 좋다 아들 낳고 딸 낳고 미역국에 밥 말세."라는 불림에
빠르고 힘 있게 굿을 친다. 굿을 마친 후 양병에 큰 시암의 물을 가득 담아 솔잎으로
주둥이를 막은 후 장대에 거꾸로 매달아 마을에 새로운 시암을 파거나 기존에 있던 시
암에 부어 큰 시암의 물 나눔을 통한 마을공동체의 하나됨과 건강 장수의 염원, 넘쳐
나는 생명수로 풍년을 기원하는 농경사회의 간절한 의식이다.

3) 성주굿: 굿패가 집에 들어서면 마루에 젯상(제사상)을 차려 쌀과 정화수를 떠놓고 촛불을 밝힌 뒤 어루기로 절을 4번 하고 고사풀이를 한다. 고사풀이는 성수면 음수동 마을 전왕근에 이어 마령면 서산 마을 고재봉에 의해 영상과 녹음물이 전해지고 있다.

4) 조왕굿: 보통 열두마치로 이동하여 정제(부엌)에서 치는 굿으로 솥뚜껑을 뒤집어 놓고 쌀을 담아 촛불을 밝히고 어루기 하며 절을 4번 하고 성주풀이를 하고 난 후 "앞뒤귀신 뒷뒤귀신 성주 뒷전에 조왕신"이라는 불림과 (함께) 굿을 친다. 가락을 마친 뒤 이어서 "주년이면 열두달이고 과년이면 열석달인디 날이면 날마다 명과 복을 저 드리고 재수로 헐 것 같으면 말여 물 묻은 바가지 깨드랭기듯²⁹⁾ 헌다 그말이여."라고 불림을 한다.

5) 장광굿(철룡굿): 보통 열두마치로 이동하여 어루기 하며 절을 4번 한 후에 "쥐 들어간다. 쥐 들어간다. 장독 밑에 쥐 들어간다."라고 불림을 하고서 굿을 친다.

6) 노적굿: 가을 추수를 한 후 창고가 없는 집에서는 마당 한켠 바닥에 두툼하게 짚을 깔고 (그 위에) 둥그런 덕석(멍석)을 깔고 (다시) 그 위에 덕석을 둥그렇게 옆으로 세워 돌린 다음 그 안에 추수한 알곡을 넣고 물이 들어가지 않게 짚으로 지붕을 만들었다. 어루기 하며 절을 4번 하고 "아랫노적 웃노적 좌우노적 웃노적"이라고 불림을 한 후 굿을 친다.

7) 다리굿: 정월 열나흗날 시암굿이나 마당밟이를 할 때 다리에 이르면 그냥 건너지 않고 어루기 하며 절 4번을 한 후 상황에 맞게 적절한 가락으로 굿을 친 후 (다리를) 건넌다.

8) 술굿: 마당밟이 도중에 술상이 나오면 어루기 하며 절 4번 한 후 굿패가 "어서 치고 술 먹세 뚜부국에 짐 나네."라는 불림과 함께 굿을 친다.

2. 걸궁굿

1) 들당산굿: 굿패가 마을 동구 밖에 이르러 영기를 길 양옆에 꽂으면 좌상과 마을 어른들이 갈퀴와 싸리비를 들고 굿패의 기량을 살핀 후 잘하고 못함을 가늠한다. (굿패의 기량이 뛰어나) 잘하면 갈퀴 손잡이를 마을로 향하도록 놓고, (기량이 뛰어나지) 못하면 손잡이가 마을 밖으로 향하도록 놓는다. 싸리비 손잡이가 마을 쪽으로 향하도록 놓으면 상쇠부터 마을로 들어가며, 싸리비 끝이 마을 쪽으로 향하면 소구잽이부터 거꾸로 마을로 들어간다. 소쿠리에 솔방울을 담아 놓으면, 굿패가 (마을에) 들어가며 하나씩 들어서 빈 소쿠리에 넣고 들어간다. (마을에서는) 솔방울 수를 헤아려 굿패의 인원수를 파악하며 음식 장만 등에 활용한다. 故 김봉열 선생의 증언에 따르면, 걸궁 중에 절대로 밥을 비벼 먹지 말라(고) 하였는데 마을 주민과 굿패, 굿패끼리 (벌어질 수도 있는) 싸움을 막기 위해 이를 금기시하였다(고) 한다.

2) 날당산굿: 굿패는 절을 두 번하고 상모를 돌리며 힘껏 뜀박질하며 마을을 빠져나온다. 마을의 잡귀가 붙지 못하게 하는 것이고, 굿패가 그 마을의 쌀과 돈을 거두어가기 때문에 마을 사람들과 안 좋은 일이 생길까봐 빨리 달아난다는 것이다.

---

29) '바가지에 깨 달라붙듯'이라는 뜻이다.

3. 망우리굿(망월굿): 망우리굿을 하기 전날인 열나흘에 시암굿을 한다. 마을의 생명수로서, 큰 시암과 마을 각지에 있는 시암에서 굿을 진행한다. 새해 첫 보름날 망우리 불로 액을 태워 소멸하고 차가운 달을 불과 연기로 그슬려서 따뜻한 기운으로 돌려 풍년 기원 및 명과 복을 비는 마을공동체의 장엄한 의식이다. 양지뜸[30] 야산에서 어른들이 생소나무를 잘라주면 통째로 끌어다 달집을 짓고 정초에 한지로 만들어 입었던 종이옷과 겨우내 가지고 놀았던 연을 태우고 다리미에 콩을 볶아 먹으면 머리에 부스럼이 나지 않는(고) 하였다. 굿패가 동쪽 하늘 박을뫼[31] 위로 달이 떠오르면 어루기 하며 절을 4번 하고 상쇠나 좌상의 선창에 "망우리야"를 4번 외친 후 굿판이 시작된다. (김태형이) 어려서 깡통 돌리기와 손으로 숯검정을 친구들의 얼굴에 묻히면서 놀았다고 한다. 얼굴을 씻지 않고 다음날 아침에 일어나면 눈과 이만 하얗고 얼굴이 온통 검정색이었다.

4. 술멕이굿: 봄철 모내기가 끝나면 두레 활동으로 지심매기[32]를 한다. 논에 풀이 많으면 4번까지 실시하는데, 만두레(마지막 두레) 때는 마을 전체 주민이 모여 대동두레를 실시한다. 대동두레 5~7일 후 칠석이나 백중날 음식을 준비하여 힘들었던 농사일을 잠시 내려놓고 그간의 노고와 힘듦을 풀어내고 더 나은 모습으로 나아가는 힘을 만들어내는 농경사회 최고·최대의 대동축제였다.

5. 두레굿

1) 팻두레: 좌상(座上)[33]은 팻두레(4~5명, 5~6명)를 조직하고 농가의 요청에 따라 두레패를 배정한다. 들노래는 팻두레 거행시에 했으며 故 김봉열 선생에 의해 방게소리와 쌈 싸는 소리가 음성자료로 전해지고 있다.

2) 대동두레: 대동두레를 할 때 긴 장대를 들고 앞서 나가며 이슬을 털어주고 두레꾼이 먼저 나가면 저지하고 늦은 사람은 빨리 나오게 하여 대열을 맞추며 일꾼수 및 풍작과 흉작을 가늠하여 일값을 매긴다. 일값으로 거출된 재원은 술멕이 행사 비용과 기물(악기, 마을에 필요 물건)을 구입하는 데 쓰인다. 대동두레는 마을 전 주민이 모여 실시하는 만두레(호미씻이)로 술멕이 행사(칠석날, 백중날) 5~7일 전에 거행하며, 술멕이 행사장 주변에 좌상의 지휘하에 용기를 올리고 영기, 농기를 세우고 흥겹고 힘 있는 풍년질굿을 치며 논으로 나아가 논두렁에 영기를 양옆에, 농기를 가운데 세운다. 굿패가 제일 앞에 나아가고 좌상이 그 뒤를 따르며, 상쇠의 '깽깽깽깽~~' 꽹과리 소리에 논두렁에 죽 늘어서면 상쇠의 '개갱 개갱 개갱 갱(어서 어서 들어서)' 소리에 맞춰 논에 들어가 지심을 뽑아 뭉쳐서 발로 밟아 땅속에 밀어 넣는다. 굿패는 상황에 따라 논두렁을 따라 진행하였다고 한다. 두레를 마치고 해질녘 농사가 제일 잘된 집의

---

30) '양지뜸'은 중평 마을회관의 맞은편에 위치한 자그마한 야산이다.

31) '박을뫼'는 양지뜸보다는 내동산 방향으로 위치해 있는 야산이다.

32) '김매기'의 전라도 사투리이다.

33) 좌상은 마을에 덕망과 신의가 높은 어른으로 마을 공론을 통해 선출된다(2022년 5월

상일꾼을 사다리에 싸리 바작을 얹고 태워(서) 영기, 농기, 상일꾼 태운 사다리, 상쇠가 제일 뒤에 서고 거꾸로 늦은 삼채가락에 맞춰 너울너울 춤을 추며 풍년을 소망하는 간절함과 힘든 일의 마무리에 대한 뿌듯한 성취감이 함께 어우러진 흥겨운 맘판[34]을 펼치면서 마을로 귀환한다. 농사가 제일 잘된 상일꾼의 집에 가서 영기와 농기를 중앙에 모시고 남은 힘과 흥을 쏟아낸 뒤 주인집에서 내놓은 장울리[35] 술과 음식으로 서로의 노고에 대한 위로와 격려의 덕담으로 마무리한다.

*출처: 김선태. 진안중평농악(鎭安中坪農樂). 한국민속대백과사전 (https://folkency.nfm.go.kr/kr/topic/detail/6539) (2020/07/10 자료 접근). (중평 마을 김태형 이장의 고증과 자료 제공으로 대폭 수정을 하였음).

〈사진 2-7〉 시암굿(샘굿)

*출처: 중평 마을회관 소장(2022년 5월 18일 현장조사).

18일 현장조사).

34) 맘판은 '굿판의 최절정에 이르러 마음껏 뛰노는 판'을 말한다.

35) '장울리'는 최고, 장원(壯元)이라는 뜻의 전라도 사투리이다. '장울리 술', '장울리 음식'은 상일꾼에게 내놓은 술과 음식을 말한다(2022년 7월 27일 전화 통화에서 김태형(金太衡, 1962년생) 이장의 도움말).

〈사진 2-8〉 정월대보름 망우리굿(망월굿)

*출처: 중평 마을회관 소장(2022년 5월 18일 현장조사).

〈표 2-7〉은 중평 마을공동체에서 행해지던 '주당방아 찧기'굿에 대해 설명하고 있다. 주당방아 찧기는 과거 전통사회에서 병을 치료하기 위한 목적으로 환자에게 붙어 있는 잡귀를 쫓기 위한 의식행위로 많은 지역공동체에서 행해졌다. 중평마을 이장 김태형이 제공한 자료를 토대로 작성하였다.

〈표 2-7〉 중평 '주당방아 찧기'굿

〈중평 '주당방아 찧기'굿〉

(오랫동안 중평 마을공동체에서) 나쁜 기운을 몰아내거나 병을 치료하기 위한 의식행위로 (행해졌다.) 덕석 위에 사내끼[36] 일곱 개를 놓고 그 위에 짚을 깔고 병자(病者)를 눕힌 다음 용마루로 덮는다. 앞소리꾼이 징을 치며 사설을 선창하면 뒷소리꾼(들)이 후렴을 부르며 도 굿대[37]를 들고 땅을 쿵쿵 찧으며 원을 돈다.

| 선창: 어여라 주당인가 | 후창: 어여라 주당인가 |
| 선창: 방안에 주당인가 | 후창: 어여라 주당인가 |

---

36) '짚으로 꼰 줄'의 전라도 사투리다.

37) '절굿공이'의 전라도 사투리다.

선창: 그 주당으로 물려내고	후창: 어여라 주당인가
선창: 정재[38]의 주당인가	후창: 어여라 주당인가
선창: 마당 가운데 주당인가	후창: 어여라 주당인가
선창: 그 주당으로 물려내고	후창: 어여라 주당인가
선창: 오양[39]의 주당인가	후창: 어여라 주당인가
선창: 그 주당으로 물려내고	후창: 어여라 주당인가
선창: 치간[40]의 주당인가	후창: 어여라 주당인가
선창: 그 주당으로 물려내고	후창: 어여라 주당인가
선창: 초상장사의 주당인가	후창: 어여라 주당인가
선창: 그 주당으로 물려내고	후창: 어여라 주당인가
선창: 환갑잔치 주당인가	후창: 어여라 주당인가
선창: 그 주당으로 물려내고	후창: 어여라 주당인가
선창: 산에 올라 주당인가	후창: 어여라 주당인가
선창: 그 주당으로 물려내고	후창: 어여라 주당인가
선창: 늦은 주당 급 주당	후창: 어여라 주당인가
선창: 콩콩 찧어서 물려내세	후창: 어여라 주당인가
선창: 외로 돌아서 주당인가	후창: 어여라 주당인가
선창: 늦은 주당 급 주당	후창: 어여라 주당인가
선창: 콩콩 찧어서 물려내세	후창: 어여라 주당인가

행위가 끝나면 (뒷소리꾼들이) 도굿대를 사방으로 던지고 앞소리꾼이 병자에 다가가 이름을 부르며 "○○이가 죽었네."라고 크게 외치면 병자는 방으로 들어가고 물동이에 밥 3접시, 된장 3접시를 붓고 사내끼로 깔았던 짚, 허수아비, (짚으로 엮은) 용마루를 일곱 매듭으로 묶은 후 들것에 실어 곡을 하며 한쪽으로 이동하여 태우고 물동이는 불놓은 가까운 지점에 비운다.

중평 마을의 '주당방아 찧기'굿은 중평굿 명인 故 김봉열에 의해 1990년대 초 시연 영상이 남아 있으며 그의 형님인 故 김봉준에게서 배워 오늘에 이르고 있다.

준비물: 징, 덕석, 용마루 1미터 전후, 왼 사내끼 일곱 개 2미터 전후, 짚으로 만든 허수아비(사람 대용), 도굿대 여러 개, 들것(상여 대용)

상차림: 물동이 1개, 밥 3접시, 된장 3접시

*출처: 김태형 이장 자료 제공(2022년 5월 18일 현장조사와 2022년 6월 30일 문자).

---

38) '부엌'의 전라도 사투리로 '정제', '정지' 등으로도 불린다.

39) '외양간'의 전라도 사투리다.

40) '화장실'의 전라도 사투리다.

앞서 잠깐 언급하였듯, 중평굿은 두렁쇠 故 김봉열 선생의 평생 노력으로 그 구성과 체계가 잡히게 되었다. 김봉열 선생은 중평 마을 출신으로 1914년 3월 7일 이 마을에서 수장구를 쳤던 김만동(金萬東)의 둘째 아들로 태어났다. 그는 어려서부터 굿을 좋아하고 굿에 타고난 재능을 보였다고 한다. 당시 동네 유지였던 이봉환(李鳳煥) 어르신을 비롯한 마을 주민들은 김봉열 선생을 마을 풍물굿의 상쇠로 키울 것을 공론으로 결정했다. 당시 백운면 술무지[酒泉] 마을에 상쇠로 유명했던 김인철(1867~?) 선생을 모셔다가 이레 동안 김봉열 선생과 동네 젊은이들에게 굿을 가르쳤다고 한다. 나이 20세가 되었을 때 역시 같은 선생 밑에서 굿을 배웠던 백운면 내동리 출신 상쇠 하바우[하정수]가 이끄는 상전면 소방서 걸궁에 보름 동안 중쇠로 참여하면서 나머지 기량을 익히게 되었다.

김봉열 선생은 25세 때부터 상쇠로 중평굿패를 이끌었다. 그 뒤 실력을 인정받아 진안, 임실, 전주, 서울 등지에서 공연을 가졌으며, 많은 대회에 참가하여 수상하였다. 1974년 제1회 전라북도 시군농악경연대회 1등상, 1975년 제2회 전라북도 농악경연대회 연기상 등을 수상하였고, 충남 금산농고 풍물패를 40여 일 동안 지도하여 1983년 제24회 전국민속예술경연대회에서 금산농고가 국무총리상을 수상하였다.

풍물의 전통이 급격하게 사라지던 1970년대 이후에도 김봉열 선생은 농사와 목수 일을 하면서 중평굿패를 이끌고 두렁쇠의 길을 꿋꿋하게 걸어왔다. 무엇보다도 1986년 12월에 이 마을 출신 대학생들이던 김태형, 이승철 등에게 풍물을 가르치면서 중평굿은 다시 살아났다.[41] 1987년 진안군내 풍물잽이들과 함께 중평굿 발표회를 가지면서 선생과 중평굿에 대해 세간의 주목을 받게 되었다. 1990년 김형진, 김태형, 이

---

41) 2022년 6월 8일 마을회관에서 김태형 이장의 증언.

승철, 성태일과 함께 굿모임을 만들었고 다시 1992년 '진안중평굿보존
회'를 결성하면서 큰굿을 쳤다. 같은 해 보존회 회장에 취임하였는데 당
시 선생의 연세는 79세였다. 그 후 중평굿의 보존과 대중화에 많은 노
력을 기울이다가 1995년 82세의 일기로 돌아가셨다.

〈사진 2-9〉 김봉열선생기적비(金鳳烈先生紀蹟碑)

*출처: 저자 촬영 (2019년 1월 22일).

2014년 4월 5일에 '전라좌도 진안중평굿기념사업회'가 김봉열 선생
의 업적을 추모하고 기념하기 위해 '김봉열선생기적비(金鳳烈先生紀蹟
碑)'를 중평 마을 내 진안중평굿전수관 앞마당에 건립하였다. 그 내용은

〈부록 표 2-1〉에 실려 있다. 다음 〈표 2-8〉은 '김봉열 선생 굿살이' 연보를 보여준다.

<표 2-8> '김봉열 선생 굿살이' 연보

〈'김봉열 선생 굿살이' 연보〉	
1914.03.07.	성수면 도통리 중평 마을 979번지에서 김만동(金萬東)의 2남으로 출생
1931. (18세)	백운면 술무지[酒泉] 마을 유명한 상쇠 김인철(1867~?) 선생에게서 사사
1933. (20세)	백운면 내동리 출신 상쇠 하바우[하정수] 밑에서 중쇠로 상전면 소방서 걸궁 참가
1938. (25세)	중평 마을 상쇠
1964.08. (51세)	마령면 체육대회에서 특등상 및 특기상 수상
1969.08. (56세)	마령면 체육대회에서 1등상 수상
1974. (61세)	제1회 전라북도 시군농악경연대회 1등상 수상
1975.01. (62세)	진안군 풍물패 지도 및 제2회 전라북도 농악경연대회 연기상 수상
1980. (67세)	충남 금산농고 풍물패 지도
1983.10. (70세)	제24회 전국민속예술경연대회에서 금산농고가 국무총리상 수상
1987.03. (74세)	진안군내 풍물잽이들과 중평굿 발표회
1990.02. (77세)	금산농고 감사패 수여
1992.11.29. (79세)	'전라좌도진안중평굿보존회' 결성큰굿 & 보존회 회장 취임
1993.07. (80세)	'진안중평굿보존회 전수관' 준공
1993.08. (80세)	칠석맞이 진안중평굿 발표회
1995.08.15. (82세)	별세
2014.04.05.	'김봉열선생기적비(金鳳烈先生紀蹟碑)' 건립

*출처: 이승철. (2015: 12-16). 「전라좌도 진안중평굿」.

백운면 술무지 출신 상쇠 김인철 선생에게서 김봉열 선생과 함께 굿을 배웠던 분들은 김두봉, 김봉준, 전왕근, 전병양, 이쌀봉 등이 있다. 그 후 김봉열 선생은 마을 사람들에게 직접 굿을 가르쳐 중평굿패를 꾸

렸는데, 그 구성은 다음과 같다(이승철, 2015: 14; 2022년 5월 18일 김태형
이장 증언).

- 상쇠 김봉열
- 부쇠 송종환
- 수징 이병국
- 부징 이병열
- 수장구 김용문
- 장구 김한술, 김회주
- 소고 유점열, 서성진, 이두환, 오원영, 김양권, 이정동, 전병화, 하정덕,
  하정기

그 외에도 김봉열 선생과 마을굿을 함께 했던 분들은 김두환(성수면 중
평), 전왕근(성수면 음수), 전석봉(마령면 판치), 김형준(진안읍 암곡) 등이 있
다(이승철, 2015: 33; 2022년 5월 18일 김태형 이장 증언). 다음 글은 김봉열
선생의 굿에 대한 생각과 애정을 고스란히 보여준다.

"굿을 뼈 속까지 아는 사람들은 우리 굿을 알아줘. 다른 굿은 맛이 없어서
못 듣것다고들 허지. 굿은 마음을 쏟아내는 굿이 그 바탕인 벱여. 근디 그것
이 잔재주 가락을 부린다고 저 깊숙이 있는 맴까지 들춰 지것어? 얼른 들어
재미는 있겠지. 지가락에 지가 미치지 않으면 그 굿은 죽은 굿이나 진배 없
어. 지가락에 미쳐야지.....” (두렁쇠 김봉열 선생 말씀 중에서) (이승철, 2015:
12).

3. 공동체 조직의 특성

중평 마을공동체에서는 구성원의 생존과 삶을 보장하고 마을공동체의 번영과 상생을 지속적으로 유지하기 위한 목적으로 과거 오래전부터 다양한 공동체 조직들이 결성·운영돼 왔던 것으로 추정된다. 마을 구성원들은 공식적·비공식적 모임을 자주 가지면서 지역적 정체성, 일체감 등 공동체 소속감과 유대의식의 형성, 유지 및 강화에 기여해왔을 것이다.

중평 마을공동체에서는 동계, 역구실 송계, 서당계 이외에도 다양한 종류의 공동체 조직들이 창설·운영되었다. 이병열, 김회선, 권대현 어르신의 증언을 들어보자.[42]

이병열: 상여계(喪輿契)는 지금도 있고, (마을에) 나무 상여가 있(었)다. 가마도 있고 상여도 있었다. 상여는 위친계(爲親契)가 있었다. 어른들 위해서 자손들이 그 위친계를 만들어서 같이 도와주고 그랬다.

김회선: 크리스마스계, 아홉계 등이 있(었)다. 아홉계는 아홉 명이서 마음 맞는 사람들끼리 만든 것이다. 크리스마스계는 밀주를 마시려고 (계를) 만들었다. 크리스마스 날에 밀주를 쌀 몇 말로 만들고 고기 한 마리 잡아놓고 그랬다.

권대현: 크리스마스계는 요새 얘기고 옛날에는 동네 사람들이 이렇게 한번

---

42) 2019년 2월 17일 마을회관에서 이병열, 김회선(金會善, 1948년생), 권대현(權大絃, 1948년생) 어르신의 증언.

사랑방에 모이면 한 열댓 명씩 모인다. 그때는 총각들이 많이 모이니까 결혼계도 있었고, 장가 간다하면 십시일반 걷어서 축의금을 내는 것도 있었다. 그냥 모여앉아 아 이거 하나 하자하면 이거(계를) 만들고 저거 하나 하자하면 저거(계를) 만들고 그랬다.

조선 후기부터 오늘날까지 중평 마을공동체 조직으로는 동계(洞契), 송계(松契), 그리고 서당계(書堂契)가 잘 알려져 있다. 최근에 결성·활동하고 있는 마을공동체 조직으로는 노인회, 부녀회, 진안중평굿보존회, 전라좌도 진안중평굿기념사업회 등이 있다. 중평노인회는 비교적 최근인 1992년에 결성되어 마을의 대소사에 중요 역할을 수행하고 있다. 진안중평굿보존회 역시 1992년 결성되어 중평굿의 보존, 전승 및 보급을 위해 활발하고 다양한 교육과 전수 활동을 펼치고 있다. 2013년에 출범한 전라좌도 진안중평굿기념사업회에서는 중평굿의 보존과 전수 교육뿐만 아니라 마을 행사에서 '주당방아 찧기'굿, 대동두레굿, 술멕이굿, 시암굿(샘굿), 망우리굿(망월굿) 등을 주관·시행하고 있다.

중평 동계의 회계장부이자 회의록인 1867년 수계기가 남아 있어(이주형, 2010) 적어도 동계의 역사는 그보다 훨씬 앞설 것으로 추정된다. 언제, 어떤 계기로 동계가 만들어졌는지, 동계의 조직 체계 및 임원 구성, 활동내역 등에 대한 자료가 전혀 없어 동계의 기원을 추적하기는 사실상 어렵다. 진안역사박물관에 보관 중인 「동계·송계수계기」(1888년~1980년)를 직접 열람하였으나, 1867년 수계기는 확인할 수 없었다. 아마도 그 사이에 망실되었을 것으로 짐작된다. 비록 동계의 창설 기록이나 이전 수계기가 남아 있지 않지만, 동계의 역사는 이보다 훨씬 오래됐을 것으로 보인다.

중평 동계는 마을공동체의 구성원이면 누구나 참여했던 촌락공유계

(村落共有契) 성격을 띠었음이 확실해 보인다. 중평 동계는 마을공동체에 관한 제반 사항, 이를테면 공동요역 및 납세, 기우제, 공동 기금 및 물품 관리 등을 실질적으로 담당해왔다. 동계의 총회인 강신회(講信會)는 가을걷이가 끝난 음력 10월에서 12월 사이에 연 1회 개최를 원칙으로 하였다.

중평 역구실 송계는 중평과 점촌 사이에 있는 역구실산[蓼谷山]을 송계산으로 삼아 결성·운영되었다. 역구실 송계는 중촌송림계 등으로 불리기도 한다. 역구실 송계는 적어도 1888년 이전에 창설되었을 것으로 추정된다. 아마도 진안현청으로부터 역구실산을 입안 받아 중평 송계가 결성되었던 것으로 추정되지만 확실한 근거는 없다. 역구실 송계 또한 마을공동체의 구성원이면 누구나 참여하던 촌락공유계의 성격을 띠고 있었으며, 중평과 점촌 두 마을이 참여했던 독송계(獨松契)의 특성을 띤다. 송계의 실무를 담당하던 유사는 중평과 점촌에서 각각 1명씩 선발하였다. 역구실 송계는 중평 마을공동체 구성원들이 주도하여 창설한 송계로서, 기층민(基層民) 주도 송계의 특성을 지닌다. 마을 주민들은 역구실산에 산전을 일궈 마을 주민의 생계에 큰 보탬을 주었고, 비료용 퇴비 및 땔감을 확보했으며, 산전세를 거두고 목재를 판매하여 공동체의 공동 재원으로 활용하였다. 이는 역구실 송계가 기층민 주도의 송계였으며, 퇴비/연료 확보, 보용/보역 등 마을공동체와 구성원에게 실질적인 혜택을 제공하였음을 알 수 있다. 1990년에 역구실산이 외지인에게 팔리면서 역구실 송계는 공식 해체되었다.[43]

과거 전통사회에서 송계는 일반적으로 동계의 하위조직으로 결성·

---

43) 이후 산림청에 다시 매각되어 현재 역구실산은 국가 소유로 남아 있다(2022년 4월 20일 전화 통화에서 김태형 이장의 도움말).

운영돼 왔던 것으로 알려져 있다. 하지만 역구실 송계와 중평 동계의 관계는 다소 복잡하고 역동적이었던 것으로 파악된다. 〈그림 2-2〉에서 보듯, 1990년 역구실 송계가 해체될 때까지 동계와 송계는 역동적인 관계 속에서 운영되었음을 짐작케 한다. 현재 1888년 이전 자료가 망실되어 그 자세한 내역은 알 수 없지만, 1888년부터 1891년까지 동계와 송계는 상대적으로 독립성을 유지하였고 수계기도 별도로 작성되었다. 1892년에는 동계가 송계의 하위조직으로 운영되다가 1893년에는 다시 대등한 관계로 돌아왔다. 1894년부터 1896년까지 송계는 동계의 하위조직으로 운영되었고, 1897년에는 역으로 동계가 송계의 하위조직으로 운영되었다. 1898년부터 1935년까지 다시 송계가 동계의 하위조직으로 운영되었으며, 1936년에는 역으로 동계가 송계의 하위조직으로 운영되었다. 1937년부터 1939년까지는 다시 동계가 송계의 상위조직으로서 기능하다가 1940년에는 동계가 송계의 하위조직으로 운영되었다. 1941년부터 1944년까지 다시 송계가 동계의 하위조직으로 운영되었고, 해방되던 해인 1945년에는 송계가 동계의 상위조직으로 자리매김하였다. 1946년에 다시 송계가 동계의 하위조직으로 운영되면서 1980년까지 이어졌다. 역구실산 소유권을 둘러싼 이웃마을 외궁리와의 법적 소송에서 최종 승소한 1981년부터 1989년까지 송계가 동계의 상위조직으로 역할과 기능을 수행하였다.

중평 동계와 역구실 송계가 이렇듯 역동적이고 복잡한 관계를 유지하였다는 사실은 역설적이게도 중평 마을공동체 차원에서 동계와 송계는 거의 구분 없이 운영돼 왔음을 암시한다. 중평 마을공동체의 제반 현안들은 동계와 송계의 구분 없이 함께 다뤄져 왔다고 이해하는 게 보다 적실한 접근이 아닐까 싶다.

〈그림 2-2〉 동계와 송계의 관계

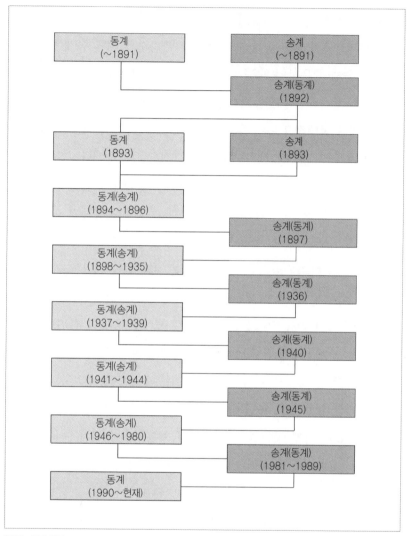

*출처: 저자 작성.

　　서당계는 중평 마을공동체 내 자녀 교육을 위해 결성된 특수목적을
지닌 결사체 조직이다. 구체적으로, 장학계(獎學稧)가 계원 29명으로
1916년에 결성되어 1927년까지 운영되었다. 1929년에 흥학계(興學稧)

가 다시 결성되어 1996년까지 지속되었다. 서당계 소유의 전답을 마련하고 곗돈을 증식하여 계원 자녀에게 학용품 지급, 훈장 선생 초빙 및 보수 등에 활용하였다. 1996년 경지정리작업에 따른 서당답의 매각대금을 마을 공동기금에 기부하면서 흥학계는 공식 해체되었다. 〈그림 2-3〉에서 보듯, 서당계는 특수 목적성을 띠며 별도로 운영되었더라도 중평 동계에서 서당계의 운영, 마을 학동의 교육 활동 등을 위해 적극적으로 지원·기여하였다.

〈그림 2-3〉 동계와 서당계의 관계

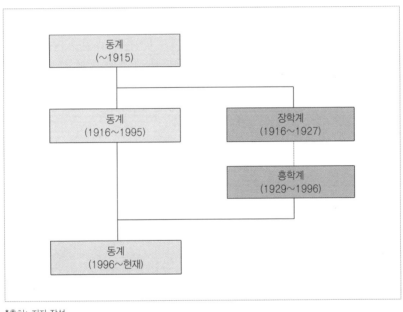

*출처: 저자 작성.

다음 장에서는 중평 동계, 중평 역구실 송계, 중평 서당계, 중평 노인회, 전라좌도 진안중평굿기념사업회 등을 차례로 심도 있고 자세하게 고찰한다. 무엇보다도 각 공동체 조직의 결성 시기, 결성 목적, 조직 구조, 운영 체계, 계원 추입, 임원 선정, 수입 및 활동 내역 등을 조선 후기, 일제강점기, 그리고 해방 이후로 나눠서 톺아보고자 한다. 더불어 동계와 송계, 동계와 서당계, 송계와 서당계 간의 협력 관계를 살펴본다.

제 3 장

중평 동계

오랜 세월 동안 중평 동계에서 마을 구성원의 공동체 정체성을 확립하고 유지·강화하는 기능과 역할을 담당해왔다. 중평 동계가 마을공동체와 구성원들이 직면하고 있던 주요 현안, 이를테면 마을 공동세 납부, 공동 요역 및 울력, 강신회, 마을 공동물품 마련 및 보수·관리, 당산제·호미씻이·백중놀이 등 마을 행사 주관, 공동 재산 증식 및 관리 등 다양한 역할과 기능을 수행해왔다. 오늘날에는 '동계'라는 명칭을 쓰지 않지만, 동계의 역할과 기능은 마을 대동회에서 그대로 면면히 이어져오고 있다.

이 장에서는 동계의 활동 모습과 내역을 상세하게 살펴보고자 한다. 안타깝게도 동계 관련 기록은 1888년부터 자료 구득이 가능하다. 하지만 중평 마을공동체의 동계는 그보다 훨씬 이전부터 창설·운영되었을 것으로 추정된다(이주형, 2010). 여기서는 조선 후기(1888~1910년), 일제강점기(1910~1945년), 해방 이후(1945~2018년) 등 세 시기로 나눠 동계의 활동을 구체적으로 살펴본다. 특히 각 시기별로 동계의 조직 구조 및 방식, 동계의 지위, 송계와 서당계를 비롯한 기타 공동체 조직과의 관계, 의사결정 과정 및 방식, 임원의 선정·임기·보수, 계원의 충원 및 절차, 추입금 및 추입조, 동중 재원의 출처·증식 및 관리, 당시 주요 현안 및 대응 등을 중심으로 톺아본다.

제1절
조선 후기

    중평 동계의 조직 구조 및 임원 구성에 관한 자세한 내역은 파악하기 쉽지 않다. 수계기 이외에는 동계의 서문, 규약, 좌목과 같은 별도의 기록 자료가 남아 있지 않기 때문이다. 동계의 수장은 계장(契長)으로 불렸으며, 동계의 실무를 담당하는 1~3명의 유사(有司)가 있었다. 「동계‧송계수계기(洞稧‧松稧修稧記)」(1888년~1980년)를 보면, 1900년 '契長歲饌價' 항목에 2냥, 1902년 '契長歲饌' 항목에 4냥이 기재된 것으로 봐서 동계 수장은 계장으로 불렸음이 확인된다. 계장은 덕망과 학식을 갖춘 상징적인 임원으로 마을공동체의 가장 큰 어른이다. 계장의 권위는 대단하였으며, 동계를 대표하고 총괄하였지만 실무는 담당하지 않았던 것으로 보인다. 동계의 실무는 상유사와 하유사가 담당하였다.

    해마다 한 차례 강신회(講信會)에서 작성되던 수계기의 맨 마지막에는 다음 회계연도의 상하유사 명단이 기재돼 있다. 수계기를 살펴보면, 지출항목에 '上下有司例下用'이라고 기재돼 있는데, 유사는 상유사 1명, 하유사 1명 등 2명으로 이는 신분에 따른 구분으로 보인다. 보통 상유사는 중평 마을에서, 하유사는 점촌 마을에서 담당했던 듯하다. 상하유사에게는 1891년부터 해마다 일정 사례금이 지급되었다. 예외적으로 1894년에는 사례금이 지급되지 않았는데, 이는 그해 동계의 곡식과 돈을 마을 계원들에게 골고루 분배하였기 때문으로 추정된다.

〈부록 표 3-2〉는 조선 후기 동계와 송계의 유사 명단을 보여준다. 1888년부터 1891년까지는 유사 명단이 망실되어 확인할 수 없다. 이후 각 연도에는 1~3명의 유사 명단이 기재되어 있는데, 보통 2명의 유사가 임명되었다. 임기는 1년을 원칙으로 하며, 연임되는 경우도 간혹 있었다. 대개 유사는 중평과 점촌에서 각각 1명씩 두었던 것으로 추정된다.

1. 강신회

과거 향촌사회에서는 주요 현안의 논의 및 의결, 회계결산 및 감사, 포상, 윤리 위반행위 처벌, 임원 선정 등 여러 안건을 논의하고 결정하기 위한 정기모임을 개최했다. 오늘날 정기총회에 해당하는 강신회(講信會)는 계원이면 누구나 참여가 보장되고 모든 안건이 상정되어 공개적으로 논의·결정되었다.

강신(講信)은 '믿음을 강구한다.'라는 의미로 단어의 기원은 무척 오래됐다. 오경(五經)[44]의 하나인 『예기(禮記)』「예운편(禮運篇)」에서 공자는 이상사회의 모습인 대동사회(大同社會)를 다음과 같이 그리고 있다.

---

[44] 오경(五經)은 『시경(詩經)』, 『서경(書經)』, 『역경(易經)』, 『춘추(春秋)』, 『예기(禮記)』를 일컫는다.

〈사진 3-1〉 동계 수계기 (1888년 10월 16일 강신회)

*출처: 「동계·송계수계기(洞稧·松稧修稧記)」(1888년~1980년).

　대도(大道)를 행하게 되니 온 세상이 공평무사하게 되고, 현명한 사람과 능력 있는 사람을 뽑아서 믿음을 강구하고 화목을 갖추어나간다. 사람들이 자기 부모만을 부모로 여기지 않고 자기 자식만을 자식으로 여기지 않으니, 노인은 제대로 수(壽)를 누리고서 임종을 맞이하게 하고, 청년들은 세상의 인재로 쓰이게 하고, 어린아이들은 제대로 잘 자라게 한다. 홀아비와 과부와 고아와 자식 없는 노인들이 모두 봉양을 받는다. 남자는 자신의 직분(職分)이 있고 여자는 배필을 찾아서 시집을 간다. 돈이 땅에 떨어져 있으면 그 어찌 내버려두겠는가, (그러나 그것을 주워) 자기의 것으로 감추지 아니한다. 자기 몸에서 어찌 힘이 나오지 않겠는가, (그러나 그것을) 반드시 자기만을 위해서 쓰지 않는다. 이런 까닭에 마음을 닫아걸고 혼자서 꿍꿍이하지 않고

제3장 중평 동계 103

도적과 난적이 생기지 않으니, 문을 바깥으로 (활짝) 열어놓고 산다. 이런 세
상을 일러 '대동(大同)'이라고 한다.[45]

위의 구문을 통해 짐작하듯, 정기총회를 일러 강신회로 불렸던 것은
당시 동계가 지향하던 이상적인 공동체가 바로 '대동사회'임을 말해준
다.

중평 동계 또한 예외는 아니어서 동계의 운영을 통해 누구나 '함께 더
불어' 사는 살맛나는 세상을 지향하였던 것이다. 중평 동계의 강신회는
매년 1회를 원칙으로 개최됐다. 당시 다른 지역공동체에서 대개 봄과
가을 계원들을 소집하여 강신회를 두 번 개최했던 경우와는 다르다. 한
예로, 전남 보성군 복내이리송계(福內二里松契)에서는 매년 봄과 가을에
강신회를 개최하여 임원 선출, 회계결산 및 감사 등이 이뤄졌고, 지역
공동체 관련 현안들이 집중적으로 논의됐다(배수호, 2019). 중평 마을공
동체에서 강신회는 대개 음력 10월 중에 소집·개최됐다. 예외적으로
11월 초순에 개최된 경우도 세 차례 정도 있었다.

중평 마을공동체에서 결성·운영됐던 중평 역구실 송계와의 관계를
살펴보면, 동계 강신회에서 송계 관련 사항들이 함께 다뤄지기도 하였
다. 한 예로, 1903년 동계 강신회에서 역구실산 구역 내 불법적인 벌목
행위에 대해 '첨의(僉議)'라는 결의문을 작성하였다. 즉, 송추, 울타리용
나무, 땔감, 삼을 삶을 나무 등을 자르거나 치지 말 것이며 만일 이를
어길 시에는 쌀 1말을 벌금으로 징수하겠다는 내용이다. 때로는 1892

---

45) 『禮記』「禮運篇」. "大道之行也 天下爲公 選賢與能 講信修睦 故人不獨親其親 不獨
子其子 老使有所終 壯有所用 幼有所長 矜寡孤獨廢疾者 皆有所養 男有分 女有歸
貨惡其棄於地也 不必藏於己 力惡其不出於身也 不必於己 是故謀閉而不興 盜竊亂
賊而不作 故外戶而不閉 是謂大同."

년과 1893년 경우와 같이 송계 강신회에서 동계의 주요 현안들이 논의되고 처리되었다. 무엇보다도 동계와 송계의 강신회 개최 날짜가 같은데, 이는 당시 사안과 쟁점의 중요성과 긴급 정도에 따라 동계와 송계 수계기가 별도로 작성되었을 것으로 추정된다.

1891년 송계 수계기를 보면, 역구실산 구역 내에서 벌송(伐松) 행위와 벌금에 대한 논의가 집중적으로 이뤄졌던 것으로 보인다. 1893년에는 송계 수계기가 동계 수계기보다 먼저 작성되었으며 마을 차일(遮日) 마련 후 남은 금액과 차일 대여 수익이 송계 수익금으로 기재되어 있다. 하지만 송계가 동계로부터 얼마만큼 독립성을 가졌는지, 업무 분장은 어떻게 이뤄졌는지 등을 추정할 만한 근거 자료가 부족하다. 그렇다하더라도 동계와 송계가 밀접하게 연계되어 함께 운영되었음을 쉽게 추정할 수 있다. 중평 마을공동체가 두 개의 자연마을로 이뤄졌고 그 규모가 그리 크지 않았던 점, 동계의 계원과 송계의 계원은 사실상 일치했던 점을 고려해보면, 동계와 송계를 별도로 개최하는 것이 사실상 큰 의미가 없었을 것이다.

강신회 운영 및 의사결정 방식에 대해서는 자세히 알 수가 없다. 다만 당시에는 다수결 방식이 아니라 합의제(合議制) 방식으로 강신회가 운영됐을 것으로 추측된다. 마을공동체 구성원 전원이 참여했던 점으로 미루어 봐서 당시 강신회에서는 계원 누구나 강신회의 운영, 공동재산의 증식 및 관리, 풀령, 벌목, 순산 및 산림 감시·보호, 화전 개간 등 주요 현안과 안건에 대해 자유롭게 의견을 말하는 등 공개적인 논의 과정을 거쳐 점차 합의에 이르는 방식이었던 것으로 보인다. 이런 방식은 지역의 소규모 공동체에서 구성원 간의 허심탄회한 소통, 갈등 예방 및 완화, 의심 해소, 공동체의식 함양 등에 긍정적으로 작동했으리라 생각된다.

2. 계원의 구성 및 추입

인류 사회에서 노비제도는 오랜 역사를 지닌다. 노비는 고대부터 조선시대까지 가장 하층에 속하는 계층이었다. 노비를 소유한 주체가 국가와 개인에 따라 공노비(公奴婢), 사노비(私奴婢)로 구분된다. 임진왜란, 병자호란의 양란을 겪고, 조선 후기로 접어들면서 신분제는 해체되기 시작하고 노비 해방의 사회적 욕구는 분출하였다. 1731년(영조 7년)에 노비종모법(奴婢從母法)을 시행하면서 노비의 수는 대폭 줄어들게 되었다. 노비종모법의 시행으로 어머니가 비(婢)인 경우에만 자식이 노비가 되고 그 외는 모두 양인이 되도록 하였다. 그러다가 1798년(정조 22년) 충청도 보은현 일부 지역에서 시범적으로 공노비의 신분을 양인으로 전환하였다. 1801년(순조 1년)에 일부 공노비를 제외하고 6만 6,000여 명의 공노비를 모두 양인으로 해방시켜 주었다. 1894년(고종 31년) 갑오개혁을 통해 나머지 공노비와 모든 사노비가 비로소 노비의 신분에서 해방되었다(우리역사넷, 2020/03/28 자료 접근).[46] 중평 마을공동체에서도 공동체 구성원 간 신분상의 구분은 어느 정도 존재했던 듯하다. 수계기의 계원 명단 위에 '奴'자가 써진 경우를 흔히 볼 수 있다. 1910년 수계기에서부터 비로소 '奴'자는 사라지고 성명이 제대로 기재되기 시작하였다. 1894년 노비제도가 공식적으로 폐지되었더라도 중평 마을공동체에서는 신분적 질서가 한동안 유지되었다는 것을 말해준다.

어느 계에서든지 신입 계원을 새롭게 추입하는 일은 조직의 유지와 존속을 위한 중차대한 사안이다. 많은 계에서는 신입 계원에 일정한 자

---

46) 우리역사넷. 공노비의 해방. (http://contents.history.go.kr/front/hm/view.do?treeId =010603&tabId=03&levelId=hm_107_0090) (2020/03/28 자료 접근).

격과 가입 절차를 요구한다. 또한 가입시 추입금이나 추입조를 계에 납부하도록 한다. 하지만 구체적인 자격, 가입 절차, 추입금·추입조의 규모 등은 계마다 지역공동체마다 다른 모습을 보인다. 중평 마을공동체에서 수계기의 내역만으로 계원의 충원이 어떻게 이뤄졌는지 자세하게 파악하기는 어렵지만, 아마도 마을에 새로 이주하였거나 마을 내에서 새로 분가한 세대주 누구에게나 동계 가입이 허용되었을 것으로 추정된다. 이는 동계 가입을 통해서만 공동체 구성원으로 인정받고 공동체 현안에 실질적으로 참여할 수 있었기 때문이다. 따라서 중평 마을공동체에서 구성원의 동계 가입은 다소 개방적인 특징을 띤 것으로 보인다.

중평 마을공동체에서 동계나 송계 가입에는 계의 재정에 일정한 기여를 요구하였다. 가을 강신회에서 일정한 가입 절차를 거쳐 계원으로 추입되었는데, 이때 추입조나 추입금 명목으로 계에 납부하도록 했다. 〈표 3-1〉은 조선 후기 중평 동계의 계원 추입 내역을 보여준다. 처음에는 강신회 결의에 의거하여 추입조로 신입 계원당 벼 1~3말 정도 편차가 있었지만, 1897년 이후부터는 추입시 계원당 벼 1말로 추입조를 통일시켰다. 이 기간 23년 동안 추입된 계원수는 최소 46명이며, 추입조는 적어도 벼 3섬4말, 추입금은 3냥으로 추정된다. 당시 진안 지역에서 1섬[石]은 20말[斗]이었다.

〈표 3-1〉 조선 후기 계원 추입 내역 (1888년~1910년)

회계연도	추입 인원	추입조	추입전	비고
1889년	3명	3말 (각 1말)		(송계 수계기)
	5명	10말 (각 2말)		(동계 수계기)
1890년	4명	10말 (2명은 각 2말, 2명은 각 3말)		(송계 수계기) – 추입수와 추입조 추정

회계연도	추입 인원	추입조	추입전	비고
1891년	1명	2말		(동계 수계기)
1892년	▲명	▲ ▲ ▲		(송계 수계기)
1893년	1명	1말		(송계 수계기)
	2명	4말 (각 2말)		(동계 수계기)
1895년	2명	2말 (각 1말)		
1896년	▲명	8말		추입수 파악 불가
1897년	3명	3말 (각 1말)		(송계 수계기) – 추입조 추정
1899년	3명	3말 (각 1말)		
1902년	4명	4말 (각 1말)		
1903년	1명	1말		– 점촌 거주
1904년	1명		9전	– 점촌 거주 – 9전은 당시 시가로 1말 해당
1905년	3명	3말 (각 1말)		
1906년	1명	1말		
1907년	3명	3말 (각 1말)		
1909년	3명	3말 (각 1말)		
1910년	3명		2냥1전 (각 7전)	– 추입금 추정
	최소 3명	최소 3말 (각 1말)		– 추입수와 추입조 추정
합계	최소 46명	최소 3섬4말	3냥	

*출처: 「동계 · 송계수계기(洞稧 · 松稧修稧記)」(1888년~1980년)를 토대로 작성.

〈표 3-1〉에서 추입 계원수의 산정에 오류가 있을 수 있음에 주의를 요한다. 한 계원이 동계와 송계에 동시 가입하는 경우 추입조 혹은 추입금을 별도로 납부하는 경우가 더러 있었기 때문이다. 1893년 2명이 동계와 송계에 동시에 가입하였던 것으로 보이는데, 이때 송계에는 계원당 벼 1말, 동계에는 벼 2말을 납부하였다. 이런 상황은 1889년에도 재연됐던 것으로 짐작된다. 송계와 동계를 구분하지는 않았지만, 추입 계원 3명은 각각 벼 1말을 납부했고 다른 추입계원 5명은 각각 벼 2말

을 납부했던 데서도 이런 추측이 가능하다. 따라서 추정된 추입 계원수 46명은 다소 부풀려졌을 가능성도 있다.

3. 수입 내역

어느 계에서든 조직을 지속가능하게 운영·관리하고 현안에 적극 대응하여 조직의 목표를 달성하기 위해서는 안정되고 신축적인 재정 기반은 절대적으로 중요한 사안이다. 따라서 계의 재정 자원을 새롭게 발굴하고 수익을 확충해 나가야 한다. 동계 수계기를 보면, 수입 항목에 계곡과 계금의 출처와 금액, 지출 항목에 지출처와 금액이 상세하게 기재돼 있다. 먼저 동계 차원에서 마련된 계곡과 계금의 일부를 4리(四利)로 빌려주어 재정적 기반을 확충하려고 노력하였다. 4리는 한 달에 이자율 4%를 의미한다.[47] 대개 강신회에서 빌려줬다가 다음 해 강신회까지 받아내는 방식으로 운영되었다. 간혹 이웃 마을 주민에게 빌려준 경우도 있었지만 대개의 경우 마을공동체 계원들에게 빌려줬던 것으로 보인다. 중평 마을공동체에서 계곡과 계금, 이식(利息) 활동은 동계의 주요 수입원이었다.

다음 제4장에서 상세하게 논의하겠지만, 역구실산에서 발생하는 수입은 동계와 송계의 가장 큰 수입원이었다. 재목, 땔감[火木] 등을 마을 주민이나 시장에 판매하여 얻은 수익은 상당하였다. 이 기간 동안 송계 산에서 얻은 수입이 '松價', '松楸價', '材木價', '火木價', '柴木價' 등 적어도 23 차례 기재돼 있다.

---

47) 한국민족문화대백과. 이자(利子). (https://terms.naver.com/entry.nhn?docId=7953
82&cid=46630&categoryId=46630) (2019/08/20 자료 접근).

동계 차원에서 차일(遮日)을 공동 마련하여 마을 주민이나 이웃마을 주민에게 대여해 주고 일정한 사용료를 받았다. 과거 향촌사회에서 마을 공동으로 마련하던 물품은 차일, 병풍, 가마, 결혼 관복, 상여, 식기류 등이었다. 이 시기의 수계기에 차일 대여 수입만을 기재하고 있는 것으로 봐서 당시에는 차일만을 동중물품(洞中物品)으로 마련했던 것으로 추정된다. 한편, 1906년 수계기의 지출 항목에 '輪子造成次留置'라고 쓴 다음, '右錢 一百兩 庚戌辛亥 兩季有司下記 滅給'이라고 기재돼 있다. 이는 귀한 돈 100냥을 경술년(1910년)과 신해년(1911년) 두 해에 가마(輪子)를 제작하기 위해 유치했던 것으로 추정된다. 하지만 이 돈은 무슨 이유인지 중간에 다 소진되었고, 1918년에 다시 마을돈을 마련하여 가마를 매입하게 된다. 1919년부터 가마 대여 수익금이 수계기에 기재되었다는 사실에서도 이를 짐작케 한다.

1893년 송계 수계기에 '昨年遮日成時餘錢'이라고 기재되어 있는데, 이로써 1892년에 마을 차원에서 송계 곗돈으로 차일을 제작했음을 알 수 있다. 과거 전통사회에서 당산제, 백중놀이 등 공동체 행사가 있을 때나 마을 주민에게 결혼, 상장 등 대소사가 있을 때에 차일은 꼭 필요했던 물품이었다. 차일 대여로부터 얻은 수익금 내역은 다음 〈표 3-2〉와 같다.

〈표 3-2〉 조선 후기 차일 대여 수익금 (1888년~1910년)

회계연도	차일 대여 수익금
1893년	3냥3전
1895년	9냥▲전▲푼
1896년	8냥7전
1897년	10냥1전7푼
1898년	4냥8전

회계연도	차일 대여 수익금
1899년	6냥4전
1900년	8냥1전
1901년	7냥2전
1903년	4냥2전
1904년	1냥2전
1905년	4냥2전
1906년	2냥4전
1907년	4냥2전
1908년	4냥8전
1909년	2냥1전
1910년	2냥8전
합계	최소 83냥5전7푼

*출처: 「동계·송계수계기(洞稧·松稧修稧記)」(1888년~1980년)를 토대로 작성.

　수계기 수입 항목에 또 하나 흥미로운 사실은 동계 차원에서 필요에 따라 작전(作錢), 즉 나락(벼, 租)을 팔아 돈을 장만하는 일이었다. 때로는 작미(作米), 즉 돈을 주고 쌀을 구입하는 사례도 있었다. 작전의 경우는 총 다섯 번에 걸쳐 이뤄졌다. 구체적으로 살펴보면, 1897년에 벼 8 말을 내다 팔아 4냥을 마련했고, 1903년에 벼 1섬10말을 내다 팔아 29 냥4전을 마련했다. 1906년에 벼 2섬1말8되를 25냥8푼으로 바꿨다. 1904년에 43냥4전, 1909년에는 27냥3전이 기재돼 있을 뿐이고, 시장에 내다 판 벼의 양은 별도로 기재돼 있지 않다. 작미의 경우는 한 차례 있었는데, 1908년에 2냥4전으로 벼 3말을 구입하였다. 수계기의 수입 항목에서 '南■成語錢'이 1888년(6전8푼), 1889년(1냥8전), 1890년(1냥2 전7푼), 1891년(1냥9전7푼), 1893년(1냥1전8푼)에 기재되어 있으나, '南■ 成語錢'이 무엇을 의미하는지는 알 수 없다.

4. 활동 내역

동계 차원에서 마련한 동중 재산은 중평 마을공동체의 유지·번영과 공동체 구성원의 생존을 위한 다양한 사업을 활발하게 추진할 수 있도록 하는 재정적 기반이 되었다. 우선 매년 한 차례 개최되던 강신회의 비용으로 충당되었다. 음력 10월 중하순경 한해 가을걷이가 막 끝나는 시점에 마을공동체 구성원들이 모두 모여 마을 현안들을 집중적으로 논의하고 한해 회계결산과 감사가 이뤄졌다. 회의가 끝나면 함께 음식을 나눠 먹고 술을 마시면서 흥겨운 시간을 즐기고 위로와 화합의 기회를 가졌다. 이는 신명(神命) 나는 공동체 행사와 놀이가 함께 어우러져 공동체의 삶을 지탱하게 하였다. 조선 후기 이 기간에 매년 적게는 1냥 2전(1894년), 많게는 32냥(1906년)을 강신 비용에 충당하였다. 1888년 강신회에서는 계금뿐 아니라 계곡에서도 강신 비용을 일부 충당하기도 했다.

동계 재정에서 지출되는 항목은 강신 비용뿐만 아니라 '(白)紙價', '卜相考時用', '上下有司例下錢', '契長歲饌價', '遮日展成', '遮日修價', '轎子造成次留置', '巡役時', '松楸枝伐工價', '禁火債', '合路費', '路修理費', '測量地費', '猪價', '兩村分播', '木麥價', '■邨守備隊米' 등 다양하게 보인다. '上下有司例下錢'과 '契長歲饌價'는 동계의 임원에 대한 사례금에 해당한다. 1894년 한해를 제외하고, 1891년부터 1910년까지 상유사와 하유사에게 매년 일정한 사례금을 지급하였다. 1891년에서 1896년까지 상유사와 하유사의 사례금을 합쳐 매년 6전이 지급되었다가 1897년에는 사례금으로 1냥1전이 지급되었다. 그 후로는 매년 1냥씩 지급되었다. 하지만 상유사와 하유사 각각에게 사례금 명목으로 얼마씩 지급되었는지 구체적인 내역에 대해서는 파악할 수 없다. 다만

1900년에 사례금 합계로 1냥을 지출한 것과는 별도로 '下有司 朴時學'에게 1냥을 지급하였다는 기록이 있다. 아마도 이 시기 하유사가 마을 공동체에 큰 기여를 했던 것으로 보이며 이에 대한 사례금이 추가 지급되었던 것으로 짐작된다. 그 정확한 내막은 알 수 없다.

동계와 송계에서 마련하고 증식한 곗돈은 일정한 금액과 일정 시기가 되면 동네 계원들에게 골고루 배분하여 각 세대에 실질적인 도움이 되도록 하였다. 이 같은 행위는 중평 마을공동체에서 동계와 송계가 지역사회복지 기능을 담당하였음을 말해준다. 중평 마을공동체에서 동계와 송계의 운영을 통해 공동체 구성원의 생존, 번영 등을 위한 복지 향상에도 기여하고 있었던 것이다. 수계기에는 '稧時兩村分播'(1894년), '兩村分播'(1894년), '坐分'(1908년), '播分'(1909년), '座分'(1910년) 등 총 다섯 차례 기재돼 있다. 〈표 3-3〉은 계금 및 계곡 배분 내역을 구체적으로 보여준다.

〈표 3-3〉 조선 후기 계금 · 계곡 배분 내역 (1888년~1910년)

회계연도	계금 · 계곡 배분	비고
1894년	벼 2섬11말7되	
1894년	6냥4전5푼	
1908년	136냥7전	32명 x 4냥3전
1909년	100냥▲전2푼	34명 x 2냥9전▲푼
1910년	52냥8전	33명 x 1냥6전

*출처: 「동계 · 송계수계기(洞稧 · 松稧修稧記)」(1888년~1980년)을 토대로 작성.

그 외에도 마을 행사나 잔치에 동계 곗돈으로 음식을 장만하기도 했다. 수계기 지출 항목에 닭 세 마리(1890년, 1냥6전), 돼지 한 마리(1907년, 16냥), 메밀[木麥](1900년, 3냥; 1901년, 4냥5전) 등의 기록에서 알 수 있듯, 마을 잔치나 행사에 동계 차원에서 음식 재료를 구입한 경우도 있었다.

한편, 동계 곗돈은 마을 공동물품을 마련하고 운영하는 데 유용하게 쓰였다. 수계기에는 '遮日展成', '遮日造成次留置', '遮日修價', '轎子造成次留置' 등 지출 항목이 여러 차례 기재되어 있는 것으로 봐서 동계 차원에서 공동물품을 구입하고 운영·관리했음을 알 수 있다. 공동물품 구입·운영·관리는 일제강점기 동안에 그 종류가 더욱 다양해지고 운영·관리 자금은 대여 수익금으로 확보하였다. 또한 마을공동체의 각종 현안과 사업에 곗돈이 유익하게 활용되었다. 이를테면, '合路費', '路修理費', '測量地費' 등에서 알 수 있듯, 토지 및 임야 측량사업, 도로 확장 및 수리 등에 소요되는 경비는 모두 동계 곗돈에서 지출되었다. 그리고 '巡役時', '松楸枝伐工價', '禁火債' 등에서 추측할 수 있듯, 역구실산 내 산림 순시 및 보호 활동에 인건비, 회의비 등 각종 경비도 곗돈에서 충당되었음을 알 수 있다.

1910년 수계기에 '■邨守備隊米' 지출 항목이 기재돼 있다. 이는 경술국치(1910년 8월 29일)를 전후하여 (일본) 군대 혹은 경찰대 주둔비용을 지역사회별로 할당한 금액으로 추정되며, 당시 벼 5말에 해당하는 8냥 9전이 지출되었다. '(白)紙價', 例紙 등은 동계와 송계에서 소비되던 종이 구매 비용을 말하며, '卜相考時用'(1892년) 지출 항목은 아마도 마을공동체 차원의 길흉화복을 점치는 행위와 관련된 비용으로 추정된다. 그 외에도 '兩村人佚'(1900년), '人佚'(1901년)이 두 차례 수계기에 기재돼 있다. 아마도 일부 계원들이 몰래 달아나는 바람에 (동계나 송계에서 빌려줬던 돈이나 나락을) 받지 못하게 된 금액 손실을 지칭한 것으로 추측된다. 이후에 언급하겠지만, 이런 일련의 사건을 겪게 되면서 중평 마을공동체에서는 불미스러운 사고의 예방 차원에서 독특한 관례를 발전시키게 된다. 즉, 계원이 마을 곗돈에서 돈을 빌릴 경우 가옥을 전당 잡고 전당증서(典當證書)를 작성하도록 한 것이다. 이 독특한 관례는 오랫동안 중평 마을공동체에서 전승되어 오고 있다.

제2절
일제강점기

조선 후기와 비교하여 일제강점기(1910~1945년) 동안 동계와 송계는 훨씬 다양한 역할과 기능을 담당하였다. 이는 동계가 중평 마을공동체의 실질적인 구심점으로서의 지위를 확고히 하였음을 증명한다. 특히 송계의 재원은 중평 마을공동체의 생존과 번영에 크게 기여했다. 이 시기 동안 구성원들은 역구실산 구역 내에서 산전, 화전 등을 일구면서 자신들의 생계를 꾸려나갈 수 있었다. 이런 사실은 마을 어르신의 증언[48]을 통해서도 짐작할 수 있다. 역구실산은 땅이 기름져서 소출량이 매우 많았다고 한다. 동계와 송계에서는 마을 주민들이 역구실산 구역 내에 땅을 일구는 것을 허락하고 대신 매년 가을에 산전세와 화전세를 거둬들여 동중 재정에 보탬이 되도록 하였다. 또한 소나무, 가래나무, 닥나무, 옻나무, 난방용 땔감, 삼굿[49] 작업용 땔감, 풀 등을 판매하여 동계

---

48) 2019년 2월 17일 마을회관에서 전병선(全炳善) 어르신 증언.

49) 삼굿은 "삼베옷의 원료가 되는 삼[大麻] 껍질이 잘 벗겨지도록 익히는 과정"을 일컫는다(디지털삼척문화대전, 2021/12/08 자료 접근).

와 송계의 재정에 상당한 기여를 하였다.

　조선 후기와 마찬가지로, 일제강점기 동안에도 수계기를 비롯한 동계 문서에는 동계의 조직 구조, 운영 방식 등에 관한 사항을 자세하게 파악하기는 어렵다. 다만 조선 후기에서와 같이 동계의 최고 수장은 계장으로 학식과 경륜을 갖춘 마을 어른이 맡았으며, 특별한 사유가 없는 한 연임되었던 듯하다. 유사는 동계의 실무 담당자로 동계를 실질적으로 운영하였다. 임기는 보통 1년이었으나 2년 이상 연임하는 경우도 더러 있었다. 한 예로, 김두한(金斗限)은 9년(1938~1946년) 동안 유사를 연임하였고, 23년(1935~1957년) 동안 21번 유사직을 수행하였다. 일제강점기에 적어도 13명이 2번 이상 유사를 역임하였다. 보통 강신회에서 다음 연도 유사를 선출하는 것이 관례였다.

　동계의 실무를 담당하던 유사는 전유사(轉有司, 傳有司)와 장유사(掌有司)로 2명인 경우가 대부분이었으나, 때로는 전유사 1명, 장유사 2명으로 구성된 경우도 있었다. 〈부록 표 3-4〉에서 보는 바와 같이, 1910년, 1927년 및 1939년에는 유사가 3명이었다. 유사는 보통 2명으로 중평과 점촌에서 각각 1명이 맡았다. 유사가 3명이었던 경우에는 중평에서 전유사와 장유사 각 1명, 점촌에서 장유사 1명이 맡았다.

　전유사는 계무 전반을 책임지는 임원인 반면, 장유사는 계의 일상 실무를 담당하였던 것으로 보인다. 전유사에게도 동계 차원에서 약간의 사례금이 지급되기도 했지만, 대부분의 경우 사례금이 지급되지 않았다. 하지만 장유사에게는 매년 일정 규모의 사례금이 꾸준하게 지급되었다. 이는 장유사가 강신회 개최 시 음식물·술 등의 마련, 연락 업무 등 계무의 일상 업무를 담당하였기 때문으로 보인다. 그 외에도 '소사(小使)'라는 직책이 1923년 수계기에 '當日小使日費' 항목에 보인다. 아마도 소사는 강신회에서 잡무를 봤던 사람으로 추정되며, 1923년 수계기에 소사 일당으로 2냥5전이 지출되었다. 하지만 다른 연도 수계기에는 '소사'에 관한 언급이 더는 보이지 않는다.

〈사진 3-2〉 동계 수계기 (1911년 10월 17일 강신회)

*출처: 「동계 · 송계수계기(洞稧 · 松稧修稧記)」(1888년 ~ 1980년).

1. 강신회

중평 마을공동체 구성원이 모두 모여 회계결산 및 감사, 유사 선임, 송계산의 이용 · 보호 · 관리 등 각종 현안들을 집중적으로 논의 · 의결하던 강신회는 보통 가을걷이가 끝나고서야 소집 · 개최되었다. 정기 강신회는 예외적으로 음력 12월에 개최되던 해(1943년)도 있었지만, 보통 음력 10월과 11월에 개최되는 것이 관례였다.

강신회의 개최는 연 1회를 원칙으로 하였으나, 주요 현안에 대한 빠른 결정과 대응이 필요할 경우에는 임시 강신회가 개최되기도 하였다.

강신회가 한 해 2회 개최된 경우는 1910년대(1919년), 1920년대(1923년, 1929년), 1930년대(1933년, 1936년, 1938년, 1939년), 1940년대(1940년, 1943년, 1944년, 1945년) 등 총 11번으로, 일제강점기 후반에 집중되었음을 알 수 있다. 동계 수계기에 임시 강신회가 '講信', '修禊日講' 혹은 '再講信'으로 기재된 경우도 있지만, '加火執收日 講行', '加火執稅時 講信', '火田收稅時 講信', '加火時 當日講信', '加火時 講信', '加火執 結時 講信' 등으로 기재된 것으로 봐서, 역구실산 내 화전 경작에 따른 가을 소작료를 책정하여 거둬들일 때 강신회가 개최되었던 것으로 짐작된다. 이는 수계기 수입 항목에 '화전세', '산전세', '가화전', '가화금' 등이 기재되었던 것에서도 유추할 수 있다.

흥미로운 사실은 화전이나 가화 관련 임시 강신회가 먼저 개최된 이후에 정기 강신회가 개최되었다는 점이다. 후에 보다 상세하게 논의하겠지만, 조선 후기와 비교했을 때 일제강점기에는 송계와 송계산 관련 수입이 크게 증가했을 뿐만 아니라 동계 재정에서 차지하는 비중 또한 더욱 커지게 되었다. 이로 미루어 짐작해볼 때, 임시 강신회를 송계가 주관하는 강신회로 간주해도 무리는 없을 듯하다.

일제강점기 동안 강신회에서는 마을공동체 구성원 전원이 참여하여 진지하게 논의하고 공동으로 결의한 〈첨의(僉議)〉 혹은 〈완약문(完約文)〉이 모두 4번 작성되었다. 1918년 1번, 1919년 1번, 1921년 2번 등 총 4번에 걸쳐 중평 마을공동체 차원에서 구성원 간 굳은 약속을 결의하였다. 〈첨의〉(1918년)와 〈완약문〉(1919년)은 송계산 내에서 범금(犯禁) 방지 및 불법적 벌목 행위에 대한 처벌 관련 의결사항이다. 이는 제4장에서 역구실 송계를 살펴볼 때 보다 자세하게 다루도록 하겠다. 1921년 강신회(음력 10월 27일)에서는 〈첨의〉를 2번 작성하였는데, 이는 신입계원의 신입조와 신입금 및 강신회 비용에 관해서였다.

〈僉議〉

此点中 自本年度봇톰 新入을 正租貳斗與 錢伍兩式 完定事

여기서 올해부터는 동계에 새로 들어오는 계원들은 신입요건으로 벼 2말과 5냥을 내도록 정하기로 한다.

〈僉議〉

自明年講信봇톰 酒米三斗 木■二斗的定事

내년 강신회부터는 (강신회 비용으로) 술담기용 쌀 3말, 木■용 2말로 정하기로 한다.

두 〈첨의〉의 의결사항을 보면, 먼저 신입계원에게 신입조와 신입금으로 벼 2말과 5냥을 내도록 하여 동계의 재정에 기여하기 위한 결의임을 알 수 있다. 그전에는 신입계원에게 벼 1말을 내도록 했던 점에 비추어 신입계원의 부담이 증가한 것을 확인할 수 있다. 다른 〈첨의〉에서는 강신회 비용을 술담기용 쌀 3말, 木■용 2말로 제한하고 있다. 이는 공금의 불필요한 낭비를 막고 건전한 재정 운영을 위한 결의임을 알 수 있다. 강신회는 단순히 밥 먹고 술 마시는 유흥의 장이 아니라, 마을공동체 구성원이 모두 모여 한 해를 결산하고 마무리하면서 구성원 간의 신뢰를 다지고 공동체의식을 높이는 '뜻있는' 자리이다. 자칫 지나치게 유흥과 향락으로 흐를 경우, 과도한 공금 낭비뿐만 아니라 술 마시고 행패를 부리는 불미의 사건으로 점화될 가능성을 염두에 둔 것이다.

강신회에서는 해당연도 회계결산 및 감사가 철저하게 이뤄졌다. 동중 재산에 대해서는 공개적이고 투명한 재정 운영과 관리로 구성원 간의 불필요한 불신과 오해를 불식시킴으로써, 구성원 간 신뢰를 형성·강화하고 나아가 마을공동체 차원에서 사회적 자본을 구축·강화하는 데 효과적인 기제였던 것이다. 경술국치 다음 해인 1911년에는 당시 혼란했던 시대상을 반영하듯, 동계의 재정 및 활동 내역이 비교적 간단하게 기재돼 있다. 1911년 동계 수계기를 예시로 제시하면 다음 〈표 3-4〉와 같다.

〈표 3-4〉 동계 수계기 예시 (1911년 음력 10월 17일)

辛亥十月十七日修禊
已上本錢一百四十兩七爻八分并四利一百九十七
兩一爻松萩價八兩六爻一分加入合錢二百
五兩七爻一分內二十三兩八爻 ○○○ ○○○
○○○ 三人未捧条除與六兩八爻 ○○○ 拔
本条減下一兩 ○○○ 歲饌下一兩兩有司例下
五兩當日用下三十七遮日重修次下

實在壹百參什壹兩壹爻壹分 分播秩

○○○	七兩		○○○	三兩
○○○	五兩		○○○	五兩
○○○	六兩		○○○	十四兩
○○○	十四兩		○○○	五兩
○○○	十兩			
	店村			
○○○	十五兩 七爻 昨年 利錢中	○○○	五兩
○○○	四兩		○○○	二兩
○○○	三兩		○○○	十九兩 六爻
○○○	三兩			
	新入			
○○○	一斗	○○○ 一斗		○○○ 一斗
○○○	十兩 此条 明年秋利本出次			

有司　崔俊瑞　錢五爻一分 已上合租七斗二升 新有司留置
店村有司　崔漢夾

*출처: 「동계 · 송계수계기(洞稧 · 松稧修稧記)」(1888년~1980년).

2. 계원의 구성 및 추입

조선 후기와 마찬가지로, 일제강점기에도 많은 신입계원들이 새롭게 동계에 가입하였다. 당시 향촌사회에서 동계와 같은 마을공동체 조직에 소속되지 않고서는 개인과 가족은 자신의 삶을 영위해 나갈 수 없었다. 중평과 점촌에 거주하는 마을 구성원 누구나 동계 가입은 자동적이면서 강제적인 의무사항이었다. 그러나 마을에 새롭게 이주한 사람은 일정한 자격요건과 가입절차를 거쳐 계원으로 공식 가입하였다. 만약 다른 지역으로 이주하게 되면 기존 계원은 자동적으로 계원 자격을 상실하게 되었다.

당시 동계 가입은 상당한 의미를 지니는 것이었다. 우선 마을공동체 구성원으로 공식 인정받음으로써 정서적 안정감을 얻고 관혼상제와 상호부조와 같은 많은 혜택을 누릴 수 있었다. 동시에 신입계원에게는 상당한 의무도 따랐다. 강신회 참석, 도로 확장 및 보수, 저수지 및 보 관리, 송계산 순산 활동 및 공동작업 등 마을공동체 차원에서 행해지던 각종 공동울력에 의무적으로 참여하도록 하였다. 만일 무임승차나 도덕적 해이, 불효, 사기 등 공동체 규범과 강상의 윤리를 위반한 마을 구성원에게는 마을공동체 차원에서 응당한 처벌이 행해졌다.

〈표 3-5〉는 일제강점기 동안 동계에 가입한 신입계원 수, 가입 당시 동계에 납부했던 추입조와 추입전의 내역이다. 1936년 수계기부터 기존의 '냥-전-푼' 화폐단위 대신에 '원(圓)-전(錢)'으로 바뀌어 기록하기 시작했음을 알 수 있다. 당시 1원은 5냥이고 100전에 해당한다. 추입조는 최소 4섬15말8되, 추입전은 201냥1전과 44원20전으로 추정된다. 추입전을 원 단위로 환산하면 84원41전으로 추정된다.

일제강점기 동안 새롭게 추입된 계원 수 127명은 정확한 숫자가 아닐 가능성이 높다. 다음 두 가지 이유에서이다. 첫째, 신입계원이 동계 가입 당시 추입조 혹은 추입전을 제때 납부하지 않고 다음 해에 납부한 경우가 간혹 있었는데, 그 구체적인 내역이 회계결산 기록에 명확하게 반영되어 있지 않다. 둘째, 1920년까지는 벼 1말이나 이에 해당하는 금전을 동계에 납부하다가, 1921년 강신회 결의에 따라 신입계원이 동계 가입시 벼 2말과 5냥을 납부하도록 하였다는 사실이다. 신입계원들이 가입 당시 추입조와 추입전을 한꺼번에 내지 않고 다음 해로 미루어 내는 경우가 자주 있었다. 이런 경우 신입계원의 수는 회계결산 기록에 두 번 기재된다. 구체적으로, 1921년 3명, 1922년 4명의 신입계원들은 가입 당시 벼 2말과 5냥을 모두 납부하였지만, 그 이후에 가입한 계원들은 추입조와 추입전을 한꺼번에 납부한 경우가 거의 없었다.

〈표 3-5〉 일제강점기 계원 추입 내역

회계연도	추입 인원	신입조	신입전	비고
1910년	3명		2냥1전	각 7전(추정)
	최소 3명	최소 3말		각 1말(추정)
1911년	3명	3말		각 1말
1912년	5명	5말		각 1말
1913년	1명	1말4되		-'郭○○'이 1912년에 신입조 1말을 납부하지 않고 1913년에 1말과 이자 4되를 납부함.
	3명	3말		각 1말
1914년	4명	4말		각 1말
	1명	1말8되		-추입수 추정
1916년	3명		3냥	-신입계원 1명당 벼 1말 대신 1냥을 납부함.
1917년	3명	3말		각 1말
1918년	1명		2냥5전	-신입조 1말 대신 2냥5전을 납부함.
	4명	4말		각 1말
1919년	3명	3말		각 1말
1920년	1명	1말		

회계연도	추입 인원	신입조	신입전	비고
1921년	3명	6말	15냥	-1921년 강신회 결의에 따라 신입계원 1명당 벼 2말과 5냥을 납부함.
1922년	4명	8말	20냥	-신입계원 1명당 벼 2말과 5냥을 납부함.
1923년	3명		10냥	-신입계원 2명은 각각 2냥 5전, 1명은 5냥을 신입전으로 납부함.
	5명	10말		-신입계원 1명당 2말을 납부함.
1924년	4명		14냥	-이 중 3명이 5냥씩 납부했다고 했으나, 실제로 14냥만 기재되어 있음.
	2명	4말		-추입수 추정
1925년	3명		15냥	-신입계원 1명당 5냥을 납부함.
	3명	6말		-신입계원 1명당 벼 2말을 납부함.
1926년	4명		20냥	-신입계원 1명당 5냥을 납부함. (추정)
	1명	2말		-추입수 추정
1927년	2명		10냥	-신입계원 1명당 5냥을 납부함.
	1명	2말		
1928년	1명		5냥	
1929년	4명		20냥	-신입계원 1명당 5냥을 납부함.
	5명	10말		-각 2말
1930년	2명		14냥	-신입계원 1명당 7냥을 납부함.
1931년	2명		10냥	-신입계원 1명당 5냥을 납부함.
	2명	3말6되		-신입계원 1명은 2말을, 다른 1명은 1말6되를 납부함.
1932년	2명	4말		-각 2말
1933년	2명		8냥	-신입계원 1명은 5냥, 다른 1명은 3냥을 납부함.
	1명	2말		
1934년	8명		32냥5전	-신입계원 5명은 각 5냥을 납부함. -1명은 3냥, 1명은 2냥5전, 나머지 1명은 2냥을 납부함.
1936년	2명		2원(圓)	-각 1원
1938년	2명		2원	-각 1원
1939년	3명		3원	-각 1원 (추정)
1940년	3명		3원	-각 1원 (추정)

회계연도	추입 인원	신입조	신입전	비고
1941년	4명		8원	-신입계원 1명은 신입전 3원, 1명은 1원, 나머지 2명은 신입조 2말에 해당하는 2원씩 납부함.
1942년	1명		2원20전	-신입계원이 1941년 가입 당시 미납한 신입조 2말의 해당 금액 2원20전을 납부함.
1944년	6명		21원	-각 3원 50전
1945년	1명		3원	-추입수 추정
	3명	6말		-신입계원 1명당 2말을 납부함.
합계	127명	최소 4섬15말8되	201냥1전, 44원20전	-1원=5냥=100전. 1냥=20전 -원 단위로 환산하면, 84원41전

*출처: 「동계 · 송계수계기(洞稧 · 松稧修稧記)」(1888년~1980년)를 토대로 작성.

3. 수입 내역

동계의 수입원은 조선 후기에 비해 더욱 다양해졌다. 이자 수입, 신입계원의 신입조와 신입금, 차일 · 가마 · 관대 · 병풍 등 공동물품 대여, 소나무 · 가래나무 · 닥나무 · 옻나무 등의 판매, 재목 · 땔감 · 숯 · 풀 판매, 묘지값, 산전 및 화전의 소작료, 동계 · 송계 규칙 위반금 등 다양한 수입원을 통해 동계의 재원을 마련하였다. 무엇보다도 역구실 산 내 산림자원 및 토지를 활용한 수입원의 종류와 금액이 크게 증가하였다. 보다 자세한 사항은 제4장에서 논의하도록 하겠다. 그 외에도 1939년 동계 수계기에 '兩村收合錢' 38원40전은 중평과 점촌 계원들에게서 갹출된 금액으로 추정된다.

원금이나 원곡을 빌려주고 받는 이자는 보통 4리로 동계 재정에 상당한 기여를 하였던 것으로 파악된다. 때로 계원들이 원금과 원곡뿐만 아니라 이자를 제대로 갚지 못했던 경우가 더러 있었던 듯하다. 궁핍한 형편이 주된 이유였겠지만 때로는 도덕적 해이, 공금 유용 등에 따른 것이기도 하였다. 동계에서는 계원의 궁핍한 형편 등을 고려하여 적당한 시기에 계원들을 대상으로 빚의 전부 혹은 일부를 탕감해주기도 하였다. 하지만 도덕적 해이, 공금 유용과 같은 행위를 사전에 방지하고 부도덕한 행위가 발생한 이후 동계 재정의 손실을 방지하는 차원에서 대출 시에는 주로 가옥을 전당 잡고서 전당 당사자, 입회인(立會人)이 함께 전당증서(典當證書)를 작성하였다.

전당증서의 작성은 중평 마을공동체에서 결성·운영되던 동계, 송계, 장학계 및 흥학계 등 공동체 조직에서 보편적으로 활용되었다. 1932년 음력 11월 4일에 동계에서 작성한 전당증서 예시를 〈표 3-6〉에서 살펴보면, 송아지 2마리를 저당 잡고 동계 기금에서 연이자 3리로 389전을 빌려주고 다음 해 음력 10월 25일까지 원금과 이자를 갚도록 하고 있다. 만일 기일을 넘겨 빚을 갚지 않으면 송아지를 팔아도 당사자는 동계에 이의를 제기할 수 없음을 명시하고 있다.

〈표 3-6〉 동계 전당증서 예시 (1932년 작성)

兒犢典當證書
一. 金 參百八拾九戔也　　　　利息 三利로 定홈 右条은 兒犢一雙을 右条으로 確實히 借用인바 報償期限은 明年陰十月二十五日 並 本利ᄒ야 報償이되 若違期면 右犢을 ■■■■홈 昭和 七年 陰十一月 四日 鎭安郡 聖壽面 道通里 典當證書主 ○○○ ■■■■■■ (망실) 立 會 人 ○○○

*출처: 「동계·송계수계기(洞稧·松稧修稧記)」(1888년~1980년).

중평 마을공동체의 공동 소유인 역구실산 구역 내에 개간한 산전과 화전의 소작료는 1930년대부터 거둬들이기 시작한 것으로 보인다. 여기에는 두 가지 상황을 유추해볼 수 있다. 첫째, 1930년대 이전에도 역구실산에서 산전과 화전 개간이 더러 있었지만, 1930년부터 동계·송계 차원에서 본격적으로 소작료를 거둬들이기 시작한 경우이다. 둘째, 1930년대부터 역구실산 구역 내 개간을 허용하고 매년 가을걷이 후 소작료를 거둬들였을 수도 있다. 하지만 전자가 더 설득력이 있어 보인다. 〈표 3-7〉은 1930년부터 1945년까지 산전세나 화전세로 거둬들인 돈, 벼, 콩 등 소작료 수입 내역을 보여준다. 소작료는 주로 돈으로 냈는데, 이 기간에 소작료의 총 규모는 463냥7전5푼, 33원36전, 벼 1말과 콩 2되었다. 소작료를 원 단위로 환산하면, 126원11전으로 추정된다.

〈표 3-7〉 일제강점기 산전·화전 수입 내역

회계연도	명목	금액	비고
1925년	田稅價	62냥6전	
1930년	山田稅条	88냥8전	
1931년	山田稅条	101냥2전5푼	
1934년	山田稅条	100냥	
	稅太代条	9냥	-소작료를 콩 대신 돈으로 납부함.
1935년	兩里山田稅	97냥5전5푼	
	稅太代金	4냥5전5푼	
1936년	太	70전	-소작료 추정. 1말에 해당함.
1938년	田稅太	1원87전	-콩 2말 5되에 해당함.
1939년	火田收稅	21원37전	
	田稅太價	2원38전	
	火田違反 (2명)	60전	
1940년	田稅太價	1원60전	
1941년	太	1원44전	-소작료 추정. 소작인 1명에게 2말, 다른 1명에게 1되를 합한 2말1되에 해당함.
1943년	山田稅	3원40전	
1945년	稅太	벼 1말 & 콩 2되	
합계		463냥7전5푼, 33원36전, 벼 1말 & 콩 2되	-1원=5냥=100전. 1냥=20전 -원 단위로 환산하면, 약 126원3전

*출처: 「동계·송계수계기(洞稧·松稧修稧記)」(1888년~1980년)를 토대로 작성.

역구실산 구역 내에 묘를 쓰게 되면 '묘지값' 명목으로 소정의 금액을 동계(아마도 송계)에 납부하였다. 일제강점기 동안 수계기에 세 차례 묘지값 수입이 기재돼 있다. 구체적으로, 1926년 수계기에는 '入葬條' 명목으로 7명에 70냥, 1942년 수계기에 '墓地價' 명목으로 5명에 20원, 1943년 수계기에 '墓地價' 1명에 13원이 기재돼 있다.

중평 동계에서는 마을공동체와 구성원에게 필요한 차일, 가마, 관대, 병풍 등 공동 물품을 마련하여 운영·관리하였다. 이들은 동네잔치, 망우리굿(망월굿), 술멕이굿, 강신회 등과 같은 각종 공동체 제의와 행사뿐만 아니라, 결혼, 회갑, 초상 등 구성원과 가족의 관혼상제에 필요한 물품들이었다. 구성원 개인이 각자 구매하는 데 상당한 목돈이 들어가고 사용 횟수도 많지 않기 때문에 마을공동체 차원에서 공동 구매와 관리가 훨씬 수월하고 경제적으로도 유리하였다. 동계 곗돈으로 이들 물품을 공동 구매하여 그때그때 필요한 구성원에게 돈을 받고 대여해 주었다. 대여 수익금은 공동 물품의 보수, 수리 및 구매로 다시 활용되었다. 조선 후기에는 중평 마을공동체에서 차일만을 공동 물품으로 구매·관리하였으나, 일제강점기에는 차일뿐 아니라, 가마, 관대, 병풍, 함, 밥상 등 품목이 보다 다양해졌다.

〈표 3-8〉은 조선 후기부터 일제강점기까지 공동물품 구입 및 수리 내역이다. 공동체 제의와 행사, 구성원의 관혼상제 등에 필요한 주요 물품들은 1910년대와 1920년대에 집중 구매되었음을 확인할 수 있다. 1906년에 가마 구매 명목으로 100냥을 별도로 유치하였지만[50] 그 이후 무슨 이유인지 가마를 구매하지 못했다. 1919년에야 140냥을 지불하고서 가마를 실제 구매하였고, 같은 해부터 가마 대여 수입 내역이 회

---

50) 1906년 수계기에 "右錢 一百兩 庚戌辛亥 兩季有司下記 減給"으로 기재돼 있다.

계결산 기록에 실리기 시작했다. 1918년 음력 11월 6일 수계기에 따르면, 가마 구매를 위해 114냥3전을 李○○에게 별도로 유치하였다. 이 중에서 64냥3전은 벼 1섬5말7되2홉을 시장에 팔아 마련하였다.

이들 물품을 동계 차원에서 구매하기 이전에는 필요시 구성원 각자가 이웃 마을에서 대여하였을 것이다. 동계 차원에서 공동 물품을 구매하여 운영 · 관리하는 전통은 오늘날에도 꾸준히 이어져 오고 있다. 마을회관에 필요한 밥상 · 식기 등 주방용품, 콩탈곡기, 고추파종기 등을 마을 차원에서 공동 구매하여 마을 주민들이 함께 사용 · 관리하고 있다.

〈표 3-8〉 조선 후기 및 일제강점기 공동물품 구입 및 수리 내역 (1888년~1945년)

물품	회계연도	내역	금액	비고
차일(遮日)	1892년	(구매 추정)	–	-회계결산 기록에 1892년 구매 당시 가격이 기재되지 않음. 다만 1893년 회계결산 기록에 "昨年遮日成時餘錢"으로 1냥3전5문이 기재되어 있음. -1925년 차일 수선비용은 정확히 알 수 없음.
	1894년	遮日價	5냥4전	
	1897년	遮日修■價	1냥	
	1900년	遮日修價	1냥	
	1904년	遮日殿成次 留置于有司	7냥	
	1905년	遮日造成次 留置	10냥	
	1911년	遮日重修次	37냥	
	1914년	遮日造成時手工價	8냥	
	1922년	遮日改繕工價	7냥	
	1925년	函遮日轎子修繕次 新有司家 留置	1섬7말6되	
가마[轎子]	1906년	轎子造成次 留置	100냥	-1906년에 가마 구매가 실제 이뤄지지 않음. -1925년과 1932년 가마 수선비용은 정확히 알 수 없음.
	1918년	轎子貿買次 李○○家留置	50냥	
		轎子買用次 李○○家留置	64냥3전 (벼 1섬5말7되2홉 방매)	
	1919년	轎子價 不足条	47냥1전8푼	
		轎子駐費	5냥	
	1925년	函遮日轎子修繕次 新有司家 留置	1섬7말6되	
	1927년	轎子價	151냥	
	1932년	冠轎修繕費	5냥3전5푼	

물품	회계연도	내역	금액	비고
병풍(屛風)	1921년	屛風價	87냥 5전	
	1934년	屛風修繕工價	5냥	
	1936년	屛風工價 置出条	2원43전	
	1940년	屛風修繕費	23원50전	
관대(冠帶)	1922년	冠帶新飾次	90냥	-1932년 관대 수선비용은 정확히 알 수 없음.
		冠帶買得次	벼 1섬8말	
	1923년	冠帶買得中 不足条	132냥2전	
	1926년	冠帶修成次 金○○ ■ 留置	19말6되4홉	
	1932년	冠轎修繕費	5냥3전5푼	
함(函)	1925년	函遮日轎子修繕次 新有司家 留置	1섬7말6되	-1925년 함 수선비용은 정확히 알 수 없음.
	1927년	函價	42냥	
	1928년	函價	20냥	
		函費不足 & 이자 (四利)	9냥4전	
밥상[食床]	1932년	鷄粥價 與 食床價	33냥7전5푼	-1932년 밥상 구매비용은 정확히 알 수 없음.

*출처: 「동계 · 송계수계기(洞稧 · 松稧修稧記)」(1888년~1980년)를 토대로 작성.

공동체 조직을 운영하는 데 의도적이든 의도치 않든 간에 조직 구성원의 일탈, 무임승차, 도덕적 해이 등의 문제는 항시 있기 마련이다. 이를 제대로 제어하지 않고 방치할 경우 자칫 구성원 간의 불신과 불화를 증폭시키게 되고 결국에는 공동체의 신뢰와 사회적 자본을 해치게 된다. 이는 장기적으로 공동체의 회복탄력성을 약화시키고 지속가능성에 대한 전망을 어둡게 만든다. 중평 동계에서도 이를 예방하고 해결하기 위해 부단히 노력해 왔던 것으로 보인다. 그 중 하나로 공동체가 합의한 사항이나 강상 윤리를 위반한 계원에 대한 적정한 수위의 제재와 처벌을 들 수 있다. 일제강점기 동안 작성된 동계 수계기에는 규칙이나 관습·관례·불문율에 위반한 2건에 대한 벌금 부과 내역이 기재돼 있다. 즉, 1927년 '折草時 稧規則 違反 罰金' 1명에 5냥, 1939년 '火田 違反' 2명에 60전 등 두 차례 기재돼 있다.

이를 통해 추측컨대, 규칙이나 관습·관례·불문율을 위반하거나 강상 윤리를 어기는 등 공동체 질서를 어지럽게 하는 경우는 극히 드물었으리라 생각된다. 설사 위반 행위가 발생하더라도 강신회와 같은 공식적 모임이나 길거리 대화와 같은 비공식 자리에서 훈계, 도덕적 비난 등 가벼운 수위의 처벌에 머물렀을 것으로 추측된다. 당시 전통사회에서 명예 훼손이나 창피주기만으로도 구성원들에 대해 큰 구속력을 가지며 공동체 내에서는 실질적인 효력을 발휘할 수 있었기 때문이다. 이런 절차와 처벌은 다른 구성원들에게도 상당한 교육과 학습 효과를 주었으리라 짐작된다. 전남 보성군 복내이리송계에서는 계금·계곡이나 이자를 제때 갚지 않는 경우 친척, 이웃, 나아가 마을 전체가 함께 빚을 갚도록 강제하던 연대책임 제도를 활용하였다(배수호, 2019). 중평 마을 공동체에서는 계곡이나 계금을 빌릴 때 연대보증인을 세우는 연대책임 제도를 활용했을 뿐만 아니라, 전당증서와 같은 동산·부동산 담보 대출 방식 또한 이용하였다.

조선 후기와 같이 일제강점기에도 동계 차원에서 차곡차곡 증식해오던 계곡을 적당한 시기에 내다팔아 현금을 마련하였다. 동계 수계기에는 자세하게 나오지 않지만, 시세를 보면서 벼나 쌀을 시장에 내다 팔았던 것으로 보인다. 날짜는 기재돼 있지 않으나, 아마도 시기상 쌀이 귀한 춘궁기였을 것이라 짐작된다. 수계기에는 이를 '作錢', '留置租 放賣錢', '放賣執錢' 등으로 기재돼 있다.

<표 3-9> 일제강점기 '방매 작전(放賣 作錢)' 내역

회계연도	벼 수량	금액	단위가격 (말)	비고
1912년	8말6되8홉	12냥1전5푼	1냥4전	
1914년	–	16냥6전5푼	–	–벼 수량을 알 수 없음.
1918년	1섬5말7되2홉	64냥3전	2냥5전	
1924년	1섬2말5되	55냥	2냥4전4푼	
	1섬5말6되	80냥	3냥1전3푼	
1926년	1섬9말	51냥9전	1냥7전9푼	–금액은 추정치임.
1927년	4말6되4홉	14냥	3냥2푼	
1934년	1섬1말2되6홉	35냥	1냥6전5푼	–벼 수량은 추정치임.
합계	6섬17말4되	329냥	2냥2전7푼	–1말당 평균가격 계산에 1914년은 포함하지 않음.

*출처: 「동계·송계수계기(洞稧·松稧修稧記)」(1888년~1980년)를 토대로 작성.

〈표 3-9〉에서 보듯, 중평 동계에서는 일제강점기 동안 여덟 차례 벼를 내다 팔아 계금을 확보하였다. 하지만 1945년을 제외하고선 1934년 이후로는 벼나 콩으로 소작료를 받지 않아서 쌀을 내다 팔았던 예는 없었다. 이 관행은 한동안 유지되었는데, 1960년에 다시 소작료의 일부를 벼나 콩으로 받기 시작했다. 일제강점기에 시장에 내다 판 벼의 수량은 총 6섬17말4되였으며, 금액은 329냥이었다. 벼 한 말당 평균가격은 2냥2전7푼으로, 시기별로 가격의 편차가 크게 나타났다. 즉, 벼한 말당 싸게는 1냥4전(1912년)에서 비싸게는 3냥1전3푼(1924년)까지 팔렸다.

그 외에도 한 차례이긴 하지만 동계 차원에서 돈을 주고 쌀을 사들이기도 했다. 1913년 동계에서 벼 7말3되를 사들이는 데 8냥2전을 지출했다. 벼 한 말당 가격은 약 1냥1전2푼이었다. 이로써 동계 차원에서 마을의 식량 수급 상황, 기근 현황, 시중가격 등을 고려하여 적당한 시기에 쌀을 내다팔기도 하고 때로는 쌀을 사들이기도 하였음을 알 수 있다. 이렇게 마련된 재원이나 쌀은 마을공동체와 구성원을 위해 요긴하게 쓰였다. 한 예로, 1918년에 벼 1섬5말7되2홉을 내다 팔아 마련한 64냥3전은 공동기물인 가마[轎子]의 구입 비용(161냥4전8푼) 일부로 충당되었다. 또한 1926년에 내다 판 벼 1섬9말은 그해 강신회 비용으로 충당되었다.

4. 활동 내역

중평 동계와 송계 차원에서 마련한 동중 재원은 마을공동체의 생존과 지속적인 번영, 구성원의 생계, 자녀 교육 등을 위한 다양한 활동과 목적에 사용되었다. 일제강점기 동안 중평 동계는 다양한 영역에서 마을공동체와 구성원들을 위한 활동과 사업을 전개하였다. 구체적으로, 강신회 비용, 공동체 제의와 행사 비용, 음식 제공, 공동물품 구매 및 수리 · 관리, 마을 아동 교육 지원, 마을 어르신을 위한 효도와 경로 활동, 공동재산의 세금 납부, 계원의 부채 탕감, 유사 등 임원 사례금, 마을 도로 정비, 송계산 산림 감시와 보호 활동, 묘목 대금, 측량비, 인건비와 같은 각종 경비를 지원하는 데 요긴하게 쓰였다.

강신회 비용은 해마다 동계의 재정 지출에서 큰 몫을 차지하였다. 가을 강신회에서 구성원 모두가 모여 함께 주요 사안을 논의하고 결정하였다. 회의가 끝난 후에는 유사가 준비한 음식과 술을 먹고 마시면서 유흥의 시간을 가졌다. 이때는 한 해 농사가 마무리되는 시점으로 모두가 한가롭게 즐거운 시간을 보냈던 것이다. 송계나 다른 중요 안건이 있을 때에 소집되던 임시 강신회의 지출 비용 대부분은 음식과 술 마련에 지출되었다. 그 외에도 여름 복날에 닭죽을 장만하여 구성원들이 함께 먹기도 했다. 도로 정비, 산판 작업 등 마을 행사나 공동울력이 있을 때면 동계 차원에서 역시 술을 제공했다.

〈표 3-8〉에서 이미 살펴보았듯, 중평 동계에서 차일·가마·병풍·관대·함·밥상 등 물품의 공동 구매뿐만 아니라 수리 및 관리를 담당하였다. 동계 수계기에 '修繕費', '修繕工價' 등의 항목이 자주 등장하는데, 이는 공동 물품에 대한 수선·관리에 따른 비용을 말한다. 동계의 임원인 유사에 관한 사례금은 1927년을 제외하고는 매년 수계기에 기재돼 있다. 그해 재정 형편에 따라 사례금 지급 범위와 규모는 다소 차이를 보인다. 재정 형편이 여유로울 때는 전유사와 장유사 모두에게 지급하였지만, 그렇지 못할 때는 장유사 혹은 점촌유사에게만 지급하였다. 이는 점촌 거주 유사가 장유사를 주로 맡았기 때문이다. '有司例下', '有司例条', '有司例条下', '有司禮賀' 등의 항목으로 유사 1명에게 지급되던 사례금은 1냥에서 2원(1원은 5냥)으로 편차가 크게 나타난다. 동계의 재정 형편이 여유로워 모든 유사에게 사례금을 지급하는 경우, 대개 장유사 혹은 점촌유사가 더 많은 사례금을 받았다. 이는 장유사 혹은 점촌유사가 음식과 술 장만 등 각종 실무를 담당하는 데 따른 금전적 보상이었던 것이다.

중평 동계에서는 마을 어린이 교육과 경로 활동에 상당한 심혈과 노력을 기울였다. 유학적 가치와 윤리가 일상의 삶에 큰 영향을 미치던 전통 사회에서 효(孝)와 경로(敬老)는 중요한 가족·사회 윤리였다. 당시 부모에 대한 효와 이를 확장한 경로는 지역공동체를 지탱하는 근간이었다. 더구나 노인들은 한 지역사회에서 오랫동안 삶을 영위해왔기 때문에 그 지역의 생태환경, 자연지리, 인문지리, 역사 등에 관한 풍부한 경험지식과 민속 지식을 소유하고 있었고 이를 다음 세대에게 전승해야 할 의무를 지녔다. 따라서 중평 마을공동체를 비롯한 전통적 지역공동체에서는 부모와 마을 어른에 대한 공경은 중요한 윤리 덕목으로 간주되었다. 동계 수계기에는 마을 어른들께 드릴 봉초(封草), 홍시(紅柿) 등 지출 항목이 자주 기재돼 있다. 봉초는 "담뱃대에 넣어서 피울 수 있도록 잘게 썰어 봉지로 포장한 담배"를 말한다(네이버 국어사전, 2020/01/30 자료 접근). 봉초 비용은 '兩里首老長封草價' 항목으로 6번(1934~1936년, 1938~1939년, 1942년) 등장한다. 홍시는 '紅柿價' 항목으로 3번(1921년, 1929년, 1936년) 등장한다.

유학 전통에서 자녀 양육과 교육은 부모의 중요한 의무이며, 이에 상응하는 역할이 요청된다. 중평 마을공동체에서는 1916년 장학계(獎學稧) 창설 전후로 동계 차원에서 마을 자제의 교육 지원을 위한 다양한 노력과 활동을 전개하였다. 18세기 이후로 서당 교육의 대중화가 빠르게 진행되면서 전국에 걸쳐 많은 지역사회에서 자체적으로 서당을 설립하여 운영하였다. 이런 경향은 일제강점기 동안에도 지속적으로 확장되었고, 중평 마을공동체에서는 1916년 장학계의 창설로 결실을 맺게 되었다.

중평 동계 차원에서 단자(單子) 작성, 기름값, 종이·붓·먹·벼루 등 문방구, 땔감 등을 지원하였고, 장학계(1916~1927년) 및 흥학계(興學稧, 1929~1996년)와 긴밀하게 연계하여 마을 자제 교육에 대한 지원을 아끼지 않았다. 〈표 3-10〉은 동계의 학동 교육 관련 지원 내역을 보여준다. 지원 항목은 서당 등록 학생의 명단을 기록하는 단자, 종이, 붓, 벼루, 묵, 호롱불용 기름 등에 집중되어 있다. 일제강점기에 학동 교육 지원 관련 총지출은 88냥4전4푼과 35원이었다. 1원=5냥 기준으로 환산하면, 52원68전8푼이다. 흥미로운 사실은 1918년 수계기에 '採伐認許書堂債' 2냥으로 서당 건립 혹은 보수를 위한 재목 채벌 인가 비용 내역이 기재돼 있다는 점이다. 이로써 중평 마을공동체에서 자체적으로 서당 건물을 보유하고 있었음을 짐작케 한다. 서당 건물의 건립 시기, 위치, 규모 등에 관해서는 더는 파악할 수 없다. 이는 서당 건물이 건립된 후 일제 당국의 집요한 강요와 협박으로 인해 얼마 되지 않아 건물이 팔렸거나 헐렸을 개연성이 높기 때문이다.

〈표 3-10〉 일제강점기 학동 교육 지원 내역

회계연도	지출 항목	금액	비교
1916년	洞中書齋單子債	3냥	
1917년	學童油價	4냥	
1918년	學童紙筆價	7냥7전4푼	
	採伐認許書堂債	2냥	
1919년	學童筆墨費	6냥	
1921년	書堂契中 得用錢 報償条	11냥2전	
	學童紙筆價	10냥	
1923년	書堂灯油價	6냥	
1926년	書堂燈油價	10냥	
1927년	學童單子	7냥5전	
1928년	單子条	10냥	-'學童單子'로 추정
1930년	學童紙筆價	5냥	
1931년	學童灯油代	3냥	
1932년	書堂燈油價	3냥	
1945년	書堂燈油價	35원	
합계		88냥4전4푼 & 35원	-1원=5냥 기준으로 환산하면, 52원68전8푼

*출처: 「동계 · 송계수계기(洞稧 · 松稧修稧記)」(1888년~1980년)를 토대로 작성.

중평 동계는 마을공동체의 주요 현안들을 공동으로 대응하는 데 그 구심점의 역할과 기능을 담당하였다. 역구실산[蓼谷山]에 대한 임야세, 산림조합비 등 각종 세금은 동계 기금에서 충당되었다. 흥미롭게도 1920년 5월에 마을공동체 차원에서 거행했던 기우제(祈雨祭) 비용(30냥) 역시 동계 기금에서 충당되었다. 역구실산 측량시 인건비 및 점심 비용, 마을 도로 보수, 닥나무 등 묘목 대금, 식목시 인건비, 채벌 허가 신청, 역구실산 순산 활동, 소나무·가래나무·닥나무·풀 등 산림자원의 감시와 보호 활동, 각종 측량비, 역구실산 내 산전(山田)·화전(火田)의 도지세(賭地稅) 책정, 문서·수계기를 위한 종이 구매 등 다양한 활동과 목적으로 각종 경비를 지원하였다.

중평 동계에서는 계원들에게 금전적 혜택을 제공하기도 하였는데, 크게 두 가지 방식으로 이뤄졌던 것으로 보인다. 우선 동계 기금을 계원들에게 골고루 배분하는 방식으로 금전 혜택을 제공한 경우이다. 일제강점기 동안 두 차례(1914년, 1916년) 계원들에게 곗돈의 고른 분배가 이뤄졌다. 구체적으로, 1914년에 계원 35명에게 2냥씩 총 70냥, 1916년에는 계원 36명에게 2냥씩 총 72냥이 분배되었다.

또 다른 배분 방식은 계원들이 동계 기금에서 빌린 빚 일부 혹은 전부를 탕감해주는 것이다. 중평 동계에서는 강신회의 의결을 거쳐 형편이 어렵거나 기타 이유로 빚을 제대로 갚지 못하는 계원들을 대상으로 빚을 탕감해 주었다. 일제강점기 기간에 16차례 정도 계원의 빚 일부 혹은 전부를 탕감해 준 것으로 나타났다. 특히 1932년과 1934년은 대대적인 규모로 계원의 빚 탕감이 단행되었다. 〈표 3-11〉에서 보는 바와 같이, 1932년에 8명의 계원이 짊어지고 있던 곗돈의 일부 빚을 영구히 탕감하여 주었다. 탕감 금액은 155냥1전2푼으로 같은 해 동계의 지출 총액 338냥9전2푼의 46% 가까이 된다. 그리고 이들 계원 8명의 전체 빚이 214냥6전2푼이었는데 평균적으로 72.3% 정도를 탕감해준 것이었다. 하지만 개인별로 탕감 비율은 28.6%에서 81.2%로 큰 편차를 보이는데, 그 이유는 명확하게 알 수 없다. 계원에게 고르게 배분하는 방식은 일제강점기 초기에 주로 행해졌던 반면, 일부 계원에 대한 빚 탕감 방식은 일제강점기 동안 두루 행해졌던 것으로 파악된다.

〈표 3-11〉 계원의 빚 탕감 내역 (1932년)

계원 명단	빚 규모	갚은 액	탕감 금액(錢)	탕감 규모(%)
安○○	39냥2전	10냥	29냥2전	74.5
李○○	7냥	3냥5전	3냥5전	50.0
權○○	8냥4전	4냥	4냥4전	52.4
鄭○○	35냥2전8푼	9냥	26냥2전8푼	74.5
李○○	23냥9전4푼	4냥5전	19냥4전4푼	81.2
宋○○	58냥8전	15냥	43냥8전	74.5
李○○	35냥	8냥5전	26냥5전	75.7
李○○	7냥	5냥	2냥	28.6
합계	214냥6전2푼	59냥5전	155냥1전2푼	72.3

*출처: 「동계·송계수계기(洞稧·松稧修稧記)」(1888년~1980년)를 토대로 작성.

동계 차원에서 가장 큰 규모로 빚 탕감이 단행됐던 해는 1934년으로 계금뿐만 아니라 계곡에 대해서도 탕감이 이뤄졌다. 〈표 3-12〉에서 보는 바와 같이, 총 탕감 규모는 계원 9명에게 356냥4전5푼과 계원 4명에게 벼 13섬12말5되였다. 하지만 당해 연도 수계기에 이들 계원의 빚 규모에 대한 정확한 자료가 없어 각 계원의 탕감 비율에 대해서 더는 파악할 수 없다.

〈표 3-12〉 계원의 빚 탕감 내역 (1934년)

계원 명단	탕감 규모(錢)	계원 명단	탕감 규모(租)
蘇○○	2냥	趙○○	2섬2말6되
金○○, 金○○ 兩人	13냥3전	金○○	4섬18말2되1홉
李○○	3냥4전	鄭○○	2섬9말3되6홉
李○○	65냥1전	劉○○	4섬2말3되3홉
鄭○○	153냥3전		
李○○	1냥1전5푼		
李○○	75냥4전		
金○○	42냥8전		
합계	356냥4전5푼	합계	13섬12말5되

*출처: 「동계·송계수계기(洞稧·松稧修稧記)」(1888년~1980년)를 토대로 작성.

　수계기에서 기재된 지출 내역 중에 한자 해독이 어려운 항목들이 더러 보인다. 한 예로, 1929년 수계기에 기재된 '軍服價' 항목이 무엇을 의미하는지는 파악할 수 없으나 중평굿패 의복 관련 지출로 추정될 뿐이다.

제3절
해방 이후

　1945년 8월 15일 민족 해방은 36년간 일제의 강압적 식민통치로부터 벗어난 민족사적으로 큰 기쁨이자 사건이었다. 사람들은 새로운 시대에 대한 희망과 기대로 가득 찼으며 한반도에는 다시 활력이 찾아들기 시작했다. 하지만 해방의 기쁨과 희망도 잠깐이었고 곧 신기루처럼 사라져 버렸다. 신탁통치의 찬반, 좌우익 갈등으로 한반도는 극도의 혼란 상태에 빠져들었다. 결국 남한에서는 1948년 5월 10일 총선거를 통해 같은 해 8월 15일 대한민국이 수립되기에 이르렀다. 역시 같은 해 9월 9일 북한에서도 조선민주주의인민공화국이 수립되었다. 그후 1950년에 발발한 6·25 전쟁은 한민족에게 크나큰 시련과 아픔을 안겨주었다. 여전히 우리 민족은 그 아픈 상처에서 완전히 회복되지 못하고 있다. 천년 이상 한 나라로 굳건히 내려오던 한민족이 두 정치체제와 국가로 분리되어 오늘날까지 대치 상태에 놓여 있는 실정이다.

　한편으로, 우리는 지금 세계인들이 선망하는 국가를 일궈냈다. 대한민국은 경제발전과 민주주의를 동시에 성공적으로 안착한 나라로, 이는 세계사적으로도 큰 성취이며 경이로움의 대상이 되고 있다. 2021년 명목 국내총생산(GDP)은 1조8,239억 달러로 전 세계 205개국 중 세계 10위이었으며, 같은 해 1인당 국민소득(GNI)은 3만5,168달러로 5,000만 이상 인구를 가진 국가 중 6위를 차지하였다(한국일보, 2021/12/26; 머니투데이, 2022/03/03). 전쟁의 폐허와 지독한 가난 속에서도 이렇게 짧은 기간 동안 '한강의 기적'이라고 불릴 만큼 빠른 경제발전을 달성했다. 이와 더불어, 국민의 민주화에 대한 폭발적인 열망과 투쟁은 권위주의와 군사독재의 잔재를 청산하고서 민주주의를 한층 발전시켜 나갈 수 있었다. 나아가 민주화는 시민사회의 성장과 성숙을 가져왔고, 자유, 평등, 인권, 평화 등의 보편적 가치들도 우리 사회에서 확고하게 뿌리 내려가고 있다.

그렇다면 우리 민족의 힘과 저력은 어디에서 비롯된 것일까. 제2차 세계대전 이후 냉전 시기에 한반도의 지정학적 위치와 전략적 판단에 따른 미국의 대외원조 때문일까. 지적 허영심에 빠진 일부 학자들이 주장하듯, 일제의 식민지 근대화 탓일까. 아니면 개발독재 시기 지도자의 리더십 영향일까. 학계, 정치계, 언론계에서는 경제발전과 민주주의의 동반 성취에 대해 다양한 진단과 해석을 내놓고 있다.

저자는 우리 사회에 뿌리내린 유구한 공동체 전통과 정신에서 한민족의 저력이 나왔다고 믿는다. 지역사회를 기반으로 탄탄하게 얽혀 있는 공동체 전통과 정신이 '함께 더불어' 보다 나은 삶과 가치를 추구하려는 의식적 각성과 노력을 추동하는 강한 원동력이 되었다고 생각한다. 근대화, 산업화 및 도시화 과정에서 많은 부작용 또한 나타나고 있지만, 공동체 전통과 정신 속에 배태된 한국적인 '우리' 의식과 정체성은 경제발전과 민주주의를 이끌어온 저력의 바탕이 되었던 것이다. 다시 중평 마을공동체와 동계로 돌아가 해방 이후의 전개 과정과 상황을 차근차근 살펴보자.

해방 이후 오늘날까지 중평 동계에서는 강신회를 개최하고 수계기를 꾸준하게 작성해오고 있다. 놀라운 사실은 6·25 전쟁이라는 극도의 혼란 중에도 매년 빠짐없이 강신회가 개최되고 수계기가 작성되었다는 점이다. 이렇게 보이지 않는 기저에 꿈틀거리는 강한 힘과 전통이 중평 마을공동체의 지속가능성을 담보하는 요인으로 작동하였던 것이다. 해방 이후 오늘날까지 작성된 동계 수계기는 크게 세 시기로 구분된다. 먼저 해방 이후 1980년까지의 동계 수계기는 조선 후기와 일제강점기 동안 작성된 동계 수계기와 함께 「동계·송계수계기(洞稧松稧修稧記)」(1888년~1980년)에 실려 있다. 두 번째 시기는 1981년부터 1990년까지로, 이 시기 동계 수계기는 「중촌송림계수계기(中村松林稧修稧記)」(1981년~1990년)에 실려 있다. 이 시기 동안 중촌송림계, 즉 중평 역구실 송계가 마을공동체의 실질적인 구심점으로서 마을의 주요 현안들을 사실상 주도하고 담당하였다. 특히 역구실산 소유권 분쟁으로 말미암아 송계 현안들이 중평 마을공동체의 주요 쟁점 사항으로 대두되던 시기였다. 이 시기에는 송계 수계기에 통합되어 동계 수계기가 작성되었다. 세 번째 시기는 1990년에서 2018년으로, 동계 수계기는 「동적부(洞籍簿)」(1990년~2017년)와 2018년 자체 결산보고서에 실려 있다. 이 절에서는 해방 이후 시기를 세부적으로 구분하지 않고 중평 동계에 대한 통합적인 이해와 논의를 시도하려 한다.

해방 이후에도 중평 마을공동체에서는 동계, 송계, 서당계 등 자율적·자치적인 공동체 조직들을 중심으로 지속 가능한 방식으로 유지·발전되어 왔다. 중평 마을공동체에서는 역구실산의 지속 가능한 이용·보호·관리를 통해 마을공동체와 구성원들에게 상당한 수익을 창출하여 왔다. 특히 1966년에 영림계(營林稧)가 창설되면서 식림, 조림,

임도 건설·보수·관리 등 각종 사업을 적극 추진하였다. 이를 위한 자금은 대부분 계원들의 출자금을 통해 조달되었다. 이 시기 동계 및 송계 수계기를 살펴보면, 중평 마을공동체 차원에서 역구실산에 대한 이용, 보호 및 관리에 얼마나 큰 심혈과 노력을 기울였는지 확인할 수 있다. 1979년 이웃 마을과의 역구실산 소유권 분쟁을 계기로 송계는 중촌송림계로 재편되었다. 1981년부터 1990년까지 10여 년 동안 중촌송림계에서 마을공동체의 실질적인 구심점으로 자리매김하였다. 그러다가 1990년 역구실산이 매각되면서 송계는 사실상 해체되었고 동계가 다시 활성화되기에 이르렀다.

해방 이후 동계와 송계의 활동에서 더욱 놀라운 사실은 6·25 전쟁 기간에도 동계와 송계가 운영되었다는 점이다. 중평 마을공동체와 공동체 조직의 놀라운 생명력이 확인된다. 이는 공동체 조직의 존재와 활동이 구성원의 삶과 직접적으로 밀착되어 있었기 때문으로 보인다. 전쟁 기간 동안 회계결산 기록이 다소 간략하고 수입과 지출 항목의 수도 많지 않지만, 강신회는 매년 소집·개최되었고 회계결산 내역 역시 빠짐없이 기록되었다. 그럼에도 중평 동계와 송계가 1960년대로 들어서면서 본격적으로 활성화되기 시작한 것은 진안 지역 역시 전쟁의 후유증을 한동안 앓고 있었음을 암시한다.

1990년 이전까지 운영되던 중촌송림계에는 두 마을의 계원들이 함께 참여했지만, 1990년 역구실산의 매각을 계기로 두 마을은 완전히 분리·운영되기 시작한 것으로 보인다. 「동적부(洞籍簿)」(1990년~2017년)에 역구실 송계 관련 항목은 1996년 '도통산림답 매각' 이후로 더 이상 보이지 않는다. 역구실산 매각대금은 1980년 중촌송림계의 결성 당시 참여했던 전체 송계원 46명 중에서 1명을 뺀 나머지 45명에게 골고루 배분되었다.

1990년 중평 동계의 재건 당시에 작성된 「동적부(洞籍簿)」(1990년
~2017년)의 서문(序文)에는 동민(洞民)이 일심단결하여 강상의 윤리를 지
키고 상부상조하면서 모범적이고 아름다운 동네를 함께 만들어나가자
는 다짐을 표현하고 있다. 재건 당시 중평 마을 계원은 33명으로 이들
의 명단이 함께 기재돼 있다. 1990년(경오년)에 작성된 「동적부(洞籍簿)」
의 서문은 다음 〈표 3-13〉과 같다.

〈사진 3-3〉 「동적부(洞籍簿)」 표지 (1990년)

출처: 「동적부(洞籍簿)」(1990년~2017년).

<표 3-13> 「동적부(洞籍簿)」 서문(序文) (1990년)

庚午年
洞籍簿
中坪

日月은 往來하여 晝夜를 이루고 春夏秋冬 四季節을 이루는 天倫은 變함이 없드시 우리人間도 人倫을 變치 말고 正義는 取하고 不義는 捨하며 어른을 恭敬하고 어리니를 愛護하며 이웃끼리 信賴하고 洞民全体가 團合하여 生死苦樂을 같이 하는 模範洞內를 이루는데 合心하여 總每進합시다.
　禮儀를 지킵시다.
　共同事業에 的極[51] 參與합시다.
　家畜을 放詞[52]하지 맙시다.
　信賞必罰制를 실시합시다.

*출처: 「동적부(洞籍簿)」(1990년~2017년).

　　중평 마을공동체가 과거 전통과 유산을 잘 전승하고 있다는 것은 오늘날 동계 수계기를 작성하는 방식에서도 확인할 수 있다. 다음 〈표 3-14〉는 2017년 동계 수계기에 기재된 내용을 그대로 실은 것이다. 전통적인 수계기 작성 방식과는 달리 정기총회 날짜가 명시되어 있지 않지만, 전통적인 방식과 유사하게 동계 수계기가 작성되고 있는 점이 흥미롭다.

---

51) '적극(積極)'을 의미하는 듯하다.
52) '방사(放飼)'를 의미하는 듯하다.

〈표 3-14〉 동계 수계기 예시 (2017년)

修稧記

前年度 △△,△△△,△△△원과 정기예금 이자 △△△,△△△원과 자립이자 △,△△△원, 수입금 세배잔액 △△,△△△원, 장○○ 부친 호상시 △△△,△△△원, 서울 유승열 △△△,△△△원, 김병관 △△△,△△△원, 술먹이 잔액 △△△, △△△원, 하수도소장 △△△,△△△원, 권대현 칠순 △△△,△△△원, 김회선 칠순 △△△,△△△원 합하니 △△,△△△,△△△원 중 지출금 회관 연중 수도요금 △△,△△△원, 두부공장 전기요금 △△,△△△원, 콩 탈곡기 △,△△△원, 통영관광료 △,△△△,△△△원, 회관 정화조 청소 △△,△△△원, 가스호스 교환 △△,△△△원, 화장(지) 1돌 △△,△△△원, 체육회 경비 △△△,△△△원, 가스 2통 (및) 총회경비 △△△,△△△원, 이웃돕기 성금 △△△,△△△원, 지출계 △,△△△,△△△원 제하니 △△,△△△,△△△원을 신임이장에게 인수함.

이장	김회선
노인회장	이병열
노인회총무	권대현
부녀회장	이양례
지도자	장준철

*출처: 「동적부(洞籍簿)」(1990년~2017년).

1. 강신회

해방 이후에도 강신회는 매년 1회 개최 원칙을 꾸준하게 유지해오고 있다. 정기 강신회 이외에도 필요에 따라 임시 강신회가 소집·개최되었다. 1945~1946년, 1948~1949년, 1960~1967년, 1972~1974년에 임시 강신회가 17회 개최되었다. 특히 1949년에는 정기 강신회보다 이른 시기에 '立木賣買 當時 講信', '遮日製作 講信', '火田 收稅時 講信' 등 한 해 동안 3번의 임시 강신회가 개최된 경우도 있었다. 임시 강신회는 대부분 '가화시(加火時)' 강신회로 매년 1회 개최하는 경우가 많았다. 가화시 강신회는 대개 정기 강신회보다 이른 시기에 소집·개최되었는데, 「동계·송계수계기(洞稧松稧修稧記)」(1888년~1980년)에서 '加火時 下記', '加火收集時 講信', '加火資料調査 當日講信', '加火收稅 決定時 講信', '加火時 講信', '加火時 經費' 등으로 기재돼 있다.

「중촌송림계수계기(中村松林稧修稧記)」(1981년~1990년) 기간에는 정기 강신회 개최와는 별도로 1981년 '臨時總會時 費用', 1984년 '山坂決算會食 經費' 등 임시 강신회가 적어도 2번 개최되었다. 1990년 중평동계가 재편성된 후 작성된 「동적부(洞籍簿)」(1990년~2017년)에는 1992년 '강신', 2016년 '연말 총회 경비' 항목이 보이는데, 지출 항목이 자세하게 기재돼 있지 않아 정기 강신회나 임시 강신회의 개최 현황과 비용을 더는 파악하기 어렵다. 그렇지만 정기 강신회는 매년 개최됐으며, 임시 강신회 또한 필요에 따라 소집·개최되었다. 이 기간에 마을회관 이전 및 신축(2000년 즈음), 모정(茅亭) 건립(2013년) 등 주요 안건이 있을 때마다 임시 강신회가 소집·개최되었다. 농사꾼의 휴식 공간, 여름 쉼터, 마을 집회 및 회의 장소, '화민성속(化民成俗)'의 농민 교육 기능 등 마을공동체의 여러 목적과 활동을 위한 장소로 쓰이는 마을 모정은 2013년 4월에 착공해 같은 해 8월 13일에 준공식을 가졌다(최재율, 1995; 매일건설신문, 2013/08/14).[53]

오늘날 중평 마을공동체에서 마을회의는 대동회 혹은 동네계라고 불린다. 대동회, 결산 등과 관련하여 전병선 어르신의 증언을 들어보자.[54]

---

53) 「동적부(洞籍簿)」(1990년~2017년)의 2013년 수계기에는 '마을 모정 토지대금'으로 400만 원이 기재돼 있다. 또한 총공사비로 4,000만 원이 소요됐으며, 규모는 20.6m²이다(매일건설신문, 2013/08/14).

54) 2019년 1월 22일 마을회관에서 전병선 어르신의 증언.

전병선: (대동회 결산은 보통) 11월에 하는데 그 시기에 (마을 임원) 개편도 하고 마을기금 결산도 하고 다음 해 기금에 대한 고민도 한다. 기금에 대한 문서도 써서 총 마을 기금이 (예를 들어) 오천만 원인데 이것을 어디다 넣어 가지고 어떻게 활용하고 있다는 것을 대동회 때 (논의한다.) 지난 일 년 동안 누가 돌아가셨다 하면 마을(차원)에서 부의도 내고, 또 각자 낸다. 마을에서 상을 치를 때 동네사람들이 협조를 해주면 그 자녀들이 고맙다고 기금을 얼마씩 내고 그렇게 한다. 지금 저 (마을회관) 칠판에도 써져 있는데 며칠 전에도 상 당했는데 자녀가 마을기금으로 오십만 원(을) 이렇게 준 내용이다. 옛날로 치면 위친계다. 이제는 그런 것이 없어졌으니까 대동회에서 같이 한다.

〈사진 3-4〉 동계 수계기 (1946년 10월 27일 강신회)

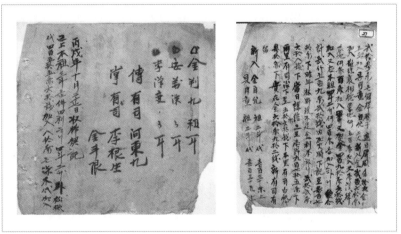

*출처: 「동계 · 송계수계기(洞楔 · 松楔修楔記)」(1888년~1980년).

2. 계원의 구성 및 추입

해방 이후에도 한동안 새로운 계원들이 중평 동계에 꾸준하게 추입되었다. 중평이나 점촌 마을로 새로 이사해왔거나 결혼 등을 통해 분가한 경우에는 강신회에서 신입계원으로 동계에 가입할 수 있었다. 〈표 3-15〉는 해방 이후 1964년까지 동계에 새롭게 추입된 계원 수와 그 내역이다. 1964년을 마지막으로 계원의 추입은 더 이상 보이지 않는다. 이를 통해 중평 마을공동체에서도 이촌향도(離村向都) 현상이 나타나고 있음이 확인된다. 계원 수의 감소와 고령화는 중평 마을공동체의 장기 지속성을 위협하는 최대 요인이다. 이는 공동체 구성원의 고령화와 더불어, 마을공동체로서의 정체성을 상실하고 오랜 세월 동안 중평 마을공동체에서 전승되어 오는 민속, 문화, 역사, 전통, 생활지식 및 생태 지혜가 상실돼 간다는 것을 의미하기 때문이다. 해방 이후에도 계원 추입 시에 신입조나 신입전을 동계에 납부하도록 하였다. 신입조나 신입전의 규모는 일정하게 정해진 것은 아니지만, 한동안은 신입계원 1명당 벼 2말이나 이에 상응하는 금액을 납부하도록 했던 것으로 추정된다.

〈표 3-15〉 해방 이후 계원 추입 내역 (1945년~1964년)

회계연도	추입 인원	신입조	신입전	비고
1945년	1명		3원	-추입수 추정
	3명	6말		-각 2말(추정)
1946년	2명		260원	-계원 1명당 벼 2말에 해당 금액 130원을 납부함.
1948년	6명		2,400원	-계원 1명당 벼 2말에 해당 금액 400원을 납부함.
1949년	3명		1,800원	-계원 1명당 벼 2말에 해당 금액 600원을 납부함.
1959년	2명		2,440환	-계원 1명당 벼 2말에 해당 금액 720환과 신입전 500환을 납부함.
1964년	2명	6말		-각 3말
합계	19명	12말	4,707원	-1962년 '긴급통화조치' 단행으로 10환=1원

*출처: 「동계·송계수계기(洞稧松稧修稧記)」(1888년~1980년), 「중촌송림계수계기(中村松林稧修稧記)」(1981년~1990년), 「동적부(洞籍簿)」(1990년~2017년) 및 2018년 자체 결산보고서를 토대로 작성.

해방 이후 중평 동계는 계장을 중심으로 2~3명의 유사가 책임을 지고 운영하였다. 하지만 어느 시점부터 이장, 새마을지도자, 영농회장, 부녀회장, 개발위원장, 반장, 노인회장 등으로 마을공동체 조직과 임원은 보다 분화되고 개편되었다. 「동적부(洞籍簿)」(1990년~2017년) 1991년 동계 수계기에 이 같은 조직과 임원 명단이 기재된 것으로 봐서, 그 이전부터 이미 계장 대신 이장으로 불렸고 동계 조직 구조도 분화되고 다기화의 길을 걸었던 것 같다.

한편, 「중촌송림계수계기(中村松林稧修稧記)」(1981년~1990년) 1987년 송계 수계기에 보면, 계장, 부계장, 간사(2명), 감사(2명), 유사(2명) 등 8명의 임원 명단이 기재돼 있다. 이 시기에 동계 조직과 송계 조직이 각자 독자성을 갖추고 있었던 것인지, 아니면 동계와 송계의 임원이 중복된 것인지 알 수는 없다. 다만 과거 시절 동계 임원들이 송계 업무를 담당했던 점을 상기하면 이 시기에도 송계 임원들이 동계 및 마을공동체 관련 업무를 중복적으로 담당했으리라 짐작된다.

해방 이후 중평 동계의 임원 명단은 〈부록 표 3-6〉과 〈부록 표 3-8〉에 실려 있다. 이들 표에서 확인되듯, 동계 임원은 연임되는 경우가 많았다. 하지만 연임되더라도 강신회 혹은 기타 마을 회의에서 임원 선출 과정은 반드시 거쳤을 것으로 보인다. 강신회에서 작성된 수계기를 보면, 비록 연임되더라도 다음 연도 유사의 명단이 새롭게 작성되고 있기 때문이다. 이러한 전통은 오늘날까지 이어져 오고 있다. 매년 마을 회의에서 작성된 수계기 말미에 이장 명단이 있는데, 역시 연임되더라도 '신임이장' 이름으로 새롭게 작성한다.

해방 이후에도 한동안 유사 사례금은 지급되었다. 유사는 동계 및 송계의 실무, 이를테면, 산림 감시 및 보호 활동, 강신회 음식 장만, 수입과 지출 내역 기록, 회계결산, 수계기 작성 등 온갖 업무를 전담하기 때문에, 동계 차원에서 일정한 사례금을 매년 지급하였던 것이다. 「동계ㆍ송계수계기(洞稧松稧修稧記)」(1888년~1980년)에 따르면, 1945~1949년, 1959~1966년에 유사 사례금 지급 내역이 보인다. 그러다가 1968년 수계기에 '有司經費' 항목으로 360원이 지급된 이후부터는 유사 사례금이 더는 지급되지 않았던 듯하다. 1950~1958년 시기는 6ㆍ25 전쟁으로 상당한 재정 난관에 봉착하면서 임야세와 강신회 비용으로 동계 재정 대부분이 지출되면서 유사 사례금의 지급 여력이 없었던 것으로 보인다. 근래에는 정부에서 마을 이장들에게 월급 명목으로 일정한 급여를 지급하고 있어 이장 등 임원에게 더는 사례금을 지급하지 않는다.

3. 수입 내역

해방 이후에도 중평 동계는 수입의 다원화와 재정의 건실화를 위한 노력들을 적극적으로 경주하였다. 동계 수입은 일제강점기 시기와 마찬가지로 역구실산에서 많은 수입을 창출하였다. 구체적으로, 소나무ㆍ가래나무ㆍ닥나무ㆍ옻나무 등 판매, 관목ㆍ땔감ㆍ숯ㆍ표고목 판매, 묘지값, 산전세, 도벌에 따른 벌금 등으로 중평 마을공동체의 수입을 확보할 수 있었다. 이외에도 동계 차원에서 신입계원의 신입조 및 신입전, 계원 갹출금, 출향인이나 동네 주민의 희사금, 동계 소유 전답의 소작료, 차일ㆍ가마ㆍ병풍ㆍ관대 등 공동물품 임대료, 초상 후 상주가 감사 표시로 마을에 내는 상여금(喪輿金), 이자 수입, 술멕이 잔치금액 등 다양한 수입원을 통해 재정 기반을 확충하고자 노력하였다. 또한 환경재생관리시상금(1990년), 장수건강대처금(2008년) 등 각종 시상금, 정부보조금(2000년), 보상비(2001년)도 동계의 수입 항목이었다.

중평 마을공동체에서 역구실산 구역 내 묘목을 심거나 산판 작업을 실시하는 등 규모가 큰 사업을 추진하거나 전답이나 토지 매입, 모정이나 마을회관 건립 등 많은 비용이 소요되는 경우, 계원들을 대상으로 일정한 규모의 곡식이나 돈을 거두어 자본금을 일시에 마련하였다. 특히 역구실산 구역 내 식림, 조림, 임도 건설 및 보수 등 대형 사업을 추진하는 데 소요되는 비용은 계원의 갹출로 충당되는 경우가 많았다.

해방 이후 계원들을 대상으로 갹출했던 구체적인 내역은 〈표 3-16〉과 〈표 3-17〉에서 확인할 수 있다. 중평 마을공동체에서 갹출금은 출자금, 거출금 등으로 불리기도 한다. 계원의 갹출금은 낙엽송·리기다소나무 등 묘목 구매, 식림, 조림 및 육림, 임도 건설 및 관리 등 대부분 역구실산 관련 사업 비용으로 충당되었다. 〈표 3-16〉과 〈표 3-17〉에서 보듯, 계원의 갹출금은 1960년대 후반과 1970년대에 집중되어 있다. 이 시기 비용의 대부분이 역구실산 조림 사업에 주로 충당된 반면, 1980년과 1981년에 계원의 갹출금은 역구실산 소유권 분쟁 관련 법적 소송 비용으로 충당되었다.

〈표 3-16〉 해방 이후 계원 갹출(醵出) 내역

회계연도	항목	곡식	금전	비고
1966년	營林稧 創稧 出資米	쌀 10 가마니 [叺]		-계원 55명에게서 갹출
1967년	稧員 出資金		52,000원	
1968년	稧員 出資(金)		9,800원	-계원 49명 x 200원
1970년	稧員 出資太 代金		27,670원	-콩 4가마니5말7되에 해당함.
	稧員 出資米 代金		5,940원	-계원 1명당 5되로 18명이 완납, 총 9말 거둬들임. -계원 30명에게 未收함.
1971년	過年度 太 未收條 代金		1,938원	-전년도 못 거둬들인 콩 3말4되에 해당함.
	白米 1가마니3말 代金		10,920원	-계원 26명에게 거둬들임.
	稧員 出資金		7,600원	-계원 38명에게 각 200원씩 거둬들인 것으로 추정됨.

회계연도	항목	곡식	금전	비고
1972년	稧員 出資金		21,500원	−계원 43명 x 500원
1977년	稧員 出資金		82,500원	−계원 55명 x 1,500원
1978년	稧員 出資金		51,000원	−계원 51명 x 1,000원
1980년	稧員 出資金		2,430,000원	−송계원 54명 x 45,000원
1981년	稧員 出資金		9,186,200원	−계원 46명 x 199,700원
1998년	戶當 거출금		1,600,000원	
2004년	희사금, 去出金, 예금이자 및 전화단절금		3,893,726원	−거출금의 규모와 자세한 내역은 알 수 없음.
2005년	희사금, 去出金 및 예금이자		1,865,934원	−거출금의 규모와 자세한 내역은 알 수 없음.
2006년	出資金, 희사금 및 예금 이자		2,780,685원	−출자금의 규모와 자세한 내역은 알 수 없음.
2007년	출자금 및 희사금		3,629,381원	−출자금의 규모와 자세한 내역은 알 수 없음.
2011년	醵出金 및 희사금		3,730,000원	−갹출금의 규모와 자세한 내역은 알 수 없음.
2013년	醵出金 및 희사금		5,922,690원	−갹출금의 규모와 자세한 내역은 알 수 없음.
2014년	醵出金 및 희사금		4,149,000원	−갹출금의 규모와 자세한 내역은 알 수 없음.
2015년	醵出金 및 희사금		8,262,305원	−갹출금의 규모와 자세한 내역은 알 수 없음.

*출처:「동계・송계수계기(洞稧松稧修稧記)」(1888년~1980년),「중촌송림계수계기(中村松林稧修稧記)」
    (1981년~1990년),「동적부(洞籍簿)」(1990년~2017년) 및 2018년 자체 결산보고서를 토대로 작성.

갹출금은 계원 모두에게 골고루 공평하게 부담토록 했다. 예외적으
로 영림계(營林稧)가 창설되던 1966년 당시 계원 55명의 갹출금 내역을
살펴보면 흥미로운 사실이 발견된다. 1966년과 1967년에 몇몇 계원들
은 다른 계원들보다 훨씬 많은 양의 쌀이나 금액을 납부한 것이다.「동
계・송계수계기(洞稧松稧修稧記)」(1888년~1980년) 〈병오년출자증권원본
(丙午年出資證券原本)〉(1966년)을 보면, 계원 55명에게서 총 쌀 5섬을 갹
출하였는데, 그중에서 45명의 계원은 각자 1말씩 납부했으나, 나머지

10명의 계원은 더 많이 납부했음을 확인할 수 있다. 구체적으로, 이정진(李正進) 32말[斗], 이병국(李炳國) 5말, 김용문(金龍文)·김순기(金淳基) 3말, 전병선(全炳善)·이정동(李正童)·김한술(金漢述)·김봉열(金鳳烈)·하재룡(河在龍)·이정장(李正章) 2말을 각각 납부하였다. 한편, 〈정미년 출자증권원본(丁未年出資證券原本)〉(1967년)을 보면, 52명의 계원 중 50명은 각각 1,000원을 납부하였고 형편이 어렵거나 상황이 여의치 않은 계원 2명은 500원을 납부하였다. 이렇게 계원 각자의 형편과 상황을 고려하여 계원의 갹출금 규모를 산정했던 것으로 보인다.

〈표 3-17〉 해방 이후 계원 갹출금(醵出金)의 세부 내역

연도		출자 계원	갹출 내역	합계	비고 (출처)
병오년(1966)		55명	−각 1말(45명) −각 2말(6명) −각 3말(2명) −각 5말(1명) −각 32말(1명)	白米 100말	〈丙午年出資證券原本〉
정미년(1967)		52명	−각 1,000원(50명) −각 500원(2명)	51,000원	〈丁未年出資證券原本〉
무신년(1968)		50명	−각 200원	10,000원	〈戊申年出資證券原本〉
경술년(1970)		44명	−각 백미 5되	백미 1섬2말	〈西紀一九七〇年度白米出資記〉 − 1섬=20말
신해년(1971)		31명	−각 200원	6,200원	〈西紀一九七一年度 現金出資記〉
임자년(1972)		39명	−각 500원	19,500원	〈西紀一九七貳年度出資記〉
경신년 (1980)	1차분	50명	−각 5,000원	250,000원	〈出資稧員名單〉
	2차분	49명	−각 40,000원	1,960,000원	

*출처: 「동계·송계수계기(洞稧松稧修稧記)」(1888년~1980년)를 토대로 작성.

중평 동계의 주요 수입원 중 하나로 출향인과 동네 주민들이 자발적으로 기부하는 희사금이 있다. 고향을 떠나 타지에 살더라도 설 같은

명절이나 마을에 중요한 일이 있을 때마다 출향인들이 마을에 기부해 오던 전통은 오랫동안 이어져 내려오고 있다. 동네 주민들도 칠순과 같은 특별한 경우에 형편껏 마을에 희사하고 있다. 이 외에도 특정한 계기가 없더라도 주민들은 마을에 현물이나 현금을 수시로 기부하기도 한다.

중평 마을공동체에서는 경제적 여유가 있는 계원이 공동체 현안을 도모하는 데 일정한 희사금을 내오던 전통은 오랜 세월 유지되어 오고 있다. 그 흔적을 되살펴 보면, 1916년 장학계(獎學稧) 창설 당시 계 기금 마련에 참여 계원 30명이 벼 10말씩을 납부할 때, 계원 4명과 비계원 4명이 2냥에서 7냥까지 합계 36냥을 장학계에 추가로 출연·기부했다. 〈표 3-17〉을 보면, 1966년 영림계 창설 당시에도 45명의 계원이 각자 쌀 1말씩 낼 때, 나머지 10명의 계원은 각자 쌀 2말에서 쌀 32말까지 출연·기부했다.

중평 마을 출신 인사들은 비록 고향을 떠나 타지에 정착해 살더라도 고향 사랑이 투철하다는 것은 인근 지역사회에 이미 널리 알려져 있다. 설 명절이나 마을에 대소사가 있을 때, 성금이나 기부를 통해 적극적으로 참여하고 기여한다. 출향인의 애향 정신과 실천은 중평 마을공동체에 내려오는 아름다운 오랜 전통이다. 또 설날 아침에 마을회관에서 행해지는 '합동세배' 전통은 언제부터 시작되었는지 정확하게 확인할 수 없지만, 이미 오랜 전통으로 남아 오늘날까지 계승되고 있다. 과거 마을회관이 없던 시절에는 마을에서 규모가 가장 큰 집의 마당에 멍석을 깔고 마을 어른들께 합동으로 세배하였고 어른들은 마루에 앉아 세배를 받았다고 한다.[55] 요즘은 마을회관에 모여 마을 주민과 출향인이 함

---

55) 2019년 2월 19일 마을회관에서 여러 어르신 증언.

께 합동세배하고 떡국 등 설 음식을 나눠 먹고 있다. 이 전통은 주민과 출향인 모두 중평 마을공동체의 일원으로서 자신의 정체성을 다시금 확인하고 강화해가는 기제로 작동하고 있다. 출향인과 주민 모두 형편 껏 '합동세배 희사금'을 마을에 기부하고 있다.

중평 마을공동체에서 설날 합동세배가 어떻게 생겨났고 행해졌는지 에 대해 전병선, 이병열 어르신의 증언을 들어보자.[56]

전병선: (옛날부터) 설날이면 집집마다 다니면서 어른들한테 세배를 했었고 그 이후에 박정희 시대가 열리고 재건국민운동이 시작될 때부터 마을 합동 세배라는 것이 그때부터 유래가 되어서 한 40년, 50년 됐다.

이병열: 그런 문화도 역사로 사라져가는데 합동세배도 우리 마을만 하고 있 다.

전병선: 옛날에는 가정마다 어른들 계시는 가정(에) 방문을 해서 세배를 드 렸다. 그런데 손님이 세배하러 오시는 게 바쁘고 불편하기도 했고, 박정희 정부에서 가정운영규칙이라는 것을 말하면서 '구세대를 좀 벗어나서 신세대 로 해서 이제 합동세배를 하자.'고 해서 (마을에서) 제일 큰 사랑방에 마루도 넓었고 방도 큰 제일 부잣집을 정해서 합동세배장을 만들었다. 마당에다 멍 석(을) 펴고 어른들은 마루에 앉아 계시고 합동으로 세배를 했다. 당시만 해 도 한 백여 명 됐었다. 동네가 사람이 많으니까 어른들도 많이 계시고 젊은 사람들도 많이 있고 합동세배를 하고 음식도 같이 나눠서 먹고 그랬었다. 지금도 하고 있다. 어른도 몇 분 안 계시고 자녀들도 객지에 나가서 살고 하

---

56) 2019년 1월 22일 마을회관에서 전병선, 이병열 어르신의 증언.

다 보니 언제까지 유지될 것인가 싶다.

〈표 3-18〉은 1990년부터 2018년까지 「동적부(洞籍簿)」(1990년~2017년)와 〈2018년 자체 결산보고서〉에 기재돼 있는 희사 내역을 보여준다. 중평 마을 주민, 출향인 혹은 기타 외지인들이 때때로 금액이나 물품을 마을에 기부하고 있음을 확인할 수 있다. 칠순 기념, 설날 합동세배, 술멕이 잔치, 정월 마당밟이(지신밟기), 마을회관 신축 등 마을의 대소사에 마을 주민이나 출향인이 희사금을 내는 경우도 더러 있지만, 특정한 사안이 없어도 마을에 희사금을 내는 경우가 오히려 더 많았다.

〈표 3-18〉 마을 주민 · 출향인 희사 내역 (1990년~2018년)

회계연도	내역	금액	비고
1990년	희사금(서경석)	10만원	
	正月 마당밟기	31만원	
1991년	李宅煥	5만원	
	全炳化	차일(遮日)[57] 1채	
1992년	李正烈 母	1만원	
	李正童 母	1만원	
	徐公錫[58]	1만원	
1994년	李官寧	5만원	
	金奎衡	5만원	
	權基洙 母親	5만원	
1999년	출향인사 성금	100만원	
	영당회원 일동	10만원	
	진안군수	10만원	
	劉永烈	10만원	
	金奎衡	10만원	

---

57) 「동적부(洞籍簿)」(1990년~2017년)에는 '채일'로 기재되어 있다.

58) 서공석(徐共錫)과는 동일인으로 보인다.

회계연도	내역	금액	비고
1999년	출향인사 성금(1997년 설날 합동세배)	45만원	
	安鍾允	냉장고 1대[59]	
	李正福	TV 1대[60]	
2000년	희사금	2,340만원	-마을회관 신축 관련 희사금
2003년 ~2015년	-이 시기에 이자 수입, 거출금, 출자금 등 수입 총액만 기재되어 있어 희사금의 세부 내역은 파악할 수 없음.		
2016년	설맞이 (합동세배)	34만 9,000원	
	술먹이 잔치 잔액	5만 9,700원	
	각종 희사금 잔액	18만 7,240원	
2017년	설맞이 합동세배 잔액	19만원	
	유승열(서울)	30만원	
	김병관	30만원	
	하수도소장	20만원	
	권대현 칠순	50만원	
	김회선 칠순	50만원	
	술멕이 (잔치) 잔액	31만1,000원	
2018년	합동세배	29만원	
	술멕이 희사금	108만원	

*출처: 「동적부(洞籍簿)」(1990년~2017년) 및 〈2018년 자체 결산보고서〉를 토대로 작성.

오늘날 중평 마을에 중대한 현안이 있을 때마다 마을 주민이나 출향인이 발 벗고 적극적으로 나서고 있다. 좋은 사례로 2000년 마을회관신축공사를 들 수 있는데, 당시 신축 비용이 7,560만 원 이상 소요되는 큰 마을사업이었다. 이때 마을 주민들뿐만 아니라 타지에 살고 있는 출향인들까지 대거 동참하여 많은 금액을 희사하였다. 〈표 3-19〉

---

59) 1999년 10월 3일 '면민의 날' 행사에서 당첨 경품을 마을에 희사한 내역이다.
60) 같은 날 같은 행사에서 당첨 경품을 마을에 희사한 내역이다.

에서 알 수 있듯, 많은 사람들이 적게는 5만 원에서 많게는 100만 원까지 총 2,310만 원을 마을회관 신축을 위해 희사하였는데, 총 비용의 30%가 넘는 금액이었다. 그 밖에도 선풍기, 천막, 돼지 등을 희사하기도 했다.

〈표 3-19〉 마을회관 이전 및 신축 희사 내역 (2000년)

희사자 명단	금액 / 품목	희사자 명단	금액 / 품목
金會性	100만원	金淳基	100만원
金會善	100만원	金奎衡	100만원
金海珠	100만원	權大鉉	100만원
金洪君	100만원	金南珍	30만원
李炳烈	100만원	李仁洪	100만원
李正鏞	100만원	李正學	100만원
李正烈	100만원	李熙善	100만원
李正奎	100만원	李正奉	50만원
全炳善	100만원	李炳國	50만원
李俊寧	50만원	安鍾允	50만원
全太奎	30만원	李京善	30만원
權基化	30만원	李正福	30만원
李載浩	30만원	徐公錫	30만원
張基萬	30만원	張俊哲	10만원
張錦哲	10만원	李鏞善	10만원
安鍾熙	10만원	權基洙	10만원
李正國	10만원	金會柱	5만원
李正童	10만원	金炯基	5만원
李昌訓	10만원	李有童	10만원
李順善	10만원	金炳官	10만원
徐京錫	20만원	徐柱錫	20만원

희사자 명단	금액 / 품목	희사자 명단	금액 / 품목
全炳化	10만원	成玉順	10만원
李承哲	10만원	安英玉	5만원
吳壽福	5만원	李貴善	5만원
金鍾奎	5만원	크로버계 일동	100만원
영당골 모임	30만원	농악보존회	20만원
聖壽面長 韓京洙	5만원	組合長 金榮浩	5만원
총합	2,310만원		
金會性	돼지 1마리	安相遠	천막 1점
金珍善 장인	선풍기 1대		

*출처: 「동적부(洞籍簿)」(1990년~2017년)를 토대로 작성.

중평 마을공동체에서 마련하는 공동 물품의 종류는 시대 변화와 함께 바뀌어 왔다. 〈표 3-20〉을 보면, 전통사회에서 관혼상제, 공동체제의 및 행사 등에 꼭 필요한 차일, 병풍, 가마, 관대와 같은 공동 물품이 1964년을 마지막으로 제작, 구매, 보수 및 대여가 더 이상 이뤄지지 않고 있다. 도시로의 이농과 생활풍습의 변화로 인해 전통사회의 공동 물품에 대한 수요가 사라졌기 때문이다. 대신 새로운 물품들을 마을 차원에서 공동 구매하여 사용하고 있다. 〈표 3-21〉을 보면, 오늘날 중평 마을공동체와 구성원들에게 필요한 마을회관, 모정 등 공동체시설 부지 매입 및 건립, 마을상수도 유지 및 보수, 축의함, 마을 그릇, 콩탈곡기, 고추기계, 두부기계, 밥통, 청소기 등 다양한 물품을 공동 구매·관리하고 있다.

<표 3-20> 해방 이후 공동물품 구매 · 대여 · 수리 내역 (1945년~1989년)

회계연도	항목		수입	지출
1945년	冠帶與屏轎子遮日 出次金		23원50전	
1946년	冠帶轎子遮日屏風 出次金		23원	
1948년	冠帶 貸借料		1,100원	
1949년	冠帶 貸借料 (遮日料 포함)		2,100원	
	遮日製作費	合		17,100원
		麻布代		11,700원
		手數料		1,500원
		講信		3,900원
	釜(가마솥) 修繕費			1,500원
1950년	轎子修理費			11,000환
1955년	遮日冠帶 賃貸金		1,000환	
1956년	遮日冠帶 賃貸(金)		1,500환	
1957년	冠帶 購買代			15,000환
1960년	冠帶 賃貸料		1,500환	
	遮日 賃貸料		300환	
1961년	冠帶 賃貸料		2,500환	
	遮日 賃貸料		500환	
	遮日修理条			12,850환
	가매[61]修理中 板子代			1,950환
1962년	遮日 賃貸料		50원	
	轎子 修繕費			벼 4말
1964년	屏風遮日 賃貸料		250원	
	屏轎代			2,800원

*출처: 「동계 · 송계수계기(洞稧 · 松稧修稧記)」(1888년~1980년)와 「중촌송림계수계기(中村松林稧修稧記)」
(1981년~1990년)를 토대로 작성.

---

61) 가마 즉, 교자(轎子)를 말한다.

아래 〈표 3-21〉을 보면 한 가지 재미있는 기록이 보이는데, 2002년
에 마을 차원에서 꽹가리, 장구, 벅구 등 농악 악기를 사들인 것이다.
벅구는 농악에서 쓰이는 작은 북으로 원래 '법고(法鼓)'에서 온 말이며,
법구 또는 소고(小鼓)라고도 불린다(이보형, 1995). 이는 중평굿과의 연관
성을 생각하지 않을 수 없다. 마을 주민들을 중평굿을 전승·보전하고
일반인과 학생들을 대상으로 교육프로그램을 운영하고 있으며, 주민들
이 정월대보름, 칠석날 혹은 백중날을 맞이하여 직접 굿을 하고 있다.

〈표 3-21〉 해방 이후 공동 물품 구매·건립 내역 (1990년~2018년)

회계연도	항목	지출금액	비고
1990년	祝儀舍	8,000원	
1992년	상수도 잡비	139만7,100원	
	회관 보일러	77만1,600원	
1993년	마을 그릇 代	25만원	
	마을회관 수리비	94만3,100원	
1994년	변소 신축금	51만원	
1995년	중평 마을회관 현판식		−지출 총액 274만3,650원 에 포함됨.
1996년	고추·두부 기계 구입비	44만4,500원	
	상수도지원금 외 부족분 충당	30만원	
1998년	상수도 내부공사비	658만9,120원	
1999년	회관 垈地 대금	400만원	
2000년	회관건립비	6,425만2,400원	
2001년	마을회관 신축 (부족분)	1,141만3,141원	
	토지보상비	200만원	
2002년	회관 표석 대금	163만4,500원	
	마을자재 사업비	256만7,200원	
	카세트물품대	35만원	
	꽹가리 장구 벅구 물품대	26만원	

회계연도	항목	지출금액	비고
2003년	마을 창고	300만원	
2011년	콩탈곡기		-지출 총액 545만9,250원에 포함됨.
2013년	마을 모정 토지대금	400만원	
2016년	밥통 및 청소기	17만2,000원	
2016년	마을회관 밥상 (4개)	36만원	
2017년	콩탈곡기	210만원	
2018년	모정 전기 설치	20만원	
합계		1억 752만 2,661원	-물가지수를 반영하지 않음.

*출처: 「동적부(洞籍簿)」(1990년~2017년) 및 〈2018년 자체 결산보고서〉를 토대로 작성.

과거 전통사회에서 망자(亡者)를 잘 보내드리는 일은 상주와 집안뿐만 아니라 마을공동체의 중요한 행사이자 소임이었다. 마을에서 누군가 상을 당하면 주민 모두가 나서 물심양면으로 성심성의껏 도와주던 풍습이 전통사회에서는 오랫동안 전승되어 내려왔다. 어느 한 집안에 상을 당하면, 상주와 집안사람들만으로 상을 치른다는 것은 대단히 어려웠다. 차일을 치고, 음식을 장만하고, 문상객을 맞이하고, 상여를 메고, 장지를 정하고 봉분을 만드는 등 여러 일을 한꺼번에 해결해야 하기 때문이었다. 이때 마을공동체 차원에서 구성원들이 팔을 걷어붙이고서 힘을 보태고 재정적으로도 지원하였다. 상부상조의 전통은 중평 마을공동체에서도 온전하게 전승되고 있다. 초상이 끝난 후 상주는 큰 도움을 제공한 마을 주민들에게 어떤 방식으로든 감사의 마음을 표시하였다. 1990년대 이후부터는 상주가 '상여금(喪輿金)'[62] 명목으로 마을에 기부하는 형태로 고마움을 전하고 있다. 1990년 중평 동계의 재건

---

62) 중평 마을공동체에서는 '상부금'으로도 불린다.

시점부터 작성된 동계 수계기에는 상주가 마을과 주민에게 감사의 표시로 상여금을 동계에 납부한 내역이 기재돼 있다. 상여금의 규모는 일정치 않으며 각자의 형편과 상황에 따라 자율적으로 동계에 납부하고 있다.

〈표 3-22〉는 1990년부터 2018년까지 상여금 내역이다. 10만 원부터 180만 원까지 상여금 액수는 다양한 편차를 보인다. 각자의 재정적 형편과 여건에 따라 상주가 자율적으로 결정하여 동계에 납부할 수 있기 때문이다. 상여금에는 어떤 강제나 의무가 없으며 금액의 많고 적음의 기준이 별도로 마련되어 있는 것도 아니다.

〈표 3-22〉 상여금(喪輿金) 내역 (1990년~2018년)

회계연도	내역	금액	비고
1990년	宋○○ 父親 初喪時	10만4,000원	
	李○○ 父親 初喪時	70만3,000원	
1991년	金○○ 母親 初喪時	22만원	
	李○○ 父親 初喪時	21만3,000원	
1995년	상부금 (李○○, 金○○, 權○○, 權○○)	333만7,472원	-네 분의 본인상(本人喪)에서 상여금은 개별적으로 기재되지 않음. -이 금액은 1995년 한 해 이자수입까지 포함됨.
1996년	金○○ 母親 初喪時	10만원	
	李○○ 父親 初喪時	129만9,000원	
1998년	全○○ 父親 初喪時	67만원	
	李○○ 母親 初喪時	136만2,000원	
	金○○ 母親 初喪時	124만4,000원	
1999년	金○○ 母親 初喪時	30만원	
2002년	李○○ 初喪時	10만원	
	李○○ 母親 初喪時	126만원	
2003년	金○○ 父親 初喪時	118만2,000원	

회계연도	내역	금액	비고
2004년	李○○ 母親 初喪時	120만원	
2005년	韓○○ 母親 初喪時	60만원	
2006년	李○○ 母親 初喪時	57만원	
2007년	李○○ 母親 初喪時	180만원	
	河○○ 父親 初喪時	62만원	
2011년	金○○ 初喪時	56만원	
2012년	金○○ 弟 初喪時	91만원	
	權○○ 母親 初喪時	115만원	
	安○○ 母親 初喪時	30만원	
2016년	李○○ 父親 初喪時	50만원	
2017년	張○○ 父親 初喪時	50만원	
합계		2,080만4,472원	−물가지수를 반영하지 않음.

*출처: 「동적부(洞籍簿)」(1990년~2017년) 및 〈2018년 자체 결산보고서〉를 토대로 작성.

한편, 중평 동계 차원에서 알뜰하게 늘려온 곡식은 적당한 시기에 시장에 내다 팔아 긴급하고 필요한 때 공동 자금으로 활용했다. 신입계원 추입 시 동계나 송계에 납부한 신입조, 동계 전답의 소작료, 계원 출자 등의 명목으로 거둬들인 곡식은 때를 골라 적당한 시기에 시장에 팔아 현금을 확보하였다. 그러나 〈표 3–23〉을 보면, 1987년 동계 전답의 소작료(콩 2말2되) 대금으로 15,400원을 수령한 이후에는 계원 출자, 계원 신입금, 소작료를 모두 현금으로 받고 있다. 무엇보다 콩, 벼, 쌀 등 곡식의 가치가 떨어지면서 동계 재정에서 현물의 비중이 급격하게 줄어든 것으로 보인다. 이런 현상은 1970년 이후부터 두드러지게 나타나 1990년대 이후로는 모든 거래가 현금으로 이뤄지고 있다.

<표 3-23> 해방 이후 방매 작전(放賣 作錢) 및 대금(代金) 내역

회계 연도	수량	금액	단위가격 (말)	비고
1946년	벼 4말2되	400원	95원	
1948년	벼 12말	2400원	200원	-6명 신입계원의 신입조 작전 (作錢)
1949년	벼 6말	1,800원	300원	-3명 신입계원의 신입조 작전
1959년	벼 4말	1,440환	360환	-2명 신입계원의 신입조 작전
1960년	콩 1말2되	1,260환	1,050환	-동계전 소작료 작전
1961년	콩 1말	1,380원		-동계전 소작료 작전
1962년	벼 3말	340원		-벼와 콩의 단위가격을 파악 할 수 없음.
	콩 1말2되	18전		
1964년	벼 2말	300원	150원	
	콩 1말2되	360원	300원	
1965년	벼 9말	2,270원		-벼, 콩 및 쌀의 단위가격을 파악할 수 없음.
	콩 1말2되			
	쌀 2말8되			
1966년	쌀 5되	150원	300원	
1968년	콩 6가마니5말9홉	17,550원	270원	-가화(加火) 콩 작전
	벼 8말	1,450원	181원	-동계 전답 소작료 작전
1970년	콩 4가마니5말7되	27,670원	605원	-계원 출자 콩의 대금(代金)
	벼 4말	1,100원	275원	-동계 전답 소작료 작전으로 추정됨.
	쌀 9말	5,940원	660원	-계원 출자 쌀의 작전
1971년	콩 3말4되	1,938원	570원	-작년 미수 콩의 대금
	벼 12말	4,557원	380원	-동계 전답 소작료의 작전 대금으로 추정됨.
	쌀 1가마니3말	10,920원	840원	-계원 출자 쌀 대금으로 추정됨.
	콩 4가마니9말5되7 홉	28,254원	570원	-콩 수입의 대금
1983년	콩 2말4되, 벼 3말, 쌀 2되	23,669원		-동계 전답 소작료 작전 -콩, 벼 및 쌀의 단위가격을 파악할 수 없음.

회계 연도	수량	금액	단위가격 (말)	비고
1984년	콩 2말2되, 벼 3말, 쌀 2되	24,600원		−동계 전답 소작료 작전 −콩, 벼 및 쌀의 단위가격을 파악할 수 없음.
1987년	콩 2말2되	15,400원	7,000원	−동계 전답 소작료 대금으로 추정됨.
합계	벼 7가마니2말, 콩 7가마니6말3되6홉, 쌀 2가마니 5말7되			−1962년 '긴급통화조치' 단행 으로 10환=1원 −물가지수를 반영하지 않음.

*출처: 「동계·송계수계기(洞稧·松稧修稧記)」(1888년~1980년)와 「중촌송림계수계기(中村松林稧修稧記)」
  (1981년~1990년)를 토대로 작성.

  반대로, 1965년에는 동계 차원에서 쌀 8말을 사들이면서 2,400원을
지출하였다. 이렇게 구매한 쌀은 같은 해 봄날 역구실산에 묘목을 심고
풀 베는 산판 작업에 참여한 계원들에게 제공할 술을 빚기 위한 용도
로 사용되었다. 또한 묘지값과 역구실산 내 범금 행위에 대한 벌금 부
과도 동계의 수입원이었다. 역구실산 내에 묘지를 쓴 계원과 비계원에
게는 차등을 두어 묘지값을 달리 물렸다. 1946년의 경우 마을 계원에
게는 300원, 다른 마을 주민에게는 500원을 묘지값으로 납부하도록 했
다. 1968년 동계 수계기에 따르면, 그해 이웃 마을 외궁리(外弓里) 주민
3명이 역구실산에서 몰래 나무를 벤 위법행위에 대한 벌금으로 3,000
원, 2,000원, 1,000원 등 총 6,000원을 징수하였다.

4. 활동 내역

  조선 후기, 일제강점기와 동일하게 해방 이후에도 중평 동계 차원에
서 마을공동체 구성원에게 다양한 복지 서비스의 제공, 공동체 현안의
공동 대응과 해결, 공동체의 유지와 번영을 위한 다양한 활동을 추진해

왔다. 마을 공동기금은 임야세 등 각종 세금 납부, 묘목 구매 및 조림 사업, 임도 개설 및 관리, 강신 비용, 유사 사례금, 공동체시설 건립·유지·보수, 공동물품 구매 및 관리, 마을 단체관광, 법적 소송 비용, 행정 비용, 불우이웃돕기 성금 등 다양한 목적으로 활용되었다. 역구실산 및 송계 관련 활동은 제4장에서 구체적으로 살펴보기로 한다. 특히 1979년에 발생한 역구실산 소유권 분쟁과 법적 소송 관련 사항 역시 제4장에서 자세하게 논의하기로 한다.

여기서는 동계 차원에서 전개해왔던 마을공동체와 구성원을 위한 주요 활동들을 중심으로 살펴보고자 한다. 21세기에 들어서면서 중점적으로 추진했던 사업은 2000년 마을회관의 건립이었다. 필요 자금은 마을 계원의 갹출금, 옛날 마을회관 보상금, 희사금, 정부 보조금 등으로 충당했다. 〈표 3-24〉에서 보듯, 회관 부지 매입, 회관 신축, 회관 표석 설치 등을 위한 주요 자금은 출향인·마을주민·기관장 등의 성금 및 희사금, 정부보조금, 옛 마을회관 보상비 등에서 충당되었으며, 나머지 부족분은 동계의 재정에서 충당되었다.

〈표 3-24〉 마을회관 신축 관련 수입 및 지출 내역

회계연도	수입 내역	수입 금액	지출 내역	지출 금액
1999년	출향인사 성금	145만원	회관 부지 매입	400만원
	희사금	40만원		
2000년	희사금	2,340만원	회관건립비	6,425만2,400원
	정부보조금	2,000만원		
2001년	옛 마을회관 보상비	1,925만7,500원	회관건립비 (부족분)	1,141만3,141원
2002년	회관 표석 헌금	344만8,536원	회관 표석 대금	163만4,500원
합계		6,795만6,036원		8,130만41원

*출처: 「동적부(洞籍簿)」(1990년~2017년)를 토대로 작성.

〈표 3-21〉에서 이미 살펴봤듯, 그 외에도 중평 동계에서는 마을공동체와 구성원들에게 필요한 시설, 이를테면, 마을 모정·공중화장실·노인당 현판 등을 건립하여 보수·관리하고 있으며, 콩탈곡기·두부기계·고추기계 등 물품 및 기계를 공동 구매·관리하고 있다.

중평 마을공동체에서는 한 해 농사가 본격적으로 시작되기 전 날씨 좋은 봄날에 마을 단체관광을 다녀오고 있다. 특별한 사정이 없는 한 봄날 단체관광이 주요 마을행사로 자리 잡은 것이다. 열차 관광(1999년)을 다녀온 적도 있었지만, 대부분 관광버스를 대여하여 독립기념관 및 현충사(1990년), 구인사(2003년), 태안반도(2014년), 통영(2017년) 등 국내 유명 명소를 다녀오고 있다. 과거 전통사회에서는 춥고 긴 겨울이 지나 꽃 피며 만물이 생동하는 봄이 도래하면, 음식을 장만하여 산과 들로 나가 함께 즐기던 화류(花柳)놀이가 행해졌다. 마을 단체관광은 이런 봄놀이 전통이 이어져 오고 있는 것이다.

〈부록 표 4-3〉에서 보듯, 해방 이후 중평 마을공동체에서는 1988년 한 차례 계원들에게 계금을 분배하였다. 하지만 이런 전통은 일제강점기와 해방 이후를 지나면서 더 이상 큰 비중을 차지하고 있지 않다. 1966년 중촌송림계의 결성 당시에 계원들이 출자했던 쌀과 돈에 비례하여, 1988년에 총 220여만 원을 계원들에게 골고루 나눈 것으로 보인다. 출자 당시 할당된 쌀이나 금액을 제대로 내지 못했던 계원은 다소 적은 금액만을 분배받았다.

오늘날 중평 마을은 공동체 차원에서 여러 복지 서비스 기능을 수행해오고 있다. 2016년에는 마을 주민 3명에게 병문안 명목으로 30만 원을 지출하였다. 불우이웃 돕기 성금, 구체적으로 1992년 4만 원, 1993년 4만 3,000원, 2016년 19만 9,000원, 2017년 18만 원, 2018년 18만 4,000원을 꾸준하게 내오고 있다. 그 외에도 동계 및 송계 수계기에

'각종 경비', '기타 잡비'로 분류된 지출 항목에 불우이웃 돕기 성금이 다수 포함됐으리라 추정된다. 또한 유사 종이값, 학동 교육 지원(1949년), 전기요금, 수도요금, 행정서류 등 여러 잡비도 동계 재정에서 충당되었다.

제4장

중평 역구실 송계

左道夫
左道夫
左人金烈先生紀蹟碑

중평 마을공동체의 역구실 송계는 오랜 옛날부터 결성·운영되어 오면서 중촌송림계, 중평 송계 등 여러 명칭으로 불려왔다. 역구실산(성수면 외궁리 산 70번지)을 송계산으로 삼아 송계가 결성·운영되어 왔으므로 '역구실 송계'로 친숙하게 불려왔다. 여기서도 역구실 송계로 통칭하기로 한다.

중평 동계와 마찬가지로 역구실 송계가 언제 어떻게 결성되었는지는 확실치 않다. 이주형(2007)의 연구에 따르면, 중평 마을공동체의 동계와 송계는 19세기 중반 이전부터 이미 결성·운영되어 왔을 것으로 추정된다. 역구실 송계의 송계산인 역구실산은 중평 마을과는 다소 떨어져 있다. 마을 주변 산들을 송계산으로 삼지 않은 가장 큰 이유는 주변 산들이 개인 혹은 집안 문중의 소유 때문으로 추정된다. 실제로 중평 마을 앞 안산(案山)에 해당하는 누에머리봉은 함창 김씨 문중산으로 남아 있다. 마을 뒷산인 닭날봉은 원래 개인의 소유였다가 후에 진안 이씨 문중산이 되었다. 지금은 진안 이씨 문중의 두 분이 소유하고 있다

고 한다.[63]

송계산이 왜 동네 주변에 있지 않고 멀리 떨어져 있었는지에 대해 전병선, 김회선 어르신의 증언을 들어보자.[64]

전병선: 동네에 가까운 산은 개인 (소유의) 산이었다. 여기 있는 산은 풀이 무성하지 않고 단체로 활용하기에 좋지 않았다. 역구실산은 골짜기가 크고 산이 높고 크기 때문에 여러 사람이 쓸 만큼 나무나 풀이 나올 수 있었다.

김회선: 산이라는 것이 옛날엔 (나라에서) 하사를 해서 줬었는데 그것이(동네 주변 산이) 개인 소유가 되었을 것이다.

전병선: 산을 갖고 싶어도 세금이 무서워서 소유하지 않고자 했다. 일제시대에는 세금이 무서워서 산을 안 가졌다. 당시 세금이 무섭지 않았던 사람들이나 산을 많이 갖게 되었다. 그래서 시골에서는 세금이 무서워서 집단으로 세금을 내고 내 몫으로 만들어놨었다. 해방 이후에는 산의 가치가 올라갔다. 없는 사람들도 산을 가질 수가 있고, 없는 사람들도 산을 사서(못자리를 사서) 선영을 모실 수가 있었다.

과거 역구실 송계는 중평 마을공동체와 구성원들에게 실질적인 혜택을 다양한 방식으로 제공하였다. 마을 어르신들의 증언에 따르면, 역구실산은 땅이 비옥하여 마을 주민들이 그곳에 밭을 일구어 콩, 보리 등을 수확할 수 있어서 배고픈 시절에 큰 도움이 되었다고 한다.[65] 뿐만

---

63) 2022년 6월 8일 마을회관에서 여러 어르신 증언.
64) 2019년 2월 17일 마을회관에서 전병선, 김회선 어르신의 증언.
65) 2019년 2월 17일 마을회관에서 여러 어르신 증언.

아니라 땔감, 퇴비용 풀, 산나물, 약재 등을 역구실산에서 직접 얻었으며, 소나무, 가래나무, 닥나무, 옻나무 등을 판매하여 동중 재산으로 유용하게 활용할 수 있었다. 결국 역구실산은 중평 마을공동체와 구성원들에게는 삶과 결코 분리될 수 없는 소중한 자산이었던 것이다.

역구실 송계와 역구실산에 대해 전병선, 이병열 어르신의 증언을 들어보자.[66]

전병선: (역구실) 송계는 우리 마을 동산(洞山)이 있었다. 동산을 유지 관리를 하면서 계 조직을 만든 이유는 산에서 풀을 가져다 퇴비 만드는 것이 목적이었다. 동산이 농사짓기 위한 퇴비를 위해서 그리고 나무(산림자원)를 위해서였다. 우리 마을에서 일 년에 '유사'라고 하는 책임자를 2명 두어서 다른 동네에서 (사람들이) 침범을 못하게 지켰다. 풀, 나무를 다른 동네에서 가져가니까 유사를 두어서 지켰다. (당시 마을) 주민들이 화전을 해서 먹고 살았다. 160여 정 되는 산에서 나오는 밭곡식이 땅이 좋고 하니까 화전을 해서 먹고 살았다. 좋은 화전 밭이 있어서 마을이 부자마을이었다. 한더위 한겨울 농한기에 농사를 짓기 위해 개간을 했다. 여름에는 채소, 보리, 밀을 하고, 겨울에는 불을 놓아서 하지 감자, 고구마, 콩, 팥 등을 해서 부식으로 먹고 살았다. 대신 계원들에게 100평이면 콩 반 말, 나락은 한 말 정도로 세를 받아서 운영을 했다. 세월이 지나면서 동산에 법적으로 1980년대에 화전을 못하게 되었다. 또 금비(金肥)[67]가 나오니까 거름이 필요 없어지고, 건축에도 목재의 필요성이 적어졌다. 그러면서 동산에서의 소득이 줄어들었다.

---

66) 2019년 1월 22일 마을회관에서 전병선, 이병열 어르신의 증언.
67) 금비(金肥)는 화학비료를 일컫는다.

전병선: 옛날에 유사 두 사람이 (동산을) 매일 지키게 했다. 그런데 지키는 사람(유사)은 매일 가는 건 아니고 침입자가 있는지 없는지 살펴보고 그랬다. (유사의) 보수는 없었다. 같은 계원으로서 돌아가면서 유사를 했다. 올해는 이렇게 둘이 하고 다음 해는 이렇게 둘이 하고 돌아가면서 의무적으로 했다. 내 것은 내가 지키는 것이다. 산을 많이 오(가)고 가꾸고 지키는 것이라 길을 내야 했다. (산에 길을 내는 게) 전부 수작업이라 여름 농한기에 (계원) 전부 부역을 해서 길도 닦는 등 일을 했다.

이병열: (우리 마을에서 산을) '깎금이'라고 하는데, (산을) 깎아 먹으면 금(金)이라 해서 깎금이다. 풀 꺾어서 농사도 짓고 우리 동네에는 깎금이가 있었다.[68]

여타 마을공동체와 마찬가지로 중평 마을공동체도 해방 이후 산업화와 도시화의 바람을 피할 수 없었다. 많은 사람이 고향을 떠나 도시로 이주하면서 역구실산의 중요성은 과거만큼 절실하지 못하게 되었다. 특히 석탄, 기름 등 난방용 연료로 대체되면서 땔감의 중요성은 급감하였고, 목재의 해외 수입으로 역구실산에서 나오는 목재는 중평 마을공동체에 큰 수입을 가져올 수 없게 되었다. 또한 화학 비료의 대량 보급으로 퇴비용 풀도 크게 중요치 않게 되었다. 결국 역구실산은 1990년에 서울에 사는 한 개인에게 팔리면서 송계는 해체의 수순을 밟게 된다.[69] 역구실산의 매각대금은 계원들에게 골고루 분배되었다. 안타깝게

---

68) 여기서 깎금이는 물론 송계산인 역구실산을 말한다.

69) 이후 산림청에 다시 매각되어 현재 역구실산은 국가 소유로 남아 있다(2019년 1월 22일 마을회관에서 권대현 어르신의 증언; 2022년 4월 20일 전화 통화에서 김태형 이장의 증언).

도 역구실 송계는 더 이상 존재하지 않으며, 마을 앞의 작은 야산인 솔정지[70]만이 마을 소유로 남아 있다.

「동계·송계수계기(洞稧·松稧修稧記)」(1888년~1980년)를 통해 강신회의 개최시기를 명확하게 확인할 수 있는 연도는 1888년부터이다. 이주형(2007)의 연구에 따르면, 1867년 수계기는 남아 있지만 1868년부터 1887년까지 수계기가 망실되어 현존하지 않는다고 기록하고 있다. 저자가 직접 확인한 바로는, 현재 1888년 수계기 이전 기록으로 몇몇 낙장들만이 남아 있어 수계기가 작성된 정확한 연도를 확인하기는 어려웠다.

1888년에 이미 중평 동계와 역구실 송계의 수계기가 따로 작성되었다는 점에서 송계 창설 시기는 아무리 늦어도 1888년에 진안현청(鎭安縣廳)으로부터 역구실산을 송계산으로 입안(立案)받았던 것으로 추정된다. 달리 설명하면, 1888년 혹은 그 이전에 역구실산의 점유권과 사용권을 진안현청으로부터 인정받으면서 역구실 송계를 창설하고 중평 동계에서 분리되었을 개연성이 충분하다. 하지만 근거 자료가 부족하여 자세히 파악할 수는 없다. 한편, 소나무 판매, 벌송(伐松)에 관한 벌금, 땔감 판매 등 산림자원 관련 기록은 1890년 수계기에서부터 구체적으로 나타나고 있다. 이는 상당 기간 중평 마을공동체에서 역구실산 구역 내 산림자원을 보호·관리하고 있었음을 유추케 한다. 어쩌면 역구실 송계의 창설과 입안 시기는 1888년 훨씬 이전으로 거슬러 올라갈 수도 있다.

---

70) 솔정지는 2필지 임야로 도통리 산 834번지와 산 842번지이며, 약 800평 정도이다. 2022년 6월 8일 마을회관에서 여러 어르신 증언.

〈사진 4-1〉 역구실산 1

*출처: 저자 촬영(2022년 6월 8일).

〈사진 4-2〉 역구실산 2

*출처: 저자 촬영(2022년 6월 8일).

〈사진 4-3〉 솔정지

*출처: 저자 촬영(2022년 5월 18일).

제1절
조선 후기

1. 강신회 및 결의사항

조선 후기 역구실 송계는 다른 공동체 조직들과의 밀접한 관계 속에서 운영되었다. 〈그림 2-2〉에서 이미 살펴봤듯, 중평 동계는 역구실 송계의 결성과 운영에 직접적인 관계를 맺고 있었다. 송계가 한동안 동계로부터 분리되어 독자적으로 운영되다가 1892년에는 동계가 오히려 송계의 관할 하에 있게 되면서 동계 활동 내역이 송계 수계기에 포함되어 기재되었다. 그러다가 1893년에는 다시 동계와 송계가 분리·운영되어 각각의 수계기가 작성되었다. 1894년부터 1896년까지 송계가 동계의 관할 하에 운영되다가 1897년에는 반대로 동계가 송계의 관할 하에 놓이게 되었다. 1898년부터 1910년까지 송계 활동 내역이 다시 동계 수계기에 포함되어 기재되었다.

〈사진 4-4〉 송계 수계기 (1891년 10월 26일 강신회)

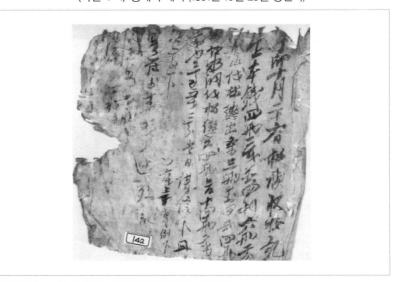

*출처: 「동계 · 송계수계기(洞稧 · 松稧修稧記)」(1888년~1980년).

　동계와 송계가 분리 · 운영되던 1891년과 1893년에는 강신회가 따로 개최되고 수계기도 별도로 작성되었다. 다른 회계연도에서는 매년 가을걷이가 끝나는 음력 10월이나 11월에 정기 강신회가 개최되었다. 강신회에서는 모든 계원이 참석한 가운데 동계 관련 현안뿐만 아니라, 역구실산 내 나무 판매, 무단 침입과 불법 벌채에 관한 벌금 사항, 역구실산 보호와 감시, 화전 개간 등 송계 관련 현안들이 집중 논의되었다.

　다음의 결의사항은 1903년 음력 10월 15일 동계 강신회에서 역구실산 내 무단 벌채에 관한 벌금 부과에 관한 내용이다. 앞으로 소나무, 가래나무, 땔나무, 삼을 삶을 나무[麻木] 등을 자르거나 가지를 쳐서는 안되며 만일 이를 어길 경우에는 벼 1말[斗]을 벌금으로 징수하기로 동중 차원에서 굳게 결의하고 있다. 이를 통해 당시 이웃 마을 나무꾼이나 나무장사꾼[樵商]들이 역구실 송계 관할구역 내에 무단으로 침입하여 불법적인 벌목이 횡행하고 있었음을 짐작케 한다.

〈僉議〉

松楸與籬薪麻木切勿剪伐 ■或剪伐則每一員租一斗式懲罰事

송추, 울타리용 나무, 땔나무, 삼을 삶을 나무를 절대 자르거나 베지 말아야
한다. 만일 (이를) 자르거나 벨 경우에 매 사람마다 벼 1말을 벌금으로 징수
할 것이다.

2. 계원의 구성 및 추입

역구실 송계의 계원 구성은 중평 동계의 계원과 일치하였으며, 중평
마을공동체의 구성원이면 누구나 의무적으로 가입해야 했던 것으로 보
인다. 마을에서 결혼 등으로 분가하거나 다른 지역에서 마을로 이주해
온 경우 일정한 가입 절차를 거쳐 동계와 송계에 가입하였다. 동네 주
민이 모두 모이는 강신회에서 신입계원은 신입조로 1명당 벼 1~3말 정
도를 내다가 1897년부터는 1말로 통일하였다. 제3장의 〈표 3-1〉에서
이미 살펴봤듯, 조선 후기(1888~1910년)에 최소 46명이 동계와 송계에
가입했던 것으로 추정된다.

3. 수입 및 활동 내역

역구실 송계는 조선 후기 내내 동중 재산과 동계 재정에 지속적이고
상당한 기여를 했던 것으로 파악된다. 〈표 4-1〉에서 보는 바와 같이,
1890년 이후 매년 소나무 · 가래나무 · 땔감 · 나뭇가지 판매, 벌금 징

수 등을 통해 동중 재산에 꾸준하게 기여해왔음을 확인할 수 있다. 한편, 송계 운영으로 형성된 동중 재원은 역구실산 내 산불 예방 및 보호, 불법 입산과 벌목에 대한 감시 활동, 산판 작업에 대한 인부 수당 지급, 측량비 등에 소용되었다. 수계기에 비용 항목으로 별도 책정되어 있지 않으나, 당시 송계 차원에서 산불 감시, 무단 침입과 벌목 감시 등을 위한 순산, 산전 및 화전 개간에 대한 수시 점검 등 공유산림자원의 보호 및 감시 활동을 활발하게 전개하였던 것으로 짐작된다.

흥미로운 사실은 역구실 송계의 활동이 본격화되던 1891년부터 수계기에 '상하유사 사례금' 항목이 비로소 보인다는 것이다. 흥미롭게도 1891년, 1892년, 1893년, 1897년과 같이 송계 수계기가 작성된 해에는 어김없이 '상하유사 사례금' 지출 항목이 동계가 아니라 송계 수계기에 기재되어 있다. 또 송계가 동계의 관할 하에 통합·운영되던 시기에도 동계 수계기에 유사 사례금 항목이 줄곧 기재되어 있다. 이는 유사 사례금의 재원이 송계 재정에서 충당되었다는 것을 확인시켜 준다.

〈표 4-1〉 조선 후기 송계 관련 수입 및 지출 내역 (1890년~1910년)

회계연도	수입 내역		지출 내역	
	항목	금액/곡식	항목	금액/곡식
1890년	松價	4냥3전		
1891년	蓼谷山伐松懲出条	3냥 ▲ ▲ ▲		
	飮水洞伐松懲出	4냥		
1892년	松價	2냥8전8푼		
1893년	松價	1냥8전		
1895년	松 ■ 價	3냥	講會時 越留時 巡役時 合路費	5냥5전2푼[71]
1896년	松價	6냥2푼		

---

71) 이중 순역(巡役) 비용은 송계산 관련 비용으로 추정되나 정확한 지출 규모는 알 수 없다.

회계연도	수입 내역		지출 내역	
	항목	금액/곡식	항목	금액/곡식
1897년	松價	11냥4전4푼	禁火債	2냥4전
1898년	春秋松楸價	6냥9전2푼		
1899년	春秋松價	8냥8전4푼		
	飮水洞 ■ ■ ■ 昨年 松價	1냥4전		
1900년	春秋合松楸價	2냥6전	松楸 ■ 伐工價 石九處	3전
1901년	家材價	3냥		
	飮水洞 伐局價	3냥6전		
	火木價	6냥4푼		
1903년	柴木[72]價	3냥8전	■量地費	7냥▲▲▲
			■審五人	5냥
1904년	松楸價	4냥6전6푼		
1905년	松楸價	5냥2푼		
1906년	松枝及材木價	16냥2전6푼		
1907년	松楸價	9전		
	材木價	4냥		
1908년	松楸價	8냥3전		
1909년	松楸價	17냥4전		
1910년	松楸價	9냥6전5푼		

*출처: 「동계 · 송계수계기(洞稧 · 松稧修稧記)」(1888년~1980년)을 토대로 작성.

72) 시목(柴木)은 땔나무를 말한다.

제2절
일제강점기

1. 일제 임업조사사업의 대응

중평 역구실 송계는 일제강점기에도 역구실산을 송계산으로 삼아 지속적으로 운영되어왔다. 역구실 송계는 러일전쟁(1904~1905년) 이후 일제가 조선의 산림자원을 본격적으로 수탈할 목적으로 추진된 삼림법(森林法, 1908년), 임적조사사업(林籍調査事業, 1910년), 국유임야구분조사사업(國有林野區分調査事業, 1911~1924년), 임야조사사업(林野調査事業, 1917~1924년) 등의 직접적인 영향을 받았던 것으로 보인다. 동계 수계기에 기재된 '蓼谷山測量費'(1912년, 9냥8전), '測量費'(1917년, 41냥2전8푼), '區分測量費'(1920년, 52냥), '測量時 午飯費'(1920년, 5냥), '測量■數金■子'(1920년, 5냥5전), '測量費'(1929년, 벼 17말), '測量費 不足条'(1930년, 33냥2전5푼) 등은 역구실산 측량비용을 역구실 송계에서 부담하였음을 말해준다.[73] 당시 일제는 지적신고주의(地籍申告主義)를 채택하

---

73) 위의 내용은 〈부록 표 4-1〉에서 확인할 수 있다.

여 해당 토지나 임야에 대한 측량과 신고 의무를 조선 인민에게 부과하였다. 이는 당시 조선 인민들에게 큰 부담과 혼란을 안겨 주었다. 역구실 송계 차원에서 역구실산 측량을 실시하고 비용을 직접 충당하였으며 이를 신고하여 역구실산의 소유권을 1920년 혹은 1921년에 인정받았던 것으로 보인다. 1921년부터 매년 산림조합비(山林組合費), 삼림조합비(森林組合費), 임야세(林野稅) 등의 지출 항목에서 이를 확인할 수 있다. 일제강점기 동계 수계기를 살펴보면, 역구실산에 대한 임야세는 강신 비용과 함께 가장 큰 지출 항목으로 동계와 송계에 상당한 재정 부담을 주었으리라 짐작된다. 특히 동계 수계기에는 '今春 林野稅 借用條'(1937년, 8원42전)와 같이 임야세 납부를 위해 대출이나 빚을 낸 사실(1936년, 1937년, 1938년, 1941년, 1942년 등)을 통해 당시 임야세가 중평 마을공동체에 상당한 재정적 부담이 되었음을 짐작할 수 있다.

2. 강신회 및 결의사항

일제강점기 동안 역구실 송계는 중평 동계의 관할 하에서 운영되었던 것으로 파악된다. 1945년 송계 수계기에 동계의 수입 및 지출 내역이 작성된 것을 제외하고는 일제강점기 내내 역구실 송계는 동계의 관할 아래 있었다. 매년 1회 개최되던 동계 강신회에서 송계 관련 사항들이 허심탄회하게 논의·결정되었다. 하지만 예외적으로 송계 강신회가 별도로 개최됐던 경우도 간혹 있었다. 동계 수계기의 지출 항목에 '加火執收日 講行'(1936년, 3원), '加火執稅時 講信'(1938년, 5원), '火田收稅時 講信'(1939년, 7원40전), '加火時 當日講信'(1940년, 11원), '加火時 講信'(1943년, 8원), '加火時 講信'(1944년, 55원), '加火執結時 酒債'(1945년, 39원8전) 등은 송계의 임시 강신회가 별도로 개최되었다는 것을 확인케 한다. 일제강점기 동안 동계 강신회나 송계 강신회에서 송계 관련 현안들, 이를테면, 역구실산 구역 내 공유산림자원의 보호와 감시, 재목·땔감·숯 등 판매, 산전과 화전의 소작료 책정, 위반 사항에 대한 처벌 및 벌금 부과, 묘지값 책정, 묘목 구입, 식목 및 조림 사업 등 다양한 활동과 현안들이 다뤄졌던 것이다.

동계 강신회에서 역구실산 구역 내 벌목과 같은 불법 행위를 방지하고 공유산림자원을 보호·관리하기 위한 결의문인 〈첨의(僉議)〉(1918년)와 〈완약문(完約文)〉(1919년)이 두 차례 채택되었다. 1918년 음력 11월 6일 동계 강신회에서는 밤에 역구실산에 몰래 들어가 벌채할 경우 소나무값을 물리는 것 이외에도 한 그루에 1냥씩 더 물릴 것을 결의하고 있다.

〈僉議〉

暗寐伐採 則一株에 對ᄒ야 松價外에 罰金 壹兩式懲中事

밤 늦은 시간에 (송계산에 몰래 들어가) 벌채할 경우, 나무 한 그루마다 소나무값을 지불하게 할 뿐만 아니라 벌금 (그루당) 1냥씩 물려 징계할지어다.

1919년 음력 10월 15일 동계 강신회에서는 역구실산 내 벌채에 관한 2개 조항을 결의하였다. 첫 번째 조항에서는 계원이나 비계원이 역구실 송계로부터 벌목 허가를 받았더라도 반드시 유사의 입회 하에 벌채할 것을 요구하고 있다. 이를 위반할 시 나무 값과는 별도로 벌금 5냥을 추가로 물릴 수 있도록 하고 있다. 두 번째 조항에서는 역구실산 내 특정 구역에서 땔감이나 나무를 벨 때에 유사의 입회를 특별히 주문하고 있는 듯하나, 자료가 망실되어 결의 내용을 구체적으로 파악하기는 어렵다.

〈完約文〉

完約事난 勿論 洞中 某人홀 松株伐採홀 時에 ■■有司立會면 伐採을 亻
許홈. 但 有司 立會 無히 採伐則 懲出罰金伍兩事

(동중에서) 굳게 약속한 사항은 물론이거니와 동중 사람이 소나무를 벌채할
때 유사가 입회하면 벌채를 허락하도록 한다. 단, 유사가 입회하지 않고 벌
채하면 벌금 다섯 냥을 징출하도록 하겠다.

自今的■로 ■位木與火木언 上堽■■岩에 完ᄒ 되 有司가 ■■衆入할事

지금부터 ■位木과 땔감을 높은 곳 .... 유사가 참여하도록 한다.

1918년과 1919년 두 차례 결의문에서 당시 진안 지역에서도 산림자
원에 대한 불법 행위가 횡행하였음을 쉽게 유추할 수 있다. 당시 인구
증가와 더불어, 땔감, 상업 목재, 숯 등 산림자원의 소비 수요가 급증하
면서 불법 행위들이 전국 도처에서 빈번하게 발생하고 있었다. 공유재
인 산림자원은 특별히 보호·관리하지 않으면 일시에 파괴되므로 역구
실산 구역 내 산림자원에 대한 철저한 보호와 관리 대책을 역구실 송계
차원에서 마련했던 것이다.

3. 수입 및 활동 내역

중평 마을공동체에서 동계, 송계, 서당계에서 계원들이 공금을 빌
릴 때에는 재산을 담보하도록 하는 전통이 있었는데, 대개 가옥을 전당
잡고서 공금을 대여해준 경우가 많았다. 다음 〈표 4-2〉의 전당증서는

1938년에 작성된 것으로, 송계에서 가옥(체사 3칸과 행랑 1칸)을 담보로 송계의 곡식에서 벼 19말6되를 연이자 2말에 대여해준다는 내용이 기재돼 있다.

〈표 4-2〉 송계 전당증서 예시 (1938년 작성)

家屋典執契約書
一. 良租 拾九斗六升也
右租에 對ㅎ야 今年 松契契日에 利殖貳斗式 報償ㅎ기로 體舍參間과 行廊壹間을 松契却中에 典執이거은 若違返則 右家屋을 賣渡ㅎ여도 無異議ㅎ기로 左에 署名捺印홈
昭和 拾參年 十二月 拾七日
鎭安郡 聖壽面 道通里 △△△番地
    典執契約人 ○○○
鎭安郡 聖壽面 道通里
    立會人 ○○○
○○○ 殿

*출처: 「동계 · 송계수계기(洞稧 · 松稧修稧記)」(1888년~1980년).

일제강점기 동안 역구실 송계는 역구실산을 활용한 다양한 사업과 노력을 보다 적극적으로 전개하였다. 무엇보다도 역구실산 내 풀, 나무, 산나물, 약재 등 산림자원을 지속 가능한 방식으로 이용 · 보호 · 관리하고자 하는 각종 사업과 활동을 실시하였다. 〈부록 표 4-1〉에서 보는 바와 같이, 일제강점기에 들어와 역구실산에서 창출되는 송계 재원의 종류가 보다 다양해졌고 재원의 규모 또한 과거에 비해 크게 증가하였음을 알 수 있다. 조선 후기에는 역구실산에서 소나무 · 가래나무 · 땔감 · 나뭇가지 판매, 벌금 징수가 주된 수입원이었다. 일제강점기에 들어서면 소나무와 가래나무뿐만 아니라, 잣나무, 닥나무, 옻나무, 삼[麻木] 등 입목과 재목을 판매하여 재원을 마련하기 시작하였다. 그 외에도 잡목(雜木), 소나무 가지[松枝], 땔감, 집짓기용 목재, 숯, 띠[茅],

관목(棺木) 등 재원을 새롭게 발굴·판매하여 송계 재정에 보탬이 되도록 하였다. 또한 역구실산 구역 내에 개간한 산전과 화전의 소작료, 묘지값, 불법적인 화전 개간 및 벌목 행위에 대한 벌금 부과 등에서도 송계 수입이 창출되었다. 역구실산 구역 내에서 풀을 벨 때 지켜야 할 규칙을 위반한 경우(1927년, 5냥), 화전 개간시 규칙을 위반한 경우(1939년, 60전)에도 벌금을 부과하였음이 확인된다.

〈표 4-3〉에서 보듯, 일제강점기 「동계·송계수계기(洞稧·松稧修稧記)」(1888년~1980년)에 묘목 구입에 관한 기록은 모두 11차례 등장한다. 이로써 일제강점기 동안 역구실 송계는 역구실산에서 식목 및 조림 사업을 적극 추진하였다는 사실을 확인할 수 있다. 묘목의 수종은 소나무, 옻나무, 닥나무, 삼 등이었던 것으로 추정된다.

〈표 4-3〉 일제강점기 묘목 구입 및 식목 내역

회계연도	항목	금액
1923년	苗木代金	58냥5전
1924년	苗木条	55냥
1925년	苗木價	70냥
1927년	楮木價	12냥
1928년	苗■價	11냥5전
1931년	苗木代金	75냥
1934년	楮苗代条	272냥
1939년	楮木代金	21원4전
1940년	苗木價	3원45전
1945년	苗木代条	100원
	植林時 人夫賃	49원85전

*출처: 「동계·송계수계기(洞稧·松稧修稧記)」(1888년~1980년)를 토대로 작성.

한편, 역구실산의 이용과 운영으로 알뜰히 마련된 재원은 중평 마을 공동체의 제반 현안들을 대응·해결하는 데 유용하게 활용되었다. 일제강점기 동안 송계의 재원이 다양해진 만큼 송계 관련 지출 항목 또한 많아졌다. 더구나 역구실산 구역 내 산림자원의 이용, 보호 및 관리를 위한 다양한 활동과 사업에 활용되었다. 역구실산 측량 비용, 세금, 벌채 신청, 산판 작업 시 인건비, 벌채·풀베기·땔감 채취 등에 대한 산림 감시 및 보호 활동, 목재·숯 등 중개비와 같이 지출 용도가 다양해졌다.

요약컨대, 일제강점기에는 중평 마을공동체에서 지출 증대와 함께 재원의 출처로서 산림자원의 비중이 더욱 커지게 되었고 이에 따른 이용, 관리 및 보호 활동 역시 두드러지게 나타났다. 공동체의 수요와 필요에 따라 공유자원의 유연한 이용과 운영·관리를 통해 공동체가 맞이한 시대적 위기를 현명하게 극복하였음을 확인할 수 있다.

제3절
해방 이후

해방 이후부터 1990년까지 역구실 송계는 존속되었다. 이 기간에도 역구실 송계는 역구실산에서 식목 및 조림 사업, 임도 개설 및 보수 작업 등을 활발하게 실시하였고, 목재·땔감 판매, 산전과 화전 소작료 등을 통해 수익을 창출하였다. 그렇지만 중평 마을공동체와 구성원들에게 역구실산의 비중과 중요성은 점차 감소하였다.

해방 이후 역구실 송계의 운영과 관리는 크게 두 시기로 나눠서 살펴볼 수 있다. 첫 번째 시기는 해방 이후 1979년까지이다. 해방 이후 좌우대립, 6·25 전쟁 등 극도의 혼란기를 거쳐 1966년 영림계(營林禊) 혹은 중촌송계(中村松契)가 창설되면서 역구실 송계가 재건되었다. 그리고 계원의 출자로 자본금을 마련하여 송계 차원에서 대규모 식목 및 조림사업을 시행했던 시기이기도 하다. 두 번째 시기는 1979년과 1980년 역구실산의 소유권을 둘러싼 이웃마을 외궁리와의 갈등과 마찰이 심각하게 진행되고, 급기야는 법적 소송으로 전화되었다. 법적 소송의 결과로 역구실산이 역구실 송계의 소유권으로 확정되면서 중촌송림계

(中村松林稧)로 재건되었다. 이 시기 중평 동계는 역구실 송계의 관할 하에 운영되었으며, 「중촌송림계수계기(中村松林稧修稧記)」(1981년~1990년)가 작성되었다. 이 시기에 역구실 송계는 영림계획 수립, 임도 개설, 식목 및 조림 사업 등을 적극 추진하였다. 이후 1990년에 역구실산이 매각되면서 역구실 송계는 해체의 수순을 밟게 되었다.

1. 첫 번째 시기: 해방 이후~1979년

먼저 첫 번째 시기인 해방 이후부터 1979년까지 역구실 송계의 운영 및 관리, 활동 등에 관해 살펴본다. 일제강점기 36년 동안 일제의 강압적인 식민통치는 한민족에게 큰 시련과 고통을 안겨주었고, 고통의 시간을 지나 1945년 8월 15일 해방은 분명 한민족에겐 크나큰 축복이었다. 하지만 기쁨도 잠시, 38도선을 기준으로 한반도 남쪽에는 미군이, 북쪽에는 소련군이 주둔하였고 남쪽에서는 좌우의 대립과 충돌로 극심한 혼란을 겪게 되었다. 1948년 8월 15일 남한 단독정부가 수립되었고 같은 해 9월 9일에 북한 지역에서도 단독정부가 출범하게 되었다. 1950년부터 1952년 민족상잔의 6 · 25 전쟁은 한반도 전역을 전쟁의 상처와 폐허로 만들어버렸다. 그럼에도 지역사회에서는 민중들의 생명력이 옹골차게 움틀거리며 끈질기게 생존해 왔다는 사실은 더욱 놀라울 따름이다. 이는 마을공동체 조직을 중심으로 민중들이 함께 뭉치고 협력하면서 해방 이후 위기를 돌파하고 있었기에 가능했던 것이다.

1) 강신회

중평 마을공동체에서도 예외는 아니었다. 이 시기에 동계와 송계를

중심으로 마을공동체 구성원들은 똘똘 뭉쳐 공동체의 위기를 슬기롭
게 극복하고 구성원의 생존과 삶을 지탱해 나가고 있었다. 동계와 송계
에서는 적어도 매년 한 차례 강신회를 개최하여 마을공동체의 제반사
항을 논의하고 공동으로 대처해 나갔다. 1950년 6·25 전쟁 발발 이
전에는 거의 매년 송계 강신회가 개최되었다. 동계 수계기의 지출 항목
에 1947년을 제외하고 매년 '加火執結時 酒債', '加火時 下記', '加火
時 講信', '立木賣買 當時 講信', '火田 收稅時 講信' 등의 항목 모두 송
계 관련 강신회 비용으로 추정된다. 하지만 6·25 전쟁 기간을 포함한
1950년대에는 송계 강신회가 한 번도 개최되지 못했는데, 이는 전쟁의
후유증이 상당하였다는 것을 말해준다. 1960년대에는 1968년과 1969
년을 제외하고선 매년 한 차례씩 송계 강신회가 개최되었다. 1970년대
에는 1972년, 1973년, 1974년 등 세 차례 송계 강신회가 개최되었다.

〈사진 4-5〉 송계 수계기 (1945년 11월 15일 강신회)

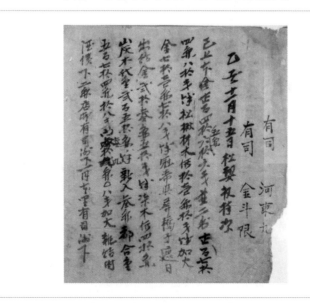

*출처: 「동계·송계수계기(洞稧·松稧修稧記)」(1888년~1980년).

2) 송계의 재건

이 시기에 가장 주목할 사실은 1966년 '영림계(營林稧)'라는 이름으로 역구실 송계가 재건되었다는 것이다. 이후 역구실 송계는 역구실산 영림계획을 수립하고 이를 적극적으로 추진하였다. 이 기간에 동계 수계기에는 묘목 구입 및 식목, 조림 사업, 풀베기 작업 등의 항목들이 다수 등장한다. 이를 위한 재원은 계원의 출자금, 목재·땔감 판매 등 다각적인 노력을 통해 마련해나갔다.

우선 계원 출자금은 역구실 송계의 재원 마련에 가장 큰 몫을 차지했다. 낙엽송·리기다소나무 등 묘목 구입 및 식목, 조림, 산림 보호 활동, 임도 건설 및 보수 등은 상당한 자본이 일시에 필요한 경우로, 재원의 대부분을 계원 출자금으로 충당했던 것으로 보인다. 제3장의 〈표 3-16〉과 〈표 3-17〉에서 보았던 바와 같이, 1960년대와 1970년대에 송계 차원에서 여덟 차례 정도 계원들에게 쌀이나 돈을 갹출하였다. 이 시기는 대규모로 묘목 구매, 식목 및 조림 사업이 활발하게 진행되던 때와 맞물려 있다.

역구실 송계에서는 역구실산 구역 내 산전·화전 경작에 따른 일정한 도지세(賭地稅)를 받았는데, 이는 송계 재정에 매년 일정한 수입을 보장하고 재정 수입에 상당한 이바지를 하였다. 가을 수확이 본격적으로 이뤄지기 전에 유사는 날짜를 정해 계원 4~6명 정도를 대동하고 역구실산 구역 내 산전·화전의 경지 면적, 개간자, 작황 등을 파악하고 그해 도지세를 책정하였다.[74] 오래 전부터 중평 마을공동체에서는 이를 '가화

---

74) 2022년 5월 18일 마을회관에서 이병열, 김회선 어르신의 증언. 송계산 구역 내에서 산전·화전 경작에 따른 도지세 책정 및 수령은 과거 여러 지역공동체 차원에서 행해졌다. 예를 들어, 전남 복내면 이리송계에서는 해마다 가을걷이가 있기 전에 송계 임

(加火) 매러 간다.'고 하였다. 이와 관련하여 전병선, 이병열, 권대현 어르신의 증언을 들어보자.[75]

권대현: 송계산에 화전을 일구는데 송계에서 위원을 뽑고 가을에 답사를 해서, 밭마다 얼마짜리 세금을 매긴다. 송계 (회의) 때 도지세(를) 그만큼씩 내는 거다.

이병열: 이것을 '가화 매러 간다.'고 했다. 가을, 한 8월이나 되면 추석 지내고 보통 많이 했다. 밭을 보고 이 밭은 농사가 잘됐고 면적도 얼마나 되고 하니까 이거는 얼마짜리다 (예를 들어) 100원짜리다, 200원짜리다 이렇게 정했다. 송계 계하는 날 다 알려줘서 돈을 그때 다 가져다 주었다.

이병열: (가화 매러 갈 때) 한 대여섯 명(이) 갔다. 유사하고 함께 갔다. 누구는 얼마인지 기록을 하면서 밭마다 다 돌아야 하니까 하루도 더 걸렸다.

이병열: (송계 회의가 있으면) 음식 장만을 가정에서 했다. 술도 하고 묵도 끓이고 잔치에 갔을 때 (마냥 음식을) 많이 장만했었다.

전병선: 내가 가만히 생각하면 어렸을 땐데 우리 아버지가 송계 유사라고 해서 송계를 가면 배고플 때 잘 얻어먹었다. 송계 날이 참 그리웠었다.

이병열: 보리 때는 보리 한 말, 쌀 때는 쌀 한 말 두 말을 써서 돼지를 잡기

원과 실무자 4~5명이 경작인과 함께 송계산 내 경작지를 직접 방문하여 작황 상태 및 수확량을 평가하여 그해 도지세를 책정하였다(배수호, 2019: 208).

75) 2019년 1월 22일 마을회관에서 전병선, 이병열, 권대현 어르신의 증언.

도 하고 그랬다.

송계 강신회는 '加火時 講信' 명목으로 지출 금액이 동계 수계기에 기재돼 있다. 송계 강신회에서는 산전·화전의 도지세를 계원들로부터 거둬들이는 것뿐만 아니라 송계 관련 결산, 주요 현안 등이 논의됐던 것으로 짐작된다. 그리고 술과 음식을 함께 먹고 마시면서 한해를 갈무리하였던 것이다. 「동계·송계수계기(洞稧·松稧修稧記)」(1888년~1980년)에 대체적으로 '加火時 講信'이 '講信'보다 앞서 기재돼 있는 것으로 봐서, 송계 강신회가 동계 강신회보다 먼저 소집·개최되었음을 알 수 있다. 이병열 어르신의 증언에 따르면, 송계 강신회는 대체로 추석 다음 날인 음력 8월 16일에 개최되었다고 한다.[76] 해방 이후 1979년까지 이 기간에 동계 수계기의 수입 항목을 살펴보면, 8년(1947년, 1969~1971년, 1976~1979년)을 제외하고선 매년 계원들에게 '加火金', '加火錢', '加火條', '加火太', '加火 收入條' 등의 명목으로 돈이나 콩을 거둬들였음이 확인된다. 특히 6·25 전쟁과 그 이후인 1950년대에도 매년 빠짐없이 산전·화전의 도지세 명목으로 가화금을 거둬들였다.

한편, 역구실 송계 차원에서 이뤄진 땔감 판매 대금이 1972년과 1973년 동계 수계기에 가화금 명목으로 기재되어 있어 흥미롭다. 1972년 동계 수계기를 살펴보면, 땔감 82짐[負]과 8묶음[束]을 가화금 명목으로 거둬들였는데, 1짐당 300원씩, 1묶음당 30원씩 책정하여 총 24,840원을 판매수익금으로 벌어들였다. 1973년 수계기를 보면, 가화금은 땔감 1짐당 300원씩 책정하여 총 22,440원으로 기재되어 있다. 그해 땔감 규모는 74짐과 8묶음으로 추정된다. 하지만 가화금 수입 항

---

76) 2022년 5월 18일 마을회관에서 이병열 어르신의 증언.

목은 1976년 수계기부터는 더 이상 등장하지 않는다.

역구실 송계는 다양한 방식으로 재원을 확보하였다. 1940년대 후반과 1970년대 후반을 제외하고는 수계기의 수입 항목에 거의 매년 소작료 내역이 기재돼 있다. 소작인들은 대부분 현금으로 납부하였지만, 간혹 콩이나 벼로 납부하던 경우도 있었다. 전통적으로 소나무·가래나무 등 '서있는 나무[立木]' 판매뿐만 아니라 옻나무, 닥나무, 소나무 가지, 숯, 땔감, 관에 쓸 나무[棺木] 등을 판매하였다. 하지만 나무 판매 내역은 주로 1940년대 후반에 집중적으로 기재돼 있다. 이후 1957년 수계기에 '本松稧林野 立木 賣却代'과 1974년 수계기에 '枝葉伐採 賣渡收入金' 외에는 나무, 목재, 나뭇가지에 대한 판매 기록은 없다. 1966년 이후 한동안 대규모 식목 및 조림 사업이 집중적으로 시행되고 있었던 점으로 미루어 이 시기에 역구실산의 나무가 어리고 임상 상태가 그리 좋지 않은 것으로 짐작된다.

역구실산 구역 내에 묘지를 조성하는 경우 거둬들이던 묘지값, 역구실산에서 위반 행위에 따른 벌금 수입 등은 간헐적이나마 송계의 수입원이 되었다. 당시 묘지값은 마을 주민 혹은 외지인 여부에 따라 차등을 두었다. 1946년 수계기에 따르면, 묘지 주인이 마을 주민이면 한 기당 300원, 외지인에게는 500원을 부과하였다. 1968년 수계기에서는 역구실산에 무단 입산하여 도벌행위를 한 이웃마을 주민 3명에게 총 6,000원을 벌금으로 부과하였다.

3) 규약

영림계 혹은 중촌 송계는 1966년 55명의 계원이 1인당 벼 1말부터 최대 32말까지 벼 100말을 출자하여 출범하였다. 이는 해방 이후 제대로 역할을 하지 못하고 유명무실하던 역구실 송계를 대대적으로 개편한 것이었다. 역구실 송계는 영림계로 새롭게 출범하면서 〈산림계 정관〉을 작성하였다. 다음 〈표 4-4〉에서 보는 바와 같이, 정관은 총 4장 26조로 구성되어 있다.

〈표 4-4〉〈산림계 정관〉 구성

장(章)	조(條)	내용
제1장 總則	8조	설립목적, 계 명칭, 계원자격, 사무소 등
제2장 約定	4조	계원 준수사항, 설립기준자금 출자, 문서 보관 등
제3장 財政 및 契約	5조	회계연도, 계원의 경비 부담, 재정 지출 의결 등
제4장 機關	9조	임원 구성 및 임기, 임원 업무, 정기총회, 임시총회, 간사회, 의결 정족수 등

*출처: 〈산림계 정관〉(1960년대 추정).

〈산림계 정관〉에서 명시하고 있는, 송계산 규모, 조직, 계원 자격, 의무, 임원 구성, 의사결정 등을 간략히 살펴보고자 한다. 〈산림계 정관〉은 〈부록 표 4-6〉에서 실려 있다.

- 진안군 성수면 외궁리 산 70번지 임야 161정(町) 3반(反) 8무(畝) (총 484,140평)를 송계산으로 삼는다.
- 계의 명칭은 '중촌송계(中村松契)'로 하며, 도통리 중평 마을주민과 외궁리 점촌 마을주민만이 송계에 참여할 수 있는 자격이 주어진다.
- 중촌송계의 설립기금은 계원에게 쌀 1말을 1좌(座)로 하고 총 계좌수는 100좌 미만으로 하도록 한다.
- 법령에 위반되는 임산물의 채취는 하지 말아야 하며, 이를 위반하는 자가 있으면 송계 사무소에 보고하여야 한다.
- 계원들은 산림 수호를 위해 윤번순산(輪番巡山), 병충해구제(病蟲害驅

除), 산화소방(山火消防) 등에 출력(出力)해야 한다.

- 산림을 불법으로 벌채한 자는 그 나무값의 5배 이상에 해당하는 조림(造林)을 실시해야 한다. 이에 상당하는 금액을 송계에 납입할 수도 있다. 압수한 임산물은 처분하여 송계 재정에 충당한다.

- 관청에 신청 또는 신고할 사항은 반드시 총회의 결의에 따라 행하도록 한다.

- 계원들이 연료, 풋거름[綠肥] 등을 채취하기 위해서는 관의 허가를 얻어 일정한 기간 내에서만 채취하여야 한다.

- 송계 사무소에는 일반문서철(一般文書綴), 계선언부(契宣誓簿), 회의록철(會議錄綴), 금전출납부(金錢出納簿), 자금출자증서대장(資金出資證書臺帳), 사업계획서(事業計劃書) 등을 구비, 보관하여야 한다.

- 임원은 계장 1명, 부계장 2명, 간사 1명, 감사 1명, 유사 1명으로 총회에서 선출한다.

- 임원은 모두 명예직으로, 임기는 총 5년으로 한다. 단 유사의 임기만은 1년으로 한다.

- 계장은 임원을 대표하고 업무를 통리(統理)한다. 부계장은 계장을 보좌하고 계장 유고 시에 계장직을 대행한다. 간사와 유사는 계장과 부계장을 보좌하여 업무를 수행한다.

- 정기총회는 매년 12월 30일에 계장이 소집하고, 사업실적, 수지결산보고, 사업계획, 수지예산 등을 심의한다.

- 임시총회는 계장이 필요에 따라 소집하며, 간사회에서 결의된 사항을 보고하고 간사회에서 부의(附議)한 계 운영에 관한 중요 업무를 심의한다.

- 간사회는 임원으로 구성하고 계 운영에 관한 사항을 논의하기 위해 계장이 소집한다. 간사회는 임원 과반으로 성립된다.

- 특별한 결정이 없는 한, 총회 및 간사회에서 의결은 출석자의 과반수로

한다.

4) 식목 및 조림 활동 내역

이 시기 역구실 송계는 묘목을 구입하여 역구실산에 심고 체계적이고 철저한 조림 사업을 추진하였다. 특히 1960년대 후반부터 1970년대까지 식목 및 조림 사업을 활발하게 실시하였다. 이 시기에 구입한 묘목의 수종은 대부분 낙엽송(落葉松, 일본잎갈나무)과 리기다소나무였다. 〈표 4-5〉에 따르면, 1967년에 낙엽송 묘목 7만6천 그루, 리기다소나무 묘목 12만 그루 등 묘목 19만6천 그루를 구매하는 데 총 64,218원을 지출하였다. 1968년에는 낙엽송 묘목 4천3백 그루를 5,200원에 구입했다. 1969년에는 낙엽송 묘목대금으로 3,400원을, 리기다소나무 묘목 3만5천 그루 구입에 15,000원을 지출하였다. 1970년에 리기다소나무 묘목 5만 그루를 39,200원에 구입하였다. 1977년 낙엽송 묘목 6천 그루를 80,020원(운반비 포함)에 구입하였다.

종합해 보면, 이 기간 동안 역구실 송계에서는 적어도 낙엽송 묘목 8만6천3백 그루, 리기다소나무 묘목 20만5천 그루 등 총 29만1천3백 그루의 묘목을 구입하여 송계 차원에서 대대적으로 심고 가꾸었음을 확인할 수 있다. 그밖에 '食代', '酒代', '運賃', '經費' 등의 지출 항목은 송계 차원에서 간벌, 가지치기, 풀베기 등 숲을 가꾸고 나무를 보호·관리하기 위한 온갖 노력을 기울였음을 알 수 있다.

〈표 4-5〉 해방 이후 식목 및 조림 내역 (1945년~1979년)

회계연도	항목	금액
1945년	苗木代条	100원
	植林時 人夫賃	49원85전
1949년	苗木代 (5개월 利息 2,000원 포함)	6,371원
1965년	春期 植木時와 除草時 酒代	쌀 8말
1966년	苗木代	쌀 9가마니5말
	植木時, 未登錄地 調査時 經費와 除草時 費用	(쌀) 7말 5되
1967년	植木時와 除草時 費用	3,842원
	苗木代 (落葉松 7만6천 그루, 리기다소나무 12만 그루)	64,218원
1968년	苗木代 (落葉松 4천3백 그루)	5,200원
1969년	苗木代 (落葉松)	3,400원
	苗木代 (리기다소나무 3만5천 그루)	15,000원
	造林時 酒代	1,170원
	苗木 運搬	2,000원
1970년	苗木代 (리기다소나무 5만 그루)	39,200원
	營林計劃 設計費	15,000원
	牛車 運賃	350원
	食代	500원
1971년	營林計劃認可狀 受領時 雜費	3,000원
	造林 및 下刈作業時 經費	1,700원
1972년	造林時 酒代	500원
	下刈作業時 酒代	500원
	苗木代	23,650원
1973년	下刈作業時 經費	1,000원
	春期 苗木代	28,100원
1974년	苗木代金	30,200원
1977년	苗木代 (落葉松 6천 그루) 및 運賃	80,020원
1978년	過年度 造林地 下刈作業時 經費	6,000원
1979년	造林 및 下刈作業時 經費	7,000원

*출처: 「동계 · 송계수계기(洞稧 · 松稧修稧記)」(1888년~1980년)를 토대로 작성.

5) 풀령 전통

　다른 지역의 많은 송계에서와 마찬가지로 역구실 송계에서도 '영이 난다.'라고 하여 풀령의 전통이 오래전부터 전승되어왔다. 강성복(2001)의 연구에 따르면, 충남 금산 지역의 송계들에서는 봄철 모내기에 필요한 바닥풀을 얻기 위한 풀령의 관행이 광범위하게 행해졌다. 과거 중평 마을공동체에서는 봄철 논에 모를 심기 전에 풀령이 내려지면 집집마다 역구실산에 들어가 퇴비용 풀을 확보하였다고 한다. 전병선, 김회선 어르신의 증언을 들어보자.[77]

　전병선: (옛날에는) 망종(芒種) 때부터 하지(夏至)까지를 기준으로 해서 모를 심는데 망종 안에 풀이 무성하게 자란다. 이걸 '영 난다.' 하는데 마을 자체의 자치법으로 했다. (중평) 마을에서 '영 나는' 거는 송계에서 관리한다. 전부가 송계원인데 다른 동네사람들은 못 들어간다. 망종 이후엔 풀이 막 무성히 큰다. 영날을 5월 20일 넘어서 30일 안에 날을 잡는다. 그때는 그냥 먹는 것이 위주라 공부는 뒷전이고 일곱 살만 먹으면 (역구실산에) 풀 뜯으러 가야 했다. 생풀을 그대로 (논흙에) 깔아서 썼다. (생풀을) 흙으로 (넣어) 두면 썩기 때문에 생풀을 넣고, 최소 3개월, 6개월 지나 거름이 된다.

　김회선: 5월 20일에 '영이 난다.' 그러면 5월 20일 새벽부터 준비해가지고 풀을 하는데 그땐 7살도 나선다. 누워 있던 사람도 다 나선다.

　김회선: 영이라 하는 것은 화학비료 나오기 전에 퇴비를 장만하기 위한 하

---

77) 2019년 2월 17일 마을회관에서 전병선, 김회선 어르신의 증언.

나의 수단으로서 지혜를 모은 것이(었)다. 풀이 다 크고 난 뒤에 우리 다 같
이 수확을 해가지고 이렇게 퇴비로 쓰자, 이렇게 하나로 버티면(지키면) 동
네 협약이다 이렇게 되었다. 그러니까 여기서도 중학교 다닐 때 '영 난다.'
하면 학교도 안 가고 그것을 할 정도로 남녀노소가 뭐 다 동원되어 가지고
밥 싸가지고 열심히 다 해가지고 퇴비 마련을 했다. 그렇게 해서 우리 동네
만 먹고사는 게 아니고 (아마도) 다른 동네도 마찬가지였을 것이다.

전병선: 풀을 한 집에서 세 배, 네 배 받아가고, 그 외에는 절대로 들어가지
말자고 했다. 동네에서 자체 법이라 안 들어가려고 마음을 먹고 우리 동네
사람들은 들어갈 맘도 안 먹고 다른 사람들도 못 들어오게 지켰다. 유사를
정해 놓고 뭐 올(해) 일 년은 우리 둘이 지킬 테니 다음 한 해는 마을(의) 다
른 주민 둘이 돌아가면서 지키고 했다.

2. 두 번째 시기: 1980년~1990년

1) 송계산 소유권 분쟁 및 법적 소송

두 번째 시기인 1980년부터 1990년까지 10여 년 동안 역구실 송계
는 중평 마을공동체의 실질적인 구심점 역할을 담당하였다. 역구실산
에 대한 소유권 확인 소송은 이 시기에 가장 중요한 사건이었다. 역구
실산의 소유권과 관련하여 이웃마을 외궁리 주민들과의 알력과 갈등이
분출된 시점은 1979년부터인 듯하다. 하지만 과거에서부터 역구실산
관련 갈등과 분쟁의 소지는 꾸준히 있어왔던 것으로 보인다. 그 까닭은
역구실산이 중평과 점촌 마을 주변이 아니라 외궁리 주변에 위치해 있
기 때문이다. 과거 어떤 이유인지 몰라도 외궁리가 아닌 중평 마을공동

체에서 역구실산을 점유·사용해왔다.

역구실산 소유권에 관한 외궁리와의 법적 분쟁에 대해 전병선, 이병열 어르신의 증언을 들어보자.[78]

전병선: 역구실이라는 그 산이 애로사항이 많은 게 뭐냐면 이 마을은 도통리이고, 그 산은 외궁리에 있다. 우리 마을 사람들이 동네 산으로 옛날에 어떻게 마련했는지 몰라도 우리 어렸을 때도 화전을 해서 땅을 일궈서 먹고 사는 젖줄이었다. '보장'이라고도 했는데, 옛날에 곡식을 채워놓고 먹으니까 보장이라고도 불렀다. 화전을 해서 감자, 보리, 고구마 농사를 해서 먹고 살 정도가 되었다. 근데 산이 외궁리에 있으니까 외궁리 사람들이 외궁리 산인데 왜 도통리 산이냐 하면서 소송이 걸렸었다. 소송을 우리 마을이 이겼다. 당시 마을 주민들이 돈을 많이 걷어서 소송비를 댔었다. 소송 이후에 안 되겠다 싶어서 산을 매매해서 그 비용을 부락민들에게 골고루 나눠주었다.

이병열: 재판할 때를 생각해보면 송계 문서가 (남아 있어서) 승소하는 데 많이(크게) 작용을 했다. (송계 문서가 승소할 수 있었던) 근거였다.

전병선: 우리 동네에서도 재판하는 데 한 사람이 참여를 안 했다. 마을 사람들이 (모두) 함께 충당해서 재판비를 내야 하는데 (그 사람이) 안 내줬다. 안 내놓고서는 나중에 승소하고 송계산을 매매하고 자기 몫을 달라(고) 했었다. 나중에 따돌림을 받아서 이 동네를 떠났다.

1979년 음력 12월 16일 동계 강신회가 개최된 후 1980년 음력 1월

---

78) 2019년 1월 22일 마을회관에서 전병선, 이병열 어르신의 증언.

4일에 임시 강신회가 재차 소집·개최되었다. 임시 강신회에서 계원들은 역구실산 소유권 확정을 위해 외궁리 주민들과 법적 소송도 불사하겠다고 결의하였다. 그리고 1980년 음력 1월 20일에 〈결의문(決議文)〉을 작성하기에 이른다. 「동계·송계수계기(洞稧·松稧修稧記)」(1888년~1980년)에 실린 내용을 살펴보면 다음 〈표 4-6〉과 같다.

〈표 4-6〉 〈결의문(決議文)〉 (1980년 음력 1월 20일)

〈決議文〉

以上 移越金 參仟壹百五拾七원과 松稧員 一人當 四萬五仟원式 出資한 五拾四人分 貳百四拾參萬원을 合計하니 貳百四拾參萬參仟壹百五拾七원을 確保하고 本 松稧 所有인 外弓里 山 七拾番地 保存登記를 畢하기 爲하여 道通里 外弓里 內 中坪部落 店村民을 除外하고 其他 部落民에게 中坪 店村 兩部落의 松稧임을 確認하여 달라고 要請하다가 不應할 시는 不得已 所有權 確認訴訟을 提出하기로 決議하였음. 庚申年 壹月 貳拾日

---

*출처: 「동계·송계수계기(洞稧·松稧修稧記)」(1888년~1980년).

위의 내용을 정리하면, 1979년 12월 16일 정기 강신회에서 회계결산 후 남은 3,157원과 계원 54명이 출자한 금액 2,430,000원(1인당 45,000원 x 54명)을 합한 금액 2,433,157원을 확보하였으니, 외궁리 산 70번지 역구실산에 대한 보존등기 작업을 시행하겠다는 것이다. 중평과 점촌 마을 외에 다른 주변 마을 주민들에게 역구실산이 역구실 송계의 소유임을 확인해 달라고 요청하고 이를 불응할 시에 소유권 확인소송을 진행하겠다는 것이다.

역구실산 소유권 확인소송의 진행 과정과 그 내역은 1981년 11월 10일 당시 도유사(都有司) 전병선(全炳善)이 「중촌송림계수계기(中村松林稧修稧記)」(1981년~1990년)의 첫머리에 상세하게 기록하고 있다. 그 내용을 그대로 기재하면 다음 〈표 4–7〉과 같다.

〈표 4–7〉 역구실산 소유권 확인소송 진행 내역 (1981년 (음력 추정) 11월 10일)

- 西紀 一九七九年 十二月 二九日 定期總會時 本稧 所有인 外弓里山 七十番地 林野를 本稧의 名으로 特別措置法에 依하여 保存登記를 畢하기 爲하야 外弓里 道通里 全域을 巡放 依賴하였으나 此를 不許하였기에 一九八十年 一月 四日 臨時總會時 法的鬪爭을 하야 期必코 本契의 名으로 保存登記를 畢하기로 決議(하고) 一九八十年 二月 七日 全州市 李炳基氏 辯護士에게 本件 法的 訴訟을 依賴하였음.

- 一九八十年 二月 八日 當事者 決議에 依하여 李正進 崔炳洙 李炳國 三人을 本契의 代表者로 選出(하고) 財政 및 諸業務 一切을 委任하고 訴訟에 必要한 經費 및 諸費는 本稧員이 均等 負擔키로 하며 萬若 稧員中 負擔額을 未納者는 自動的으로 稧員의 資格을 喪失(하고) 本稧를 脫稧키로 함.

- 一九八十年 九月 十五日 全州地方法院 一號法庭에서 第二百六十号로 一次裁判을 始作(하여) 十三會 裁判時 勝訴判決하야 一九八一年 二月 二六日 保存登記를 畢하였슴.

- 一九八一年 十一月 十日 裁判費用 및 經費 一切을 結算한 바 裁判費用 五百七拾八萬五仟八百七拾貳원 登記費 壹百六拾六萬원 營林計劃樹立費 三拾四萬六仟六百원 取得稅 壹百壹拾六萬壹仟九百參拾六원을 合 八百九拾五萬四仟四百八원 整.

- 稧員 四十六名이 一人當 壹拾九萬九仟七百원式 負擔하니 計 九百壹拾八萬六仟貳百원 其他收入金 五拾貳萬四仟원 合計 九百七拾壹萬貳百원 內 前項의 八百九拾五萬四仟四百八원을 除하고 餘額 七拾五萬五仟七百九拾貳원은 新有司에게 臨時保管함.
  當時 都有司 全炳善.

*출처: 「중촌송림계수계기(中村松林稧修稧記)」(1981년~1990년).

위의 내용을 요약 정리하면 다음과 같다.

- 1979년 12월 29일 정기총회에서 외궁리 소재 산 70번지 임야를 특별조치법에 따라 역구실 송계의 소유권 보존등기를 완료하기 위해 외궁리와 도통리 주민들을 대상으로 의뢰하였으나 불허하였음.

- 1980년 1월 4일 임시총회에서 산 70번지 임야를 역구실 송계의 소유로 보존등기 완료를 위해 법적 소송을 진행하기로 결의함.

- 1980년 2월 7일 변호사 이병기(李炳基)씨를 선임하여 해당 건을 의뢰함.

- 1980년 2월 8일 (임시총회에서) 마을 주민 이정진(李正進), 최병수(崔炳洙), 이병국(李炳國)을 역구실 송계의 대표자로 선출하여 이들에게 소송 관련 재정 및 일체 업무를 위임하기로 결의함. 또한 소송에 필요한 제반 경비는 송계원이 균등하게 부담하고 만일 이를 납부하지 않는 계원은 자동적으로 계원 자격이 상실되어 송계에서 탈퇴시키기로 결의함.

- 1980년 9월 15일 전주지방법원 1호 법정에서 사건번호 제260호로 1차 재판이 시작되었고 13차 재판에서 최종 승소하여 1981년 2월 26일에 보존등기가 성공적으로 마무리됨.

- 1981년 11월 10일에 법정 소송 관련 결산 내역은 〈표 4-8〉과 같음. 소송에 필요한 대부분의 경비는 계원 46명에게서 1인당 199,700원을 갹출한 금액으로 충당하였으며, 재판비용, 등기비, 영림계획수립비, 취득세 등을 제외하고서 755,792원이 남아 임시보관함.

〈표 4-8〉 역구실산 소유권 소송 내역

수입 내역		지출 내역		남은 금액
항목	금액	항목	금액	
稧員 出資金 (1인당 199,700원, 46명)	9,186,200원	裁判費用	5,785,872원	755,792원
其他收入金	524,000원	登記費	1,660,000원	
		營林計劃樹立費	346,600원	
		取得稅	1,161,936원	
합계	9,710,200원	합계	8,954,408원	

*출처: 「중촌송림계수계기(中村松林稧修稧記)」(1981년~1990년)를 토대로 작성.

이 시기에 송계 강신회에서 두 차례 결의문을 거듭 채택하였다. 우선 1983년 12월 28일 송계 강신회에서 마을 공동노역 불참자와 벌금에 관해 〈표 4-9〉와 같이 결의하였다. 구체적으로, 1982년까지 마을 노역 불참자에 대해서는 총회의 의결에 따라 어떤 벌금도 부과하지 않기로 하고, 1983년과 1984년 기간 동안 불참자에 한해서는 일당 5천 원을 부과하며 1984년도 정기 총회에서 일괄 징수하기로 결의하였다.

〈표 4-9〉 결의문 (1983년 12월 28일)

會議錄
西紀一九八二年 以前의 出役에 對해서는 總會의 決議에 따라 無效키로 決議함. 西紀一九八三年度 以後부터는 不參者에 對하여 日當金額을 總會의 決議에 따라 定하고 西紀一九八三四年度分에 限하여서는 日當 五阡원式 定하여 八四年度 定期總會時에 增收키로 함 (不參者 內客은 出役簿 參照)
癸亥年 拾二月 二八日

*출처: 「중촌송림계수계기(中村松林稧修稧記)」(1981년~1990년).

또 다른 결의문은 1984년 12월 30일 송계 강신회에서 의결하였다. 즉, 출자금 243,600원을 당시까지 미납하고 있던 계원 한 명에게 1985년 3월 17일까지 이를 납부하지 않으면 송계에서 탈계시키고 그 금액은 송계 기금에서 결손 처리하겠다는 내용이다. 그 결의사항은 1984년 수계기 결산 내역의 일부에 포함되어 다음과 같이 기재되어 있다.

[중략] ○○○ 稧員 未收金 貳拾四萬參仟六百원은 西紀一九八五年 參月 十七日까지 入金이 되지 못할 時에는 脫稧와 同時 決損키로 決議하고 [중략]

2) 식목 및 조림 활동 내역

1980년부터 1990년까지 10여 년 동안에 역구실 송계는 재원의 다원화를 적극적으로 추진하였다. 특히 이 시기의 주된 수입원 중 하나는 표고목(蔈菰木) 판매였다. 표고버섯을 키우기 위한 표고목은 상수리나무, 졸참나무, 신갈나무, 굴참나무 등 참나무류 재목을 사용하는데, 대개 11월에서 이듬해 2월 중에 벌채한 나무를 1~2개월 건조시킨 후 표고버섯 종균을 접종하여 배양한다. 당시 중평 마을공동체를 비롯한 진안 지역의 많은 농가에서 소득 증진 목적으로 영지버섯과 표고버섯 농사를 짓고 있었는데 역구실산 참나무류 나무들이 표고목 용도로 판매되었던 것이다. 〈표 4-10〉에서 보는 바와 같이, 이 시기에 표고버섯용 목재 판매로 1,200만 원 이상의 수익을 얻을 수 있었다. 그 외에도 죽은 나무 판매(1982년), 낙엽송 간벌목(間伐木) 판매(1984년), 임도 건설 부지목 판매(1986년), 낙엽송 벌채 판매(1987년), 낙엽송 피해목 판매(1987년) 등 나무 혹은 재목을 팔아 송계 재정을 충당하였다. 이 시기에는 땔감 판매에 따른 수익 창출은 더는 없게 되었다. 한편, 역구실산 구역 내 산전과 화전의 소작 수입은 많은 금액은 아니더라도 일정하게 수익이 발생한 것을 확인할 수 있다.

<표 4-10> 표고목 판매 내역

회계연도	표고목 판매 내역	
	항목	금액
1982년	표고木代	150,000원
1984년	梁○○ 木代 (표고목 추정)	40,000원
	全○○ 木代 (표고목 추정)	20,000원
1986년	표고木代 豫約金	1,800,000원
1987년	87년 표고목 잔액	851,400원
	표고목 (6인치 이상) 賣買代	68,750원
	표고목 끝단代	45,000원
	88년도 표고목 예약금	2,800,000원
1988년	표고木代	6,470,500원
합계		12,245,650원

*출처: 「중촌송림계수계기(中村松林稧修稧記)」(1981년~1990년)를 토대로 작성.

역구실 송계에서는 이 시기에 여러 사업과 활동을 적극 추진하였다. 우선 산림조합비, 취득세, 재산세, 강신 비용 등 각종 지출 비용이 송계 재정에서 모두 충당되었다. 〈표 4-11〉을 보면, 영림계획 수립, 하예 작업, 도로 개설 및 보수, 산판 작업 시 인건비 및 술값 등 식목 및 조림 사업을 적극 추진하였음을 확인할 수 있다. 1984년 낙엽송 간벌 작업 시 인건비로 395,000원을 지급하였고, 묘목 대금으로 1987년에 204,600원, 1988년에 80,600원 등 총 285,200원을 지불하였다. 이는 1그루당 62원으로 책정했을 때 묘목 수는 4,600주 정도였던 것으로 추정된다. 그 외에도 역구실산에서 낙엽송 간벌 작업, 풀베기, 가지치기, 매목조사(賣木調査), 표고목 작업, 임도 개설 및 보수, 인도(人道) 확장, 영림계획 수립 등 다양한 활동을 역구실 송계 차원에서 전개하였다.

회계연도	항목	금액
1980년	營林計劃樹立費	346,600원
1982년	下刈作業 經費	3,950원
1983년	蓼谷山 道路改設費	721,000원
	營林計劃樹立費 및 經費	393,000원
	道路改設當時 雜費	77,600원
	造林地 下刈作業時 經費	12,820원
1984년	勞賃代 (79명 x 일당 5,000원)	395,000원
1985년	作業時 濁酒代	13,000원
1986년	林道改設負担金	7,632,000원
	人道擴張費	400,000원
1987년	임도개설비	1,200,000원
	88년 식재 苗木代 (3,300주 x 62원)	204,600원
	87년 영림계획비	290,000원
1988년	造林經費	97,500원
	苗木代	80,600원
합계		11,867,670원

*출처: 「중촌송림계수계기(中村松林稧修稧記)」(1981년~1990년)를 토대로 작성.

3) 송계의 해체

　역구실 송계는 1990년 역구실산이 외지인에게 최종 매각되면서 공식적으로 해체되기에 이르렀다. 매각대금은 계원들에게 골고루 분배되었다. 그와 동시에 중평과 점촌은 분리되어 각자 동계를 꾸리게 되었던 것으로 보인다. 제3장에서 이미 언급하였듯, 그해 중평 마을에서는 동적부(洞籍簿)를 작성하고 동계가 다시 활성화되기 시작했다. 1990년과 1992년의 동계 수계기에서 송계 관련 기금 및 이자 수입 항목이 확인된다. 〈부록 표 3-7〉「동적부(洞籍簿)」(1990년~2017년)의 수계기 내역을 보면, '역구실 송계'(1990년, 74만 원), '송계금'(1992년, 90만 원), '송계금 이 자'(1992년, 4만 5,212원)가 기재되어 있다. 그 이후 송계 관련 항목이 일 절 보이지 않는 점에서 역구실산 매각 후 역구실 송계 또한 사실상 해 체된 것으로 짐작된다.

제 5 장

중평 서당계

중평 마을공동체는 오래 전부터 후속세대 양성을 위한 교육 사업과 지원을 꾸준하게 추진해왔다. 조선 후기에는 마을공동체 차원에서 자체적으로 운영하던 교육시설은 없었지만, 마을 자제들은 인근 지역의 서당에서 교육을 받았던 것으로 보인다. 이 시기 마을공동체 차원에서 후속세대 교육에 대한 관심과 지원은 간헐적으로 이뤄졌으며, 가족 혹은 집안·문중 차원에서 자제 교육에 대한 투자와 지원이 주로 행해졌던 것으로 추정된다. 마을공동체 차원에서 마을 자제들에 대한 교육 지원은 일제강점기에 접어들어 본격화되기 시작하였다. 후속세대의 양성과 교육은 가족과 문중뿐만 아니라 마을공동체 차원에서도 중요한 사안이었다. 예절 교육, 윤리의식 고취, 공동체 규범 습득 및 풍속교화는 단순히 가족이나 친족 범주를 넘어서 지역사회 구성원들이 자신의 삶을 영위하고 공동체의 유구한 전통과 문화를 계승하며 공동체의 발전에 기여하는 데 중요하기 때문이다.

1916년 장학계(獎學稧)가 결성되기 이전에는 마을 자제들이 인근 지역의 서당에서 교육을 받을 수 있었지만, 그나마 집안의 형편이 넉넉지 않은 아이들은 서당 교육의 기회조차 사실상 쉽지 않았다. 물론 인적·물적 토대를 갖추고 있던 집안에서는 문중 자제들만을 대상으로 서당 교육을 실시하기도 하였다. 하지만 이러한 토대조차 제대로 갖추지 못한 가정이나 집안에서는 자녀 교육을 위한 차선책을 마련할 필요가 있었다. 이러한 배경에서 장학계가 결성되었던 것으로 보인다.

장학계는 1916년에 계원 29명으로 출범하여 1927년까지 12년 동안 서당 훈장의 초빙 및 보수, 학용품 지원 등 교육 재정 지원을 담당하였다. 1929년에는 흥학계(興學稧)가 재결성되어 학동 교육 지원을 수행하였고 1996년까지 존속되었다. 장학계에 참여했던 계원 명단만 현재 남아 있고 흥학계의 계원 명단은 남아 있지 않다. 그럼에도 장학계의 계원은 흥학계의 계원으로 상당부분 그대로 이어졌으리라 생각된다.

장학계와 흥학계의 관계에 관해서는 두 가지 가능성이 존재한다. 첫 번째 가능성은 1927년에 장학계가 해체된 것이 아니고, 1928년에 잠시 수계기가 작성되지 않다가 1929년부터 '흥학계'라는 이름으로 수계기가 다시 작성되었을 수도 있다. 1927년 장학계 수계기에 따르면, 그 해 음력 10월 26일 강신회에서 회계결산 후 813냥6푼이 잔액으로 기재돼 있다. 1929년 흥학계 수계기에는 이 금액이 기재되어 있지 않고, 수입 항목에 답세조(畓稅租), 전세태(田稅太) 등이 추가적으로 기재돼 있다. 이는 1927년 회계결산 후 남은 813냥6푼이 1928년에 서당계 소유의 논과 밭을 구입하는 데 지출되었을 가능성을 시사한다.

두 번째 가능성은 장학계가 1927년에 발전적으로 해체되었다가 1929년에 흥학계로 재결성되었을 경우이다. 우선 1929년부터 계원을 대상으로 '수합조(收合租)', '수봉조(收捧租)', '동중수합조(洞中收合租)' 등의 항목으로 매년 일정한 규모로 벼를 취합하여 이를 흥학계의 교육 지원에 활용하고 있다는 점이다. 이런 재정 운영방식은 기존 장학계의 방식과는 사뭇 다르다. 또한 장학계의 활동 시기와 비교하면, 흥학계는 소유 전답의 규모, 활동 범위, 교육 지원 규모 등에서 훨씬 다양해지고 광범위한 활동을 전개하였음을 알 수 있다.

이 장에서는 일제강점기와 해방 이후로 나누어 강신회, 회계결산 및 감사, 재정 운영 및 관리, 학동 교육 지원 등을 면밀히 살펴볼 것이다. 일제강점기 서당계는 다시 장학계(1916~1927년), 흥학계(1929~1945년) 두 시기로 나누어 들여다본다.

제1절
일제강점기

1. 장학계(奬學禊): 1916년~1927년

1) 강신회

오늘날 정기 총회에 해당하는 장학계의 강신회는 1922년 한 차례를 제외하고 매년 음력 10월 말경에 계원들을 소집하여 개최되었다. 강신회에서는 다양한 현안들을 논의하고 합의제 방식으로 의결하였다. 여기에는 계 운영뿐만 아니라, 훈장 선생의 초빙 및 보수 수준, 종이·붓·먹·벼루 등 학용품 지원 규모, 등유(燈油), 땔감 등을 의논하여 결정하였다. 또한 장학계의 원금과 이자 수입에 대한 회계결산과 감사가 철저하게 이뤄졌다. 강신회 회의가 끝나면 계원들이 모여 함께 술과 음식을 나눠 먹으면서 친목과 우의를 다지는 뒷풀이를 진행하였다.

장학계는 중평 동계에 어느 정도 독립성을 갖춘 하위기관으로 운영됐을 것으로 추정된다. 장학계에는 계장이 별도로 존재하지 않고, 유사 1명이 장학계에 관한 모든 실무를 담당하였다. 유사 임기는 알 수 없으나 연임이 가능했던 듯하다. 〈부록 표 5-2〉를 보면, 장학계 운영기간 (1916~1927년) 동안 이근세(李根世)는 7차례 유사직을 맡고 있었다. 유사는 장학계 장부 작성과 보관·관리, 회계결산 등의 계 운영과 실무를 담당하였다.

〈사진 5-1〉「장학계원명부(獎學稧員名簿)」(1916년~1927년) 표지

*출처:「장학계원명부(獎學稧員名簿)」(1916년~1927년).

〈사진 5-2〉 장학계 수계기 (1916년 10월 30일 수계기)

*출처: 「장학계원명부(獎學稧員名簿)」(1916년~1927년).

2) 계원의 구성 및 추입

1916년 장학계 결성 당시 참여한 계원은 총 29명이었다. 〈표 5-1〉는 창설 계원의 현황을 보여준다. 전체 29명 중에 진안 이씨 5명, 천안 전씨 5명, 전주 이씨 3명, 김해 김씨 2명이었으며, 나머지 14명은 다른 성씨로 구성되어 있다. 이를 통해서 중평 마을공동체에서는 오랜 세월 동안 여러 성씨가 함께 어우러져 살아왔음을 다시금 확인케 한다. 그후 장학계가 1927년까지 존속하는 동안 1917년과 1918년에 각각 2명씩 총 4명이 추가 가입하였다.

<표 5-1> 장학계 계원 명단 (1916년)

성씨	본관	계원수
이씨	진안	5
전씨	천안	5
이씨	전주	3
김씨	김해	2
구씨	능성	1
김씨	함창	1
김씨	부안	1
김씨	경주	1
권씨	안동	1
송씨	은진	1
안씨	광주(廣州)	1
오씨	함양	1
유씨	강릉	1
이씨	연안	1
이씨	상산	1
정씨	경주	1
하씨	진주	1
한씨	청주	1
총 계원수		29

*출처: 「장학계원명부(獎學稧員名簿)」(1916년~1927년)를 토대로 작성.

 1916년 창설 당시 장학계에 가입하고자 하는 마을 사람은 신입조(新入租)로 쌀 10말을 납부하였던 듯하다. 또한 〈표 5-2〉를 보면, 창설 당시 8명의 마을사람이 장학계에 재산을 출연하였는데, 이들 중 4명은 장학계의 창설 계원으로 참여했다. 이들 8명이 출연한 금액은 각각 2냥에서 7냥으로 총 36냥이었다.

<표 5-2> 장학계 재산출연 내역

명 단	출연 금액
李根世	7냥
李 鮖	7냥
李漢翼	5냥
李根翊	5냥
全萬根	4냥
鄭漢鍾	4냥
李弼煥	2냥
金萬東	2냥
합계	36냥

*출처: 「장학계원명부(獎學稧員名簿)」(1916년~1927년)를 토대로 작성.

3) 수입 및 활동 내역

장학계 창설 당시 자본금은 207냥7전3푼이었다. 이를 계원, 비계원 혹은 이웃마을 주민들에게 매년 4리로 빌려주고 거둬들인 이자가 주요 수입원이었다. 〈표 5-3〉은 장학계 활동 기간에 곗돈을 빌려준 분파질 (分播秩) 내역을 보여준다. 수계기의 말미에 별도로 작성된 분파질 항목에는 곗돈을 빌린 사람[차용인], 날인, 빌린 금액, 보증인 성명이 기재되어 있다. 다른 수계기에서는 '殖利記', '殖利印', '播殖利秩', '播殖利印', '殖利秩' 등으로도 기재되어 있다.

1916년 음력 2월 6일 강신회에서 작성한 〈丙辰 二月 初六日 分播記〉에는 14명의 명단이 기재되어 있는데, 각 명단 아래에는 빌린 금액과 보증인(保證人) 명단이 함께 기재되어 있다. 14명에게 최소 7전8푼에서 최대 36냥3전까지 총 162냥1전3푼을 빌려줬다. 같은 해 음력 10월 30일 강신회에서 회계결산 및 감사가 이뤄졌다. 흥미롭게도 1920년(경신) 음력 10월 15일 강신회에서 작성한 〈분파질 내역〉을 보면 "松稧中不足 錢 八兩給 保證人 全○○"라고 기재돼 있다. 이로써 역구실 송계에서

전○○을 보증인으로 세우고 장학계 곗돈 8냥을 빌렸음이 확인된다.

〈표 5-3〉 분파질(分播秩) 내역 (1916년~1927년)

분파 날짜	차용인	차용 금액				비고
		최소	최대	총액	1인당 평균	
1916년(병진) (음) 2월 6일	14명	7전8푼	36냥3전	162냥1전3푼	11냥5전8푼	
1916년(병진) (음) 10월 30일	19명	3냥	20냥	197냥9전3푼	10냥4전2푼	
1917년(정사) (음) 9월 5일	3명	5냥	50냥[79]	61냥	20냥3전3푼	
1917년(정사) (음) 10월 21일	19명	5냥	50냥	268냥	14냥1전1푼	–유사 李根世에게 2전9푼 유치
1918년(무오) (음) 10월 29일	23명	5냥	30냥	345냥	15냥	
1919년(기미) (음) 10월 15일	20명	10냥	40냥	445냥	22냥2전5푼	–"己未 有司 李根 世 不足錢 三戔 九分 代入印"
1920년(경신) (음) 10월 15일	26명	4냥	41냥	563냥	21냥6전5푼	–"松契中不足錢" 으로 8냥 기재
1921년(신유) (음) 10월 28일	24명	10냥	70냥	620냥	25냥8전3푼	–유사 李根世에게 6냥3전 유치 –6냥은 콩 2말의 時價에 해당
1922년(임술) (음) 10월 15일	22명	9냥	35냥	464냥	21냥9전	–유사 李根世에게 2전1푼 유치
1923년(계해) (음) 10월 23일	25명	4냥	35냥	72냥6전	18냥9전	
1924년(갑자) (음) 10월 22일	23명	10냥	35냥	477냥4푼	20냥7전4푼	–2냥2전8푼은 유사에게 유치
1925년(을축) (음) 10월 17일	23명	10냥	35냥	461냥8전6푼	20냥8푼	
1926년(병인) (음) 10월 26일	36명	10냥	100냥	953냥7푼	26냥4전7푼	
1927년(정묘) (음) 10월 26일	33냥	10냥	85냥	900냥6푼	27냥2전7푼	

*출처: 「장학계원명부(獎學稧員名簿)」(1916년~1927년)를 토대로 작성.

---

79) 회계결산 기록에 "李根世 錢伍拾兩 貳年之間 行廊構 ■ 事 無利錢 得用次"라고 기재되어 있다.

하지만 1926년 장학계 수계기의 수입 내역을 보면, 본전과 이자 수입 이외에도 '賣租錢' 70냥, '米價' 267냥6전8푼, '留置錢' 172냥8전 등 510냥4전8푼이 기재돼 있다. 벼 1섬9말2되를 팔아 70냥을 마련했고, 기록 부재로 수량은 알 수 없지만 역시 쌀을 팔아 267냥6전8푼을 마련하였다. 유치전(留置錢) 225냥 중에서 '서당비용(書堂費用)' 81냥[80]을 뺀 잔금[餘錢] 172냥8전이 수입 항목에 기재돼 있다.

이렇게 마련한 큰 액수의 곗돈으로 장학계 차원에서 자체 교육시설인 서당 건물을 마련한 것으로 추정된다. 1926년과 1927년 장학계 수계기에는 서당 건립 및 물품 관련 지출 항목들이 다수 기재돼 있다. 〈표 5-4〉에서 보듯, 서당 지붕에 덮을 이엉 재료, 땔감 작업 인건비, 목수비용, 겨릅대[麻骨][81], 요항(溺缸)[82], 부들자리[草席][83], 방 벽지 등의 여러 지출 항목은 이 시기 자체 교육시설이 마련되었으며, 이곳에서 학동들을 가르쳤던 사실을 추정케 한다.

---

80) '書堂比用'으로 기재되어 있으며, 구체적인 사용 내역은 알 수 없다.

81) 마골(麻骨)은 껍질을 벗긴 삼대를 이르며, '겨릅대'로 불린다(네이버 국어사전, 2020/05/20 자료 접근).

82) 요항(溺缸)은 '오줌을 받는 실내용기'로, 요강, 요분(溺盆), 수기(溲器) 등으로 불린다(이종석, 1995).

83) 초석(草席)은 왕골이나 부들 따위로 엮어 만든 자리를 말하며, 짚으로 엮어 만든 자리라 하여 '짚자리'라고도 한다(네이버 국어사전, 2020/05/20 자료 접근).

<표 5-4> 서당 건립 관련 지출 내역

회계연도	지출 항목	금액
1926년	盖屋火木雇工價 金〇〇家	57냥5전
	木手別賞價	10냥
	麻骨價	7냥1전5푼
	溺缸價	22냥5전
	薪缸買 ᄒ기대	7냥5전
	草席價	4냥
1927년	今年 秋間火木雇傭價	30냥
	書堂 塗壁紙價	3냥
	草席價	5냥
	今年 火木工價 先給	20냥

*출처: 「장학계원명부(獎學稧員名簿)」(1916년~1927년)를 토대로 작성.

장학계의 곗돈에서 매년 고정적으로 지출되는 항목은 종이·붓·먹·벼루 등 문방사우(文房四友), 등불에 쓰이는 기름, 강신회 비용 등이다. '학채(學債)'는 조선시대에 훈장 선생에게 급여로 지급하던 곡식을 말하며, '강미(講米)' 혹은 '학채미(學債米)'라고도 불렸다(네이버 국어사전, 2020/06/03 자료 접근). 장학계 운영 기간에 학채미 항목은 단 한 차례만 보인다. 1921년 지출 항목에 '梁文壽 學債米 十斗價'로 75냥이 기재돼 있다. 즉, 훈장 선생 양문수(梁文壽)에게 당해연도 학채미로 쌀 10말에 상당하는 금액을 지불하였다는 것을 알 수 있다.

한편, 1923년 장학계 수계기에 따르면 장학계에서 마을 모정(茅亭) 설립에 곗돈의 일부인 25냥을 기부하였다. 1921년에는 역시 곗돈으로 점촌에 위치한 작은 규모의 콩밭[84]을 17냥5전에 매입하였다. 또 1926

---

84) 1921년 수계기에 콩밭 규모를 '이편(二片)'으로 기재한 것으로 봐서 작은 규모의 땅으로 짐작된다.

년과 1927년의 여름날, 공부하는 학동들에게 영양을 보충하는 차원에서 닭죽을 제공하였다.

장학계가 운영되던 12년 동안 모두 세 차례(1924년, 1925년, 1927년) 일정 금액을 계원들에게 배분하였는데, 장학계의 서당 교육 지원 활동과도 관련 있어 보인다. 구체적으로, 1924년에 계원 30명에게 1인당 3냥3전씩 총 99냥, 1927년에는 계원 25명에게 11냥씩 총 275냥, 1925년에는 총 156냥2전을 배분하였다. 이렇게 장학계와 계원들의 노력으로 불린 재산은 계원의 자녀 교육에 긴요하게 쓰였다.

2. 흥학계(興學稧): 1929년~1945년

1) 강신회 및 규약

일제강점기 동안 흥학계 강신회는 한 해 1회 원칙으로 개최되었다. 대개 음력 10월 말경에 강신회 개최를 위해 계원들이 소집됐으며, 특별한 사정이 있으면 음력 11월이나 12월에 개최되기도 하였다. 보통 오전에 모여 강신회를 개최하고 정오 즈음에 끝나면 계원 모두 함께 점심 식사를 하면서 한 해의 활동을 마무리하였다. 강신회에서는 한 해 동안 곗돈과 계곡의 출납 기록을 토대로 회계결산 및 감사가 주요 사항으로 다뤄졌다. 강신회에서는 '선생학료'라 하여 훈장 선생의 한 해 급료, 종이·먹·붓·벼루 등 학용품 지원 규모 등의 주요 사안들이 논의되고 결정되었다. 또한 흥학계 소유의 전답 작황을 점검하고 소작료를 책정하였으며, 다음 해 소작권을 누구에게 부여할 것인지를 논의·의결하였다. 중평 마을공동체에서 자체 서당 건물을 소유·관리하던 시기에는 땔감, 지붕에 이엉 얹기, 방석 등에 관한 안건도 중요하게 다뤄졌다.

〈사진 5-3〉「흥학계안(興學稧案)」(1929년~1996년) 표지

*출처: 「흥학계안(興學稧案)」(1929년~1996년).

〈사진 5-4〉 흥학계 수계기 (1929년 10월 26일과 1930년 10월 29일 강신회)

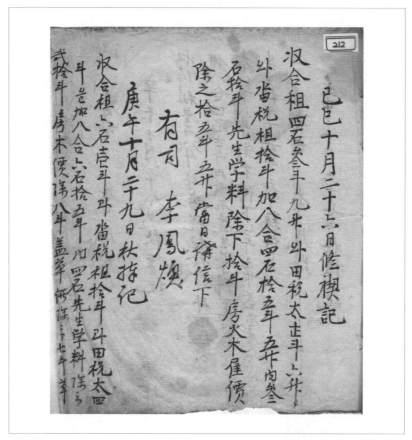

*출처: 「흥학계안(興學稧案)」(1929년~1996년).

홍학계 강신회에서는 모든 계원이 합의하여 서약문(誓約文)과 절목(節目)을 작성하고 이를 준수할 것을 결의하였다. 하지만 작성 연도는 알수 없다. 먼저 〈흥학계 농지관리 및 유사관리 서약서(興學稧 農地管理 及有司管理 誓約書)〉의 다음 4개 조항을 살펴보기로 한다.

〈興學稧 農地管理 及 有司管理 誓約書〉

一. 本稧 農地耕作과 有司 責任은 一年 以上 할 수 없음

230　진안군 중평(中坪) 마을공동체

一. 農地耕作 抛棄證書을 新有司가 效力있게 作成하야 豫에 本稧로 提出하기로 한다

一. 稧員中 貧困한 生活者을 先着으로 每年 推薦하야 輪番으로 責任을 주기로 한다

一. 農地補破 責任은 其年 有司가 責任한다

위의 〈서약서(誓約書)〉에 따르면, 흥학계가 소유한 전답의 경작권은 어느 누구도 1년을 넘길 수 없도록 명시하고 있다. 강신회의 논의를 거쳐, 계원이 한 해 경작권을 얻게 되면 그 계원은 다음 해 경작권을 포기한다는 각서를 작성하여 미리 흥학계에 제출해야 한다. 계원 중 생활형편이 어려운 계원에게 경작권을 우선 부여하였으며, 매년 추천에 의해 다른 계원에게도 경작권이 고루 돌아가도록 했다. 유사는 원칙적으로 1년 이상 연임을 할 수 없도록 명시하고 있으며, 흥학계 전답에 관한 모든 사항, 이를테면 보수 및 관리는 해당연도 유사가 전적으로 책임을 지도록 하였다. 흥학계 소유의 전답은 가을 추수 후 일정한 소작료를 경작자에게서 거둬들여 계의 재정에 기여하였으며, 빈곤한 계원에게 우선 경작권을 주고 계원들이 돌아가며 경작하도록 함으로써 일정부분 지역사회의 복지 기능도 담당하였음을 알 수 있다.

절목(節目)은 계의 규약에 해당하는 것으로, 계원이라면 누구나 준수해야 할 규범으로 일정한 강제력과 구속력을 갖는다. 이를 어기거나 소홀히 할 시에는 조직 차원에서 해당자에게 응당한 처벌이 내려지게 된다. 흥학계의 곗돈에서 식리하는 이자 수입은 흥학계의 가장 중요한 수입원이었다. 만일 계원이 원금과 이자를 제때 갚지 않는다면 계 재정의 기반과 건전성이 무너질 뿐만 아니라 흥학계의 존립 자체가 위협받게 된다. 또한 계원 간에 신뢰가 무너지고 도덕적 해이와 무임승차 유혹은

점점 커질 수밖에 없게 된다. 흥학계 차원에서 이러한 부정행위를 사전에 방지하고 사후에 대응하기 위한 제도적 장치를 마련하고 있었다. 〈절목(節目)〉의 다음 5개 조항을 살펴보기로 한다.

〈節目〉
一. 稧錢收持之揚 若有未捧處 則共同協力强制執嚮 而更無言之意 用錢
人與保證人處捺印事
一. 稧員中 若有紛紜之端 則割名事
一. 若移去他村 則非稧員事
一. 修稧日字 以十月晦日 完定事
一. 講信日 酒米一斗外 更勿論事

위의 〈절목(節目)〉에 따르면, 만일 원금과 이자를 제때 납부하지 않으면 계원 모두가 합심 협력하여 원금과 이자의 납부를 강제적으로 관철시킬 것을 결의하고 있다. 또한 곗돈을 빌릴 때 (보통 가옥과 같은 저당물을 확보하고) 차용인과 보증인의 날인을 받아서 사후에 곗돈을 안전하게 되찾을 수 있는 장치를 마련하고 있었다. 분란의 단초가 있는 경우 해당 계원을 흥학계에서 강제 탈퇴시키도록 규정하고 있다. 분란의 단초에는 곗돈을 떼먹는 행위, 윤리적 문란 행위, 도덕적 일탈 행위, 공금 횡령 등이 포함된다. 계원이 다른 지역으로 이주하면 자동으로 계에서 탈퇴하도록 규정하고 있다. 강신회 비용은 술과 쌀 1말 외에는 어떠한 지출도 허용하지 않는다. 이는 사치 방지와 절약을 통해 흥학계의 재정 건전성을 높이려는 조치로 보인다. 강신 날짜를 매년 음력 10월 30일로 못 박아두었으나, 해당 연도 흥학계와 계원의 여건과 사정에 따라 10월 중하순경 중 하루를 정해 강신회를 개최하였다.

2) 계원의 구성 및 추입

흥학계 수계기가 처음 작성됐던 1929년 당시 계원의 정확한 숫자는 파악할 수 없다. 다만 1953년 수계기에 흥학계 재산을 계원들에게 배분했던 내역이 기재되어 있는데, 당시 계원 숫자는 29명이었다. 따라서 일제강점기 동안 계원 수는 20명대 후반에서 30명대 초반을 유지하였을 것으로 추정된다. 다음 〈표 5-5〉는 흥학계 운영 기간에 추입된 계원 수와 추입전·추입조 납부 내역이다. 일제강점기 동안 5명의 계원이 새롭게 흥학계에 가입하였고 추입전으로 50전과 추입조로 1섬2말5되5홉을 납부했음을 알 수 있다.

〈표 5-5〉 흥학계 계원 추입 내역 (1929년~1996년)

회계연도	추입 인원	추입전/추입조	비고
1933년	1명	50전	
1934년	1명	벼 85근	-1근(斤)은 약 600g에 해당함.[85] 1섬=200kg, 1섬=20말. -벼 85근은 2말5되5홉에 해당함.
1940년	3명	벼 1섬	-계원 각자의 납부 내역은 파악할 수 없음.
1953년	2명	벼 22말	-계원 각자 7말, 15말을 납부함.
1973년	1명	벼 7말	
합계	8명	벼 2섬11말5되5홉과 50전	

*출처: 「흥학계안(興學稧案)」(1929년~1996년)을 토대로 작성.

3) 임원 구성

흥학계 초창기에 임원은 유사 1명만 있었던 것으로 추정된다. 〈표

---

85) 디지털조선일보 (2019/04/11) 참조.

5-6〉에서 알 수 있듯, 1929년부터 해방까지 17년 동안 12명의 계원
이 유사직을 수행하였다. 이들 중 이봉환(李鳳煥)은 4회, 이근익(李根翊)
은 3회 연임하였다. 나머지 10명은 한 해만 유사직을 수행하였다. 유사
는 흥학계의 제반 실무를 담당하였다. 유사의 세부적인 역할은 곗돈과
계곡을 관리하고, 곗돈과 계곡의 출납 내역을 자세하게 기록하는 것이
었다. 매년 한 차례 소집·개최되던 강신회에서 회계결산 및 감사가 진
행되었는데, 강신회 뒤풀이에 쓰일 음식과 술을 장만하는 역할까지 수
행하는 등 여러 실무와 잡무를 담당하였다. 그리고 흥학계 소유 전답에
대한 보수·관리, 계원에게 소작권 부여 및 회수 등에 관한 책임도 맡
고 있었다. 유사에게 별도의 수당은 따로 지급되지 않았다.

〈표 5-6〉 흥학계 유사 명단 (1929년~1945년)

유사	유사직 횟수	기간
李鳳煥	4회	1929년 ~ 1932년
李根翊	3회	1933년 ~ 1935년 (추정)
韓季鳳	1회	1936년
李漢燁	1회	1937년
權春奉	1회	1938년
金萬東	1회	1939년
李根生	1회	1940년
李逢春	1회	1941년
李春根	1회	1942년
金東俊	1회	1943년
金炅甲	1회	1944년
河東九	1회	1945년

*출처: 「흥학계안(興學稧案)」(1929년~1996년)을 토대로 작성.

4) 수입 내역

초창기 흥학계는 여러 가지 방식으로 계의 재정을 안정적으로 확충하고자 노력했다. 앞서 언급하였듯, 장학계(1916~1927년)가 운용되던 1921년 수계기에는 점촌 마을에 위치한 아주 작은 규모의 콩밭을 구입한 내역이 기재되어 있다. 그리고 흥학계 수계기가 작성된 첫해인 1929년부터 줄곧 매년 수계기에 흥학계 소유 전답으로부터 소작료를 받았던 내역이 확인된다. 이 두 가지로 추측컨대, 1928년 즈음에 장학계 재산으로 논을 매입했으리라 추정된다. 다만 논 매입 시에 밭도 함께 매입했는지는 확실치 않다. 즉, 1929년 수계기에 나온 흥학계 소유의 밭이 1921년에 매입했던 점촌 마을에 위치한 그 콩밭인지 아니면 1928년에 밭을 추가 매입하였는지 알 수 없다.

흥학계의 주요 수입원은 계원의 갹출, 이자 수입, 계 소유 전답으로부터 나오는 소작료이었다. 일제강점기에는 1933년, 1934년, 1940년 등 세 차례 5명의 계원이 새로 추입되면서 50전과 벼 1섬2말5되5홉을 거둬들였다. 계곡과 계금을 계원, 비계원 혹은 이웃마을 주민들에게 빌려주고 받던 이자의 이율이 4리, 2리, 2.5리, 3리 등으로 일정치 않았는데, 아마도 매년 강신회에서 다음 해 이자율을 결정하였던 것으로 보인다.

제3장 중평 동계에서 이미 논의하였듯, 중평 마을공동체에서 전승되어온 특이한 전통은 계에서 곗돈이나 곡식을 대여할 때 '가옥전집서(家屋典執書)'를 작성한다는 점이다. 이러한 전통은 중평 마을공동체에서 꽤 오랫동안 이어져왔고, 흥학계에서도 이를 그대로 답습하고 있었다. 가옥전집서라는 제도적 장치를 통해 곗돈이나 곡식을 빌린 사람에게는 갚아야 할 책무를 강화시키며 도덕적 해이를 미연에 방지하기 위함이

었다. 또한 원금이나 원곡, 그리고 이자를 제때 갚지 못하거나 마을을 몰래 떠난 경우에는 계 차원에서 가옥을 팔아 재정 손실을 막기 위한 안전장치로서 역할도 하였다. 1941년 흥학계 수계기에 '家屋放賣代金'(25냥)이 기재돼 있는 것을 봐서, 저당 잡힌 가옥이 실제로 방매되는 경우도 있었던 듯하다.

「조본조합계(租本組合稧)」(1937년)는 흥학계 관련 문서 묶음으로 추정된다. 〈부록 표 5-3〉에서 1941년 흥학계 수계기에 李○○이 흥학계에서 벼 12말을 대여하고 가옥을 전당잡힌 내역이 기재돼 있다. 이 역시 〈표 5-7〉에서도 확인된다. 「조본조합계(租本組合稧)」(1937년) 겉표지에는 '丁丑 十月 十七日'로 쓰여 있다. 흥학계에서 계곡 대여, 가옥 전당 등 제반 서류들을 1937년(정축) 음력 10월 17일에 「조본조합계(租本組合稧)」(1937년) 표지를 입히고 서류들을 묶기 시작한 것으로 보인다.

〈표 5-7〉「조본조합계(租本組合稧)」(1937년) 대출 내역

계원	정조(正租)	비고	계원	정조(正租)	비고
李○○	拾五斗		全○○	拾斗	
李○○	拾五斗		全○○	拾五斗	
鄭○○	拾斗		李○○	拾斗	
李○○	拾斗		金○○	拾五斗	
宋○○	拾斗		韓○○	拾五斗	
河○○	拾斗		全○○	拾斗	
金○○	拾五斗		吳○○	拾斗	
李○○	拾斗		李○○	拾貳斗	
具○○	拾斗		李○○	拾貳斗	
權○○	拾五斗		全○○	拾斗	
李○○	拾貳斗		李○○	拾斗	
朴○○	拾貳斗		安○○	拾貳斗	

계원	정조(正租)	비고	계원	정조(正租)	비고
全○○ 拾斗			金○○	拾斗	丙戌年 記事. 金○○ 条는 六斗 蕩減 ㅎ고 四斗 收入 ㅎ야 李○○ 의게 殖利홈
金○○	五斗		金○○	六斗	
李○○	五斗	上記 殖利租를 劉○○ 의게 利殖	李○○	▲斗	
安○○	拾斗		●●●	五斗	
李○○	拾五斗		劉○○	五斗	
李○○	拾斗				
최소 35명, 최소 18석 6두					

*출처: 「조본조합계(租本組合稧)」(1937년)를 토대로 작성.

「조본조합계(租本組合稧)」(1937년)에는 흥학계 계곡의 대출 내역과 함께 33건의 가옥전집서(家屋典執書)가 묶여 있다. 다음 〈표 5-8〉에서 보는 바와 같이, 가옥전집서는 1927년에 9건, 1942년에 19건으로 이 두 해에 집중되어 있음을 알 수 있다. 나머지 1938년과 1940년에는 각각 2건, 1957년에는 1건의 가옥전집서가 포함되어 있다.

〈표 5-8〉 '가옥전집서(家屋典執書)' 작성 시기 및 건수

작성 시기	작성 건수
1927년 (음) 10월 20일	9
1938년 (음) 12월 8일	2
1940년 (음) 12월 20일	2
1942년 (음) 1월 4일	19
1957년 (음) 10월 29일	1
합계	33

*출처: 「조본조합계(租本組合稧)」(1937년)를 토대로 작성.

다음 〈표 5-9〉와 〈표 5-10〉은 1940년과 1942년에 홍학계에서 작성한 '가옥전집서(家屋典執書)' 예시를 보여준다. 매년 음력 10월 20일까지 곡식과 이자를 모두 갚도록 한 것은 이즈음에 홍학계 강신회가 개최되어 한 해 회계결산과 감사가 이뤄졌기 때문이다. 1940년 대출에서는 이자율이 4리인 반면, 1942년 대출은 3리로 다를 뿐이지 서류 양식은 대동소이한 것을 알 수 있다.

〈표 5-9〉 '가옥전집서(家屋典執書)' 예시 1 (1940년)

家舍典執證書

一. 良糧拾斗也
右租에 對ᄒ야 △△△番 體舍 三間 行廊 二間을 典執ᄒ고 借用인바 每年 年四利로 爲定ᄒ고 期限은 每年 十月 二十日 爲定ᄒ야 報償이되 若違期則 某物이라도 執行ᄒ여도 無異議爲ᄒ야 左에 署名捺印홈

昭和 拾五年 十二月 二十日
鎭安郡 聖壽面 道通里
典執人 ○○○
證 人 ○○○
組合 御中

*출처: 「조본조합계(租本組合稧)」(1937년).

〈표 5-10〉 '가옥전집서(家屋典執書)' 예시 2 (1942년)

家屋典執書

一. 良租拾貳斗也
右租에 對하야 △△△番地의 所在한 體舍 二間과 行廊 三間을 典執하고 借用인바 每年 年三利로 爲定하고 期限은 每年 拾月 貳拾日로 完定하야 報償이되 若違期則 右擔負物을 貴組合의셔 隨時 放賣하여도 拙者난 無異議하기로 左에 署名捺印홈

昭和 拾七年 壹月 四日
鎭安郡 聖壽面 道通里
典執人 ○○○
證 人 ○○○
養學組合 御中

*출처: 「조본조합계(租本組合稧)」(1937년).

5) 활동 내역

흥학계에서는 마을 내에 자체적으로 서당 건물을 소유하고 있었다. 앞서 〈표 5-4〉에서 언급하였듯, 서당 건물은 장학계 시기(1916~1927년)에 세워졌던 것으로 추정된다. 흥학계의 활동 초기까지도 서당 건물을 지속적으로 보수 및 관리하였다. 이는 〈표 5-11〉에서 보듯, 흥학계의 활동 기간(1929~1934년) 수계기에 서당 건물을 꾸준히 보수·관리했던 내역에서 확인된다. 이 기간에 서당 건물의 보수 및 관리 비용은 벼 4섬4말9되였다. 하지만 1934년 이후 흥학계 수계기에 서당 건물의 보수 및 관리에 관한 비용은 전혀 언급되지 않고 있다. 당시 여러 정황으로 보아 일제 당국의 강압으로 서당 건물이 철폐되었을 개연성이 높다. 마을 어르신들의 증언[86]에 따르면, 서당 건물이 없어지면서 훈장 선생은 흥학계 계원의 집을 번갈아 기거하면서 학동들을 가르쳤다고 한다. 흥학계 수계기의 기록에서도 이러한 사실은 확인된다. 훈장 선생의 급여는 1934년 이후에도 계속 기재돼 있으나 서당 건물의 보수 및 관리 내역이 더는 언급되지 않기 때문이다.

〈표 5-11〉 서당 보수 및 관리 내역

회계연도	항목	지출 내역(租)	비고
1929년	房火木雇價[87]	10말	
1930년	房木價	20말	
	盖草價	8말	
	草席價	7말	
1931년	房火木價	13말	
	盖屋費	7말5되	

---

86) 2019년 1월 22일 마을회관에서 여러 어르신의 증언.

87) '방화목고가(房火木雇價)'는 서당 난방을 위한 땔감을 채취하는 데 든 품삯을 말한다.

회계연도	항목	지출 내역(租)	비고
1932년	盖屋費[88]	8말	
1933년	盖屋費	8말4되	
1934년	盖屋價	50근	−1근(斤)은 약 600g에 해당함.[89] 1섬 =200kg, 1섬=20말, 1말=10kg. 따라 서 벼 50근은 3말에 해당함.
합계		4섬4말9되	

*출처: 「흥학계안(興學稧案)」(1929년~1996년)을 토대로 작성.

　흥학계는 자체 재원으로 교육 지원 및 공동체 관련 다양한 활동과 사업을 수행하였다. 무엇보다도 흥학계의 설립 취지에 어긋나지 않도록 대부분의 재원은 학동의 교육 지원을 위해 지출되었다. 마을 내 한학에 능통한 분이 없으면 외지에서 훈장 선생을 모셔오기도 하였다. 훈장 선생은 서당에 상주 혹은 임시 거주하면서 아이들을 가르쳤고 선생에게는 매년 일정한 급여를 지급하였다.

　일제강점기 동안 서당 훈장에게 일정한 급여를 지급하였던 사실을 흥학계 수계기에서 여러 차례 확인할 수 있다. 하지만 〈표 5-12〉에서 보듯, 1937년, 1938년, 1940~1944년에는 서당 선생에게 급여가 지급되지 않았다. 이 시기는 1937년 7월 7일 노구교(盧溝橋) 사건으로 중일전쟁이 발발하였고, 1941년 12월 7일 일제의 진주만 기습으로 태평양전쟁 중이었다. 일제는 한반도 전체를 전시동원 체제로 전환하였고, 한반도가 일제의 전쟁 수행에 필요한 인적·물적 자원을 제공하는 병참기지화되면서 당시 한국인들은 심한 수탈을 당해야만 했다. 이러한 시대적 상황에서 중평 마을공동체는 서당 훈장을 초빙할 만한 재정적 여

---

88) 회계결산 기록에는 '盖屋比'로 기재되어 있다.

89) 디지털조선일보 (2019/04/11) 참조.

력이 없었던 것으로 보인다. 일제에 의한 지속적이고 강압적인 민족말
살정책의 추진으로 서당의 존립기반 또한 크게 약화될 수밖에 없었던
듯하다.

〈표 5-12〉에서 보듯, 훈장 선생의 급료는 벼 2섬(1932년)에서 5섬
(1933년)으로 다소 큰 편차를 보인다. 선생 급료 수준은 고정되어 있지
않고 매년 선생과의 상의 끝에 책정되었을 것으로 추측된다. 아마도 흥
학계의 재정 상황, 선생의 수준 및 명망, 학동 수 등을 고려하여 선생학
료(先生學料)가 매년 달리 책정되었던 듯하다.

〈표 5-12〉 서당 훈장 급여 지급 내역

회계연도	항목	급여 내역(租)	비고
1929년	先生學料	3섬10말	
1930년	先生學料	4섬	
1931년	先生學料	2섬	
	先生粮米	10말	
1932년	先生學料	2섬	
1933년	先生學料	5섬	
1934년	先生學料	816근	-1근(斤)은 약 600g에 해당함.[90] 1섬 =200kg, 1섬=20말, 1말=10kg. 벼 816 근은 약 2섬9되에 해당함.
1935년	先生學料	4섬	
1936년	先生學料	3섬	
1939년	先生學料	3섬	
1945년	先生學料	3섬10말	
1946년	先生學料	2섬16말5되	
1947년	書堂學料	3섬10말	
1948년	書堂學料	2섬13말2되	

90) 디지털조선일보 (2019/04/11) 참조.

회계연도	항목	급여 내역(租)	비고
1949년	書堂學料	6입(叺)	−1입(叺)은 '한 가마니'로 10말에 해당함. 1섬 =2입, 1섬=20말. 벼 6입은 3섬에 해당함.
1951년	書堂學料	2섬	
합계		46섬10말6되	

*출처: 「흥학계안(興學稧案)」(1929년~1996년)을 토대로 작성.

흥학계 차원에서 학령기에 있는 계원 자녀들을 위한 교육 지원 명목
으로 매년 벼나 돈을 지원하였다. 때로는 마을 비계원의 자녀들에게도
일부 지원했던 것으로 추정되나 흥학계 수계기에서 이를 직접 확인할
수는 없다. 〈표 5-13〉에서 보듯, 1935년부터 1945년까지 학동 교육
지원 명목으로 벼 7섬16말9되와 돈 305원10전이 지출되었다. 학동 1
명당 지원 규모는 1943년 지출 내역에서 유추해볼 수 있는데, 당시 14
명의 학동 각자에게 5원씩 지원하였다. 해마다 이 정도 규모로 벼나 돈
을 학동들에게 지원했던 것으로 보인다.

〈표 5-13〉 일제강점기 학동 지원 내역

회계연도	항목	지원 내역		비고
		벼	전	
1935년	學童 紙筆價	4말		
1936년	學生 紙筆價	6말		
	漢文學童 紙筆價		2원10전	
1937년	學生 紙筆價	1섬17말		
1938년	學生 紙筆代		21원	
1939년	生徒 紙筆代	1섬		
1940년	學生 紙筆代	2섬19말9되		
1941년	學生 紙筆代		88원50전	
1942년	學生 紙筆代		53원	

회계연도	항목	지원 내역		비고
		벼	전	
1943년	學生 紙筆代 (13인)		66원	−학생당 약 5원씩 배분함.
	李○○ 紙筆代		5원	
1944년	學生 紙筆代		69원50전	
1945년	學校 生徒 紙筆代	1섬10말		
합계		7섬16말9되	305원10전	

*출처: 「흥학계안(興學稧案)」(1929년~1996년)을 토대로 작성.

흥학계에서는 계 소유 전답의 소작료를 곡식 대신 돈으로 대신 받기도 하였고, 곡식을 방매하여 돈으로 환전하기도 하였다. 당시 상황과 시세 변동에 따른 차익을 노려 방매(放賣)하였던 것이다. 〈표 5−14〉에서 보듯, 일제강점기에 최소 6차례 벼를 방매하여 시세 차익을 얻었다. 당시 벼 1말당 시중가격은 65전(1938년)에서 1원30전(1944년)이었다. 한편, 1936년에는 계 소유 전답의 소작료를 밭에서는 콩 2말, 논에서는 벼 15말 대신 금전으로 거둬들였다. 당시 콩 1말당 가격은 65전, 벼 1말당 가격은 55전으로 책정했음을 알 수 있다.

〈표 5−14〉 일제강점기 방매(放賣) · 집전(執錢) 내역

회계연도	항목	곡식(벼/콩)	금전	비고
1936년	太 二斗價(전세)	콩 2말	1원30전	−콩 1말당 65전
	租 十五斗價 (답세)	벼 15말	8원25전	−벼 1말당 55전
1938년	販賣執錢	벼 4섬2말	53원30전	−벼 1말당 65전
1941년	放賣	벼 3섬11말	71원	−벼 1말당 1원
1942년	放賣	벼 2섬8말5되	53원35전	−벼 1말당 1원10전
1943년	放賣代金	벼 4섬3말	104원50전	−벼 1말당 약 1원26전
1944년	放賣	벼 3섬10말	91원	−벼 1말당 1원30전
	放賣	벼 10말	9원35전	−벼 1말당 93전5푼
합계		콩 2말, 벼 18섬 19말5되	392원5전	

*출처: 「흥학계안(興學稧案)」(1929년~1996년)을 토대로 작성.

흥학계에서는 유사가 책임지고 계 소유의 전답을 보수·관리하였다. 흥학계 수계기에 따르면, '防川費'(벼 7말, 1932년), '柯南坪 所在畓 水害處 復舊費'(벼 6말, 1942년), '■當畓 水利料'(23원70전, 1944년) 등이 기재되어 있는 것으로 봐서, 계 소유의 전답에 대한 보수·관리가 꾸준하게 이뤄졌음이 확인된다. 또한 흥학계 수계기에는 '烟草價'(30전, 1938년), '煙草代'(75전, 1943년) 등의 내역이 있는데, 이는 흥학계에서 담배를 구입하여 마을 어른 혹은 훈장 선생에게 드렸음을 알 수 있다. 1937년과 1938년 두 차례 세찬대(歲饌代) 명목으로 설날 즈음에 계원 모두에게 벼나 금전을 균등하게 배분하였다. 흥학계에서 1937년에는 세찬대로 벼 1섬5말8되를, 1938년에는 16원80전을 균등하게 계원들에게 배분하였다.

한편, 중평 동계와 역구실 송계에서도 마을 자녀들에 대한 교육 지원을 적극 시행하였다. 제3장의 〈표 3-10〉에서 보았듯, 중평 동계와 역구실 송계의 재원에서 종이, 붓, 벼루와 같은 학용품을 마을 학동들에게 지원하였다.

제2절
해방 이후

1. 강신회

해방 이후에도 매년 1회 강신회 개최 원칙은 꾸준하게 지켜져 왔다. 매년 가을걷이가 끝나면 유사가 흥학계 계원을 소집하여 강신회를 개최하였다. 개최 당일 이른 오전에 계원들이 모여 회계결산 및 감사, 선생 급료, 학동 교육 지원 규모 등 흥학계 관련 다양한 현안들이 논의되고 결정되었다. 강신회 종료 후에는 모든 계원이 둘러앉아 유사가 마련한 음식과 술을 나눠 먹으면서 한 해 동안 노고를 치하하고 흥겨운 시간을 가졌다. 1987년 1월 17일 강신회 이후로 더는 강신회 비용이 기재되어 있지 않다. 계원의 자녀들이 성장하면서 흥학계의 활동은 크게 위축된 것으로 보여진다. 1988년부터 1991년까지는 강신회를 개최하지 않고 단지 수계기만 작성하였던 것으로 보인다. 하지만 1992년부터 흥학계가 공식적으로 해체된 1996년까지 수계기조차 작성되지 않았다.

해방 이후 강신회 비용은 일정치 않으나, 대체로 벼 11말6되(1947년)

에서 16말5되(1946년) 정도였다. 그러다가 1952년부터 1979년까지 28년 동안 강신회 비용이 벼 10말로 고정되었고, 추가 지출은 일절 허용되지 않았다. 1980년부터 1983년까지는 강신회 비용을 흥학계 소유 전답의 소작료로만 충당하였다. 1984년부터 1987년까지 강신회 비용은 계 소유 밭의 소작료로 충당하고 계 소유 논의 소작료 대부분은 세찬조(歲饌條)로 설날 즈음에 계원들에게 분배하였다.

〈사진 5-5〉 흥학계 수계기 (1945년 12월 8일과 1946년 11월 6일 강신회)

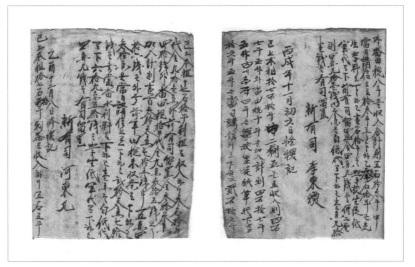

*출처: 「흥학계안(興學楔案)」(1929년~1996년).

해방 이후 흥학계는 두 차례 계원들 간의 굳은 약속인 결의문을 작성하였다. 먼저 〈표 5-15〉에서 보듯, 1975년 1월 11일 강신회에서 벼 1말당 쌀 4되를 이자로 거둬들이기로 결의하였다. 하지만 1975년 이후 작성된 수계기에는 이자는 여전히 2리로 책정·기록되어 있어서 결의문이 실제로 집행되었는지는 의구심이 든다.

<표 5–15> 계서약서(稧誓約書) (1975년)

〈稧誓約書〉

本興學稧에 對하여 稧中에서 借用한 正租는 西紀一九七五年 秋季總會時 還米로 計算(斗當 白米로 四升)키로 이를 준수키로 하고 左에 連名捺印함.

一九七五年 一月 十一日

*출처: 「흥학계안(興學稧案)」(1929년~1996년)을 토대로 작성.

흥학계 수계기는 1929년부터 1991년까지 줄곧 작성되었고, 강신회는 1929년부터 1987년까지 매년 소집·개최되었다. 이로써 오랜 기간 강신회에서 회계결산과 감사가 이뤄지고 다양한 현안들이 함께 논의되고 결정되었음을 알 수 있다. 1991년 수계기에는 '중평지구 경지정리사업'에 관한 2개의 영수증만이 첨부되어 있다. 이병열 외 1인 공동 명의로 된 '진안군 성수면 도통리 963번지 논 237평'이 경지정리작업으로 3,058,300원에 팔리게 되었다. 흥학계 소유였던 논이 팔리면서 1996년 흥학계는 공식 해체되었다. 다른 영수증에는 '중평새마을회' 명의로 된 '도통리 932–6번지 논 76평'에 대한 경지정리작업으로 984,240원에 팔렸다. 하지만 도통리 932–6번지 논은 흥학계와 무관해 보이며 중평 마을 재산으로 파악된다.

두 번째 결의문은 <표 5–16>에서 보듯, 1996년 3월 8일 흥학계 마지막 강신회에서 채택되었다. 흥학계 소유 논의 매각에 따른 계의 해체는 당일 계원 15명이 모여 의결한 사항을 통해서도 확인된다. 당일 흥학계 강신회에서 임시의장으로 선출된 이병열은 경지정리작업에 따른 흥학계 소유 논의 매각대금에 대한 활용방안을 회의 안건으로 상정하였다. 이에 하○○의 제안과 참석자 전원의 만장일치로 마을 공동기금에 전액 기부키로 결의하면서 흥학계는 공식적으로 해체되기에 이른다.

〈표 5-16〉 흥학계 계원 결의 (1996년)

〈흥학계 계원 결의〉

임시의장 이병열씨를 선출하여 서당 전답에 대한 제의를 하여 하ㅇㅇ씨로부터 마을돈으로 하였으면 좋겠다는 말씀에 회의 참석자 전원이 만장일치 박수로 가결짓기로 함.

一. 답 매각대금은 3,058,300원

一. 하ㅇㅇ씨 전세액은 20,000원

一. 1996년부터 도조는 백미 2말로 결정함

참석자 명단: 이ㅇㅇ, 이ㅇㅇ, 안ㅇㅇ, 전ㅇㅇ, 김ㅇㅇ, 권ㅇㅇ, 전ㅇㅇ, 하ㅇㅇ, 성ㅇㅇ, 김ㅇㅇ, 최ㅇㅇ, 최ㅇㅇ, 김ㅇㅇ, 전ㅇㅇ, 김ㅇㅇ. (이상 15명)

*출처: 「흥학계안(興學稧案)」(1929년~1996년)을 토대로 작성.

2. 계원의 추입 및 임원의 구성

해방 이후에는 모두 두 차례, 즉 1953년과 1973년에 계원이 새롭게 추입되었다. 〈표 5-5〉에서 보듯, 1953년에 2명, 1973년에 1명으로 총 3명이 흥학계에 새롭게 추입되었으며, 추입조로 벼 2섬9말을 납부하였다. 하지만 1970년대 산업화와 도시화가 본격적으로 진행되면서 많은 젊은이가 마을을 떠나 도시에 정착하면서 흥학계의 존재감과 활동은 큰 타격을 받을 수밖에 없었다. 이는 흥학계의 역할과 기능 변화에도 심대한 영향을 끼쳤다. 해방 이후 처음 한동안은 흥학계가 학동 교육의 지원 역할을 주로 담당하였다. 학동들이 성장하여 타지로 떠나고 마을에 아이들 숫자가 적어지면서 흥학계는 학동 교육의 지원 역할보다는 계원 간의 친목 및 상호부조 역할로 전환하였다. 이는 흥학계 수계기에 강신 비용, 세찬 비용 등 지출 항목을 통해서 확인된다.

해방 이후 흥학계 임원은 유사 1명이었으며, 유사가 계와 관련된 모든 실무, 이를테면 계 소유 전답의 보수·관리, 경작인 선임, 계금 및 계곡 관리, 이자 징수, 소작료 징수, 수계기 작성 등 여러 업무를 담당하였다. 유사직 임기는 1년을 원칙으로 하고 있었지만, 2년 이상 유사직을 수행하는 경우도 간혹 있었다. 〈표 5-17〉에서 보듯, 1945년부터 1996년 동안 8명이 유사직을 2년 이상 수행하였다. 특히 이교동(李交童)은 11년, 하재룡(河在龍)은 15년 동안 유사직을 수행하였다. 그 외에도 송종환(宋鍾煥)은 4년, 하재덕(河在德)은 3년 동안 유사직을 맡았다. 이렇게 몇몇 계원이 오랫동안 유사직을 맡게 된 주된 요인은 무보수 명예직이기 때문으로 보인다(이주형, 2007: 32). 물론 예외적인 경우도 있었다. 해방 이후 유사에게 두 차례 보수가 지급되었는데, 1972년 흥학계 수계기에 '有司 致賀租'로 벼 4말8되가 기재돼 있다. 1984년 수계기에는 '有司 報酬料'로 흥학계 소유 밭의 그해 소작료를 지급한 것으로 기재돼 있다.

〈표 5-17〉 흥학계 유사 명단 (1945년~1996년)

유사	유사직 횟수	기간
河東九	2회	1945년, 1948년
李東煥	1회	1946년
李交童	11회	1947년, 1952년~1959년, 1964년, 1969년
河在德	3회	1949년~1951년
李正哲	2회	1960년~1961년
李鳳煥	2회	1962년(추정)~1963년
權成奉	2회	1965년, 1978년
安聖遠	1회	1966년
宋鍾煥	4회	1967년, 1970년, 1979년~1980년
李明善	1회	1968년
安導遠	1회	1971년
金會柱	1회	1972년
李俊寧	1회	1973년

유사	유사직 횟수	기간
河正基	1회	1974년
金洙童	1회	1975년
金鳳烈	1회	1976년
權基化	1회	1977년
河在龍	15회	1981년~1982년, 1983년(추정), 1984년~1993년, 1994년~1995년(추정)
李炳烈	1회	1996년, 흥학계 해체 관련 임시총회 의장

*출처: 「흥학계안(興學楔案)」(1929년~1996년)을 토대로 작성.

3. 수입 내역

해방 이후에도 흥학계는 유사의 책임 아래 착실하게 재정 수입을 확보하는 한편 지출에 대해서는 철저하게 관리·통제하였다. 흥학계의 주요 수입원은 계원으로부터 곡식 갹출, 이자 수입, 계 소유 전답의 소작료 등이었다. 계원들에게서 갹출한 곡식은 계원, 비계원 혹은 이웃마을 주민들에게 빌려주고 강신회 개최에 즈음하여 원곡과 함께 이자를 거둬들였다. 해방 이후 1947년, 1948년과 1949년[91]을 제외하고는 이자율이 2리로 책정되었다. 그 외에 신입계원의 추입조도 있었으나 재정에 크게 기여하지는 않았다. 1989년 흥학계 수계기에 '귀목賣渡代金' 수입 항목에 8만 원이 기재되어 있으나, 무엇을 의미하는지 정확히 알 수 없다.

중평 마을공동체에서는 동계, 송계, 서당계 등에서 계의 공곡(公穀)을 빌릴 때 자신의 가옥을 담보로 하는 특기(特記)할 만한 전통이 있었다. 해방 이후 1964년과 1978년 두 차례 작성된 현재가옥관리부(現在家屋

---

91) 1947년에는 이자율이 4리, 1948과 1949년에는 3리였다.

管理簿)는 가옥전집서(家屋典執書)의 전통을 그대로 이어받은 것이다. 먼저 「현재가옥관리부(現在家屋管理簿)」(1964년)의 표지에는 '甲辰 月 日'로 쓰여 있는데, 1964년(갑진)부터 곡식 대여자와 그 내역을 기재하고 있다. 〈표 5-18〉에서 보듯, 곡식을 빌린 사람은 총 34명이며, (실명을 거론할 수 없지만) 李○○은 3회에 걸쳐 벼 27말을 대출받았다. 대개 대출받은 곡식의 규모는 1말에서 15말까지 아우른다. 강신회에서 계원의 결의로 일부 대여자에게는 빚 일부를 탕감해주기도 하였다.

〈표 5-18〉 「현재가옥관리부(現在家屋管理簿)」(1964년) 대출 내역

계원	정조(正租)	비고	계원	정조(正租)	비고
李○○	拾五斗		全○○	拾五斗	
李○○	拾五斗		李○○	拾斗	
徐○○	拾斗		韓○○	拾五斗	
李○○	拾斗		金○○	拾五斗	
李○○	拾斗	辛亥 十月 二十五日 稧員으로 決議로 五斗 蕩減함	金○○	拾斗	
河○○	拾斗		全○○	拾斗	
金○○	拾五斗		李○○	拾二斗	
李○○	拾斗		李○○	拾斗	
吳○○	拾斗		李○○	拾二斗	白米 六斗四升
權○○	拾斗		李○○	拾斗	
金○○	六斗		安○○	拾二斗	
安○○	五斗	辛亥 十月 二十五日 全收	劉○○	五斗	辛亥 十月 二十五日 全收入
朴○○	拾二斗		李○○	五斗	丁未年 全收
全○○	拾斗		宋○○	壹斗	丁未年 殖利. 庚戌年 破屋으로 五升 減
金○○	五斗		壬子年 有司	壹拾斗	新有司 金會柱에게 委任 殖利함
安○○	拾斗		金○○	拾斗	殖利條

계원	정조(正租)	비고	계원	정조(正租)	비고
李○○	拾五斗		計 參拾貳叺九斗五升[92]		
李○○	拾斗		金○○	七斗	
仝○○	拾斗		以上 總計 參拾參叺六斗五升		

*출처: 「현재가옥관리부(現在家屋管理簿)」(1964년)를 토대로 작성.

「현재가옥관리부(現在家屋管理簿)」(1978년)의 표지에는 '戊午 至月
二十一日'로 쓰여 있다. 무오년은 1978년을, 지월(至月)은 동짓달인 음
력 11월을 말한다.[93] 〈표 5-19〉에서 보듯, 「현재가옥관리부(現在家屋管
理簿)」(1978년)에는 1978년부터 흥학계 공곡에서 곡식을 빌린 사람의 명
단과 함께 그 내역이 실려 있다. 대여자는 총 31명이며, 李○○은 2회
에 걸쳐 벼 22말을 대출받았음을 알 수 있다. 대개 대출받은 곡식의 규
모는 5되에서 15말까지 널리 분포되어 있지만, 주로 10말이나 15말 정
도를 가장 많이 대출받았다.

〈표 5-19〉「현재가옥관리부(現在家屋管理簿)」(1978년) 대출 내역

계원	정조(正租)	계원	정조(正租)
李○○	拾五斗	仝○○	拾斗
李○○	拾五斗	金○○	拾五斗
徐○○	拾斗	李○○	拾斗
李○○	拾斗	韓○○	拾五斗
河○○	拾斗	金○○	拾五斗
金○○	拾五斗	金○○	拾斗
李○○	拾斗	李○○	拾斗

92) 「현재가옥관리부(現在家屋管理簿)」(1964년)의 대출곡 자료를 활용하여 계산하니 총
35가마니9말5되로, 32가마니9말5되와는 다소 차이가 있다.

93) 지월(至月)은 동짓달을 일컬으며, '남지(南至)'라고도 한다. 출처: 민속백과사전. 지월
(至月). (http://folkency.nfm.go.kr/kr/topic/detail/4935) (2020/05/25 자료 접근).

계원	정조(正租)	계원	정조(正租)
吳○○	拾斗	李○○	拾貳斗
權○○	拾五斗	李○○	拾斗
金○○	六斗	徐○○	拾貳斗
朴○○	拾貳斗	李○○	拾斗
全○○	拾斗	安○○	拾貳斗
金○○	五斗	金○○	拾斗
安○○	拾斗	金○○	七斗
李○○	拾五斗	宋○○	五升
李○○	拾斗	李○○	五斗
以上 合計 參拾參叺六斗五升[94]			

*출처: 「현재가옥관리부(現在家屋管理簿)」(1978년)를 토대로 작성.

4. 활동 내역

흥학계의 재정 수입원이 계원으로부터 갹출, 이자 수입, 전답 소작료 등에 한정되어 있던 것과 마찬가지로, 지출 항목 또한 일정하게 정해져 있었다. 서당 훈장 급여는 해방 이후에 다시 지급되었는데, 이는 해방 이후 중평 마을공동체에서 서당 교육이 본격적으로 재개되었음을 시사 한다. 하지만 한국전쟁이 발발한 해인 1950년에는 지급이 중단되었고, 1951년에 벼 2섬을 마지막으로 훈장 급여 지급 내역이 더는 보이지 않는다. 이것은 한국전쟁의 영향뿐만 아니라 전후 학교를 통한 공교육이 본격적으로 이뤄지면서 서당 교육의 수요가 급감하였기 때문이기도 하다. 1950년대 이후부터 학령기 아동을 대상으로 한 보통교육이 본격적 으로 실시되면서 서당 교육 기능이 상당히 유명무실하게 되었던 것으

---

94) 「현재가옥관리부(現在家屋管理簿)」(1978년)의 대출곡 자료를 활용하여 계산하니 총 34가마니1말5되로, 33가마니6말5되와는 다소 차이가 있다.

로 파악된다. 1948년 「헌법」과 1949년 「교육법」에 따라 우리나라에서
초등 보통교육이 6년간 의무교육으로 제도화되었으며, 6·25 전쟁 이
후 실질적으로 정착되었다. 무엇보다도 '의무교육완성 6개년계획(1954
~1959)'이 시행되면서 초등 보통교육이 전국적으로 크게 확산되었다(김
종철, 1995).

앞서 〈표 5-12〉에서 살펴보았듯, 6·25 전쟁이 발발한 1950년을
제외하고서 1945년부터 1951년까지 매년 서당 훈장의 급여가 지급되
었음을 알 수 있다. '선생학료(先生學料)', '서당학료(書堂學料)' 명목으로
벼 2섬(1951년)에서 벼 3섬10말(1945년, 1947년)이 훈장 선생에게 지급
되었다. 급여 수준은 그해 작황, 선생의 학문 수준 및 명망 등 여러 상
황을 고려하여 결정되었던 것으로 보인다. 훈장 선생은 마을 내 한학에
능통한 분이 맡거나 외지에서 초빙하였다. 마을 어르신들의 증언에 따
르면, 훈장 선생 이존술(李存述)[95]은 중평 마을 출신이고, 김용환은 임실
군 신평면 대리 마을 출신이라고 한다.

중평 마을공동체에서 서당계가 어떻게 운영되었는지에 대해 마을의
최고령이신 전병선 어르신의 증언을 들어보자.[96]

전병선: 예전에는 부모가 일 년에 하루 벌더라도 자녀들 교육문제에(는) 열
렬했다. 서당계는 지금 우리나라도 마찬가지지만 자녀들 교육문제에 죽기
살기로 가르치는 것이 목적이었다. 당시에 (서당계) 조직을 만들어서 서당
(훈장) 선생을 모셨다. 그게 화폐 단위가 냥[兩]으로 할 때이다. 이 동네가
시골치고는 작은 동네가 아니다. 서당계를 운영하려면 재정이 있어야 운영

---

95) 이존술(李存述)은 이병열 어르신의 조부이다. 2022년 5월 18일 마을 회관에서 여러
   어르신의 증언.
96) 2019년 1월 22일 마을회관에서 전병선 어르신의 증언.

이 되고, 어떻게 관리를 했냐면 벼 나락으로 했다. 한 집에 한 말 두 말 달라(고)하면 오십호라 하면 다섯 가마니(를) 가지고 시작을 했다고 보면 이해가 된다. (훈장) 선생님 보수를 줘야 했는데 그때는 쌀 세 가마니 밖에 안 줘서 일식이 안되는 수준이었다. 선생님이 나락 두 가마니, 세 가마니(를) 받으면 그 한 해 동안 (마을 학부모들이) 돌아가면서 먹여줬다. 학생들이 돌아가면서 '선생님 식사하러 가십시다.' 하면서 선생님(을) 모시고 가고 이렇게 해서 (집마다) 돌아가면서 식사를 대접했다. 그렇게 선생님한테는 (연 급여로) 드리는 게 두세 가마니 정도였다. 재산이 늘어나는 것이 어려운 때라 전부 초가집이었다. 그렇다 보니 빚이 많이 생기면 나 살기 위해서 동네를 떠나버리면 돌려받을 수가 없었다. 그래서 계원이 오십 명이면 의무적으로 빚을 먹게끔 해놨다. 계원별로 가구당 한 가마니씩 빚을 받으면, 이자는 한 말씩 했다. 그럼 이 빚은 어떻게 받는가 하면, 집을 팔고 이사를 가게 되면 한 가마니를 (마을에) 채우고 가게 한다. 이렇게 해서 보존이 되게 하였다.

전병선: 서당을 운영할 때는 필묵을 사서 공부를 잘하라고 (학생들에게) 선물을 주었었다. 해방 이후에는 초등학생들이 80명이 넘었다. 학교 입학생이 생기면 학습 도구를 다 주었다. 나도 해방 이후에 서당계에서 필묵도 한번 잡아보고, 초등학교 2학년 때 해방이 되었는데, 1학년 때 귀한 연필, 학습장을 받았다.

〈표 5-20〉에서 해방 이후 중평 마을공동체의 학령기 아동수를 추정해 보면, 적게는 1966년 60명에서 많게는 1977년 91명의 자녀들이 흥학계로부터 교육비 지원을 받았던 것으로 나타난다. 해방 이후 한동안 중평과 점촌에는 많은 아이가 태어나 자랐고 학교에 다녔다는 것을 알 수 있다. 하지만 현재 중평과 점촌에서 어린이는 찾아볼 수 없고 주민

대다수는 고령층으로 구성되어 마을공동체의 존립 자체가 실질적으로 위협받고 있는 실정이다.

<표 5-20> 해방 이후 학령기 자녀 수

회계연도	계원 자녀수	비계원 자녀수	합계
1962년	54명[97]	10명	64명
1963년	51명	13명	64명
1964년	54명	15명	69명
1965년	55명	18명	73명
1966년	54명	6명	60명
1972년	61명	?	?
1973년	61명	22명	83명
1974년	58명	?	?
1975년	57명	18명	75명
1976년	69명	?	?
1977년	70명	21명	91명
1978년	65명	?	?
1979년	67명	?	?
1981년	71명	?	?

*출처: 「흥학계안(興學稧案)」(1929년~1996년)을 토대로 작성.

흥학계에서는 이자 수입, 전답 소작료 등으로 계의 재정을 안정적으로 운영·관리하고 계의 재산을 늘려왔다. 알뜰히 모은 계 재산의 일부를 학령기 어린이 교육의 지원 명목으로 계원들에게 골고루 분배하였다. <표 5-21>은 해방 이후 학령기 아동에 대한 교육비 지원 내역을

97) 1962년에 계원 자녀 52명에게 교육비를 지원하였으나, 계원 자녀 2명이 교육비 지원 대상에서 빠졌으므로 1963년에 이들 2명에게 추가 지원하였다.

보여준다. 1945년부터 1981년까지 1980년을 제외하곤 한 해도 빠짐없이 학령기에 있는 계원 자녀들, 때로는 비계원의 자녀들까지도 교육비를 지원하였다. 마지막 해인 1981년에 돈으로 지급했던 경우를 제외하고 해마다 벼로 지급되었다. 계의 재정 형편, 학동 수, 그해 작황 등 여러 여건을 고려하여 해마다 교육비의 지원 규모는 달랐다. 적게는 벼 1섬4말5되(1946년), 많게는 벼 5섬3말2되(1965년)로 제법 큰 편차를 보였다. 1953년 당시 계원 수는 29명이었고 계원당 벼 1말씩 교육비 지원 명목으로 골고루 배분되었다. 지원 규모는 계원 자녀 1명당 벼 9되 (1977년, 1978년)에서 벼 1말9되(1963년) 정도로 편차를 보였다. 하지만 1972년부터 1981년까지는 계원 자녀 1명당 벼 1말 정도로 고정 지급되었다.

이와 더불어, 흥미로운 사실은 계원은 아니더라도 마을주민 중에 학령기 자녀가 있으면 다소 금액이 적더라도 얼마간 지원해 주었다는 점이다. 이는 '더불어·함께' 살아가는 마을공동체에서 상호 배려와 상부상조의 미덕을 엿볼 수 있는 대목이다. 지원 규모는 비계원 자녀 1명당 벼 2되2홉(1973년)에서 벼 6되(1962년) 정도였다.

〈표 5-21〉 해방 이후 학동 교육비 지원 내역

회계연도	항목	지원 내역 (벼/원)	비고
1945년	學校 生徒 紙筆代	1섬10말	
1946년	學校 生徒 紙筆代	1섬4말	
	當日 書堂 生徒 單子	5되	
1947년	學校 兒童条	2섬5말	
	書堂 兒童 紙筆代	2말	
1948년	學校 兒童条	2섬5말	
	書堂 兒童 紙筆代	5말	

회계연도	항목	지원 내역 (벼/원)	비고
1949년	學校 兒童条	3가마니[叺]6말[98]	−1가마니는 10말 −3가마니6말은 1섬16말에 해당함.
	兒童 紙筆代	2말	
1950년	學童 紙筆代	5말7되	
1951년	學童 紙筆代	6말	
	學校 紙筆代	1섬1말8되	
1952년	學校 兒童 紙筆代	3섬8말8되	
1953년	契員 分播 (29명)	1섬9말	−계원당 1말
	學校 兒童 紙筆代	3섬1말8되	
1954년	學校 兒童 紙筆代	3섬8말8되	
1955년	學校 兒童 紙筆代	3섬8말8되	
1956년	學校 兒童 紙筆代	3섬8말8되	
1957년	學校 兒童 紙筆代	3섬8말8되	
1958년	學校 兒童 紙筆代 (分播)	3섬8말8되	
1959년	學校 兒童 (分播)	3섬8말8되	
1960년	學校 兒童 (分播)	5섬3말2되	
1961년	學童 (分播)	3섬18말8되	
1962년	稧員 兒童 (52名) 分播	4섬13말6되	−학생당 1말8되
	非稧員 兒童 (10名) 分播	6말	−학생당 6되
1963년	稧員 兒童 (51名) 分播	4섬16말9되	−학생당 1말9되
	前年度 稧員 兒童 錯誤 (2名) 分播	1말	−학생당 5되
	非稧員 兒童 (13名) 分播	3말8되	−학생당 약 2되9홉

---

98) 1949년 홍학계 수계기에 처음으로 '입(叺)'이라는 수량 단위가 기재되었다. 입은 '가마니'를 말한다. 가마니는 "볏짚을 날과 씨로 엮어 천 짜듯이 만든 자루"로서 일본말 가마스데(かます)에서 유래하였다. 1908년 가마니틀이 일본에서 들어오면서 가마니가 널리 보급되었다. 가마니 이전에는 '섬'을 썼다. 1가마니는 10두, 2가마니는 1석에 해당한다(오마이뉴스, 2005/08/12).

회계연도	항목	지원 내역 (벼/원)	비고
1964년	稧員 兒童 (54名) 分播	9가마니7말2되	−학생당 1말8되 −9가마니7말2되는 4섬 17말2되에 해당함.
	非稧員 兒童 (15名) 分播	4말5되	−학생당 3되
1965년	稧員 學生 (55名) 分播	9가마니9말	−학생당 1말8되 −9가마니9말은 4섬19말에 해당함.
	非稧員 學生 (18名) 分播	4말2되	−학생당 약 2되3홉
1966년	稧員 學生 (54名) 分播	9가마니7말2되	−학생당 1말8되 −9가마니7말2되는 4섬 17말2되에 해당함.
	非稧員 學生 (6名) 分播	2말	−학생당 약 3되3홉
1967년	稧員 學生 兒童 及 非稧員 學生 兒童 分播	5섬1말7되	
1968년	稧員 兒童 學生 分播	4섬16말9되	
	非稧員 學生 兒童 分播	5말1되	
1969년	稧員 兒童 分播	4섬14말4되	
	非稧員 學生 分播	7말6되	
1970년	稧員 兒童 分播	6가마니8말	−6가마니8말은 3섬8말에 해당함.
	非稧員 學生 分播	2말5되	
1971년	稧員 兒童 及 徐○○ 兒童 (2명) 分播	6가마니4말9되	−6가마니4말9되는 3섬 4말9되에 해당함.
	非稧員 兒童 分播	3말	
1972년	稧員 兒童 分播 (61명)	3섬1말	−학생당 1말
	非稧員 兒童 分播	2말1되	
1973년	稧員 兒童 (61명) 分(播)	3섬1말	−학생당 1말
	非稧員 兒童 (22명) 分(播)	4말9되	−학생당 약 2되2홉
1974년	稧員 兒童 (58명) 分播	3섬7말3되	−학생당 약 1말1되6홉
	全學生 學用品 配定	9말3되	
1975년	稧員 兒童 (57명) 支出	2섬17말	−학생당 1말
	稧員과 非稧員 兒童 (57명 + 18명) 紙筆代 (均等 配 分 決議)	10말3되	−학생당 약 1되4홉

회계연도	항목	지원 내역 (벼/원)	비고
1976년	稧員 兒童 (69명) 分播	3섬9말	−학생당 1말
1977년	稧員 兒童 (70명) 分播	3섬3말	−학생당 9되
	稧員과 非稧員 兒童 (70명 + 21명) 紙筆代	4말3되	−학생당 약 5홉
1978년	堂員 學生 (65명) 分播	2섬18말5되	−학생당 9되
	學生 學習帳条 分播	8말3되	
1979년	學生 兒童 (67명)	3섬7말	−학생당 1말
1981년	稧員 學生 (71명) 分配	14만2천원	−학생당 1말 代金 2천원
합계		123섬9말9되, 14만2천원	

*출처: 「흥학계안(興學稧案)」(1929년~1996년)을 토대로 작성.

1980년대 이후로 자녀들이 대부분 성장하여 고향 마을을 떠나 대처에 정착하면서 흥학계의 본래 목적이던 자녀 교육비 지원은 더 이상 유효하지 않게 되었다. 그 후 흥학계는 친목 성격을 띤 모임으로 전환되어 교육비 지원 대신 설 명절 즈음에 세찬(歲饌) 지급 명목으로 계원들에게 일정 정도의 벼, 돼지고기, 돈 등을 배분하였다. '稧員 歲饌條'는 1984년부터 본격적으로 나타나며 수계기가 작성된 마지막 해인 1991년까지 이어졌다. 〈표 5-22〉에서 보듯, 1984년에는 세찬으로 계원에게 벼가 지급되다가 그 이후에는 돼지고기나 현금으로 지급되었다. 당시 계원 수는 25명에서 26명이었으며, 계원에게 보통 돼지고기 1.5근, 현금 2,800~5,400원을 지급하였다. 세찬의 재원은 계 소유의 전답에서 나오는 소작료로 충당되었다.

<표 5-22> 해방 이후 계원 세찬 지급 내역

회계연도	항목	지급 내역		비고
		벼	전	
1984년	稧員 歲饌條	64kg		-畓稅인 一般米로 충당함. -1말=10kg. 64kg은 6말4되에 해당함.
1985년	歲饌條		7만5,000원	-25가구에 가구당 돼지고기[豚肉] 1.5근(斤), 총 37.5근을 지급함. -근당 가격은 2,000원
1986년	歲饌條		7만200원	-26가구에 가구당 돼지고기 1.5근, 총 39근 을 지급함. -근당 가격은 1,800원
1987년	歲饌條		5만4,600원	-26가구에 가구당 돼지고기 1.5근, 총 39근 을 지급함. -근당 가격은 1,400원
1988년	歲饌條		7만원	-25가구에 가구당 2,800원을 지급함.
1989년	歲饌條		14만400원	-26가구에 가구당 5,400원을 지급함.
	작년 세찬 누 락분(1戶)		2,800원	
1990년	歲饌條		7만5,400원	-26가구에 가구당 2,900원을 지급함.
1991년	歲饌條		7만5,000원	-25가구에 가구당 3,000원을 지급함.
합계		64kg	56만3,400원	

*출처: 「흥학계안(興學稧案)」(1929년~1996년)을 토대로 작성.

〈표 5-23〉에서 보듯, 해방 이후 흥학계에서는 적당한 시기를 택해 곡식을 시장에 내다 팔아 현금을 확보하기도 하였다. 특히 1980년대부 터 계 소유의 전답을 경작한 계원은 연말에 벼나 쌀로 소작료를 납부하 였다. 소작료를 쌀로 납부할 경우 그 규모는 1981년에 5말, 1987년과 1988년에 8말, 나머지 해에는 쌀 64kg, 즉 8말9되 정도였다. 쌀 1말에 5,100원(1981년)에서 8,315원(1991년) 가격으로 시장에 내다 팔았다. 소 작료를 벼로 납부한 1983년에는 벼 10말이었으며, 벼 1말당 2,723원 가격으로 팔았다.

<표 5-23> 해방 이후 방매(放賣)·집전(執錢) 내역

회계연도	항목	곡식(벼)	금전	비고
1981년	白米 販賣代金	쌀 5말	2만5,500원	-쌀 1말당 5,100원
1983년	正租 販賣代金	벼 10말	2만7,230원	-벼 1말당 2,723원
1985년	畓稅代金(一般米)	쌀 64kg	5만4,400원	-쌀 1섬=144kg, 1말 = 7.2kg, 64kg는 약 8말 9되에 해당함. -쌀 1말당 6,112원
1986년	白米 畓稅(一般米)	쌀 64kg	5만2,000원	-쌀 1말당 5,843원
1987년	畓定稅 白米 (一般米)	쌀 8말 (一般米)	5만8,400원	-쌀 1말당 7,300원
1988년	畓稅代金 (白米)	쌀 8말 (一般米)	6만6,400원	-쌀 1말당 8,300원
1989년	畓稅 販賣代金(白米)	쌀 64kg	6만5,600원	-쌀 1말당 약 7,371원
1990년	代金畓稅 販賣代金 (白米)	쌀 64kg	7만3,600원	-쌀 1말당 약 8,270원
1991년	定畓稅 販賣代金(白米)	쌀 64kg	7만4,000원	-쌀 1말당 약 8,315원
합계		벼 10말, 쌀 3섬5말5되	49만7,130원	

*출처: 「흥학계안(興學稧案)」(1929년~1996년) 토대로 작성.

　흥미로운 사실은 학동 교육 지원이 흥학계의 주요 설립 목적이었지만 때로는 중평 마을공동체 성인들에 대한 교육도 수행하였다는 것이다. 1947년 흥학계 수계기에 '洞內成人敎育費'로 벼 1섬을 지출하였다. 마을공동체 구성원들을 대상으로 행해지던 풍속교화와 같은 성인교육은 주로 동계 차원에서 행해졌다. 하지만 때로는 이렇게 흥학계나 역구실 송계 차원에서 실시한 경우도 있었다는 것을 알 수 있다.

　한편, 1958년 흥학계 수계기에 '小溜池 負担金' 벼 10말, 1966년 수계기에 '稧畓 保修租로 保留' 벼 4말 등이 기재되어 있는데, 이는 흥학계 소유답의 보수 및 관리에 지출되는 비용을 의미한다. 1972년 수계기에 '李○○ 家屋 (李○○ · 吳○○件) 破産 蕩減'벼 10말이 기재돼 있는 바와 같이, 흥학계 차원에서 계곡을 빌렸다가 되갚을 능력이 없는 사람에게는 빚을 탕감해주기도 하였다. 그 외에도 흥학계 업무에 필요한 종이 구매는 '白紙價' 항목으로 수계기에 더러 기재돼 있다.

제 6 장

기타 마을공동체 조직

이제까지 중평 마을공동체와 구성원의 생존, 상생 그리고 지속가능성에 지대한 영향을 끼쳤던 동계, 송계, 그리고 서당계(장학계, 흥학계)를 중심으로 살펴보았다. 이들 조직은 중평 마을공동체와 구성원 모두를 아우르고 오랜 세월 동안 공동체의 구심점으로서 실질적인 영향력을 행사해왔다. 중평 마을공동체에서는 이들 외에도 여러 조직들이 중첩적으로 결성·운영되었다. 각종 문중계, 친목계 등이 마을공동체 안팎으로 결성·운영되어왔는데, 현재까지도 중평 노인회, 부녀회, 영당회, 전라좌도 진안중평굿기념사업회, 진안중평굿보존회 등이 활발하게 활동하고 있다. 이 장에서는 오늘날 중평 동계(마을대동회)와 함께 마을 주민의 삶에 지대한 영향을 끼치고 있는 중평 노인회의 역사, 운영 및 활동에 관해 톺아본다. 나아가 중평 마을공동체와 구성원들에게 자신의 정체성과 자부심으로 깊이 뿌리내려 있는 중평굿을 보존, 전수 및 보급을 위해 노력하고 있는 전라좌도 진안중평굿기념사업회의 역사, 운영 및 활동에 관해 자세히 살펴본다.

제1절
중평 노인회

1. 중평 노인회 창설 및 운영

오늘날 중평 마을에 거주하는 주민의 수는 얼마 되지 않고 그나마 대부분이 고령의 노인층으로 구성되어 있다. 한때 골목 가득 뛰놀던 아이들의 목소리는 어느새 자취를 감추었다. 아이들은 성장하여 고향을 떠나 객지에 살면서 명절이나 여름 휴가철에 마을을 방문하는 것을 제외하면 이제 중평 마을은 한적하고 외진 산골 동네가 되었다. 마을 어르신들께서 '조만간 마을이 없어지지 않을까' 걱정하시는 모습이 역력하다. 통일신라시대부터 터를 잡아 살기 시작하면서 오랜 역사와 전통을 지닌 마을공동체가 사라진다는 건 이곳 어르신들에게는 애잔한 슬픔임에 틀림없다. 가까운 미래에 중평 마을이 더 이상 사람들의 숨결과 온기를 느낄 수 없는 곳이 될지도 모른다는 것은 분명 안타까운 일이다. 이는 오늘날 중평 마을만이 아니라 우리나라 대부분의 시골 마을들이 직면한 현실이다. 1970년대 산업화 · 도시화와 함께 본격화됐던 이촌향도(移村向都)로 오늘날 우리 농촌에는 고령화에 따른 마을 소멸 현상이 급속도로 진행되고 있다.

현재 중평 마을의 구성원 대부분이 고령층을 형성하면서 중평 노인회가 마을의 크고 작은 현안들에 적극 나서고 있다. 과거에는 중평 동계에서 마을의 주요 현안들을 담당하고 대응하였지만, 1992년 중평 경로당이 창설되면서 중평 노인회가 마을 대소사에 적극 참여하고 중요 역할을 담당해오고 있다. 중평 노인회의 연혁을 살펴보면 다음 〈표 6-1〉과 같다.

〈표 6-1〉 중평 노인회 연혁

〈중평 노인회 연혁〉	
1992.	중평 마을 경로당 창설
1992.	초대 노인회장 이정철 취임
1995.08.	중평 마을 경로당 정부 승인
	경로당 위치: 진안군 성수면 도통리 954-1번지
2006.02.07.	2대회장 이병국 취임
2006.08.	중평 마을 경로당 등록증, 고유번호, 직인 수령
	고유번호 △△△-△△-△△△△△
2010.01.01.	3대회장 전병선 취임
2013.12.31.	4대회장 이병열 취임

*출처: 「노인회운영대장(老人會運營臺帳)」(2015년~2016년).

2022년 5월 18일에 중평 마을을 방문했을 당시 김회선 회장과 김태형 총무가 중평 노인회를 맡아 마을 관련 대소사에 활발하게 참여하고 있었다. 임원의 임기가 별도로 정해져 있지 않고, 노인회나 개인 사정에 따라 연임 여부와 임기가 결정되는 것으로 보인다. 중평 경로당 총회는 매년 한차례 열리는 것을 원칙으로 하며, 총회에서는 전년도 결산

보고와 감사, 다음년도 사업 논의와 의결, 임원 선출 등이 이뤄진다. 대개 연초나 연말에 노인 회원 전체를 대상으로 총회가 개최되고 있다. 때로는 중평 노인회의 활동 내역 및 회계 출납에 대한 결산은 중평 동계(마을대동회) 총회에서 함께 이뤄지기도 한다. 한 예로, 2016년 '중평 경로당 결산 총회'는 12월 29일 마을대동회 총회와 병행하여 개최되었고, 이때 '겨울위안 잔치'도 함께 열렸다.

2. 활동 내역

오늘날 중평 노인회는 마을 관련 많은 현안을 직접 담당하고 참여하고 있다. 노인회 활동에 관해서는 2015년, 2016년 그리고 2018년 활동 내역을 통해 확인할 수 있다. 오랫동안 중평 마을에서 꾸준하게 행해져 왔던 공동체 제의와 행사들이 노인회를 중심으로 지금까지도 면면히 이어져 오고 있다. 설날 오전에 행해지는 합동세배 전통이 바로 그 사례이다. 강릉, 동해를 비롯한 동해안 지역에서 합동세배는 도배식(都拜式)으로 불린다. 도배식은 "마을 또는 공동체의 구성원들이 정월 초하룻날이나 초이튿날 일정한 장(소)에 집단으로 모여 행하는 합동세배"를 말한다(오마이뉴스, 2020/01/25). 강릉시 성산면 위촌리에서 1577년 마을 주민들이 대동계를 조직한 이후 도배식 풍습은 오늘날까지 꾸준하게 전해지고 있다. 이러한 설 풍습은 강릉과 동해를 비롯한 동해안 지역에서 널리 행해지고 있다(경향신문, 2017/01/16; 오마이뉴스, 2020/01/25). 제주도에서도 여전히 많은 마을에서 합동세배 전통을 지켜오고 있다. 제주도 서귀포시 남원읍 한남리에서는 설 명절 다음날 오전 10시에 출향인과 마을 주민이 마을회관에 모여 합동세배를 행하고 있는데, 2020년 합동세배는 24년째로 이어져오는 전통이라고 한다(오

마이뉴스, 2020/01/28).[99]

중평 마을에서 마을합동세배가 언제부터 행해져 왔는지는 알 수 없으나, 상당히 오랜 세월 동안 지켜온 전통으로 파악된다. 과거 마을회관이 없던 시절에는 설날 오전에 마을에서 가장 큰 집의 마당에 모두 모여 마을합동세배를 행하였다고 한다. 마을 어르신들은 집 마루에 앉고 젊은이들은 마당에 멍석을 깔고서 마을 어르신들께 세배를 드렸다. 세배가 끝나면 덕담(德談)을 서로 나누고 떡국과 술을 함께 나눠먹었다.

오늘날 중평 마을에서는 설날 아침 10시에 마을 주민과 출향인들이 마을회관 경로당에 모여 마을 어르신들께 합동세배를 하고, 어르신들은 마을회관에 참석한 모두에게 새해 건강, 치부(致富), 결혼 등 좋은 일을 기원하는 덕담을 서로 나눈다. 합동세배 행사를 위해 노인회에서는 떡국, 떡 등의 음식을 준비하고 출향인들은 금전이나 물품 형태로 노인회에 희사를 한다. 이날에는 떡국을 나눠 먹고, 술 한 잔 기울이며, 과녁 맞추기 대회, 윷놀이 등 여러 가지 전통 놀이를 함께 즐긴다. 또한 중평굿을 치며 신명나게 춤추며 놀면서 하루를 보낸다. 중평굿은 중평 마을의 정체성과 자부심을 상징하는 큰 자랑거리이다.

중평 노인회에서는 정월대보름 행사도 주관한다. 정월대보름 하루 전날 마을 앞에 달집을 짓고 저녁에는 전야제로 마을 뒷동산인 당산에서 당산굿을 치고 마을 다리에서 다리굿을 지내고, 마을 공동샘에서 시암굿을 치며 신명나게 논다. 정월대보름 당일에는 마을 주민들이 함께 찰밥을 먹고 저녁에는 달집태우기 행사를 행하는데, 그 행사 전에 노인회장이 마을의 안녕을 기원하며 소지를 태운다. 이때 중평굿을 신명나

---

99) 제주도 애월읍 장전리(長田里)에서도 설날 합동세배 전통은 오늘날까지 행해지고 있다(2021년 10월 16일 현장조사에서 장전리 강덕희 前이장의 증언).

게 공연한다. 2016년 행사에 80여 명,[100] 2018년 행사에는 60여 명이 참여하였다.

매년 마을 봄나들이 행사도 중평 노인회에서 주관하고 있는데, 봄나들이는 정월대보름이 끝나고 본격적으로 농번기에 접어들기 전에 행해진다. 2015년 4월 5일 하루 동안 충남 태안군 신진도(新津島) 여행에 마을 주민 28명이 참석하였다. 2016년 4월 18일에는 전남 여수 여행(이순신대교, 향일암, 여수해상케이블카, 순천정원박람회 등)에 27명이 참석하였다. 2018년 4월 10일에는 남해안 꽃구경(삼천포, 남해대교, 하동화개장터, 쌍계사 벚꽃길 등)에 28명이 참여했다. 대부분의 봄나들이 경비는 설날 합동세배의 희사금, 마을공동기금 등으로 충당된다.

〈사진 6-1〉 마을 단체관광

*출처: 중평 마을회관 소장 (2022년 5월 18일 현장조사).

---

100) 이 중에서 진안중평굿보존회 회원 40여명이 참여했다.

그 외에도 중평 노인회에서는 경로잔치, 술멕이 잔치, 복날 잔치 등 마을 잔치를 주관하고 있다. 술멕이 잔치는 칠석날(음력 7월 7일), 백중날(음력 7월 15일) 즈음에 마을 주민들이 모두 모여 하루를 푹 쉬면서 음식을 함께 나눠먹는 날이다. 이때가 되면 한여름 김매기가 끝나고 농한기에 접어드는 시기이다. 술멕이는 '술 먹는 날'이라는 의미로 이 날에는 여름철 주민들이 한가롭게 맛있는 음식과 술을 먹으며 윷놀이, 농악 놀이를 하면서 흥겹게 하루를 보낸다. 술멕이 잔치는 2015년에는 8월 12일, 2016년에는 8월 10일, 2018년에는 8월 16일로 한여름에 열렸다. 술멕이 잔치가 열리기 전에는 마을 주민 공동으로 마을 입구와 주변에 풀베기 작업을 깨끗하게 실시하고 마을 대청소를 한다.

〈사진 6-2〉 마을 잔치

*출처: 중평 마을회관 소장 (2022년 5월 18일 현장조사).

중평 노인회에서는 보통 4월이나 5월 중에 마을 경로당에서 어르신들을 모시고 경로잔치를 열고 있다. 요즘은 술멕이 잔치, 복날 잔치, 생일 잔치를 겸하여 마을 경로잔치를 하는 경우가 많다. 한 해 동안 마을 잔치가 이렇게 여러 차례 열려 마을 주민들이 함께 음식을 나눠 먹으면서 즐거운 시간을 갖고 있다. 2015년에는 4월 19일에 경로잔치, 8월 12일에 술멕이 잔치, 12월 22일에 동지팥죽행사가 열렸다. 동지팥죽행사에는 동짓날 팥죽과 두부를 만들어 마을회관에서 함께 나눠 먹었다.

〈사진 6-3〉 마을 대청소 1

*출처: 중평 마을회관 소장 (2022년 5월 18일 현장조사).

중평 노인회에서는 고추 모종 기르기 및 이식 작업, 마을 대청소, 풀베기 작업 등 공동 울력도 주관하고 있다. 설날이나 추석이 다가오면 마을 주민들은 함께 마을 대청소를 실시한다. 마을 입구부터 마을회관,

모정, 샘 등을 깨끗하게 청소하고 쓰레기를 수거하여 명절을 맞이할 준비를 한다. 또한 수시로 마을 입구와 주변에 풀을 베고 청소를 한다.

〈사진 6-4〉 마을 대청소 2

*출처: 중평 마을회관 소장 (2022년 5월 18일 현장조사).

고추농사는 중평 마을 주민의 주요 농사인데, 이른 봄부터 고추묘판에 모종을 파종하고 이를 묘판에서 비닐하우스로 옮긴다. 이때에는 한꺼번에 많은 노동력이 필요하므로 마을 주민들이 순번을 정하여 모종 파종과 이식을 함께 한다. 2015년의 기록을 보면, 1월 28일부터 29일 이틀 동안 고추 모종 파종 예정지에 땅을 고르고 묘판에 종자를 심었다. 묘판에서 모종이 충분히 자라면 이를 각 가정의 비닐하우스에 이식해야 하는데, 같은 해 3월 6일부터 10일까지 닷새 동안 순번을 정하여 고추 모종을 각 가정의 비닐하우스에 이식하였다. 이때에는 각 가정마다 한 명씩 마을 울력에 의무적으로 참여해야 한다. 중평 노인회에서는 울력이 있을 때마다 각 가정의 참여 내역을 기록해 두고 있다. 이렇게 기록을 통해 마을 주민에게 울력 참여에 대한 도덕적 구속력을 갖도록 하고 도덕적 해이와 무임승차 행위를 방지하고 있는 것이다.

이 밖에도 신바람건강체조 경연대회 참가(2015.10.30.), 경로당 사랑나눔방 개소식(2015.12.01.), 경로당 좌담회(2016.01.11.), 청자가마터 주민과의 대화(2016.01.21.), 중풍 · 당뇨 예방교육(2016.05.10.), 경로당 리모델링 작업(2016.07.02.), 중평 노인회 진안역사박물관 · 부안청자박물관 견학(2016.11.08.), 전라북도 한궁[101]대회 참가(남자부 3위 입상, 2018.08.14.) 등 다양한 활동을 펼치고 있다.

앞서 살펴본 바와 같이, 중평 노인회는 진안중평굿 보존 · 전승, 정월대보름 행사, 마을 울력, 술멕이 잔치, 경로잔치 등 중평 마을의 아름다운 전통을 계승 · 발전시키는 데 갖은 심혈을 기울이고 있다. 중평 노인회의 모범적인 활동과 노력을 인정받아 2016년 '전라북도 노인의 날' 행사에서 모범 경로당으로 선정되기도 하였다.

중평 노인회의 활동에서 두드러지는 특징은 각종 활동이 기본적으로 공동체 정신과 '함께 더불어' 정신을 지향하는 데 있다. 마을공동체와 구성원 전체의 복지와 삶을 위한 작업은 합심과 협력을 기반으로 이뤄지고 있다. 이러한 저력은 중평 마을공동체가 오랜 세월 동안 켜켜이 쌓아온 공동체 정신과 유산에서 기인하고 있는 것이다. 구성원 각자가 타인이 아닌 '운명적' 공동체 구성원이라는 의식이 내면 깊숙이 각인되어 있기 때문으로 보인다.

또 하나 흥미로운 사실은 중평 노인회에서 마을회관 입구에 알림판을 설치하여 마을 관련 주요 사항을 공지하고 기록한다는 점이다. 마을

---

101) 한궁(韓弓)은 우리 전통 종목인 투호와 활쏘기를 결합해 만든 것으로, 노인들도 신체에 부담 없이 즐길 수 있는 생활체육이다.

회관 내에도 알림판을 설치하여 마을 주민, 출향인 혹은 외지인들이 마을에 희사한 내역을 기록해두어 마을 주민 모두에게 널리 알리고 있다. 그리고 노인회 운영대장에도 〈찬조물품 수불부(贊助物品 受拂簿)〉를 별도로 두어 희사자와 희사 내역을 자세하게 기록하고 있다. 희사자와 희사 내역을 알림판에 알리고 별도의 장부에 기재하는 행위는 향후 마을 주민이나 출향인들의 희사와 기부 행위를 장려하는 긍정적 효과도 창출한다. 아주 작은 물품, 이를테면 화장지 한 세트라도 마을에 기부하면 이를 알리고 별도로 기재하여 향후 많은 사람들이 확인할 수 있도록 한다. 이는 마을공동체 차원에서 선악적(善惡籍)을 두어 효, 열, 경로 등 선한 행위를 행한 구성원을 표창하여 명예를 높이고, 강상 윤리나 공동체 규칙을 위반한 구성원에 대해서는 공개적 망신을 주거나 벌금을 부과하던 과거 전통과 관행을 계승하고 있는 또 다른 모습인 것이다.

〈사진 6-5〉 마을회관 게시판

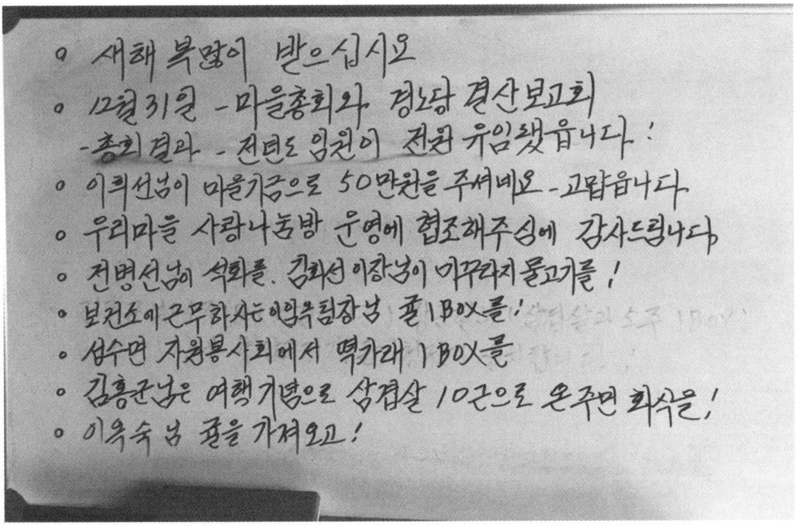

*출처: 저자 촬영 (2019년 1월 22일).

중평 노인회에서는 노인회 활동 관련 수입, 지출, 회의 및 의사결정 내용 또한 상세하게 기록하고 그 자료를 잘 보관하고 있다. 회계 출납은 날짜, 적요(摘要) 항목에 빠짐없이 기록되며 연초 혹은 연말에 개최되는 총회에서 철저한 결산과 감사가 이뤄져 재정 기록의 정확성, 회계 결산 및 감사의 투명성을 높이고 있다.

제2절
전라좌도 진안중평굿기념사업회[102]

1. 전라좌도 진안중평굿기념사업회 창설 및 운영

중평 마을은 골 깊은 산간지역에 위치하여 외부와 소통하기 힘든 지리적 여건으로 다양한 문화유산이 먼저 살다 가신 어른들에 의해 많이 생성되었다. 농경사회의 고단한 삶을 흥과 축원 덕담으로 더 나은 삶을 소망하며 견디고 살아냈던 것이다. 마을에 전승되어 내려오는 문화유산은 중평굿이 그 중심에 있다. 현재 중평굿의 형태가 갖춰지기 전에 자생적인 굿이 있었다. 기량과 풍성하지 못한 굿판에 만족하지 못한 어른들이 백운면 술무지[酒泉]에서 당시 환갑을 넘으신 김인철 선생을 모셔와 어려서 논에 새를 쫓으며 양철대기로 어른들의 꽹과리 소리를 흉내 냈던 김봉열과 마을 청년들에게 굿을 배우게 했다. 김봉열은 겨울 감기에 걸려 심하게 앓으면 밥 먹으라 불러도 이불 속에서 꼼짝 안 하

---

102) 전라좌도 진안중평굿기념사업회에 관한 내용은 김태형 이장이 작성하여 2022년 7월 27일에 문자로 보내 주었다. 가독성을 높이기 위해 약간의 가필과 수정을 가하였다.

다가도 굿 선생님이 오셨다고 하면 털고 일어나 굿을 배웠다고 한다. 배움에 특출했던 김봉열은 25세에 마을 상쇠가 되어 짜임새 있는 가락과 웃놀음으로 굿판을 풍성하게 하였다. 외부와의 교류가 힘든 산간오지라는 지리적 여건으로 좌도굿의 원형을 잘 간직하게 되었고 오늘날까지 잘 전승되고 있다.

산업화와 도시화로 인해 김봉열에게 배운 제자들이 도회지로의 이탈과 사망으로 마을에서의 굿판은 단절의 시기를 맞게 되었다. 1970년대 후반부터 1990년대에 이르는 민주화 운동과 대학 문화패의 활성화로 인해 전국 각지의 대학에서 많은 대학생이 중평굿을 배우기 위해 중평마을을 다녀갔으며, 병역을 마친 마을 청년들이 1986년에 김봉열에게서 중평굿을 배우기 시작하였다. 1992년 11월 김봉열은 제자들과 진안중평굿보존회를 꾸려내고 초대회장직을 맡았다. 김봉열은 1993년 마을의 헌 집을 허물고 직접 먹줄을 놓고 중평굿전수관을 지어 중평굿의 전승과 보존을 위한 탄탄한 다리를 놓았고, 1995년 8월 15일 오후 천둥번개와 심한 바람이 불고 소나기 내리던 날에 82세 일기로 다른 세상으로 자리를 옮기며 중평굿의 전설이 되었다. 세월이 흘러 진안중평굿보존회는 마을을 떠나고 일정 시간이 지난 뒤 마을과 연관이 없다고 하여 단절을 하고 마을에 남은 굿판은 텅 비게 되었다. 이렇게 비어진 굿판의 한 귀퉁이라도 메워 보기 위한 방편으로 기적비 건립에 대한 얘기가 나오게 되었다. 사실 기적비 건립은 1990년대 후반부터 얘기가 나왔으나 여러 가지 사정으로 이뤄지지 못했다.

2012년부터 김봉열 선생 탄생 100주년을 기념하는 기적비 건립에 대한 논의가 다시 시작되었고 다음 해 2013년 마을 주민들을 회원으로 전라좌도 진안중평굿기념사업회(이하 기념사업회)가 출범하게 되고, 초대회장에 전병선, 사무장에 김태형이 각각 선임되었다.

2. 활동 내역

　2013년 출범과 동시에 기념사업회에서는 '김봉열선생기적비(金鳳烈先生紀蹟碑)' 건립을 위한 사업계획서를 만들어 진안군에 2,000만 원을 신청하여 전액 지원을 확정받았다. 또한 도비 500만 원, 유가족 장남 김회성 500만 원, 차남 김회선 500만 원, 마을 후원금으로 100만 원을 지원 받아 2014년 4월 5일 방문자 센터 마당에 김봉열선생기적비가 세워지게 되었다. 이후 기념사업회의 활동은 사무장 김태형의 건강 악화로 오랫동안 위축되었으나, 2021년 건강을 회복한 김태형이 이장직에 선임되면서 중평굿의 전승과 보존을 위한 노력을 다시 추진하였다. 그 일환으로 진안군 마을만들기지원센터의 지원을 받아 2021년과 2022년 매년 3개월 동안 중평마을회관에서 중평굿 전수교육을 실시하였다. 2021년 여름에도 마을만들기지원센터의 지원으로 '주당방아 찧기'굿을 복원·재현하였다. 중평 마을에서는 기념사업회를 중심으로 굿판에 쌓여 있던 먼지를 쓸어내고 새판을 짜는 데 조금씩 진전을 이뤄가고 있다.

　2021년 12월 전병선 초대회장의 건강문제로 이병열이 2대 회장으로 선임되었다. 기념사업회에서는 마을 숙원사업으로 마을광장 조성사업을 추진하고 있으며, 역사적으로 천년의 세월을 품고 있는 국가사적 제551호 초기 청자 가마터의 보존 노력에도 힘쓰고 있다. 또한 기념사업회에서는 이 땅에 먼저 사신 어른들이 남겨주신 훌륭한 문화 유산인 '나쁜 기운을 몰아내는' 주당방아 찧기, '모내기 한 후 논에 지심 매는' 두레굿, 중평굿이 품고 있는 시암굿(샘굿), 정월대보름 망우리굿(망월굿), 정초에 거행하는 마당밟이굿(지신밟기), '만두레(마지막 지심 매기)가 끝난 뒤 칠석날이나 백중날 실시하는 중평 마을의 최대·최고의 축제' 술멕이굿 등을 마을 주민들과 함께 주관·시행하고 있다. 기념사업회에서는 마을에서 전승되어 내려오는 귀하고 소중한 문화 자산을 잘 보존·전승하여 선대 어른들의 삶의 모습을 조금이라도 뒤돌아보고 느낄 수 있는 체험과 즐김의 자리를 만드는 데에 적극 노력하고 있다. 민속 예술 마을로의 지속적인 노력, 마을 주민들의 합심과 적극적인 협조는 이를 위해 절실히 요청되는 바이다.

〈사진 6-6〉 2021년 중평굿 전수교육 1

*출처: 김태형 이장 제공(2022년 7월 27일 문자).

〈사진 6-7〉 2021년 중평굿 전수교육 2

*출처: 김태형 이장 제공(2022년 7월 27일 문자).

제7장

나오며

毛人金壽烈先生紀蹟碑

중평 마을공동체는 우리 전통사회에서 흔히 접할 수 있던 전형적인 촌락공동체의 모습을 지니고 있다. 중평과 점촌 두 개의 자연마을이 하나의 촌락사회를 형성하여 오랜 기간 구성원들을 하나로 묶어 상생의 삶을 영유하며 공존 공생해왔다. 마을 구성원들은 강한 지역적 정체성과 공동체 정신을 바탕으로 구성원 간에 차별 없는 평등성을 지향해왔고, 실제로도 평등한 삶의 가치를 추구해왔다. 중평 마을공동체에서는 동계, 송계, 서당계 등 여러 공동체 조직들을 결성·운영하여 마을공동체와 구성원의 생존과 복지에 크게 기여해왔다. 중평 마을공동체는 오늘날까지 전통 향촌사회의 본질과 특성을 잘 유지하고 있으며 마을공동체의 문화와 전통을 꾸준하게 계승·발전시켜 나가고 있다.

　　저자는 진안역사박물관을 두 차례 방문하여 「동계·송계수계기(洞稧·松稧修稧記)」(1888년~1980년), 「장학계원명부(獎學稧員名簿)」(1916년~1927년), 「흥학계안(興學稧案)」(1929년~1996년), 「조본조합계(租本組合稧)」(1937년), 「현재가옥관리부(現在家屋管理簿)」(1964년), 「현재가옥관리부

(現在家屋管理簿)」(1978년), 「산림계정관(山林稧定款)」(1960년대 추정), 「중촌 송림계수계기(中村松林稧修稧記)」(1981년~1990년) 등 사례연구에 필요한 여러 사료와 자료를 확보할 수 있었다. 또한 수차례 중평 마을을 방문 하여 「동적부(洞籍簿)」(1990년~2017년), 「노인회운영대장(老人會運營臺帳)」 (2015년~2016년), 「노인회운영대장(老人會運營臺帳)」(2018년) 등 각종 사료 와 자료를 수집할 수 있었다. 마을회관에서 어르신들의 증언을 들었으 며 연구와 관련하여 심층 면담을 진행하였다. 진안 도통리 중평 청자요 지, 진안중평굿전수관, 역구실산뿐만 아니라 중평 마을 주변지역을 직 접 답사할 기회도 가졌다.

그럼에도 연구의 한계와 아쉬움은 깊게 남는다. 중평 마을공동체와 외부와의 관계, 이를테면 이웃 마을공동체와의 갈등, 협력, 교류 등 향 촌사회의 역동적·동태적인 모습을 모두 담아낼 수 없었다. 연구자의 역량에 기인한 탓이 크다. 다만 역구실산 소유권과 관련하여 이웃마을 외궁리와의 갈등과 해결을 상세하게 다룰 수 있었던 건 그나마 다행이 다. 조선 후기 이후 중평 마을공동체와 중앙정부·지방관청의 관계를 적실히 파악할 만한 자료가 남아 있지 않은 점도 아쉬움으로 남는다.

중평 마을공동체가 오랜 세월을 지나 오늘날까지도 유지·발전할 수 있었던 지속가능 요인들은 적어도 여섯 가지로 요약할 수 있겠다.

첫째, 중평 마을공동체의 구성원 간 강하고 끈끈한 공동체의식은 마 을공동체의 지속성과 장기 발전에 기여하였다. 마을공동체에서 구성 원 자신이 지역적 정체성과 소속의식을 강하게 느낄수록 공동체 활동 에 보다 적극적으로 참여하고 자신의 귀중한 시간과 자원을 투입하고 자 하는 강한 유인을 갖게 된다. 또한 자신의 희생과 노력 없이 다른 구 성원들이 일궈놓은 과실과 편익에 무임승차하려는 기회주의적 행태 (opportunistic behavior)를 감소시키는 순기능을 하게 된다. 이렇듯 한국적 마을공동체에서는 구성원의 지역적 정체성, 소속의식 및 공동체의식은 마을공동체의 성공과 지속가능성에 심대한 긍정적인 영향을 미치는 것으로 파악된다. 이는 여타 지역공동체 연구들에서도 확인된다(배수호·이명석, 2018; 배수호, 2019).

중평 마을에서는 공동체 차원에서 구성원들에게 지역적 정체성과 공동체 유대의식을 심어주기 위한 갖은 노력을 적극적으로 경주하였다. 당산제, 시암굿(샘굿), 술멕이굿, 정월대보름잔치와 같은 공동체 제의와 축제를 행하였고, 서당계를 결성하여 공동체 후속세대를 양성하고 교육시키려는 노력을 전개하였다. 서당계 계원의 자녀뿐만 아니라 비계원의 자녀에게도 종이, 붓 등 학용품을 서당계의 재원으로 지급하였다. 오늘날 정기총회에 해당하는 강신회가 끝나면 모든 구성원이 함께 모여 음식과 술을 나눠 먹으며 서로 간의 연대와 우의를 다졌다. 이러한 공동체 차원의 활동들은 구성원의 지역적 정체성과 공동체 유대의식을 제고할 수 있었다.

둘째, 중평 마을공동체에서 동계, 송계, 서당계 등 공동체 조직의 운영과 관리가 공개적이고 투명하게 이뤄져왔다는 점이다. 어느 조직이나 공개적이고 투명하게 운영되고 관리된다면, 그 조직에 대한 구성원의 신뢰는 강화되고 이는 곧 동료에 대한 신뢰로 이어지게 된다. 중평 마을공동체에서도 예외는 아니었다. 동계, 송계, 서당계와 같은 공동체 조직에서도 공개성과 투명성은 조직의 운영 원칙으로 철저하게 관철되었다. 강신회에 모든 계원이 참석하여 자유롭게 자신의 의견을 피력할 수 있었다. 중요한 의사결정은 활발한 토론과 논의를 거쳐 공개적이고 투명하게 의사결정이 이뤄져 절차적 합리성과 정당성을 확보할 수 있었다. 나아가 다수결 방식이 아닌 합의제 방식을 통한 구성원의 의견 수렴과 의사결정은 구성원의 도덕적 해이, 무임승차 행위와 같은 일탈

행위의 욕구와 가능성을 적절하게 차단할 수 있었다.

중평 마을공동체에서 투명성과 공개성 원칙은 오늘날 공동체 조직의 운영에 꾸준하게 지켜지고 있다. 마을회관 알림판에 주요 일정과 사안들을 게시하여 모든 주민들이 인지할 수 있도록 하고 있다. 마을 총회에서도 주요 안건들은 허심탄회하게 논의되어 구성원들의 합의와 실천을 이끌어내고 있다. 이를테면, 마을 대청소, 도로 보수 등과 같은 사항은 알림판 및 방송을 통해 주민들에게 알리고 공동 울력에 구성원의 참여와 기여를 적극적으로 유도하고 있다.

셋째, 중평 마을공동체에서는 재정 및 회계 관련 내역들이 자세하고 빠짐없이 기록되었으며 모든 구성원들에게 투명하게 공개되어왔다. 공동체 조직의 재정 및 회계에서 투명성과 공개성 원칙은 조직에 대한 신뢰, 나아가 구성원에 대한 신뢰와 직결되는 중요한 요인이다. 특히 공금의 출납에 관한 투명성과 공개성 원칙은 무척이나 중요해 보인다. 즉, 수입 내역, 지출 내역, 날짜 등 상세한 기록, 회계출납 기록의 공개, 투명하고 철저한 회계결산 및 감사는 공동체 조직과 구성원에 대한 믿음을 강화시키고 구성원의 자발적 참여와 노력을 이끌어낼 수 있으므로 종국에는 지역공동체의 지속가능성에 크게 기여하게 된다.

중평 마을공동체의 공동체 조직들에서 재정 및 회계 기록의 투명성과 공개성 원칙이 철저하게 준수되고 관철되었음을 확인할 수 있다. 공금 출납 내역은 날짜와 함께 상세하게 기록되었고 강신회에서 모든 계원들이 납득할 수 있도록 철저하게 회계결산과 감사가 이뤄졌다. 또한 공금 횡령을 방지하려는 취지에서 가옥과 같은 전당물을 잡고서 전당증서나 가옥전집서를 작성하였다. 전당증서는 전당 당사자뿐만 아니라 입회인의 참여 하에 작성하도록 하여 공증 형태를 띠고 있었다.

재정 및 회계 기록의 투명성과 공개성 원칙은 오늘날에도 잘 지켜지고 있다. 마을 주민, 출향인, 외지인이 마을에 물품이나 돈을 희사하면 마을 알림판에 이를 게시하여 주민 모두가 알 수 있도록 하고 있다. 이는 선한 행위에 대한 홍보와 칭찬의 목적이 크지만, 동시에 공금의 투명하고 공개적인 관리와도 직결되어 있는 것이다. 마을 총회에서도 마찬가지로 철저하고 투명한 회계결산과 감사가 이뤄지고 있다.

넷째, 중평 마을공동체에서는 구성원 간 재정 부담과 편익이 공평하고 공정하게 분배되었다. 공동체 현안에 공동으로 대응하거나 공동체 주요 사업을 추진하는 데는 많은 재원이 일시에 소요된다. 이때 계원을 대상으로 일정 금액을 갹출하게 되는 데 계원 간의 재정 부담은 공평하고 공정하여야 한다. 마을공동체에 수익이 발생했을 경우에도 구성원 간의 공평하고 공정한 분배는 역시 중요하다. 이런 분배 원칙은 중평 마을공동체에서 오랫동안 잘 지켜져 오고 있다. 경제적으로 여력이 있는 가구에서 추가로 더 부담하는 경우도 간혹 있었지만, 마을공동체 차원에서 금전이나 곡식을 갹출할 때는 가구마다 차별 없이 공정하게 부담하도록 하는 원칙을 견지하였다. 마을 소유의 전답이나 역구실산 내 산전과 화전에 도조세를 매길 때에도 공개적인 논의를 거쳐 책정하도록 하여 도조세 부담의 공정을 기하였다.

다섯째, 중평 마을공동체에서는 과거부터 오늘날까지 여러 공동체 조직들이 중첩적으로 결성·운영되어 왔다. 마을공동체의 안팎에서 여러 조직들이 중첩적으로 운영되면 구성원들은 여러 조직에 중복 가입하게 된다. 어느 구성원은 동계 계원이면서 동시에 송계, 서당계, 문중계, 동갑계 등에 가입되는 경우가 많았다. 이런 사실이 마을공동체의 지속가능성과 회복탄력성(resilience)에 커다란 장점으로 작용할 수 있다. 임원 선정, 곗돈 지출, 회계 투명성 등 일부 사안에 대해 구성원 간에 갈등과 알력이 생기더라도 여러 조직을 통해 중첩적으로 충분히 조율

할 수 있어 극단적인 분열 상황으로 치닫지 않도록 하기 때문이다. 이
는 마을공동체 외부와의 관계에서도 유리하게 작용할 수 있다. 구성원
들이 마을공동체의 범위를 벗어나 외부 조직들에 참여함으로써 마을공
동체의 배타적이고 폐쇄적인 성향을 극복하고 외부와의 네트워크를 강
화해 나갈 수 있으며, 공동체 밖으로부터 유용한 자원, 정보와 기회를
포착할 수 있도록 도와준다. 공동체 조직에의 중복적 가입과 활동은 공
동체 안팎으로 적절하게 개폐할 수 있어 공동체적 안정성과 동시에 변
화탄력성을 확보할 수 있게 된다.

중평 마을공동체의 안과 밖에서 동계, 송계, 서당계, 동갑계, 문중계
등 다양한 공동체 조직들이 결성·운영되었다. 오늘날에도 마을대동회
뿐만 아니라 노인회, 부녀회, 전라좌도 진안중평굿기념사업회, 진안중
평굿보존회, 동갑계, 영당회 등 다양한 조직들이 결성·운영되고 있다.
이들 조직의 중첩적·중복적인 가입과 참여를 통해 마을공동체 내에서
발생할 수 있는 갈등 상황을 예방, 해결 및 완화할 수 있고 외부로부터
새로운 자원과 기회를 포착하여 장기적으로 마을공동체의 지속과 발전
에 기여하고 있다.

여섯째, 중평 마을공동체는 구성원, 특히 후속세대 교육과 학습에 대
한 높은 수준의 관심과 노력을 기울여왔다. 이를 통해 후속세대를 양성
하고 마을공동체의 역사, 문화 및 전통을 전승·발전시킬 수 있는 기회
의 장을 제공한다. 후속세대인 아동을 대상으로 한 교육과 학습은 마
을의 유래, 전설, 풍수지리 등 지역적 정체성과 공동체 유대의식을 형
성·강화하게 된다. 그리고 아동들은 사회화 과정을 통해 지역공동체
의 역사, 문화 및 전통을 습득하고 전승·발전시키는 중요한 역할을 수
행하게 되는 것이다.

중평 마을공동체에서도 마을 아동에 대한 교육과 학습을 적극적으로

실시하였다. 현재 마을에 거주하는 어르신들은 유년 시절부터 마을 서당 교육, 합동세배, 공동체 제의 및 행사 등 일련의 사회화 과정을 거치면서 마을공동체에 대한 정체성과 뿌리의식을 체득하고 강한 자부심을 가지고 있다. 저자가 마을을 방문하였을 때 마을 어르신들은 마을의 유래, 역사, 전통 등을 소상하게 알고 있었고, 마을의 문화와 전통을 계승하고 있다는 강한 자부심과 함께 이를 전승하기 위해 적극 노력하고 있었다.

한 예로, 오늘날 중평 마을이 진안중평굿으로 전국적 명성을 얻게 된 데는 마을 차원의 적극적인 후원 때문이었다. 두렁쇠 故 김봉열 선생(1914~1995)이 젊었던 시절 마을공동체 차원에서 진안군 백운면 주천 마을에 거주하던 당시 유명한 풍물패 상쇠 김인철(1867~?) 선생을 초빙하여 김봉열 선생을 비롯한 당시 마을 청년들이 풍물굿을 배울 수 있도록 하였다. 그 후 김봉열 선생을 중심으로 중평굿패가 결성되면서 중평굿을 더욱 전승·발전시킬 수 있었던 것이다. 풍물 전통이 급격하게 사라지던 1970년대 이후에도 중평 마을 출신 대학생들에게 풍물을 가르치면서 중평굿과 중평굿패의 전통을 되살릴 수 있었다. 김봉열 선생과 이들이 주축이 되어 1992년 진안중평굿보존회를 결성하였고 중평굿의 보존과 전승을 위한 노력을 계속할 수 있었던 것이다. 2013년에 출범한 전라좌도 진안중평굿기념사업회는 2014년 김봉열선생기적비 건립사업을 추진하였고, 중평굿의 원형 보존과 전수교육을 꾸준하게 실시해왔다.

중평 마을공동체 사례연구를 통하여 오늘날 우리 사회에 주요 화두로 등장하고 있는 지역공동체의 복원과 사회적경제의 활성화에 어떤 함의와 시사점을 제공해줄 수 있을까.

이 책에서는 ⒤ 신뢰, 사회적 자본 및 공동체의식 고양, ⒤ 지역공동체 내 여러 공동체 조직들의 중층적·중복적 활성화, (iii) 구성원 간의 차별 없는 평등 지향, (iv) 지역사회 복지서비스체계 및 지역복지서비스와의 연계 강화, (v) 공동체 조직의 자치권과 자율성 보장, (vi) 공유자원의 지속 가능한 보호와 관리 등에 초점을 두어 논의를 엮어보고자 한다.

첫째, 지역공동체가 지속가능하게 유지·발전하고 사회적경제를 활성화하기 위해서는 공동체 구성원 간에 신뢰, 사회적 자본 및 공동체의식이 확고하게 뿌리내리고 있어야 한다. 보성군 복내이리송계 사례(배수호, 2019)에서 보듯, 전통사회에서도 구성원 사이에 공동체 유대감을 강화하고 구성원 간의 신뢰와 사회적 자본을 구축·강화하는 데 많은 노력을 기울였다는 것을 알 수 있다. 중평 마을공동체 역시 예외는 아니었다. 공동체 조직의 운영, 임원 선정, 공동 자산·재산 관리, 주요 의사 결정 등에서 투명성과 공개성 원칙이 관철됨으로써 구성원 간의 신뢰와 네트워크, 종국에는 사회적 자본의 구축과 강화로 귀결되었다. 이는 중평 마을공동체 구성원 사이에 공동체의식과 정체성을 확립하는 데 크게 기여하였다.

하지만 과거와는 달리 오늘날 공동체에서는 동질성 못지않게 이질성, 획일성 못지않게 다양성이 요구된다. 그렇다면 공동체 구성원 간의 신뢰와 사회적 자본을 어떻게 구축하고 강화해 나갈 수 있을까. 중평 마을공동체 사례연구에서 확인할 수 있듯, 공동체 축제와 행사, 공식적·비공식적 회의와 모임 등 소통의 공간과 기회를 확장하고, 투명하고 공개적인 공동체 조직의 운영을 통해 구성원 서로 간에 공통분모를 확인하고 심화시켜 나가는 것은 오늘날에도 여전히 중요하게 요청되는 바이다. 결국 동질성과 이질성, 획일성과 다양성의 적절한 배합과 조화야말로 공동체 내 구성원 간에 건강한 긴장을 유지하면서 공동체의 결속감을 단단하게 유지할 수 있지 않을까 싶다.

둘째, 지역공동체 안팎으로 여러 조직들을 중층적·중복적으로 결성·활성화할 수 있어야 할 것이다. 다양한 특성과 지향점을 지닌 여러 조직들이 씨줄과 날줄로 긴밀하게 엮여 있으면 구성원 간에 갈등과 알력을 예방할 수 있다. 그리고 행여 갈등 상황이 실제로 발생하더라도 이를 완화 혹은 해결할 수 있는 여지와 가능성을 높이게 된다. 이때 공동체 조직들은 반드시 공식적 체계와 형식을 갖추고 있을 필요는 없다. 여러 비공식적·공식적 조직들이 얽히고설켜 있으면 일부 구성원들이 공동체의 삶과 활동으로부터 소외될 위험은 적어지고 모두가 공동체의 동등한 일원으로 참여할 수 있는 가능성이 커지게 된다. 또한 공동체의 의사결정 과정에서 다양한 목소리와 의견들을 논의의 장으로 이끌어낼 수 있다. 이와 더불어, 구성원들이 여러 조직에 중복 가입하여 있으면, 특정 조직이나 일부 구성원들이 공동체의 운영을 좌지우지하고 공동체 내 실권을 장악하고 특혜를 누릴 가능성은 줄어들게 된다. 공동체 차원에서 추진하는 각종 사업과 공동 작업에 구성원 모두의 관심과 참여를 유도하기도 용이해질 것이다.

셋째, 공동체 조직의 활동이 지역사회 복지서비스체계 및 지역복지서비스와 직·간접적으로 연계되어야 할 것이다. 공동체 조직들이 전개하는 각종 사업과 활동이 궁극적으로 공동체 구성원들에게 실질적인 혜택을 제공할 수 있을 때 공동체의 성공 가능성과 장기 지속성은 높아진다. 지역사회에서 활동하는 공동체 조직이야말로 지역사회의 고유한 특성, 역사, 맥락, 여건, 지역복지 수요 등을 가장 잘 파악할 수 있는 위치에 있다. 따라서 지역공동체의 성공과 지속가능성을 담보하기 위해서는 공동체 조직의 사업과 활동이 지역사회 복지와 직·간접적으로 연계될 필요가 있다. 또한 공동체 조직의 사업과 활동에 따른 성과와 편익은 공정한 절차에 따라 구성원들에게 골고루 분배되고 구성원의 삶과 행복에 기여할 수 있어야 한다. 더불어, 경제적 수익과 성과는 다시 지역사회의 발전과 공공복리에 재투자되는 선순환 구조를 갖추어야 한다.

넷째, 지역사회 내 구성원 간에 차별 없는 평등을 지향하여야 할 것이다. 평등을 지향하는 지역공동체야말로 구성원 간의 위화감과 불신을 해소하고 구성원들이 공동체 사업과 활동에 적극 참여하도록 유인할 수 있다. 구성원들의 삶이 직장이나 공공기관의 서열구조 및 위계질서와 유사한 방식으로 꾸려진다면, 구성원들은 공동체 안에서 정서적 안정감과 편안함을 느낄 수 없을 것이다. 지역공동체와 조직들이 구성원 간에 차별 없는 평등을 지향하고 이를 보장할 때 비로소 진정한 공동체 삶을 영위할 수 있는 것이다.

다섯째, 지역사회에서 공동체 조직들이 사업과 활동을 실질적으로 주도하기 위해서는 중앙정부와 지방정부가 이들에게 일정한 수준의 자율성을 인정하고 존중해 주어야 할 것이다. 지역사회마다 유래, 역사, 자연적 입지, 인구사회학적 구성, 동원 가능한 자원 등 독특하고 고유한 특성을 지니고 있다. 이에 대한 고려와 배려 없이 정부 주도로 의사결정이 이뤄지고 공동체 사업들이 추진된다면 지역사회의 고유성, 자율성 및 다양성을 파괴하기 쉽다. 더구나 정부와 공무원들은 짧은 기간에 가시적인 성과에 집착하면서 성과주의 병폐들을 양산할 수 있다. 이는 결국 지역사회 구성원들을 수동적 위치에 머물게 하면서 오히려 지역사회의 활력을 소진시킬 것이다.

여섯째, 지역 단위의 공유재(common goods)의 보호와 관리 업무를 일정한 권한과 범주에서 공동체 조직들에게 위임할 필요가 있다. 공동체 조직들이 어느 정도 자치권과 자율성을 보장받을 때, 공유재의 보호와 관리가 효과적으로 작동할 수 있다. 공유재는 비배제성

(non-excludability)과 편익감소성(subtractability)의 성격을 지니며, 산림, 연안어장, 지하수, 목초지, 온천수 등 자연 공유재뿐만 아니라, 관개수 리시설, 공원, 교량, 주차장, 도심의 도로 등 인공적 시설물도 포함된 다(김재형, 2007; 배수호·이명석, 2018). 중평 마을공동체 사례에서 확인되 듯, 구성원들은 공동체 조직의 자치적·자율적인 운영을 통해 공유재 를 적정한 수준에서 이용하고 보호·관리할 수 있을 것이다.

보론
1

진안중평굿보존회

제1절
진안중평굿보존회 창설 및 운영

중평굿은 전라좌도 농악의 전형으로 진안 지역의 농악 특성을 잘 담고 있다. 예부터 중평 마을은 '독경소리 보다 풍물소리가 더 낫다.'라는 말이 회자될 정도로 풍물로 이름이 높았다. 이를 잘 계승하여 중평굿 체계를 마련한 분이 이 마을 출신 두렁쇠 故 김봉열 선생(1914년~1995년)이다. 1986년 12월에 이 마을 출신의 젊은 대학생들인 김태형, 이승철에게 풍물을 가르치면서 중평굿은 다시 활기를 띠게 되었다. 1987년 진안군내 풍물잽이들과 함께 중평굿 발표회를 가졌고, 1990년에는 김형진, 김태형, 이승철, 성태일 등과 함께 굿모임을 만들었다. 그러다가 1992년 11월 28일 진안중평굿보존회를 결성하고 같은 해 보존회 회장에 취임하였다. 1995년 82세의 일기로 선생께서 돌아가신 이후에도 진안중평굿보존회는 중평굿을 국내외에 널리 알리고 계승·발전시키는 노력을 꾸준하게 해오고 있다.

활동 내역

현재 진안중평굿보존회 회장직은 이승철이 맡고 있으며, 회원은 40
여 명이다. 1993년에는 마을 빈집을 헐어 중평굿전수관을 마련하여 그
곳에서 중평굿을 전수해왔다. 계속 늘어나는 교육생을 수용하기 위해
마이산 이산묘(駬山廟)와 진안읍 공설운동장을 옮겨다니면서도 전수 교
육을 꾸준하게 진행하여왔다. 2007년부터는 전통문화전수관(진안읍 군
상리 341번지 소재)에서 중평굿 강좌와 전수 교육을 실시해오고 있다(진안
중평굿보존회, 2015: 33-34).

다음 〈보론 표 1〉은 1990년 굿모임 결성, 1992년 진안중평굿보존회
결성부터 2021년까지의 연혁과 활동 내역을 보여준다. 진안중평굿보
존회는 2008년 10월 제49회 한국민속예술축제 국무총리상 수상을 비
롯한 각종 대회에서 수상하였고 여러 국내외 행사에 초청받아 공연하
고 있다. 2020년 6월에는 '전라좌도진안중평굿'이라는 이름으로 전북
무형문화재 제7-8호로 지정되었다.

<보론 표 1> 진안중평굿보존회 연혁 (1990년~2021년)

〈진안중평굿보존회 연혁〉

-1990.　　　　　굿모임
-1992.11.28.　　보존회 결성 큰굿
-1992~2020.　　정월대보름굿 '망월이야'
-1993.08.　　　칠석맞이 굿
-1995.11.　　　故 김봉열 선생 추모굿
-1998.07.　　　서울놀이마당 전통굿 재현
-2002.04.　　　마이산 벚꽃 축제 초청공연
-2003.08.　　　마이산 벚꽃 축제 초청공연
-2003.　　　　　故 김봉열 선생 8주기 추모 굿판 "지가락에 미쳐야지"
-2003.11.　　　진안중평굿 대동 한마당 "굿도치고 굿도보고"
-2004.04.　　　마이산 벚꽃 축제 초청공연
-2004.06.　　　"전라도의 춤 전라도의 가락" (한국소리문화의전당)
-2004.10.　　　전주공예품전시관 추석맞이 초청공연
-2004~2019.　　술멕이굿 "어서치고 술먹세 뚜부국에 짐나네~"
-2005.04.　　　마이산 벚꽃 축제 참여
-2005.10.　　　찾아가는 문화공연(진안군)
-2005.12.　　　故 김봉열선생 10주기 추모굿판 "처음처럼"
-2006.04.　　　마이산 벚꽃 축제 참여
-2006.05.　　　찾아가는 문화공연(장수 오미자 축제)
-2006.07.　　　서울놀이마당 초청공연
-2006.09.　　　찾아가는 문화활동 – 진안군
-2006.09.　　　찾아가는 문화활동 – 장수군
-2006.10.　　　전주 갯강축제
-2006.10.　　　통일대동굿 한마당
-2006.12.　　　러시아 연해주 위문공연
-2006~2015.　　바람굿 한마당
-2007.01.　　　정해년 해맞이굿
-2007.01.　　　전국문화의집 축제 "문화야 사랑해" 초청공연(전통문화센터)
-2007.05.　　　전주한지축제 초청공연
-2007.05.　　　진안예술제 초청공연
-2007.05.　　　부평풍물축제 초청공연
-2007.06.　　　6.10항쟁 20주년 행사
-2007.06.　　　전북민속예술경연대회 우수상
-2007~2016.　　해맞이굿
-2008.06.　　　전북민속예술경연대회 최우수상
-2008.10.　　　한국민속예술축제 국무총리상
-2009.07.　　　마을축제 초청공연
-2009.08.　　　중국심양국제관광절 초청공연
-2009.10.　　　진안군민의날 마이문화제 초청공연
-2009.11.　　　진안굿 한마당

-2009~2014.　진안예술제 "산바람 물소리" 초청공연
-2010~2015.　찾아가는 중평굿 "마을과 함께 하는 중평굿"
-2014.10.　전국임방울대회 참가
-2014.10.　전라예술제 초청공연
-2015.08.　진안중평굿 큰굿한마당
-2015.10.　전국임방울대회 참가
-2016~2018.　진안홍삼축제 중평굿한마당
-2019.12.09.　전라북도 무형문화재 심사(중평 마을)
-2020.06.　전북무형문화재 제7-8호 '전라좌도진안중평굿' 지정
-2020.09.　전라예술제 중평굿공연
-2020.10.　지역문화예술공연 "굿바람 웃음꽃"
-2020.11.　전주세계소리축제 코로나19 극복 챌린지 공연
-2021.05.22.　전주기접놀이 초청공연 "쥔 주인 문열소 마당가운데 불놓소"

*출처: 진안중평굿보존회, 진안중평굿보존회 연혁.(https://jinangut.modoo.at/?link=cyxtoojn (2021/09/05 자료 접근).

　　오늘날 진안중평굿보존회는 진안 지역에서의 활동과 더불어 중평굿을 국내외에 널리 알리고 전수 교육을 적극적으로 실시하고 있으며, 정월대보름굿, 바람굿 한마당, 술멕이굿 등을 연중행사로 꾸준하게 진행해오고 있다. 그 외에도 다양한 행사에 참여하여 중평굿의 멋과 흥을 펼치고 있다(전라좌도진안중평굿 홈페이지, 2021/09/05 자료 접근). 정월대보름에 하는 굿인 "망월이야"는 해마다 음력 1월 15일 정월대보름날 오전 10시부터 당산굿과 시암굿(샘굿)을 시작으로 진안 지역을 돌면서 마당밟이(지신밟기)로 마을의 안녕과 건강을 기원한다. 진안 마이산 일대는 전국에서 벚꽃이 마지막으로 피는 지역으로 해마다 4~5월이면 진안벚꽃길에서 풍물소리로 신명나는 바람굿 한마당을 펼친다. 그리고 해마다 백중날(음력 7월 15일)에 진안전통문화전수관에서 술멕이굿인 "어서 치고 술먹세 뚜부국에 짐나네" 공연을 펼치고 있다. 〈보론 그림 1〉은 2015년 술멕이굿 초대 엽서이다.

　　한편, 진안중평굿보존회에서는 여름 전수(6~8월, 6박 7일), 겨울 전수

(12~2월, 6박 7일), 그리고 특별 전수(주말, 연휴 혹은 특정기간) 등 전수 교육 프로그램을 연중 실시하여 중평굿의 전승과 발전을 위한 심혈을 기울이고 있다.

〈보론 그림 1〉 술멕이굿 초대 엽서 (2015년 예시)

전라좌도 진안중평굿 큰굿한마당
술멕이굿 "어서치고 술먹세 뚜부국에 짐나네"

초대 2015년 8월 8일(토) 오후 3시 30분
진안전통문화전수관

진안에는 신령스런 '마이산'이 기운을 주고,
사람 사는 소리 '중평굿'이 살맛나게 합니다.
오랜만에 신명나고 따뜻한 큰굿마당을 엽니다.
맛깔나게 녹아나게 쳐보렵니다.
놀러 오셔서 술 한 잔 받으시고, 큰 힘주시면 고맙겠습니다.

2015년 7월

중평굿보존회장 이승철 올립니다.

행사일정

오후 3시 30분 ~	중평굿 마당판굿
7시 ~	초청공연 – 논산두레굿
7시 30분 ~	술멕이 놀이 – 술먹이기
	풍물놀이
	장기자랑
	윷 놀 이
	제기차기

* 오전 10시부터 당산굿과 마당밟이를 하고, 술멕이굿이 자연스럽게 밤늦도록 이어집니다.

*출처: 브레이크뉴스. (2015/08/07). (http://www.breaknews.com/386234) (2019/01/17 자료 접근).

중평 마을공동체의 지속성

어느 공동체에서든 공동체의 생존, 유지 및 번영을 위해서는 구성원들의 적극적인 참여와 헌신적 노력이 요청된다. 공동체 조직들은 조직 구조, 규칙 등을 제정하여 공동체 이익보다는 구성원 자신의 이익을 우선시하는 이기적인 행위를 사전에 방지하고, 공동체의 전체 이익에 해를 가하는 구성원들에게 일정한 제재를 부여한다. 또한 공동체 차원에서 구성원 모두가 '함께 더불어' 공동의 힘으로 응집하고 공동체의 주요 현안들을 대응하며 헤쳐 나갈 수 있는 여러 수단을 강구한다. 무엇보다도 공동체 차원에서 구성원과 그 후속세대에게 공동체에 대한 정체성, 소속감과 자긍심, 유대의식을 강화하려는 노력을 꾸준하게 시행한다. 각종 공동체 제의, 축제, 행사 등을 통해 공동체의 집단의식을 고취하고 '우리' 의식을 강화시킨다. 후속세대에 대한 사회화와 교육은 빼놓을 수 없는 핵심 사항이다. 공동체 차원에서 어린 세대들에게 공동체의 역사, 전설, 제의, 축제, 행사 등을 전승시켜 끊김없이 다음 세대로 이어지도록 하고 이를 발전시켜 나간다.

공동체의 회복탄력성은 하루아침에 형성되는 게 아니다. 여러 세대를 거쳐 가며 크고 작은 노력들이 축적되면서 공동체 구성원들은 더욱 결속되고 단단해지게 된다. 이로써 구성원들은 함께 더불어 역경을 극복하고 공동체의 전승, 유지와 발전에 기여하게 된다. '구성원 간 단합이 좋은' 공동체는 위기의 순간에 빛을 발하기 마련이다. 공동체가 직면한 위기와 난관들을 구성원 모두가 하나의 힘으로 응집해서 슬기롭게 대처해 나간다. 구성원 한 사람이라도 생존의 나락에 떨어지지 않도록 공동체 차원에서 힘을 보태어 보듬어주고 도와준다. 건전하고 지속 가능한 공동체는 '1등만을 챙기고 기억하는' 승자독식의 사회가 아니다. 구성원 각자가 모두 소중하고 귀한 존재이다. '나'와 '너'라는 분리된 삶의 방식이 아니라 '나=너' 그리고 종국에는 '우리'로 발효되고 승화되는 삶의 방식을 추구한다. 공동체의 삶을 통해서 구성원 각자는 정서적·경제적 안정감과 행복감을 느끼고 고독감에서 탈피한다. 공동체 차원에서 구성원 모두에게 안전망을 제공하여 함께 더불어 즐거운 삶이 가능토록 한다.

중평 마을공동체야말로 공동체의 원형을 보여주는 사례라고 생각한다. 산천이 수려한 자연적 입지에 마을이 들어앉아 있어 지리적으로도 심리적 안정감을 제공한다. 오랜 세월을 거치면서 중평 마을공동체는 구성원들에게 강한 소속감과 유대의식을 심어주었고 공동체의 정체성과 전통을 지켜올 수 있었다. 켜켜이 쌓인 세월 동안 중평 마을공동체에서 구성원들은 '함께 더불어' 정신으로 결속되어 근현대의 격변을 슬기롭게 극복할 수 있었다. 여기에는 공동체 차원에서 구성원들의 수많은 노력과 땀이 배어 있다.

제1절
중평 마을공동체의 지속성

여기서는 조선 후기, 일제강점기, 해방 이후의 시기로 구분하여 중평 마을공동체 차원에서 구성원들에게 소속감과 유대의식을 함양하고 강화하기 위해 어떠한 수단과 노력을 강구하였는지 톺아본다. 또한 중평 마을공동체의 안팎으로부터 각종 난관과 현안들을 어떻게 극복해나갈 수 있었는지를 살펴본다. 특히 동계, 송계, 서당계, 노인회 등 주요 공동체 조직들의 노력과 실천을 중심으로 논의하고자 한다. 〈보론 표 2〉는 조선 후기, 일제강점기, 해방 이후의 시기별로 공동체 유대의식 함양 및 강화, 공동체 현안의 공동 대처 등 중평 마을공동체에서 추진하였던 일련의 노력을 요약 · 정리한 것이다.

1. 조선 후기

공동체 유대의식은 공동체의 지속성에 심대한 영향을 미치는 요인이다. 따라서 공동체 차원에서 구성원에게 공동체에 대한 정체성, 소속감 및 유대의식을 함양하고 강화하기 위한 다각적인 노력을 펼치게 된다. 중평 마을공동체 또한 예외일 수 없었다. 중평 마을공동체에서는 오래전부터 전승되어온 풍수지리, 전설 등을 통해 공동체의 지역적 정체성을 형성·강화하였던 것으로 보인다. 옛날부터 중평 주변 지형이 '배의 형국[行舟形]'이라고 간주돼왔다. 그래서 마을 주변에는 돛대봉, 배거리봉과 같이 배와 관련된 지명이 다수 남아 있다.

중평 마을 앞에 위치한 너른 들은 '해징이들'이라 불리는데, 처음 마을이 형성된 곳이라고 한다. 과거 큰 부자였던 함창 김씨들이 더 큰 부자가 되고픈 욕심에 마을 한가운데에 우물을 파면서 괴질이 돌았고 이로써 마을이 망하게 되었다는 이야기가 전해오고 있다. 또한 뒤뜰, 누에머리, 닭날봉, 소리개재 등의 지명은 마을의 풍수 형국과 깊은 관련이 있다. 뒤뜰은 뽕잎 모양을 하고 있고, 마을 앞 안산은 뽕잎을 먹으려는 '누에머리 형국(蠶頭形)'이며, 마을 뒷산은 누에를 잡아먹으려는 닭의 벼슬 형국이어서 닭날봉으로 불리고, 다시 닭을 잡아먹으려는 형국이라 하여 소리개재라고 불린다. 이 같이 풍수 관련 지명에 얽힌 이야기들은 중평 마을 대대로 전승되며 땅과 독특한 친연성과 정체성을 형성·강화하는 기제로 작동하였다.

중평 마을공동체 차원에서 구성원 모두가 함께 어울려 '얽힘'에 따른 공동체 유대의식과 소속감을 강화하려는 각종 공동체 제의와 행사들이 적극 강구되었다. 매년 마을 전체 구성원이 모여 강신회를 개최하여 한 해를 결산하고 새해 공동체 현안을 논의한 후 구성원들이 함께 음식과 술을 나눠먹고 마시면서 '우리'라는 공동체의식을 강화하였다. 정월 대보름 즈음에 마을 당산나무에서 당산제를 지내고 마을 우물에 시암굿(샘굿)을 치면서 모두가 함께 어울리는 마당을 마련하였다. 중평 마을공동체에서는 시암굿을 특히 중시했는데, 이는 마을의 풍수 형국이 '행주형'이기 때문으로 보인다.

　농한기에 접어드는 칠석날(음력 7월 7일)이나 백중날(음력 7월 15일)에는 마을 주민들이 함께 모여 전, 나물, 고기, 술을 나눠먹고 풍물을 치며 신명나는 시간을 가졌다. 이때에는 남녀노소 누구를 막론하고 어깨를 들썩이며 풍물치고 춤추며 하루해가 저물도록 놀았다.

　여타 마을공동체와 마찬가지로, 중평 마을공동체에서도 결혼 등으로 분가하거나 마을에 새로 이주한 가구는 일정한 가입 절차를 거쳐 마을 계원으로 정식 가입토록 하였다. 중평 마을공동체는 신입계원의 추입 과정에서 폐쇄성보다는 개방성을 견지했던 것으로 보이며, 신입계원은 추입조 혹은 추입전을 마을에 납부토록 하였다. 이런 의식과 절차는 마을 재정에도 기여하였지만, 신입계원이 중평 마을공동체의 구성원으로 당당히 인정받고 공동체의 대소사에 참여할 수 있도록 하였던 것이다. 이와 더불어, 마을 곗돈을 운영하고 관리하는 데 회계결산 정보의 투명한 공개, 곗돈 부담 및 편익에서 계원 간의 평등성을 지향하였다. 곗돈은 매년 식리를 통해 공금의 규모를 불려 나갔고, 각종 지출 및 수입 내역을 상세하게 기록하고 공개하여 구성원 간에 불필요한 오해와 갈등의 여지를 차단하였다. 또한 모든 계원이 참석하는 강신회에서 한 해 동안 수입 내역, 지출 내역이 투명하게 공개되면서 구성원 상호 간에 신뢰를 제고할 수 있었다. 마을 현안들을 공동으로 대처하기 위해　재정적인 부담을 계원들에게 공평하게 부여하고 곗돈과 수익사업의 편익 또한 공평하게 나눠가졌다. 이는 장기적으로 공동체의 소속감과 유대의식의 강화로 이어질 수 있었다.

　중평 마을공동체에서는 공동체가 직면한 난관과 현안들을 구성원 모두가 함께 집단의 지혜와 노력으로 극복해 나갔다. 계원으로부터 일정 금액이나 곡식을 갹출하여 마을 곗돈을 마련하고 식리를 통해 곗돈을 불려 나갔다. 역구실산에서 땔감·목재 판매, 동중 물품인 차일 대여 등으로 마을 공금을 마련하였다. 이와 더불어, 마을 곗돈과 공금에 대한 철저한 회계와 재정 운영은 공동체의 생존과 번영에 필요한 각종 사업을 추진하는 데 금전적 원동력을 제공할 수 있었다. 조선 후기 동안 마을 곗돈과 공금은 주요 공동체 현안이었던 토지 및 임야 측량 사업, 도로 확장 및 수리 사업, 차일 등 마을 공동물품의 구입과 관리 등에 유용하게 활용하였다. 또한 강신회 비용, 계장 세찬, 유사 사례금, 산판 작업과 같은 다양한 목적과 활동에 요긴하게 쓰였다.

역구실 송계에서 보호·관리하던 역구실산은 공동체의 생존과 번영에 중요한 자산이었다. 옛날에 '산을 파먹고 살았다.'는 어르신들의 증언[103]에서도 확인할 수 있듯, 역구실산은 토질이 좋아서 산전과 화전을 개간하여 콩, 팥 등 농작물의 수확량을 확보할 수 있었다. 농지가 절대적으로 부족하던 산간 지역에서 마을 주민들은 역구실산에 산전과 화전 개간으로 배고픈 시절을 넘길 수 있었다. 또한 역구실산에서 소나무·가래나무·땔감·나뭇가지 판매, 불법 벌목행위에 대한 벌금 징수 등을 통해 동중 재산에 크게 기여하였다. 한편, 역구실산 내 산불 예방 및 감시 보호, 불법 입산과 벌목 감시, 산전과 화전 개간 및 작황 실태 점검 등 순산 및 산림자원 보호 활동을 공동체 차원에서 적극 전개하였고, 산림 공유자원의 무분별한 이용과 고갈을 방지하고 산림자원을 지속 가능한 방식으로 이용하고 보호·관리할 수 있었다.

어느 공동체에서든 공동체 내부 구성원 간의 이견과 갈등 상황은 늘 있기 마련이다. 구성원 간의 갈등과 알력이 극단으로 치닫게 되는 경우

---

103) 2019년 1월 22일, 2월 17일, 2022년 5월 18일, 6월 8일 마을회관에서 여러 어르신 증언.

공동체의 회복탄력성은 약화될 수밖에 없으며 이는 공동체의 지속가능성을 크게 위협하게 된다. 중평 마을공동체에서는 미연에 갈등 상황을 방지하거나 이미 발생한 갈등에 대해서도 슬기롭게 완화 혹은 해결하는 전통과 제도적 장치를 나름대로 마련하고 있었던 듯하다. 마을공동체 안팎으로 동계, 송계 및 서당계뿐만 아니라 동갑계, 문중계 등 여러 공동체 조직들이 중첩적으로 얽혀 있어 갈등 예방과 관리의 효과성을 극대화할 수 있었다.

중평 마을공동체에서는 구성원의 일탈행위, 무임승차 행위, 이기적이고 기회주의적 행태를 방지하기 위한 비공식적·공식적인 제도와 장치 또한 마련돼 있었던 것으로 보인다. 전통사회에서 명문 규정, 관습·관례·불문율을 위반하거나 강상 윤리를 어기는 등 공동체 질서를 어지럽게 하거나 파괴하는 행위는 극히 드물었다. 설사 공동체 질서를 위반하는 경우에도 마을 어르신의 중재, 길거리 대화, 비공식적 모임 등 비공식적인 방법과 절차를 통해서 해결할 수 있었다. 혹은 강신회와 같은 마을 구성원이 모두 모인 공식적 자리에서 명예 훼손이나 창피주기만으로도 공동체와 구성원들에게 상당한 효력을 발휘할 수 있었다. 이는 다른 구성원들에게도 상당한 교육 효과를 주었으리라 생각한다.

〈보론 표 2〉 중평 마을공동체의 지속성

시기	공동체 유대의식 함양 및 강화	공동체 현안의 공동 대처	기타 사항
조선 후기	−마을 주변 풍수 형국에 따른 지명 −마을 이전(移轉)에 관한 전설 이야기 −당산제, 시암굿(샘굿), 술멕이굿 등 공동체 제의 및 축제 행사 −중평굿의 보존 및 전승 노력 −곗돈과 공금 관리에서 공개성, 투명성 및 평등성 원칙 견지	−수입의 다원화와 재정의 건실화를 위한 노력 −토지 및 임야 측량 사업, 도로 확장 및 수리 사업 등 추진 −차일 등 마을 공동물품의 구입과 관리 −산전·화전 개간 −소나무·가래나무·땔감·나뭇가지 등 판매 수익 창출 −역구실산 내 산불 예방 및 감시 보호, 불법 입산과 벌목 감시 등 순산 및 보호 활동 전개	−저당증서 작성 −공식적·비공식적 수단을 통한 효과적인 갈등 관리 노력
일제 강점기	−마을 주변 풍수 형국에 따른 지명 −마을 이전에 관한 전설 이야기 −당산제, 시암굿(샘굿), 술멕이굿 등 공동체 제의 및 축제 행사 −중평굿의 보존 및 전승 노력 −서당계 결성·운영으로 자녀 교육 −곗돈과 공금 관리에서 공개성, 투명성 및 평등성 원칙 견지	−수입의 다원화와 재정의 건실화를 위한 노력 −차일, 가마, 관대, 병풍, 함, 밥상 등 공동물품 구매 및 관리 −산전·화전 개간 및 도조세 수입 −소나무·가래나무·땔감·나뭇가지 등 판매 수익 창출 −묘목 구입 및 식목, 조림 사업 실시 −역구실산 내 산불 예방 및 감시 보호, 불법 입산과 벌목 감시 등 순산 및 보호 활동 전개	−저당증서 작성 −공식적·비공식적 수단을 통한 효과적인 갈등 관리 노력
해방 이후	−마을 주변 풍수 형국에 따른 지명 −마을 이전에 관한 전설 이야기 −당산제, 시암굿(샘굿), 술멕이굿 등 공동체 제의 및 축제 행사 −중평굿의 보존 및 전승 노력 −설날 합동세배 전통 −서당계 운영으로 자녀 교육 −봄날 마을 단체관광 −복날 잔치, 생일잔치, 경로잔치 등 마을잔치 및 행사 −출향인의 높은 애향의식과 희사 전통 −곗돈과 공금 관리에서 공개성, 투명성 및 평등성 원칙 견지	−수입의 다원화와 재정의 건실화를 위한 노력 −차일, 가마, 관대, 병풍, 함, 밥상 등 공동물품 구매 및 관리 −산전·화전 개간 및 도조세 수입 −소나무·가래나무·땔감·나뭇가지 등 판매 수익 창출 −묘목 구입 및 식목, 조림 사업 실시 −밥상·식기 등 주방용품, 콩탈곡기, 고추파종기, 두부제조기 등 마을 물품 구매 및 관리 −역구실산 내 산불 예방 및 감시 보호, 불법 입산과 벌목 감시 등 순산 및 보호 활동 전개 −마을회관 신축(2000년), 모정 건립(2013년) 등 추진 −고추 모종 및 이식 작업, 마을 대청소, 풀베기 작업 등 공동울력	−저당증서 작성 −마을회관 안팎 알림판 설치 및 운영 −공식적·비공식적 수단을 통한 효과적인 갈등 관리 노력

*출처: 저자 작성.

2. 일제강점기

일제강점기 동안에도 중평 마을공동체에서는 구성원의 공동체 정체성을 강화하고 유대의식을 함양하기 위한 여러 노력이 행해졌다. 매년 강신회를 개최하여 구성원 모두가 함께 모여 한 해 동안 마을 대소사를 논의하고 다음 해를 준비하였다. 강신회가 끝나면 구성원들이 음식을 함께 나눠 먹으며 우의를 다지는 기회로 활용하였다. 또한 칠석날이나 백중날에는 술멕이굿, 정월대보름에는 마을에서 당산제, 시암굿(샘굿), 망우리굿(망월굿) 등 공동체 제의와 축제를 행하였다.

마을 어린이는 장차 공동체의 정체성과 전통을 이어나갈 후속세대이다. 이들에 대한 예절 교육, 마을 전통과 문화의 전승, 글 읽고 쓰기를 가르치는 교육은 공동체의 앞날을 책임지는 후속세대를 양성하는 데 중요한 기제인 것이다. 일제강점기 동안 중평 마을공동체에서는 서당계를 조직하고 마을에 훈장 선생을 초대하여 일정한 연령에 이른 어린이들에게 문자와 예절 교육을 실시하였다. 경제적 여유가 없어 서당계에 가입하지 못한 비계원의 자녀에게도 동계와 서당계 차원에서 학용품 비용을 보조하거나 일정 금액을 제공하였다.

전통사회에서 효와 경로는 공동체를 지탱하는 근간이었다. 중평 마을공동체뿐만 아니라 전통적인 향촌사회에서 경로와 공경은 중요한 윤리적 덕목으로 간주하였다. 또한 노인들을 통해 그 지역의 자연환경과 생태, 인문환경에 관한 풍부한 경험지식과 민속지식이 다음 세대로 보존, 전승 및 발전될 수 있었다. 노인은 태어나면서부터 한 지역사회에서 오랫동안 삶을 영위해왔으므로 그 지역의 자연환경과 생태, 인문환경에 관한 풍부한 경험지식과 민속지식을 소유하고 있고 이를 다음 세대에 전승해야 할 의무를 지니고 있다. 중평 마을공동체에서도 부모에 대한 효도, 연장자와 어르신에 대한 공경은 중요한 덕목으로서 자리 잡았고 이는 오랜 전통으로 계승되고 있다. 설날 합동세배 전통뿐만 아니라, 동계 및 송계 수계기에는 마을 어른들께 드릴 봉초(封草), 홍시(紅柿) 등의 구매 기록이 자주 기재된 것도 마을 어르신에 대한 공경의 표현이었다.

일제강점기 동안에도 곗돈과 공금 관리에서 공개성, 투명성 및 평등성을 지향하고 있었다. 곗돈의 부담과 편익이 공평하게 계원들에게 분배되었고, 금전 출납 내역이 상세하게 기록되었으며 강신회에서 이에 대한 회계결산과 감사가 철저하게 이뤄졌다. 이미 언급하였듯, 이러한 관행은 공동체 내 구성원 간의 신뢰와 사회적 자본의 구축 및 강화에도 직결된 사안이었던 것이다.

일제강점기에는 동중 재정의 수입원이 조선 후기에 비해 보다 다양해지면서 동중 재정의 규모는 더욱 커지게 되었다. 구체적으로, 곗돈 갹출과 식리, 신입계원의 추입조 혹은 추입금뿐만 아니라, 차일·가마·관대·병풍 등 공동물품 대여, 소나무·가래나무·닥나무·옻나무 등 입목 판매, 재목·땔감·숯·풀 판매, 묘지값, 산전과 화전 소작료, 동계·송계 규칙 위반금 등 다양한 수입원을 확보해 나감으로써 동계 재원을 다원화하고 확충시켜 나갔다. 일제강점기 동안 마을공동체 구성원으로 새롭게 가입한 신입계원 수는 대략 127명이었다. 이들은 일정한 가입절차를 거치고 추입조나 추입금을 마을에 납부하였다. 무엇보다도 송계산인 역구실산에서 창출되는 수입의 종류와 금액이 크게 증가하였다. 조선 후기 동안에는 역구실산에서 소나무·가래나무·땔감·나뭇가지 등 판매, 벌금 징수가 주된 수입원이었다. 하지만 일제강점기에 접어들면서 소나무와 가래나무뿐만 아니라, 잣나무, 닥나무, 옻나무, 삼[麻木] 등 입목과 재목을 판매하여 동중 재원을 더욱 확충할 수 있었다. 그 외에도 잡목, 소나무 가지, 땔감, 집짓기용 목재, 숯, 띠, 관목(棺木) 등을 판매하여 동계의 재정 수입을 늘려나갔다. 1930년부터 역구실산에서 계원들이 개간한 산전과 화전에 대해 매년 가을 도조세 명목으로 돈, 벼, 콩 등을 거둬들였다.

한편, 마을공동체 차원에서 행해지던 제의, 축제 등 공동체 행사뿐만 아니라 계원의 관혼상제에 필요한 차일, 가마, 관대, 병풍, 함, 밥상 등 물품을 마을 공금으로 공동 구매하고 이를 대여·보수·관리하였다. 그 외에도 산림조합비, 삼림조합비, 임야세, 역구실산 측량 비용, 세금, 벌채 신청 비용, 산판 작업 시 인건비, 벌채·풀베기·땔감 채취 비용 등 산림 감시 및 보호 활동, 목재·숯 등 중개비 등 다양한 목적과 활동에 동중 재원이 지출되었다. 이는 조선 후기와 비교하여 동중 재원의 출처로서 역구실산과 산림자원의 비중이 커지고 이에 따른 관리와 보호 활동 역시 두드러지게 증가하였다는 것을 의미한다.

일제강점기 동안 특기할 만한 사항은 마을공동체 차원에서 역구실산에 식목 및 조림 사업을 활발하게 추진하였다는 사실이다. 이 기간에 모두 11차례 묘목을 구입하였는데, 묘목의 수종은 주로 소나무, 옻나무, 닥나무, 삼이었다. 이와 더불어, 역구실산에 허가 없이 입산하여 불법적인 벌목과 채취가 자행되는 것을 감시하기 위한 순산 활동을 강화하였고 불법 행위에 대한 벌금 및 처벌 규정을 마련하여 엄격히 시행하였다.

마을공동체의 생존과 발전에 직·간접적으로 관련된 각종 사업, 이를테면, 도로·수로 건설과 보수, 산판 작업, 묘목 심기, 조림 사업 등을 추진하는 데는 공동 울력을 기본원칙으로 하였다. 공동체 차원에서 특정 날짜를 정해 마을 구성원이 모두 함께 참여하여 작업의 효율성과 성과의 극대화를 도모하고자 하였다. 공동 울력에 소요되는 술값 등에 대한 경비는 마을 공금에서 지출되었다. 공동 울력에 참여하지 않은 계원이 있으면 기록해 두었다가 강신회와 같은 모임에서 벌금 부과, 창피주기 등 공동체 차원에서 벌칙을 시행하였다.

일제강점기에도 중평 마을공동체 차원에서 구성원의 일탈, 무임승차, 도덕적 해이 등을 방지·관리하기 위한 노력의 일환으로 마을 공금을 빌릴 때 저당증서 혹은 가옥전집서를 작성하였다. 저당증서나 가옥전집서는 요즘 표현으로 담보 대출을 의미하는데, 일제강점기에 구성원들은 주로 자신의 가옥을 담보로 대출받았고 송아지 두 마리를 담보로 잡히고 대출받은 경우도 있었다.

중평 마을공동체에서는 구성원 간의 갈등과 알력이 공동체 와해로까지 치닫지 않도록 여러 비공식적·공식적 기제와 통로를 마련하고 있었다. 앞서 언급하였듯, 마을 어르신의 중재, 길거리 대화, 비공식적 모임 등 비공식적인 방법과 절차를 활용하였고, 필요시 강신회와 같은 공식적 방법과 절차를 통해 대부분의 갈등 상황은 방지 혹은 해결할 수 있었다.

3. 해방 이후

해방 이후에도 중평 마을공동체는 공동체의 정체성과 유대의식을 함양하고 강화하려는 노력들을 꾸준하게 이어오고 있다. 오늘날 이촌향도와 고령화로 마을 인구의 대다수를 고령자가 차지하고 있지만, 마을 구성원들은 중평 마을에 대한 강한 소속감과 자부심을 지니고 있으며 옛날부터 전래되어온 전통을 잘 보존·전승해가고 있다. 정월대보름 하루 전날 마을 앞에 달집을 만들고 저녁에는 전야제로 마을 당산에서 당산굿, 마을다리에서 다리굿, 마을 공동샘에서 시암굿(샘굿)을 치며 신명나게 논다. 정월대보름 당일에는 마을 주민이 함께 찰밥을 먹고 저녁에는 달집태우기 행사 전에 노인회장이 마을 안녕을 기원하며 소지를 태운다. 이때 마을 주민들은 진안중평굿을 공연한다. 또한 한여름 농한기에 해당하는 칠석날이나 백중날에는 술멕이 잔치를 벌이고 술멕이굿을 치면서 신명나게 논다. 동짓날에는 동지팥죽과 두부를 만들어 마을 주민이 함께 나눠 먹고 있다.

설날 합동세배 전통은 오늘날까지도 꾸준하게 이어져 오고 있다. 중평 마을회관이 설립된 후에는 설날 오전에 온 동네 주민과 귀향객들이 마을회관에서 합동세배 행사를 진행하고 새해에 건강, 치부, 결혼 등 좋은 일을 기원하는 덕담을 함께 나눈다. 중평 노인회가 주관하여 떡국 등 음식을 준비하여 나눠먹고 과녁 맞추기 대회, 윷놀이 등 전통놀이로 즐거운 시간을 보낸다. 이때 중평 마을의 큰 자랑거리인 중평굿을 함께 공연하며 흥겹게 즐긴다. 합동세배 풍습은 마을 주민과 출향인들이 웃어른을 공경하고, 출향인과 주민 모두 단합과 결속을 강화하고, 소속감과 공동체의식을 확인하고 유지·강화하는 기제로 작동하고 있다.

중평 마을공동체에서는 과거 화류놀이와 같은 봄나들이 전통이 마을 단체관광으로 이어지고 있으며, 오늘날 중평 마을의 빼놓을 수 없는 중요 행사로 자리 잡고 있다. 매년 봄날 하루를 택해 국내 관광지에 단체관광을 다녀오고 있다. 그 외에도 복날 잔치, 생일잔치, 경로잔치 등으로 끈끈한 공동체 의식을 다져가고 있다.

출향인들의 애향의식과 희사 전통은 마을 주민과 출향인 간의 끈끈한 유대관계와 소속의식을 강화시켜주고 있다. 마을에 거주하는 부모님의 생일 잔치, 설날 합동세배, 술멕이 잔치, 마을회관 신축 등 마을의 대소사에 출향인들은 돈이나 물품을 희사해오고 있다. 한 예로, 2000년 마을회관 신축공사 당시 출향인들이 대거 동참하여 상당한 금액을 마을에 희사하였다.

중평 마을공동체에서는 오래전부터 희사와 나눔의 전통이 뿌리깊게 자리잡고 있다. 그리고 마을 구성원들은 마을의 유구한 역사와 전통에 대한 강한 자부심을 가지고 있다. 그러면서 사라지는 것에 짙은 회한이 남아 있다. 전병선 어르신의 증언을 들어보자.[104]

전병선: 마을 주민들이 노인정이나 회관에 물건들을 많이 사온다. 현금도 기부하시고, 그러면 '자랑스러운 중평인'이라고 해가지고 일 년에 두어 분씩 선정해서 상패와 기념품을 드린다. 역사적으로는 우리 마을이 타 마을에 비해서 (결코) 뒤떨어지지 않는다고 생각한다. 전통을 이어가는 것도 그렇다. 합동세배나 정월대보름놀이 그런 것이나 여름철 마을사람들이 술멕이굿을 치는 것이라든가 그런 것이 (점점) 잊혀져가고 있다. (우리 마을에서) 몇몇 마을 사람들이 이어가고자 노력하고 있다. 나중에는 없어지겠지만 우리는 그걸 이어가려고 많이 노력을 하고 있지만 잘 되지 않는다. 옛날에는 정월대보름 굿이라든가 여름 행사라든가 그런게 있으면 농악과 굿을 쳐가면서 기금을 마련했었는데 지금은 전부 호주머니에서 돈을 내서 해야 하니까 (그게) 잘 안 된다.

해방 이후에도 곗돈과 공금 관리에서 공개성, 투명성 및 평등성 원칙은 굳건하게 지켜지고 있다. 심지어는 6 · 25 전쟁 기간에도 회계 출납 내역을 빠짐없이 기록하였으며 이에 대한 회계결산과 감사가 이뤄졌다. 이런 기록 문화의 전통은 중평 마을공동체에서 유구한 역사와 아름다운 전통으로 자리매김하고 있다.

---

104) 2019년 1월 22일 마을회관에서 전병선 어르신의 증언.

중평 마을공동체에서는 금전 출납, 회의 기록 등에서 투명성과 공개성의 원칙은 철저하게 관철되고 있다. 전병선 어르신의 증언을 들어보자.[105]

전병선: 우리 마을은 면사무소에서 나오는 이장 회의록 내용이라든가 또는 마을에서 쓰는 돈거래 내력이라든가 항상 그 누구나 수시로 볼 수 있도록 저런 식으로(마을회관 벽에) 걸어놓는다. 회의 자료를 마을 사람들이 다 볼 수 있어야 한다. 그 다음에 여기도 보면 마을 사랑방 운영이라고 해서 금년도 돈 쓴 내역과 영수증 처리(가) 항상 투명하게 운영하고 있다. 누구나 와서 볼 수 있고 누구나 열람할 수 있게 되어 있다.

해방 이후에도 중평 마을공동체에서는 수입원의 다원화와 재정의 건실화를 위한 노력을 적극 경주해오고 있다. 역시 역구실산에서 소나무 · 가래나무 · 닥나무 · 옻나무 판매, 관목 · 땔감 · 숯 · 표고목 판매, 묘지값, 산전세, 도벌 행위에 대한 벌금 등으로 많은 수입을 창출하였다. 이 외에도 동계 차원에서 신입계원의 추입조나 추입금, 계원 갹출금, 출향인이나 동네 주민의 희사금, 동계 소유 전답의 소작료, 차일 · 가마 · 병풍 · 관대 등 공동물품 임대료, 상주가 내는 상여금(喪輿金), 이자 수입, 술멕이 잔치 희사금 등 다양한 수입원을 확보하여 동중 재정을 확충해왔다.

중평 마을공동체에서는 역구실산 내에 묘목을 심거나 산판 작업을 실시하는 등 큰 사업을 추진하거나, 전답 · 토지 매입, 모정 · 마을회관 건립 등 큰 비용이 소요되는 경우에 각 계원으로부터 곡식이나 돈을 거

---

105) 2019년 1월 22일 마을회관에서 전병선 어르신의 증언.

뒤들여 자본금을 마련하였다. 계원의 갹출금은 낙엽송·리기다소나무 등 묘목 구매, 식림, 조림 및 육림, 임도 건설 및 관리 등 대부분 역구실산 관련 지출에 충당되었다. 하지만 급속한 산업화와 도시화의 물결 속에서 산림자원의 중요성은 급감하게 되었다. 무엇보다도 난방 연료가 땔감에서 석탄, 석유, 가스 등으로 대체되고, 목재가 해외에서 대량 수입되고, 퇴비도 화학비료로 대체되면서 역구실산에 대한 의존도와 중요성도 크게 낮아지게 되었다. 1970년대 후반과 1980년대 초반에 이웃마을과 역구실산의 소유권 분쟁에 휘말리게 되었고 그 후 1990년에 역구실산은 외지인에게 매각되었다.

중평 마을공동체에서 마을 자금으로 공동물품을 구매하여 운영·관리하는 전통은 오늘날에도 면면히 이어져오고 있다. 마을회관에 필요한 밥상·식기 등 주방용품, 콩탈곡기, 고추파종기, 두부제조기 등을 마을 공동기금으로 구매하여 마을 주민들이 함께 사용하고 있다. 오늘날에도 공동 울력으로 고추모종 키우기 및 이식 작업, 마을 대청소, 풀베기 작업 등을 공동체 차원에서 실시하고 있다. 설날이나 추석이 다가오면 마을 주민들이 함께 마을 대청소를 실시한다. 마을 입구부터 마을회관, 모정, 샘 등을 깨끗하게 청소하고 쓰레기를 수거하여 명절을 맞이할 준비를 한다. 평소에도 수시로 마을 입구와 주변에 풀을 베고 청소를 실시하고 있다.

계원이 마을 곗돈을 빌릴 때 주로 가옥을 대상으로 작성하던 저당증서 혹은 가옥전집서 전통은 해방 이후에도 한동안 유지되어 왔었다. 하지만 이제는 마을 자금의 규모가 그리 크지 않고 금융기관이 발달하면서 공동체 차원에서 행하던 식리 관행은 더 이상 존재하지 않는다.

중평 노인회에서는 마을회관 입구에 알림판을 설치하여 마을 관련 주요 사항을 공지하고 있으며, 마을회관 안에도 알림판을 별도로 설치하여 마을 주민, 출향인 혹은 외지인들이 마을에 희사한 내역을 기록해 두어 마을 주민들에게 널리 알리고 있다. 「노인회 운영대장」에도 〈찬조 물품 수불부(贊助物品 受拂簿)〉를 두어 희사자와 희사 내역을 자세하게 기록하고 있다. 이런 노력은 결국 재정 기록의 정확성, 회계결산 및 감사의 투명성을 제고하고 마을공동체 구성원 간의 신뢰와 사회적자본을 강화하는 데 기여하고 있다.

제2절
중평 마을공동체의 장기지속성 전망

중평 마을공동체는 오랜 세월 동안 공동체 구성원들에게 지역적 정체성과 정서적 소속감을 심어주고 '함께 더불어' 사는 공존공생의 삶을 실천해 왔다. 동계, 송계, 서당계 등 공동체 조직들이 주축이 되어 구성원들을 결집하고 다 함께 잘 사는 지역공동체를 꾸려왔다. 앞으로 많은 난관과 역경에 맞닥뜨리게 되더라도 중평 마을공동체는 마을 주민들에게 심리적 안정감과 자긍심을 부여하고 이를 극복해나가며 새로운 발전의 동력을 만들어 갈 수 있으리라 생각한다. 여기서는 장래 중평 마을공동체와 마을 주민들에게 큰 도전이 되리라 생각되는 주민의 고령화, 마을 주민과 외지인과의 관계, 중평 청자요지의 국가 사적지 지정, 진안중평굿의 전승 등을 중심으로 살펴본다.

첫째, 중평 마을공동체와 마을 주민들이 직면하고 있는 최대 위협요인은 무엇보다도 구성원의 고령화이다. 공동체를 이끌어나갈 젊은이들이 대거 마을을 떠나면서 마을 구성원의 고령화는 심각해지고 있다. 실제로 저자가 마을을 방문하였을 때 어르신들은 다음에 누가 이 마을에 들어와 살겠느냐면서 걱정이 대단하셨다. 통일신라시대 이후부터 사람의 발길과 숨소리가 끊어지지 않고 밥 짓는 연기가 늘 피어오르던 이 오랜 마을공동체는 인구 급감으로 인해 소멸될 위험에 처해 있다.

백중날이나 칠석날에는 고된 농사일의 노고를 위로하고 농사꾼들을 치하하는 잔치 마당이 열려 술멕이굿을 치면서 신명나게 놀았다. 정월 대보름날에는 마을 당산과 샘에 제사를 지내고 당산굿과 시암굿(샘굿)을 치면서 마을과 주민의 안녕과 복덕을 기원하며 떠들썩하게 놀고 어울리던 모습도 예전 같지가 않다. 해 질 무렵이면 마을 골목길이 들썩이도록 뛰놀던 아이들은 더 이상 보이지 않고 적막하기만 하다. 연로하신 어르신들이 돌아가시면서 마을에 빈집들은 늘어가고 있다. 밤의 어둠을 뚫고 떠오르는 둥근 보름달이 온 동네를 비출 뿐 이제는 마을이 적막하기만 하다. 전통 마을공동체는 이제 주민 수가 급감하면서 해체 위기를 현실로 맞이하고 있다.

둘째, 마을주민과 외지인과의 관계이다. 진안 지역으로 고속도로가 개통되고 도로 사정이 과거보다 훨씬 좋아지면서 진안 지역은 외부 지역과의 접근과 접촉이 수월해지게 되었다. 자가용을 이용할 경우 인근 대도시인 전주와는 불과 25분 정도밖에 소요되지 않는다. 또한 대전-진주 간 고속도로 개통으로 교통 여건이 좋아지면서 진안 지역도 과거와 달리 외부와의 접근이 훨씬 수월해지고 있다. 최근에 일부 외지인들이 중평 마을에 정착하여 살기 시작하였다. 하지만 이들의 생계 기반이 대부분 전주에 있으므로 중평 마을에 완전히 정착한 것은 아니다. 그래서인지 마을 원주민과 이주민들이 서로 활발하게 소통하고 교류하고 있지는 않다고 한다.[106] 마을 잔치나 행사에 이들을 초청하지만 적극

---

106) 2019년 2월 17일 마을회관에서 김회선 어르신의 증언.

적으로 참여하지 않고 있다. 앞으로 마을 주민-이주민 간의 관계도 중평 마을공동체의 지속성에 중요한 요인으로 작용할 것으로 보인다. 외지인의 유입은 기존 공동체에 긍정적, 부정적 요인을 모두 갖고 있다. 다소 이질적인 배경을 지닌 외지인들이 정착함으로써 원주민과 이주민 간의 갈등 상황이 발생할 수 있어 공동체의 통합과 안정을 오히려 해칠 수 있다. 원주민과 이주민들 간에는 공통적인 정서와 요소가 많지 않을 뿐더러 상호 간에 오해를 불러일으킬 수도 있기 때문이다.

한편, 외지인의 유입은 기존 구성원만의 배타성과 폐쇄성으로 인한 집단 네트워크의 잠김효과(lock-in effect)를 방지하고 기존 공동체와 원주민들에게 새로운 활력과 기회를 불어넣을 수 있다. 또한 외부세계와의 연결을 촉진하고 네트워크를 활발하게 추진하게 되면서 새로운 정보, 기술 및 기회를 포착할 수 있다(이해진, 2015: 86; 정태인·이수연, 2013: 218). 이를 통해 마을공동체의 분위기를 쇄신하고 새롭게 발전할 수 있는 전기를 마련할 수 있다.

셋째, 중평 마을에 위치한 중평 청자요지는 '국가지정문화재 사적 제551호'로 지정되면서 마을 주민들은 기대감과 자부심을 가지고 있지만, 동시에 마을의 앞날에 대해 걱정반 기대반이다. 청자요지가 본동네와 바로 인접해 있기 때문에 이 지역을 국가에서 사적지로 보호·관리하게 되면, 본동네 주거지의 일부가 철거되고 앞으로 주거지 건물의 높이가 제한받을 것으로 보인다.[107]

넷째, 진안중평굿을 체계화한 두렁쇠 故 김봉열 선생이 생전에 마을 청년들에게 중평굿을 전수하고 이들과 함께 1992년 진안중평굿보존회를 결성하였다. 2007년부터 진안읍에 소재한 전통문화전수관에서 중

---

107) 2022년 4월 20일 전화 통화에서 김태형 이장의 증언.

평굿 강좌, 교육 및 전수 활동을 통해 중평굿을 보존·전승하려는 노력을 하고 있다. 또한 2013년 마을 주민들을 중심으로 전라좌도 진안중평굿기념사업회를 결성하여 마을공동체 제의와 행사에서 중평굿을 치고 있으며, 마을 주민과 일반인들을 대상으로 중평굿 전수교육을 실시하고 있다. 하지만 전통문화에 대한 일반인들의 관심이 점점 멀어지면서 앞으로 중평굿을 보존하고 전승하는 데 적지 않은 난관이 있으리라 생각된다. 진안중평굿보존회와 진안중평굿기념사업회를 주축으로 지역민의 참여를 활성화시키고, 진안군과 중앙정부의 관심과 지원이 꾸준하게 이뤄져야 할 것이다. 그렇지 않다면 전라좌도 농악의 특성을 잘 간직하고 있는 중평굿의 보존과 전승은 요원해질 수밖에는 없다.

부록

〈부록 표 2-1〉 김봉열선생기적비(金鳳烈先生紀蹟碑)

全羅左道굿 名人 金鳳烈先生紀蹟碑 (전면)

전라좌도굿 명인 김봉열선생 기적비문 (후면)

선생은 함창인으로 만동과 김해김씨의 차남으로 1914년 3월 7일 중평마을에서 태어나 마을굿을 접하다 18세에 백운면 솔무지마을 김인철선생님에게 굿을 배워 20세에 상전면 소방서 걸궁에 참여하여 기능을 익혔다. 선생은 25세에 마을 상쇠를 하며 젊은이들을 가르쳐 각종 대회에 참여하였고 80년대 대학 풍물패 사회 문화패가 마을에 찾아들고 83년 금산농고를 지도하여 24회 전국민속예술경연대회에서 국무총리상 수상 87년 좌도굿 발표공연 89년 국민의장 문화장 92년 전라좌도 진안 중평굿보존회 결성 큰굿 93년 전수관을 지어 많은 제자를 배출하였다. 95년 7월 19일 82세를 일기로 중평굿의 전설이 되었으며 08년 보존회가 49회 한국 민속예술축제에서 국무총리상을 수상하였다. 선생의 말씀을 비에 새겨 후세에 길이 남기고자 한다.

「굿을 뼈 속까지 아는 사람들은 우리굿을 알아줘 다른굿은 맛이 없어서 못 듣것다고들 허지 굿은 마음을 솎아내는 것이 그 바탕인 뱁여 근디 그것이 잔재주 가락을 부린다고 저 깊숙이 있는 맴까지 들춰지겄어 얼른 들어 재미는 있겄지 지가락에 지가 미치지 않으면 그 굿은 죽은 굿이나 진배없어」

갑오년 4월 5일   전경기도문화재전문위원 장수 황안웅 지음
                    전북문화재전문위원 강진 김진돈 씀
주관 (기단 후면)
전라좌도 진안중평굿 기념사업회
잔라좌도 진안중평굿 보존회
후원
전라북도 진안군
자 김회성 회선 회천 회삼
녀 순임 순옥
기적비 건립에 협조해주신 모든 분에게 감사드립니다.
2014년 4월 5일

〈부록 표 3-1〉 조선 후기 동계 및 송계 회계결산 내역 (1888년~1910년)

강신일	錢/租	수입		지출		실재전/실재조
		내역	수량	내역	수량	
무자년(1888) (음) 10월 16일 (洞契)	錢	本錢	5냥5전	講信	2냥8전6푼	5냥5전2푼
		이자(四利)[108] 포함	▲ ▲ ▲			
		南■成語錢	6전8푼			
무자년(1888) (음) 10월 16일 (松契)	租	(本租)	▲석2두	講信	2두	▲ ▲ ▲
기축년(1889) (음) 10월 25일 (松契) (추정)	租	본조	2석2두	講信	3두5승	▲석▲두 3승
		이자(四利) 포함	▲석▲두8승			
		追入租(3명)	3두(각 1두)			
		合	▲석▲두 ▲승			
기축년(1889) (음) 10월 25일 (洞契)	租	본조	1두			13두▲승
		이자(四利) 포함	1두4승			
		追入租(5명)	10두(각 2두)			
		合	13두▲승			
	錢	본전	5냥5전2푼	講信	3냥8전1푼	5냥 5전
		이자(四利) 포함	▲냥▲전3푼	■里有司白紙價一年例紙價	2푼	
		南■成語錢	1냥8전			
		合	▲▲3푼			

---

108) 사리(四利)는 한 달에 이자율 4%를 말한다(한국민족문화대백과, 2019/08/20 자료 접근).

강신일	錢/租	수입		지출		실재전/실재조
		내역	수량	내역	수량	
경인년(1890)(음) 10월 15일 (松契)	租	본조	3석11두5승	講信	▲▲▲	5석8승
		이자(四利) 포함	▲석▲두1승			
		追入租(4명)	10두 (2명은 각 2두, 2명은 각 3두)			
		合	5석10두1승			
경인년(1890)(음) 10월 15일 (洞契)	錢	본전	5냥5전	雜三■費	1냥6전	11냥3전5푼
		이자(四利) 포함	7냥▲▲▲	例紙	3전	
		南■成語錢	1냥2전7푼	紙	2푼	
		松價	4냥3전			
신묘년(1891)(음) 10월 26일 (洞稧)	錢	본전	7냥5전	講信	3냥5전2푼	▲▲▲
		이자(四利) 포함	9냥▲전7푼	一年白紙例紙價	▲▲▲	
	錢	본전	7냥4전7푼	講信	5냥4전2푼	6냥7전3푼
		이자(四利)	10냥▲전5푼	■■■	3전	
		南■成語錢	1냥9전7푼			
	租	본조	2석1두8승 8합			3석▲▲▲
		이자(四利) 포함	▲석8두6승 4합			
		추입조(1명)	2두			
신묘년(1891)(음) 10월 26일 (松契)	錢	본전	4냥3전	講信	▲냥5전3푼	▲▲▲
		이자(四利) 포함	6냥▲전▲푼	■■■	2푼	
		蓼谷山伐懲出条	3냥▲전▲푼	上下有司例下用	6전	
		飮水洞伐松懲出	4냥			
		合	14냥2전2푼			
	租	본조	3석12두▲승2합			▲▲▲
		이자(四利) 포함	▲석1두2승5합			

강신일	錢/租	수입		지출		실재전/실재조
		내역	수량	내역	수량	
임진년(1892) (음) 10월 15일 (松稧)	錢	본전	10냥7푼	講信	3냥4전	11냥9전8푼
		이자(四利) 포함	14냥1전	■■■給 卜相考時用[109]	1냥	
		松價	2냥8전8푼	上下有司例下用	6전	
		合	16냥9전8푼			
	租	본조	5석1두2승			▲▲▲
		이자(四利) 포함	7석▲▲▲			
		추입조	▲▲▲			
계사년(1893) (음) 10월 26일 (松稧)	錢	본전	12냥	講信	4냥2푼	19냥1전7푼
		이자(四利) 포함	16냥8전	上下有司例下用	6전	
		松價	1냥8전			
		昨年遮日成時餘錢[110]	1냥3전5푼			
		이자(四利) 포함	1냥8전9푼			
		遮日價	3냥3전			
		合	23냥7전9푼			
	租	본조	4석4두7승5합	放賣用	1석	4석11두7승
		이자(四利) 포함	5석18두7승	■■■減	8두	
		추입조(1명)	1두			
		合	5석19두7승			
계사년(1893) (음) 10월 26일 (洞稧) (추정)	錢	본전	6냥7전3푼	■■■	▲냥▲전2푼	2냥6전8푼
		본전 (減給)	4냥7전▲푼	例紙價	3전	
		이자(四利) 포함	6냥6전3푼	講信	▲▲▲	
		南■成語	1냥1전8푼			
	租	본조	3석6승4합			▲▲▲
		이자 포함	4석4두9승			
		추입금(2명)	4두 (각 2두)			

109) 길흉화복 등 점치는 행위와 관련된 비용으로 추정된다.

110) '작년에 차일을 제작하고서 남은 돈'을 의미한다.

강신일	錢/租	수입		지출		실재전/실재조
		내역	수량	내역	수량	
갑오년(1894)(음) 11월[111]	租	본조	4석11두7승	去春作錢用	1석	▲▲▲
				稧時兩村分播[112]	2석11두7승	
				殖利	1석	
	錢	본전	19냥1전7푼	講信	1냥2전	19냥1전7푼
		이자(四利) 포함	26냥8전4푼	兩村分播	6냥4전5푼	
				■紙價	2푼	
				遮日價	5냥4전	
을미년(1895)(음) 10월 20일	租	본조	1석			1석10두
		이자(四利) 포함	1석8두			
		추입금(2명)	2두 (각 1두)			
	錢	본전	20냥3전7푼	■■■	▲▲▲	20냥8전8푼
		이자(四利) 포함	28냥5전1푼	■■講	4냥3전	
		松■價	3냥	上下有司例下用	11냥8전	
		遮日價	9냥▲전▲푼	講會時 越留時 巡役時 合路費	5냥5전2푼	
		■■■	▲▲▲	이자(四利) 포함	7냥7전2푼	
병신년(1896)(음) 10월 21일	租	본조	1석10두			2석10두
		이자(四利) 포함	2석2두			
		추입조	8두			
	錢	본전	20냥8전8푼	講信	5냥	38냥3전6푼
		이자(四利) 포함	29냥2전4푼	上下有司例下用	6전	
		松價	6냥2푼			
		遮日價	8냥7전			
		合	43냥9전6푼			

111) 강신 날짜가 기재되어 있지 않다.

112) 분파(分播)는 계원에게 곗돈이나 계곡을 골고루 나눠주던 행위를 말한 듯하다. 따라서 '兩村分播'는 중평, 점촌 두 마을의 계원에게 곗돈이나 계곡을 골고루 나눠준 금액으로 추정된다.

강신일	錢/租	수입		지출		실재전/실재조
		내역	수량	내역	수량	
정유년(1897)(음) 10월 27일 (松楔)	錢	본전	38냥3전6푼	講信	6냥8전	62냥2푼
		이자(四利) 포함	53냥7전1푼	猪價	6냥	
		松價	11냥4전4푼	禁火債	2냥4전	
		遮日價	10냥1전7푼	遮日修■價	1냥	
		作錢(租利조 8두)	4냥	上下有司例下用	1냥1전	
		合	79냥3전2푼			
	租	본조	2석10두			▲▲▲
		이자(四利) 포함	3석10두			
		추입조(3명)	3두(각1두 추정)			
무술년(1898)(음) 10월 15일	錢	본전	61냥9전2푼	■■■	▲▲▲	91냥5전4푼
		이자(四利) 포함	86냥6전9푼	上下有司例下用	1냥	
		春秋松楸價	6냥9전2푼	紙價	▲▲▲	
		遮日價	4냥8전	○小萬禮一年利	1냥6전8푼	
		■■■	▲▲▲			
	租	본조	3석5두	作錢用	8두4승	▲▲▲
		이자(四利) 포함	4석11두	朴●○	4승	
				■■■	5두▲▲▲	
기해년(1899)(음) 10월 20일	錢	본전	91냥5전4푼	강신	12냥8전	131냥
		이자(四利) 포함	128냥1전6푼	上下有司例下用	1냥	
		春秋松價	8냥8전4푼			
		飮水洞■■■昨年 松價	1냥4전			
		遮日價	6냥4전			
		合	144냥8전			
	租	본조	3석15두6승			5석8두8승4합
		이자(四利) 포함	5석4두8승4합			
		추입조(3명)	3두(각1두)			
		合	5석8두8승4합			

강신일	錢/租	수입		지출		실재전/실재조
		내역	수량	내역	수량	
경자년(1900)(음) 10월 15일	錢	본전	131냥	遮日修價	1냥	131냥
		이자(四利) 포함	183냥4전	講信	9냥	
		遮日價	8냥1전	메밀값[木麥價]	3냥	
		春秋合松楸價	2냥6전	契長歲饌價	2냥	
		合	194냥1전	下有司 朴時學	1냥	
				上下有司(例下用)	1냥	
				松楸■伐工價石九處	3전	
				紙價	1전	
				兩村人込	45냥7전	
	租	본조	3석16두6승			5석7두2승4합
		이자(四利) 포함	5석7두2승4합			
신축년(1901)(음) 10월 16일	錢	본전	131냥	講信	12냥	158냥2전▲푼
		이자(四利) 포함	183냥4전	메밀값[木麥價]	4냥5전	
		遮日價	7냥2전	(上下)兩有司(例下用)	1냥	
		家材價	3냥	人込	27냥5전	
		飮水洞 伐局價	3냥6전			
		火木價	6냥4푼			
		合	203냥2전4푼			
	租	본조	3석6승	作米次留置	1석4두8승4합	▲ ▲ ▲
		이자(四利) 포함	4석4두8승4합	殖利条	3석	
임인년(1902)[113]	錢	본전	158냥2전4푼	講信	18냥	185냥7푼
		이자(四利) 포함	221냥5전4푼	契長歲饌	4냥	
		■ ■ ■	6냥1전5푼	上下有司例下(用)	1냥	
		■ ■ ■	3냥6전	■ ■ ■ ■	23냥2전2푼	
		合	231냥2전9푼			

113) 강회 날짜는 자료의 망실로 확인할 수 없다.

강신일	錢/租	수입		지출		실재전/실재조
		내역	수량	내역	수량	
임인년(1902)	租	본조 (■■■十年殖利次利条減)	3석16두	新有司處留匱	1석10두	2석10두
		추입금(4명)	4두 (각 1두)			
계묘년(1903) (음) 10월 15일	錢	본전	185냥7푼	講信	30냥5전	140냥 ▲ 전3푼
		이자(四利) 포함	259냥1전	紙價	6푼	
		作錢(留置租, 1석10두)	29냥4전	上下有司例下 (用)	1냥	
		遮日價	4냥2전	無亡 ■■■	30냥	
		柴木[114]價	3냥8전	路修■費	2냥7전5푼	
		合	296냥5전	■量地費	7냥 ▲ ▲ ▲	
				■審五人	5냥	
				■ ■ ■	▲ ▲ ▲	
				契長歲饌	▲ ▲ ▲	
				■ ■ ■	▲ ▲ ▲	
	租	본조	2석10두	新有司留置	1석11두	2석
		이자(四利) 포함	3석10두			
		推入租(店邨 1명)	1두			
		合	3석11두	合	1석11두	
갑진년 (1904)[115]	錢	본전	140냥 4전 ▲ 푼	講信	30냥5푼	208냥 6전1푼
		이자(四利) 포함	196냥6전	紙價	1전	
		作錢(租價)[116]	43냥4전	(上下)兩有司 例下(用)	1냥	
		松楸價	4냥6전6푼	遮日殿成次 留置于有司	7냥	
		遮日價	1냥2전			
		新入租(店邨 1명, 1斗價)	9전			
		合	246냥7전6푼			
	租	본조	2석			2석16두[117]
		이자(四利) 포함	2석16두			

---

114) 시목(柴木)은 땔나무를 말한다.

115) 자료가 망실되어 강신 날짜를 파악할 수 없다.

116) 동계 차원에서 거둬들인 '유치조(留置租)'를 말하는 것으로 추정된다.

117) 이 중에서 16두는 유사가 유치(留置)하고 나머지 2석은 식리하였다.

강신일	錢/租	수입		지출		실재전/실재조
		내역	수량	내역	수량	
을사년(1905) (음) 10월 26일	錢	본전	198냥6전1푼	講信	18냥9전	271냥 1전4푼
		이자(四利) 포함	▲ ▲ ▲	上下有司例下 (用)	1냥	
		■■■ 留置条	7냥	紙價	1전	
		■ ■ ■	9냥8전	遮日造成次 留置	10냥	
		松楸價	5냥2푼			
		遮日價	4냥2전			
		合[118]	301냥1전4푼			
	租	본조	2석17두	作米次 留置 (于)有司	1석19두8승	▲ ▲ ▲
		이자(四利) 포함	3석19두8승			
		新入租(3명)	3두 (각 1두)			
병오년(1906) (음) 10월 15일	錢	본전	271냥1전4푼	轎子造成次 留置	100냥[119]	289냥 3전4푼
		이자(四利) 포함	379냥6전	講信	32냥	
		作錢(留置租, 2석1두8승)[120]	25냥8전	上下有司例錢	1냥	
		遮日價	2냥4전	李○○ 成給条	8전	
		松枝與材木價	16냥2전6푼	紙價	2전	
		合	423냥3전4푼			
	租	본조	2석			2석17두[121]
		이자(四利) 포함	2석16두			
		新入租(1명)	1두			
		合	2두17두			

---

118) 회계결산 자료가 망실되어 수입 내역과 금액을 확실하게 파악할 수 없다.

119) 회계결산 기록에 "右錢 一百兩 庚戌辛亥 兩季有司下記 減給"라고 쓰여 있다.

120) 회계결산 기록에 따르면, 1석이 12냥으로 환전되었다.

121) 이 중에서 17두는 유사가 유치하고 나머지 2석은 점촌 마을 계원에게 식리하였다.

강신일	錢/租	수입		지출		실재전/실재조
		내역	수량	내역	수량	
정미년(1907) (음) 10월 15일	錢	본전	289냥3전4푼	講信	24냥	360냥 7전[122]
		이자(四利) 포함	403냥 ▲전▲푼	猪價	16냥	
		■■派送条	10냥8전	上下兩有司 例下	1냥	
		遮日價	4냥2전			
		松楸價	9전			
		材木價	4냥			
		合	401냥7전			
	租	본조	2석17두	店村 新有司 殖利	2석	2석2두 8승[123]
		이자(四利) 포함	3석19두8승			
		新入租(3명)	3두 (각 1두)			
무신년(1908) (음) 10월 그믐날	錢	본전	286냥1전	本■捧利条 減	26냥8전	166냥 8전8푼
		小萬禮 未捧条	39냥4전	具●○■債	3냥	
		본전(殖利)[124]	246냥7전	講信	22냥4전	
		이자(四利) 포함	345냥3전8푼	(上下)兩有司 例下	1냥	
		松楸價	8냥3전	白紙價	8푼	
		遮日價	4냥8전	坐分(32명 × 4냥3전)	136냥7전	
		合	358냥4전8푼			

---

122) 강신회에서 실재전 360냥7전을 계원 32명에게 각각 2냥3전씩 지급하기로 하여 73 냥6전을 분파하고 286냥4전은 다시 식리하도록 의결하였다. 하지만 나머지 7전의 소재는 파악할 수 없다.

123) 이 중에서 2석2두8승은 유사가 유치하고 나머지 2석은 점촌 마을 유사에게 맡겨 식 리하였다.

124) 식리를 한 실제 본전은 286냥1전에서 小萬禮 未捧条(39냥4전)을 제외한 246냥7전 이었다.

강신일	錢/租	수입		지출		실재전/실재조
		내역	수량	내역	수량	
무신년(1908) (음) 10월 그믐날	租	본조	3석19두8승	春間放賣次 捧 留於新有司[125]	2석16두	0
		作錢(2냥 4전)	3두			
		散珠ㅁ小萬禮 未捧 姑置	1석19두8승			
		본조(식리)	2석			
		이자(四利) 포함	2석16두			
		合	2석16두			
기유년(1909) (음) 11월 5일	錢	본전	160냥	本■捧利条 減	8냥	135냥 1전8푼
		이자(四利)	224냥	講信	16냥	
		松楸價	17냥4전	(上下)兩有司 例下	1냥	
		遮日價	2냥1전	人口調査時 食費	5냥	
		米價[126]	27냥3전	播分(34명 x 2냥9전▲푼)	100냥▲전2푼	
		合	270냥8전			
	租	稅租 作■■爲 留於李○○	1석			▲▲▲
		新入租 (3명)	3두 (각 1두)			
경술년(1910) (음) 11월 3일	전	본전	135냥	■邨守備隊 (米 5斗價)	8냥9전	62냥7전6푼
		이자(四利) 포함	189냥	(上下)兩有司 例下	1냥	
		松楸價	9냥6전5푼	座分(33명 x 1냥6전)	52냥8전	
		遮日價	2냥8전	紙價	6푼	
		新入錢(3명)	2냥1전			
		飮水 李碩士處 ■■錢	1냥			
		合	203냥6전5푼			
	조	新入租 (최소 3명)	최소 3두 (각 1두)			최소 3두

*출처: 「동계・송계수계기(洞稧・松稧修稧記)」(1888년~1980년)를 토대로 작성.

125) 쌀이 귀한 계절인 춘궁기에 동계 차원에서 2석16두를 팔아 돈으로 바꾸기 위해 유사에게 이를 보관하도록 한 것이다.

126) 전년도 벼 2석16두를 방매한 금액으로 추정된다.

회계연도	유사명
무자년(1888)	(자료 망실)
기축년(1889)	(자료 망실)
경인년(1890)	(자료 망실)
신묘년(1891) (동계)	(자료 망실)
신묘년(1891) (송계)	小萬禮, 壹萬
임진년(1892) (송계)	的萬, 玉每
계사년(1893) (송계)	曺○●●, 李○壹萬, 朴明孝
계사년(1893) (동계 추정)	壹萬, 今石, 奉再每
갑오년(1894)	曺○二月, 李○八每
을미년(1895)	●宗文
병신년(1896)	朴明孝
정유년(1897)	朴明孝, 小爲同, 玉每
무술년(1898)	奉再每, 順玉
기해년(1899)	吳永每, 李汝元
경자년(1900)	順萬, ●●
신축년(1901)	刀山, ●●
임인년(1902)	吳永每, 爲同
계묘년(1903)	小爲同, 月山
갑진년(1904)	丁丹, 與化
을사년(1905)	順票, 永每
병오년(1906)	●票, ●●
정미년(1907)	小萬禮, 永每
무신년(1908)	的萬, 今石
기유년(1909)	朴壽德, 吳興才
경술년(1910)	朴老完(傳有司), 李良必(掌有司) (이상 중평), 吳興才 (店村有司)

*출처: 「동계·송계수계기(洞稧·松稧修稧記)」(1888년~1980년).

〈부록 표 3-3〉 일제강점기 동계 및 송계 회계결산 내역 (1911년~1945년)

강신일	錢/租	수입		지출		실재전/실재조
		내역	수량	내역	수량	
신해년 (1911) (음) 10월 17일	錢	본전	140냥7전8푼	未捧条 除(吳○○, 金○○, 李○○ 3명)	23냥8전	131냥1전1푼
		이자(四利) 포함	197냥1전	拔本条 減(具○○)	6냥8전	
		松楸價	8냥6전1푼	歲饌(具○○)	1냥	
		合	205냥7전1푼	兩有司例下	1냥	
				講信	5냥	
				遮日重修次	37냥	
	租	新入租(3명, 朴○○, 金○○, 洪○○)	3두 (각 1두)			3두
임자년 (1912) (음) 10월 그믐날	錢	(본전)	(131냥1전1푼)	講信	45냥	160냥2푼
		麻布 二匹價 減[127]	6냥7전	松楸作伐[128]時 追捉賞給	3냥	
		遮日重修次 (잔액)	30냥3전	蓼谷山測量費	9냥8전	
		본전 + 遮日重修次 (잔액)	161냥4전1푼	白(紙)價	4푼	
		이자(四利) 포함	225냥9전8푼	兩有司例下	1냥	
		作錢(8두6승8합)	12냥1전5푼	■ ■ ■	17냥7전1푼	
		松楸價	4냥7전4푼			
		合	242냥8전7푼			
	租	新有司 留置租	7두2승	作錢(12냥1전5푼)	8두6승8합	5두
		未捧条(金○○) 除	1두			
		留置租 (잔액)	6두2승			
		이자(四利) 포함	8두6승8합			
		新入租(5명, 郭○○, 張○○, 崔○○, 李○○, 宋○○)	5두 (각 1두)[129]			

---

127) "昨年秋 遮日重修次로 三十七兩 留置中에 六兩七戔 麻布二匹價 減ᄒ고 三十兩三戔을 已上 實在中 加入ᄒ니...."라고 기록되어 있다. 즉, 작년 차일 수리 비용을 남겨둔 37냥 중에 마포 2필값으로 6냥7전을 제외하고 남은 30냥3전을 실재전에 합쳤다는 것이다.

128) '斫伐'을 말하는 듯하다.

129) 회계결산 기록에 따르면, 이 중에서 郭○○과 宋○○에게는 1두씩을 신입조로 받는 대신, 이를 1년 동안 이자 4리로 식리하였던 것으로 보인다. 아마도 두 신입계원이 그 당시 신입조를 낼 형편이 되지 않았던 듯하나 확실치는 않다.

강신일	錢/租	수입		지출		실재전/실재조
		내역	수량	내역	수량	
계축년 (1913) (음) 10월 29일	錢	본전	166냥3전2푼	買租(7두 3승價)	8냥 2전	203냥 5푼[130]
		이자(四利) 포함	232냥8전5푼	講信	40냥	
		松楸價	57냥9전	未捧条 除(鄭○○)	38냥4전2푼	
		合	290냥7전5푼	店村有司例下	1냥	
				紙價	8푼	
	租	留置租	3두	살마價用	2냥	▲ ▲ ▲
		이자(四利) 포함	4두2승	麻布價用	2냥5전	
		買租	7두3승			
		新入租(郭○○)	1두4승[131]			
		新入租(■○○)	1두			
		新入租(鄭○○, 全○○)	2두 (각 1두)[132]			
갑인년 (1914) (음) 10월 19일	錢	본전	203냥5푼	未捧条 除減(梁○○)	30냥4전2푼	166냥 7전7푼[133]
		이자(四利) 포함	284냥2전7푼	遮日造成時手工價	8냥	
		留置租 放賣錢	16냥6전5푼	講信	37냥	
		伐松價	12냥2전1푼	店村有司例下	1냥	
		遮日價	1냥1전	白紙價	4푼	
		合	314냥2전3푼	契員 分播 (35명, 각 2냥)	70냥	
	租	新入租(4명, 金○○, 全○○, 李○○, 黃○○)	4두 (각 1두)			5두8승
		新入租	1두8승			
		合	5두8승			

---

130) 회계결산 기록에 따르면, 203냥5푼에서 64냥1전7푼은 '이○○댁에 보관[李○○家留置]'하고 나머지 138냥8전8푼은 식리하였다.

131) 郭○○과 宋○○는 1912년에 동계 계원으로 가입하면서 1두씩을 내는 대신 1년 동안 식리하였다. 회계결산 기록에 따르면, 다음 해 1913년 郭○○는 이자와 함께 1두4승을 갚았으나, 송○○는 1두4승을 그해에 갚지 않는 것으로 기재돼 있다.

132) 회계결산 기록에 따르면, 이 중에서 鄭○○과 全○○에게는 1두씩을 신입조로 받는 대신, 이를 1년 동안 이자 4리로 식리하였던 것으로 보인다. 아마도 두 신입계원이 그 당시 신입조를 낼 형편이 되지 않았던 듯하나 확실치는 않다.

133) 그 외에 2전3푼은 유사가 따로 보관한 것으로 기재돼 있다.

강신일	錢/租	수입		지출		실재전/실재조
		내역	수량	내역	수량	
을묘년 (1915) (음) ■월 8일	錢	본전	166냥7전7푼	講信	33냥3전7푼	176냥1전9푼
		이자(四利) 포함	233냥4전8푼	白紙價	4푼	
		木松價	21냥8전	吳○○錢■■	34냥7전	
		遮日價	5냥	崔○○ 減給	3냥5전1푼	
		合	260냥2전8푼	金○○ 利錢	2냥1전	
				修路酒價	7냥9전9푼	
				店邨有司例下	1냥	
	租	본조	5두8승			11두1승2합
		이자(四利) 포함	8두1승2합			
		金○○ 錢代租[134]	3두			
		合	11두1승2합			
병진년 (1916) (음) 11월 2일	錢	본전	176냥1전9푼	講信	32냥	168냥9전6푼
		이자(四利) 포함	246냥6전7푼	洞中書齋單子債	3냥	
		松楸價	15냥6전4푼	店村有司例下	1냥	
		雜木放賣錢	12냥	紙價	5푼	
		遮日價	4냥5전	兩里加火不足條	4냥8전	
		新入租 代金(3명, 鄭○○, 金○○, 趙○○) (租1斗 代金 1兩씩)	3냥 (각 1냥)	계원 분파(36명 x 2냥)	72냥	
		合	281냥8전1푼			
	租	본조	11두1승2합			15두5승7합[135]
		이자(四利) 포함	15두5승7합			
정사년 (1917) (음) 10월 20일	錢	본전	168냥9전6푼	崔○○条	3냥3전6푼	170냥4전2푼
		이자(四利) 포함	236냥5전5푼	學童油價	4냥	
		松價	35냥2전1푼	測量費	41냥2전8푼	
		遮日價	3냥3전	講信	53냥	
		合	275냥6푼	店(村)有司例下	1냥	

---

134) 돈으로 지불하는 대신에 쌀로 갚았다는 의미이다.

135) 회계결산 기록에 "新有司 留置錢 五戔六分"이라 기재돼 있는데 자세한 내막은 알 수 없다.

강신일	錢/租	수입		지출		실재전/실재조
		내역	수량	내역	수량	
정사년 (1917) (음) 10월 20일	租	본조	15두5승7합			1석4두 8승
		이자(四利) 포함	1석1두8승			
		新入租 (3명, 李○○, 崔○○, 李○○)	3두 (각 1두)			
무오년 (1918) (음) 11월 6일	錢	본전	170냥4전2푼	全○○ 拔本條	9냥	138냥 7전4푼
		이자(四利) 포함	238냥5전9푼	具○○ 拔本條	4냥	
		遮日價 · 松楸價	57냥5전9푼	李○○ 拔本條	2냥	
		林○○ 新入 代金 (1두 해당)	2냥5전	紙價	2전	
		合	298냥6전8푼	學童紙筆價	7냥7전4푼	
				有司例下	1냥5전	
				採伐認許書堂債	2냥	
				講信	83냥5전	
				轎子貿買次 李○○家 留置	50냥	
				轎子買用次 李○○家 留置	64냥3전	
	租	본조	1석4두8승	放賣執錢(64냥3전)	1석5두7승 2합	13두
		이자(四利) 포함	1석14두7승2합			
		新入租(4명, 金○○, 金○○, 姜○○, 薛○○)	4두			
		合	1석18두7승2합			
기미년 (1919) (음) 1월 17일 (송계)	錢			松稧 下記	8냥	
기미년 (1919) (음) 10월 15일	錢	본전	138냥7전4푼	轎子價 不足條	47냥1전8 푼	133냥 9전
		이자(四利) 포함	194냥2전4푼	轎子駐費	5냥	
		松楸價 與遮日轎子價	133냥7전4푼	學童筆墨費	6냥	
		合	327냥9전8푼	講信	130냥5전	
				講信	3냥	
				紙價	4전	
				兩有司例下	2냥	

강신일	錢/租	수입		지출		실재전/실재조
		내역	수량	내역	수량	
기미년 (1919) (음) 10월 15일	租	본조	13두			1석1두4승
		이자(四利)	18두2승			
		新入租 (3명, 辛○○, 李○○, 崔○○)	3두 (각 1두)			
경신년 (1920) (음) 10월 15일	錢	본전	133냥9전	區分測量費	52냥	123냥4전6푼
		이자(四利) 포함	187냥4전6푼	講信	77냥5전	
		遮日轎子價	9냥5전	店村有司例債下	2냥	
		加火錢	36냥8전	測量時 午飯費	5냥	
		松楸價	61냥8전[136]	五月日 祈雨祭費	30냥	
		合	295냥5전6푼	測量 ■數金■子	5냥5전	
				紙價	1전	
	租	본조	1석1두4승			▲▲▲
		이자(四利) 포함	1석9두6합			
		新入租 (1명, 朴○○)	1두			
신유년 (1921) (음) 10월 27일	錢	본전	123냥4전6푼	屛風價	87냥5전	205냥4전4푼
		이자(四利) 포함	172냥8전4푼	山林組合費	28냥4전5푼	
		遮日轎子價	10냥	書堂契中 得用錢 報償条	11냥2전	
		材木價	86냥5전	學童紙筆價	10냥	
		■木價	55냥	講信	95냥	
		加火錢	36냥9전5푼	本里有司例下	5냥	
		松楸價	67냥5전	店村有司例下	2냥5전	
		麻木價	5냥	紙價	2전5푼	
		新入錢(3명, 張○○, 權○○, ●●●)	15냥(각 5냥)	紅柿價	3냥	
		合	448냥3전4푼			
	租	본조	1석11두			2석9두4승
		이자(四利) 포함	2석3두4승			
		新入租(3명, 張○○, 權○○, ●●●)	6두 (각 2두)			

---

136) 회계결산 기록에 "李○○ 二兩五戔 松價 加入"으로 기재되어 있는데, 이는 송추가 (松楸價) 61냥8전에 포함한 수입 내역으로 추정된다.

강신일	錢/租	수입		지출		실재전/실재조
		내역	수량	내역	수량	
임술년 (1922년) (음) 10월 18일	錢	본전	205냥4전4푼	山林組合費	28냥4전5푼	212냥6전6푼
		이자(四利) 포함	287냥6전2푼	(山林組合費) 七箇月 月利	9냥8전	
		松枝價	39냥9전5푼	講信	47냥	
		轎子價	5냥	鷄粥價	11냥	
		新入錢(4명, 文○○, 金○○, 金○○, 李○○)	20냥 (각 5냥)	店村有司例下	3냥	
		加火錢	54냥5푼	紙價	2전	
		合	406냥6전2푼	遮日改繕工價	7냥	
				冠帶新飾次	90냥	
	租	본조	2석9두4승	冠帶買得次	1석8두	2석9두1승6합
		이자(四利) 포함	3석9두1승6합			
		新入租(4명, 文○○, 金○○, 金○○, 李○○)	8두 (각 2두)			
		合	3석17두1승6합			
계해년 (1923년) (음) 10월 21일	錢	본전	212냥6전6푼	山林組合費	28냥4전5푼	225냥1전2푼
		이자(四利) 포함	298냥7전2푼	苗木代金	58냥5전	
		春等松楸價	141냥4전5푼	冠帶買得中 不足条	132냥3전	
		秋等松楸價	135냥	철육價	10냥	
		遮日轎子冠帶價	16냥	■■一價	10냥	
		合	591냥1전7푼	春等認許價	12냥6전	
		新入錢(2명, 金○○, 金○○)	7냥5전(5냥 + 2냥5전)	■木工價	2냥5전	
		新入錢(1명, 文○○)	2냥5전	講信	85냥	
				書堂灯油價	6냥	
				紙價	2전	
				店村有司例下	3냥	
				文○○ 未捧条	7냥	
				金○○ 未捧条	7냥	
				當日小使日費	2냥 5전	
				修稧日講	6냥	

강신일	錢/租	수입		지출		실재전/실재조
		내역	수량	내역	수량	
계해년 (1923년) (음) 10월 21일	租	본조	2석9두1승6합			3석18두 8승7합
		이자(四利) 포함	3석8두8승7합			
		新入租(5명, 金○○, 李○○, 崔○○, 韓○○, 文○○)	10두 (각 2두)			
		合	3석18두8승7합			
갑자년 (1924년)[137]	錢	본전	225냥1전2푼	松木■出給条	140냥	216냥 4전2푼
		이자(四利) 포함	316냥5전6푼	苗木条	55냥	
		冠帶屛價	10냥2전5푼	講信条	117냥5전	
		松楸價	53냥4전	鷄粥價	30냥	
		新入錢[138]	14냥	白紙價	1전	
		留置租 放賣價 (1석2두5승)	55냥	有司例下	5냥	
		合	449냥2전1푼			
		放賣租(1석5두6승)	80냥			
		不足錢	35냥			
	租	본조	2석14두	放賣價(80냥)[139]	1석5두6승	2석14두
		이자(四利) 포함	3석15두6승			
		新入租	4두			
		合	3석19두6승			

---

137) 회계결산 기록에 강신날짜가 기재되어 있지 않다.

138) 회계결산 기록에 따르면, 신입 계원은 "金○○ 五兩 上, 崔○○ 五兩 上, 金○○ 五兩 上, 梁○○ 五兩" 등 4명으로 이중 세 명만 5냥씩 납부한 것으로 기재돼 있다. 하지만 실제 수령된 금액은 14냥이다.

139) 회계결산 기록에 따르면, 1석5두6승을 방매한 돈 80냥은 당일 강신회에서 동계에 납입하였다.

강신일	錢/租	수입		지출		실재전/실재조
		내역	수량	내역	수량	
을축년 (1925) (음) 10월 18일	錢	본전	216냥4전2푼	苗木價	70냥	243냥 9전9푼
		이자(四利) 포함	302냥9전9푼	森林組合費	45냥2전5푼	
		冠帶遮日轎子屛價	32냥5전	去年不足錢(35냥) & 이자(四利)	49냥	
		松楸價	56냥3전	講信	86냥	
		韓○○家 棺木價	15냥	鷄粥價	26냥7전5푼	
		田稅價	62냥6전	兩里有司例下	7냥 5전	
		新入錢(3명, 韓○○, 全○○, 文○○)	15냥 (각 5냥)	白紙價	5전	
		不足錢[140]	44냥6전			
	租	본조	2석14두	函遮日轎子修繕次 新有司家 留置	1석7두6승	2석14두
		이자(四利) 포함	3석15두6승			
		新入租(3명, 全○○, 李○○, 韓○○)	6두 (각 2두)			
		合	4석1두6승			
병인년 (1926) (음) 10월 27일	錢	본전	243냥9전9푼	朴○○ 未捧条	11냥5전	295냥 4전1푼
		이자(四利) 포함	341냥5전9푼	李○○ 未捧發本	4냥4전	
		冠帶與屛與遮日	16냥5전	文○○ 未捧条	4냥2전	
		松楸價	35냥9전5푼	梁○○条 除置	75냥4전3푼	
		材木價	20냥	昨年講信不足条	43냥3전	
		新入条(4명 추정)	20냥	講信	51냥9전	
		入葬条(7인)	70냥	書堂燈油價	10냥	
		餘錢	26냥7전	有司例下	5냥	
				白紙價	2전	
				有司例下	2냥5전	
	租	본조	4석11두6승	李○○ 材木草件	10두	2석19두
		이자(四利) 포함	5석14두 2승4합	朴○○ 未捧条	14두	
		新入租(1명 추정)	2두	講信 (作錢)	1석9두	
		合	5석16두 2승4합	冠帶修成次 金○○■ 留置	19두6승4합	

---

140) 회계결산 기록 말미에 "不足錢 四拾四兩六戔"이 기재돼 있는데 자세한 내막은 알
수 없다.

강신일	錢/租	수입		지출		실재전/실재조
		내역	수량	내역	수량	
정묘년 (1927)[141]	錢	본전	305냥4전1푼	李○○, 安○○条	4냥	292냥 2전3푼
		이자(四利) 포함	427냥5전8푼	楮木價	12냥	
		松楸價	107냥5전	學童單子	7냥5전	
		冠帶價	31냥	轎子價	151냥	
		店邨松價錢	22냥6전	函價	42냥	
		金○○ 折草時 稧規則 違反 罰金	5냥	講信	100냥	
		新入錢(2명, 林○○, 李○○) (각 5냥)	10냥	折草禁■例	8냥	
		昨年租(4두6승4합) 放賣条	14냥	白紙價	5전	
		合	617냥2전3푼			
	租	본조	3석7두6승			4석16두 6승4합
		이자(四利) 포함	4석14두 6승4합			
		新入租(1명, 李○○)	2두			
		合	4석16두6승 4합			
무진년 (1928) (음) 10월 28일	錢	본전	292냥2전3푼	單子条	10냥	366냥 3전7푼
		이자(四利) 포함	409냥1전2푼	苗■價	11냥5전	
		冠帶遮日價	17냥5전	函價	20냥	
		松楸價	50냥6전5푼	森林組合費 不足条	10냥	
		新入錢(1명, 李○○)	5냥	函費不足 & 이자(四利)	9냥4전	
		材木價	7냥5전	講信	55냥	
		合	490냥2전7푼	店邨有司例下	5냥	
				白紙價	5전	
				全○○ ■■次	2냥5전	
				合	123냥9전	
	租	본조	4석16두6승4합	■条	17두6승2합	5석17두 6승8합
		이자(四利) 포함	6석15두3승			

141) 회계결산 기록에 강신날짜가 기재되어 있지 않다.

강신일	錢/租	수입		지출		실재전/실재조
		내역	수량	내역	수량	
기사년 (1929) (음) 10월[142]	錢	본전	366냥3전7푼	林○○条	7냥	380냥 2전1푼
		이자(四利) 포함	512냥9전2푼	金○○家 未捧	13냥7전3푼	
		轎子價	24냥	李○○家 未捧	19냥6전	
		松楸價	20냥	宋○○家 未捧	19냥6전3푼	
		加火錢	80냥3전5푼	金○○家 未捧条 ■先	27냥4전4푼	
		新入錢(4명, 韓○○, 李○○, 蘇○○, 吳○○) (각 5냥)	20냥	森林組合費	91냥	
				講信	18냥7전5푼	
				講信	30냥	
				白紙價	5전	
				店邨有司例下	5냥	
				紅柿價	6냥	
				軍服價	11냥	
				有司別給	5냥	
				李○○ 歲饌, 李○○ 雇条	5냥	
	租	본조	5석17두 6승8합	測量費	17두	4석16두 1승2합
		이자(四利) 포함	8석4두 7승6합	2석6승 & 이자(四利)	2석16두 8승8합	
		新入租(5명, 李○○, 蘇○○, 吳○○, 李○○, 韓○○)	10두	2석6 승 & 이자 (四利)	金○○家 特減 ■租	1석6두 8승8합	
		合	8석14두 7승6합		3년(己巳, 庚午, 辛未)	30두 (매년 10두씩 감액)	
				李○○家 留置	14두7승6합	

---

142) 회계결산 기록에 강신날짜가 기재되어 있지 않다.

강신일	錢/租	수입		지출		실재전/실재조
		내역	수량	내역	수량	
경오년 (1930)[143]	錢	본전	380냥2전1푼	森林組合費	98냥8전	354냥 6전3푼
		이자(四利) 포함	532냥3전	伐採申請条	20냥2전	
		松楸價	125냥1전5푼	測量費 不足条	33냥2전5푼	
		松楸價	27냥4전5푼	講信	107냥	
		山田稅条	88냥8전	白紙價	6전7푼	
		新入条(2명, 吳○○, 李○○) (각 7냥)	14냥	鷄粥價	20냥	
		合	787냥7전	韓○○家 未捧	12냥5전5푼	
				韓○○家 未捧	2냥	
				學童紙筆價	5냥	
				店邨有司例下	3냥	
	租	본조	4석16두1승2합	留置	10두8승	5석5두5승3합
		이자(四利) 포함	6석14두5승7합	全○○ 未捧	1석7두2승4합	
		加火	10두			
		合	7석4두5승7합			
신미년 (1931)[144]	錢	본전	354냥6전3푼	苗木代金	75냥	446냥 7전9푼
		이자(四利) 포함	496냥4전9푼	山林組合費	101냥2전5푼	
		山田稅条	101냥2전5푼	講信	99냥4전5푼	
		松楸價	40냥	兩里有司例下	8냥	
		昨年 留置条	112냥2전5푼	學童灯油代	3냥	
		新入錢(2명, 李○○, 李○○) (각 5냥)	10냥	白紙價	1냥	
		合	759냥 9전9푼	全○○ 拔本条	18냥	
				王○○ 拔本条	7냥	

143) 회계결산 기록에 강신날짜가 기재되어 있지 않다.

144) 회계결산 기록에 강신날짜가 기재되어 있지 않다.

강신일	錢/租	수입		지출		실재전/실재조
		내역	수량	내역	수량	
신미년 (1931)	租	본조	5석5두 5승3합	■■■	19두 2승1합	6석9두 3승2합
		이자(四利) 포함	7석7두 7승5합	趙○○家	3두	
		新入条(2명, 李○○ 2두, 李○○ 1두6승)	3두6승			
		合	7석11두 3승5합			
임신년 (1932)[145]	錢	본전	446냥7전9푼	安○○ (39냥2전 중 10냥 捧上) 除減	29냥2전	380냥 3전[146]
		이자(四利) 포함	625냥4전7푼	李○○處 (7냥 중 3냥 5전 捧) 除減	3냥5전	
		冠轎價	30냥	權○○處 (8냥4전 중 4냥 收入) 除減	4냥4전	
		松楸價	12냥5전	鄭○○處 (35냥2전 8푼 중 9냥 收入) 除減	26냥2전8푼	
		加火錢	51냥2전5푼	李○○處 (23냥9전 4푼 중 4냥5전 收入) 除減	19냥4전4푼	
		合	719냥2전2푼	宋○○處 (58냥8전 중 15냥 收入) 除減	43냥8전	
				李○○處 (35냥 중 8냥5전 收入) 除減	26냥5전	
				李○○處 (7냥 중 5냥 收入) 除減	2냥	
				衆人處 除減錢 永除[147]	155냥1전 2푼	
				森林(組合)費 不足錢	14냥5전	
				蓼谷山■■費	2냥5전	
				森林組合 累年件保組[148]	1냥7전5푼	

---

145) 회계결산 기록에 강신날짜가 기재되어 있지 않다.

146) 회계결산 기록이 망실되어 실재전 규모는 알 수 없다.

147) 위에서 언급된 8명의 계원이 갚아야 할 빚은 총 214냥6전2푼이었고, 이중 59냥5전을 납입하였다. 남은 빚 155냥1전2푼을 영구적으로 탕감해 준다는 것이다.

148) 회계결산 기록에 "金○○山니 松稷山 並入ᄒ야 森林組合 累年件保組 除下"라고 기재되어 있다.

강신일	錢/租	수입		지출		실재전/실재조
		내역	수량	내역	수량	
임신년 (1932)	錢			書堂燈油價	3냥	
				講信[149]	52냥	
				鷄粥價 與 食床價	33냥7전5푼	
				蔘谷 守護	3냥	
				紙價	1냥	
				兩里有司例下	6냥	
				留置錢 利子 未收	5냥	
				冠轎修繕費	5냥3전5푼	
				■■■森林組合	55냥9전5푼	
	租	본조	6석9두 3승2합			10석6두 2승7합 [150]
		이자(四利) 포함	9석1두5합			
		新入租(2명, 金○○ 李○○) (각 2두)	4두			
		合	9석5두5합			
계유년 (1933) (음) 11월 20일	錢	본전	379냥5전	講信	91냥8전1푼	374냥 1전2푼
		이자(四利) 포함	531냥3전	林野稅	121냥	
		留置錢	94냥6전	櫟木[151] 實査用	27냥5전	
		火束錢	26냥3전5푼	店村有司例下	2냥5전	
		合	651냥2전 5푼	三人分 未捧條	49냥9푼	
		新入(錢) (2명, 李○○ 3냥, 金○○ 5냥)	8냥			
		松木價	12냥5전			

---

149) 회계결산 기록 말미에 "留置 木麥 六斗六升併 九兩 講信中用下"라고 기재되어 있다. 즉, 강신비용 52냥에 더하여, 동계에서 보관 중이던 메밀 6두6승과 9냥을 강신비용으로 충당하였다는 것이다.

150) 회계결산 기록 말미에 "稅太 三斗八升價 ▲兩▲戔五分으로 賣渡"라고 기재되어 있다. 소작료로 받은 콩 3두8승을 ▲냥▲전5푼에 팔았다는 뜻이다.

151) 역목(櫟木)은 참나무과에 속하는 상수리나무를 말한다.

강신일	錢/租	수입		지출		실재전/실재조
		내역	수량	내역	수량	
계유년 (1933) (음) 11월 20일	租	본조	10석6두2승7합	再講信	3석14두9승	11석7두2승9합
		이자(四利) 포함	14석8두7승8합			
		新入租(1명, 申○○)	2두			
갑술년 (1934) (음) 11월 9일	錢	본전	374냥1전2푼	蘇○○家 拔本減	2냥	34냥5전
		이자(四利)	583냥7전7푼	金○○, 金○○ 兩人家 減	13냥3전	
		松楸價	80냥6전	李○○家 減	3냥4전	
		山田稅条	100냥	李○○家 減	65냥1전	
		稅太代条	9냥	鄭○○家 減	153냥3전	
		楮木代条 不足 ■■戶 分播錢	117냥	李○○家 減	1냥1전5푼	
		新入錢(8명, 吳○○ 5냥, 韓○○ 3냥, 金○○ 5냥, 韓○○ 2냥, 李○○ 2냥5전, 愼○○ 5냥, 車○○ 5냥, 金○○ 5냥)	32냥5전	李○○家 減	75냥4전	
		放賣租代条	35냥	金○○家 減	42냥8전	
				里有林 林野稅	122냥	
				楮苗代条	272냥	
				講信	63냥7전8푼	
				鷄粥價	10냥	
				店村有司例条	5냥	
				紙價	1냥5전	
				屏風修繕工價	5냥	
				封草價	5전	
				金○○ 新入錢 未捧	5냥	
				兩里有司 分發錢	6냥	

강신일	錢/租	수입		지출		실재전/실재조
		내역	수량	내역	수량	
갑술년 (1934) (음) 11월 9일	租	본조	11석7두2승 9합	趙○○家 減	2석2두6승	1석1두 2승6합
		이자(四利) 포함	16석8두2승 1합	金○○家 減	4석18두 2승1합	
				鄭○○家 減	2석9두 3승6합	
				劉○○家 減	4석2두 3승3합	
을해년 (1935) (음) 11월 20일	錢	본전[152]	34냥5전	講信	81냥	7냥5전 (不足)
		兩里山田稅	97냥5전5푼	封草價	7전5푼	
		楮木賣價	7냥5전	紙價	1냥5전	
		松楸價	48냥6전5푼	店村有司例下	5냥	
		大木價	4냥	林野稅	121냥	
		冠帶出例	5냥			
		稅太代金	4냥5전5푼			
		合	201냥7전 1푼			
병자년 (1936) (음) 11월 2일 (松契)	錢	本年春間 松楸拔賣價	10원11전	昨年 林野稅中 ■債条	2원10전	3원43전
		秋間 拔賣價	2원81전	加火執收日 講行	3원	
		陽理峯 材木價	18원	店村有司例下記	1원50전	
		加火金	17원29전	講信	11원20전	
		李○○ 許刈茅價	40전	封草價	18전	
		租 3斗價(李○○家)	1원20전	林野稅	24원20전	
		冠帶轎子賃	2원30전	伐採許可比	5원	
		新入条(金○○, 金○○) (각 1원)	2원	紅柿價	90전	
		太 1斗價	70전	安○○ 材木伐採解除条	4원	
		合	54원81전	白紙價	30전	
				屏風工價 置出条	2원43전	

---

152) 회계결산 기록에는 '여재전(餘在錢)'으로 기재돼 있다.

강신일	錢/租	수입		지출		실재전/실재조
		내역	수량	내역	수량	
정축년 (1937) (음) 11월 4일	錢	본전	7원30전	今春 林野稅 借用條	8원42전	3원49전[153]
		이자(四利) 포함	10원22전	講信	20원	
		昨年 楮木價	1원	兩里有司例條	1원50전	
		加火錢	20원37전	■■價	18전	
		松樵材木價	14원40전	紙價	30전	
		合	45원99전	昭和 12年度 1期分 林野稅	12원10전	
무인년 (1938) (음) 10월 26일	錢	본전	3원49전	加火執稅時 講信	5원	2원87전
		이자(四利) 포함	4원89전	本年春等 林野稅條 ■債	16원94전	
		田稅 太價(2두 5승)	1원87전	講信	20원	
		楮木價	2원	封草價	1원18전	
		冠帶價	2원	兩里有司例條	1원50전	
		新入(錢) (金○○, 金○○) (각 1원)	2원	紙價	30전	
		加火(錢)	26원53전			
		松楸價	8원50전			
		合	47원79전			
기묘년 (1939) (음) 10월 24일	錢	본전	2원87전	楮木代金	21원4전	15원
		이자(四利) 포함	4원2전	昭和 13年 1期 & 2期 林野稅	24원20전	
		兩村 收合錢	38원50전	火田收稅時 講信	7원40전	
		火田收稅	21원37전	講信	27원69전	
		田稅 太價	2원38전	兩里有司例條	1원50전	
		材木 松楸價	45원94전	紙價	30전	
		冠帶出次價	4원30전	材木仲介費	3원	
		楮木放賣價	6원50전	兩里首老長 封草價	90전	
		火田 違反(金○○, 裵○○)	60전	昭和 14年 林野稅 1期 & 2期	24원20전	
		新入(錢) (3명, 金○○, 金○○, 李○○) (각 1원 추정)	3원	酒價	34전	
				李○○家 未捧	23전	
				李○○ 同上 除置[154]	65전	
				利子 未收	16전	

---

153) 남은 돈 3원49전 중에서 "李○○ 貳圓六拾九戔 李○○ 拾壹戔 新有司 六拾九戔 留置印"으로 기재돼 있다.

154) 회계결산 기록에 "壹圓參拾四錢內 六拾九錢 李○○家 實上 六拾五錢 同上의게 除

강신일	錢/租	수입		지출		실재전/실재조
		내역	수량	내역	수량	
경진년 (1940) (음) 11월 25일[155] (松楔)	錢	본전	15원	苗木價	3원45전	21원 57전[156]
		이자(二利) 포함	18원	道路修善時 酒價	4원50전	
		加火錢	32원8전	加火時 當日講信	11원	
		松楸價	23원24전	講信	33원	
		柒木[157]價	18원	兩里有司例条	1원50전	
		道路修善 關錢	1원10전	1期 & 2期 林野稅	24원20전	
		冠帶出次價	1원60전	■■■	▲▲▲	
		新入(錢) (李○○, 李○○, 金○○) (각 1원 추정)	3원	■■■	▲▲▲	
		田稅 太價	1원60전	規約 明年度 木麥■■ 酒■	▲▲▲	
		合	98원62전	屛風修繕費	23원50전	
				染色價 不入	40전	
신사년 (1941) (음) 11월 1일	錢	蓼谷山 加火金	26원16전	1期 & 2期 林野稅	27원40전	11원 78전 (不足)
		松楸伐条	11원50전	(昭和) 15年度 不足条	5원36전	
		冠帶轎子屛價錢	3원70전	兩里有司例条	1원50전	
		趙○○	3원	紙價	50전	
		李○○ 租二斗 代	2원	講信	22원60전	
		新入(錢) (權○○)	1원	合	62원58전	
		金○○ 新(入) 二斗 代	2원			
		太 (韓○○ 1승, 金○○ 2두)	1원44전			
		合	50원80전			

置"라고 기재돼 있다. 즉, 1원34전 중 '李○○'이 69전을 갚았고 '李○○ 同上'이 갚
아야 할 나머지 65전에 대해서는 면제해 준다는 내용이다. '동상(同上)'은 아우나 손
아랫누이, 즉 '동생(同生)'을 말한다.

155) 회계결산 기록이 희미하여 상세한 내역을 파악할 수 없다.

156) 회계결산 기록에 "留置条 貳拾壹圓五拾七戔 除之 貳圓 不足"으로 기재돼 있다. 유
치금 21원57전을 제하니 2원이 부족하다는 의미이다.

157) '칠목(柒木)'은 옻나무를 말한다.

강신일	錢/租	수입		지출		실재전/실재조
		내역	수량	내역	수량	
임오년 (1942) (음) 11월 27일	錢	蓼谷山 加火錢	17원78전	前年度 林野稅 不足金 借入条 利倂 除	16원50전	24원 83전[158]
		松楸及材木代	12원28전	講信	22원60전	
		冠帶轎子遮日屛價 出次金	6원70전	紙價	70전	
		楮木代	2원60전	兩里有司禮賀	1원50전	
		新入租 2斗代 (權○○条)	2원20전	崔○○ 炭木賣渡時 成語費	9원65전	
		墓地價(●●○, 權○○, 韓○○, 李○○, 金○○)	20원	封草代	33전	
		金○○ 棺木價	15원	收入印紙代	5전	
계미년 (1943) (음) 12월 7일	錢	본전	24원83전	加火時 講信	8원	28원 94전
		이자(二利) 포함	29원64전	講信	27원70전	
		蓼谷山 加火条	24원1전	有司治賀条	13원	
		松楸價	6원86전	具○○ ■費	3원	
		冠轎屛價	8원	兩里有司禮賀	1원50전	
		辛○○ 墓地價	13원	紙價	80전	
		山田稅	3원40전	金○○ 棺木價 推尋条 費用	1원97전	
		合	84원91전			
갑신년 (1944)[159]	錢	본전	28원94전	加火時 講信	55원	145원 66전
		이자(二利) 포함	34원73전	紙代	1원	
		加火金	45원44전	店村有司禮賀	2원	
		代木代	50원	本里有司禮賀	1원	
		李○○外 1人과 合 六間木代와 棺木代	53원50전	1期 & 2期分 林野稅	48원40전	
		金○○ 十一間材木代	9원	講信	80원	
		李○○ 三間材木代	3원	合	187원40전	
		松楸價	1원71전			

---

158) 24원83전에는 "金○○ 棺木價" 15원이 포함된다.

159) 회계결산 기록에 강신날짜가 기재되어 있지 않다.

360 진안군 중평(中坪) 마을공동체

강신일	錢/租	수입		지출		실재전/실재조
		내역	수량	내역	수량	
갑신년 (1944)	錢	新入金 (5명, 金○○, 李○○, 梁○○, 李○○, 曺○○) (각 3원50전 추정)	17원50전			
		屛轎冠出次代	20원50전			
		■ 木代	94원18전			
		新入金 (崔○○)	3원50전			
		合	333원6전			
을유년 (1945) 11월 15 일 (松契)	錢	본전	145원66전	加火 執結時 酒債	39원8전	16원 20전 (不足)
		이자(二利) 포함	174원80전	店村有司例	2원	
		松楸材木價	11원10전	本里有司例	1원	
		加火金	71원78전	白紙代	3원	
		冠帶與屛轎子遮日 出次金	23원50전	日貨[160] ■ ■条	4원	
		柒木價	40원	苗木代条	100원	
		炭木代条	250원	植林時 人夫賃	49원 85전	
		新入(錢)	3원	書堂燈油價	35원	
		合	574원18전	講信	220원	
				鷄粥價	80원	
				林野稅	56원45전	
	租	新入租(金○○, 安○○, 李○○) (각 2두)	租 6두	講信	租 4두 & 太 2승	3두
		稅太 (韓○○)	租 1두			
		稅太 (金○○)	太 2승			
		合	租 7두 & 太 2승			

*출처: 「동계·송계수계기(洞稧·松稧修稧記)」(1888년~1980년)을 토대로 작성.

---

160) '일화(日貨)'는 일본 화폐 혹은 일본 상품을 말하는 듯하다.

〈부록 표 3-4〉 일제강점기 동계와 송계 유사 명단 (1910년~1945년)

회계연도	유사명
경술년(1910)	朴老完(傳有司), 李良必(掌有司) (이상 중평), 吳興才(店村有司)
신해년(1911)	李良必(중평), 吳興才(점촌)
임자년(1912)	崔俊瑞(중평), 崔漢夾(점촌)
계축년(1913)	安成奎, 具贊局(점촌)
갑인년(1914)	韓成權, 李洛凡
을묘년(1915)	金洛仲, 李洛凡
병진년(1916)	李奉春, 李洛凡
정사년(1917)	李己三, 李昌西
무오년(1918)	李紋國, 李洛凡
기미년(1919)	李時用, 李昌瑞
경신년(1920)	李根聖, 金弘順
신유년(1921)	全洪權, 李昌瑞
임술년(1922)	韓成權, 金洪順
계해년(1923)	李時用, 李洛凡
갑자년(1924)	李根翊, 金洪順
을축년(1925)	李生員 洛凡, 韓德三
병인년(1926)	李生員 洛凡, 金生員 洛中
정묘년(1927)	金洛中, 河相錫, 李相錫
무진년(1928)	河春三, 金斗煥
기사년(1929)	全洪權, 金洪順
경오년(1930)	全洪權, 李洛凡
신미년(1931)	李洛凡, 全弘權
임신년(1932)	李洛凡, 韓季奉
계유년(1933)	河春三, 李洛凡
갑술년(1934)	金鳳俊, 李洛凡

회계연도	유사명
을해년(1935)	金鳳俊, 金斗限
병자년(1936)	金奉俊[161], 金斗限
정축년(1937)	李鳳煥, 金鳳春
무인년(1938)	李根翊, 金斗限
기묘년(1939)	李根翊(傳有司), 權春逢(掌有司), 金斗限(掌有司)
경진년(1940)	李根生(轉有司), 金斗限(掌有司)
신사년(1941)	李根翊(轉有司), 金斗限(掌有司)
임오년(1942)	安孝錫(傳有司), 金斗限(掌有司)
계미년(1943)	李交童, 金斗限
갑신년(1944)	李壤煥, 金斗限
을유년(1945)	河東九, 金斗限

*출처: 「동계 · 송계수계기(洞稧 · 松稧修稧記)」(1888년~1980년).

---

161) 갑술년(1934)과 을해년(1935) 유사였던 '金鳳俊'과는 동일인으로 추정된다.

〈부록 표 3-5〉 해방 이후 동계 및 송계 회계결산 내역 (1946년~1980년)

강신일	錢/租	수입		지출		실재전/실재조
		내역	수량	내역	수량	
병술년 (1946) (음) 10월 27일	錢	松楸代	455원60전	加火時 下記	370원	60원92전
		柴木代	80원	昨年 林野稅 不足金 (본전과 이자)	22원68전	
		冠帶轎子遮日屛風 出次金	23원	講信	1,975원	
		新入金(具○○, 金○○) (각 租 2斗代 130원)	260원	兩里有司 治下	50원60전	
		墓地價 (散珠 마을 裵○○)	500원	本里有司 白紙代	30원	
		墓地價(李○○)	300원			
		加火金	490원60전			
		作錢(4두2승)	400원			
		合	2,509원20전			
	租	본조	3두	作錢(400원)	4두2승	0
		이자(四利) 포함	4두2승			
정해년 (1947) (음) 10월 27일	錢	留置金	60원92전	講信	363원	153원
		(내역 언급 없음)	1,163원	兩里有司 禮下	60원	
		合	1,223원92전	兩年 林野稅	547원92전	
				白紙代	100원	
무자년 (1948) (음) 11월 19일	錢	留置金	153원	林野稅	1,059원	1,625원
		冠帶 貸借料	1,100원	加火時 講信	900원	
		加火条	2,201원	兩里有司 禮下	200원	
		棺木及 材木 火木代	3,880원	講信	5,300원	
		新入金(6명, 全○○, 金○○, 韓○○, 吳○○, 金○○, 權○○) (각 2두, 총 12두 作錢) (각 400원)	2,400원	白紙代	250원	
		合	9,734원	豆腐代	300원	

강신일	錢/租	수입		지출		실재전/실재조
		내역	수량	내역		수량	실재조

강신일	錢/租	수입 내역	수량	지출 내역		수량	실재전/실재조
기축년 (1949)[162]	錢	留置金	1,625원	立木賣買 當時 講信		1,100원	10,189원
		立木 賣却代	20,000원	遮日製作費	合	17,100원	
					麻布代	11,700원	
					手數料	1,500원	
					講信	3,900원	
		立木(雜木) 賣却代 (2차 賣却代 5,000원 포함)	12,000원	釜(가마솥) 修繕費		1,500원	
		冠帶 貸借料 (遮日料 포함)	2,100원	苗木代 (5개월 利息 2,000원 포함)		6,371원	
		加火条	4,179원	林野稅		1,059원	
		棺木	2,400원	火田 收稅時 講信		1,800원	
		材木代	5,250원	修稧時 講信		12,400원	
		火木代	1,890원	兩里有司 禮下		500원	
		松枝代	1,575원	紙筆代		300원	
		新入金(3명, 全○○, 崔○○, 金○○) (각 租 2두, 총 6두 賣却代) (각 600원)	1,800원	學童 紙筆代		500원	
		合	52,819원				
경인년 (1950)[163]	錢	留置金	10,189환	轎子修理費		11,000환	0
		加火条	5,119환	林野稅		2,000환	
		田畓稅	1,050환	講信		3,308환	
		合	16,308환				

---

162) 회계결산 기록에 강신날짜가 기재되어 있지 않다.

163) 회계결산 기록에 강신날짜가 기재되어 있지 않다.

강신일	錢/租	수입		지출		실재전/실재조
		내역	수량	내역	수량	
신묘년 (1951)[164]	錢	加火条	2,050환	林野稅	2,000환	0
		田畓稅	1,010환	講信	1,060환	
		合	3,060환			
임진년 (1952)[165]	錢	加火条	3,000환	林野稅	2,000환	0
		田畓稅	2,000환	講信	3,000환	
		合	5,000환			
계사년 (1953)[166]	錢	田畓稅	2,300환	林野稅	2,000환	0
		加火条	2,500환	講信	2,800환	
		合	4,800환			
갑오년 (1954)[167]	錢	加火条	2,700환	林野稅	2,000환	0
		田畓稅	2,300환	講信	3,000환	
		合	5,000환			
을미년 (1955)[168]	錢	加火条	2,500환	林野稅	2,000환	0
		田畓稅	2,209환	講信	3,700환	
		遮日冠帶 賃貸金	1,000환			
		合	5,709환			
병신년 (1956)[169]	錢	加火条	3,000환	林野稅	2,000환	0
		田畓稅	2,100환	講信	3,600환	
		遮日冠帶 賃貸(金)	1,500환			
		合	5,600환			

---

164) 회계결산 기록에 강신날짜가 기재되어 있지 않다.

165) 회계결산 기록에 강신날짜가 기재되어 있지 않다.

166) 회계결산 기록에 강신날짜가 기재되어 있지 않다.

167) 회계결산 기록에 강신날짜가 기재되어 있지 않다.

168) 회계결산 기록에 강신날짜가 기재되어 있지 않다.

169) 회계결산 기록에 강신날짜가 기재되어 있지 않다.

강신일	錢/租	수입		지출		실재전/실재조
		내역	수량	내역	수량	
정유년 (1957)[170]	錢	本松稧林野 立木 賣却代	15,000환	冠帶 購買代	15,000환	0
		加火条	2,582환	林野稅	2,582환	
		田畓稅	2,100환	講信	2,100환	
		合	19,682환			
무술년 (1958)[171]	錢	加火条	2,589환	林野稅	2,582환	0
		田畓稅	2,300환	講信	2,300환	
		合	4,889환			
기해년 (1959)[172]	錢	田畓稅	2,000환	林野稅	2,582환	1,925환
		新入金 金○○(租 2두 賣却代 & 500환)	1,220환 (720환 + 500환)	兩里有司 致賀金	2,000환	
		新入金 孫○○(租 2두 賣却代 & 500환)	1,220환 (720환 + 500환)	講信	4,500환	
		加火条	6,660환	白紙代	93환	
		合	11,100환			
경자년 (1960)[173]	錢	留置金	1,925환	加火收集時 講信	2,000환	10,793환
		이자(四利) 포함	2,695환	講信	5,500환	
		冠帶 賃貸料	1,500환	兩里有司金 禮賀	1,200환	
		遮日 賃貸料	300환	辛丑年度 林野稅	2,342환	
		加火錢	16,080환			
		田稅 (太 1두2승 賣却代)	1,260환			
		合	21,835환			
	租	畓稅 良租	4두			4두

170) 회계결산 기록에 강신날짜가 기재되어 있지 않다.

171) 회계결산 기록에 강신날짜가 기재되어 있지 않다.

172) 회계결산 기록에 강신날짜가 기재되어 있지 않다.

173) 회계결산 기록에 강신날짜가 기재되어 있지 않다.

강신일	錢/租	수입		지출		실재전/실재조
		내역	수량	내역	수량	
신축년 (1961)[174]	錢	留置金	10,793환	加火資料調査 當日 講信	4,300환	2,241환
		이자(二利) 포함	12,951환	修禊 當日 講信	6,480환	
		冠帶 賃貸料	2,500환	兩里有司金 禮賀	1,200환	
		遮日 賃貸料	500환	遮日修理条	12,850환	
		加火錢	11,690환	가매[175]修理中 板子代	1,950환	
		田税 (太 1두2승 賣却代)	1,380환			
		合	29,021환			
	租	留置租	4두			12두3승 (正租 小斗)
		이자(二利) 포함	4두8승			
		現年度 畓税	7두5승			
		合	12두3승 (正租 小斗)			
임인년 (1962)[176]	錢	留置金	224원10전	加火時 (講信)	185원	0
		이자(二利) 포함	268원92전	講信	1,450원	
		遮日 賃貸料	50원	兩里有司 禮賀金	120원	
		當年度 加火金	1,095원90전	合	1,755원	
		作錢(正租 3두, 太 1두2승)	340원18전			
		合	1,755원			
	租	留置租	12두3승	作錢(340원18전)	正租 3두, 太 1두2승	13두 2승6합
		이자(二利) 포함	14두7승6합	轎子 修繕費	4두	
		田税 太(小斗)	1두2승			
		畓税 正租	5두5승			
		合	租 20두2승 6합, 太 1두2승			

---

174) 회계결산 기록에 강신날짜가 기재되어 있지 않다.

175) 가마 즉, 교자(轎子)를 말한다.

176) 회계결산 기록에 강신날짜가 기재되어 있지 않다.

강신일	錢/租	수입		지출		실재전/실재조
		내역	수량	내역	수량	
계묘년 (1963) (음) 11월 15일	錢	加火錢	2,392원	加火時 講信	700원	317원
				講信	1,210원	
				兩里有司 禮賀金	160원	
				紙代	5원	
	租	본조	13두2승6합			租 22두 2승3합 8작, 太 1두2승
		이자(三利) 포함	17두2승3합 8작(勺)[177]			
		畓稅 租	5두			
		田稅 太	太 1두2승			
갑진년 (1964) (음) 11월 2일	錢	留置金	317원	廣木드름의 代[178]	317원	110원
		畓稅 (金○○, 租 2두 代)	300원	屛風代	2,800원	
		加火錢	3,166원	加火收稅 決定時 講信	950원	
		作錢 (太 1두2승)	360원	白紙代	16원	
		屛風遮日 賃貸料	250원	兩里有司 致賀費	200원	
		合	4,393원			
	租	본조	2가마니[叺] 2두2승 3합8작	廣木드름의 代	太 1두2승	3가마니 1두
		이자(三利) 포함	2가마니8두 9승7작	作錢 (360원)	太 1두2승	
		前年度 太	太 1두2승	講信	1섬1두9승7작	
		畓稅 租(河○○)	3두			
		畓稅 租(金○○)	5두			
		新入条 租(2명, 梁○○, 李○○) (각 3두)	6두			
		田稅 太	太 1두2승			
		合	4가마니2두 9승7작, 太 2두4승			

---

177) 작(勺)은 홉[合]의 1/10이다.

178) 회계결산 기록에 따르면, '廣木드름의 代'는 전년도 유치금 317원과 전년도 콩[太] 1
두2승으로 충당하였다.

강신일	錢/租	수입		지출		실재전/실재조
		내역	수량	내역	수량	
을사년 (1965) (음) 11월 27일	錢	留置金	110원	講信	1,960원	0
		加火金	3,964원	加火時 講信	1,050원	
		作錢(正租 9두)		縅代[180]	634원	
		作錢(太 1두2승)	2,270원[179]	兩村有司 致賀金	250원	
		作錢(백미 2두8승)		紙筆代	50원	
		合	6,344원	還米 (백미 8두)	2,400원	
	白米	白米 (租 3섬1두 精米)	백미 1가마니3두	春期 植木時와 除草時 酒代	백미 8두	백미 8두
				檢査時	백미 3두	
		이자(四利) (백미 2두 殖利) 포함	백미 2두8승	作錢	백미 2두8승	
		還米 (2,400원)	8두			
병오년 (1966) (음) 11월 8일	錢	加火金	10,060원	加火時 (講信)	1,490원	7,000원
		定稅	1,260원	講信	2,670원	
		作錢 (백미 5승)	150원	兩有司 致賀金	260원	
		合	11,470원	紙筆代	50원	
				合	4,470원	
	白米	본미(本米)	8두	苗木代	9가마니5두	5두
		營林稧 創稧 出資米 (계원 55명 각출)	10가마니[叺]	植木時, 未登錄地 調査時 經費와 除草時 費用	7두5승	
		合	10가마니8두	作錢 (150원)	5승	
정미년 (1967) (음) 12월 1일	錢	현금(現金)	7,000원	植木時와 除草時 費用	3,842원	511원 (不足)
		稧員 出資金	52,000원	加火時 (講信)	800원	
		加火金	10,829원	講信	1,480원	
		合	69,829원	苗木代 (落葉松 7만6천 그루, 리기다소나무 12만 그루)	64,218원	
				合	70,340원	

---

179) 벼[租], 콩[太], 쌀[白米]의 가격을 더는 파악할 수 없다.

180) '함대(縅代)'는 '새끼줄을 만드는 비용'을 말하는 듯하다.

강신일	錢/租	수입		지출		실재전/실재조
		내역	수량	내역	수량	
무신년 (1968) (음) 12월 6일	錢	借入金	11,000원	借入金 (원금과 이자)	12,650원	9,738원
		稧員 出資(金) (49명 x 200원)	9,800원	苗木代 (落葉松 4천3백 그루)	5,200원	
		盜伐한 木代 (外弓里 주민) 合	6,000원	證券代	1,400원	
		盜伐한 木代 (外弓里 주민) 韓○○ (2건)	2,000원 (추정)			
		盜伐한 木代 (外弓里 주민) 金○○ (3건)	3,000원 (추정)			
		盜伐한 木代 (外弓里 주민) 高○○ (1건)	1,000원 (추정)			
		加火 太 (太 6가마니5두9합) (太 1두당 270원)	17,550원	有司 經費	360원	
		定稅 (正租 8두代)	1,450원	出張費	1,500원	
		合	45,800원	講信	2,725원	
				過年度 不足額	511원	
				太豆 販賣運賃	340원	
				加火 未收入金	3,126원	
				合	26,262원	
기유년 (1969) (음) 10월 25일	錢	현금	27,810원	戊申年 有司 不足額	1,940원	0
				苗木代 (落葉松)	3,400원	
				講信	3,300원	
				苗木代 (리기다 소나무 3만5천 그루)	15,000원	
				造林時 酒代	1,170원	
				雜費	1,000원	
				苗木 運搬	2,000원	

강신일	錢/租	수입		지출		실재전/실재조
		내역	수량	내역	수량	
경술년 (1970) (음) 12월 7일	錢	借入金	54,200원	造林地 苗木 (리기다 소나무 5만 그루)	39,200원	28,488원 (不足) (留置金 3,652원, 未償還金 32,140원)
		稧員 出資太 代金 (太 4가마니5두7승)	27,670원	營林計劃 設計費	15,000원	
		正租 4두 (金○○分)	1,100원	講信	2,800원	
		稧員 出資米 代金 (계원당 5승, 18명 완납, 총 9두) (계원 30명 未收)	5,940원	牛車 運賃	350원	
		合	88,910원	食代	500원	
				借入金(원금과 이자) 償還	27,408원	
				借入金 未償還	32,140원	
신해년 (1971)[181]	錢	留置金	3,652원	苗木代(낙엽송)	10,000원	9,320원 (부족) (留置金 80원) (未償還金 9,400원)
		過年度 太 未收條 (太 3두4승) 代金	1,938원	營林計劃認可狀 受領時 雜費	3,000원	
		正租 12두 代金	4,557원	造林 및 下刈作業時 經費	1,700원	
		白米 1가마니3두 (26명분) 代金	10,920원	講信	3,800원	
		今年度 稧員 出資金 (38명분) (각 200원 추정)	7,600원	1970년도 借入金 (원금과 이자) 償還	38,341원	
		太 收入 (太 4가마니 9두5승7합) 代金	28,254원	借入金(원금) 未償還	9,400원	
		合	56,921원			
	租	蓼谷松稧田稅 韓○○ 太 1두	太 5두2승, 租 7두			太 5두2승, 租 7두
		金○○ 太 4두				
		金○○ 太 2두				
		金○○ 正租 2두				
		河○○ 正租 5두				

---

181) 회계결산 기록에 강신날짜가 기재되어 있지 않다.

강신일	錢/租	수입		지출		실재전/실재조
		내역	수량	내역	수량	
임자년 (1972)[182]	錢	留置金	80원	造林時 酒代	500원	4,000원
		今年度 加火金 (負當 300원, 82負 + 8束)	24,840원	下刈作業時 酒代	500원	
		定稅	6,240원	加火時 (講信)	1,480원	
		稧員 出資金 (戶當 500원, 43명)	21,500원	(修稧時) 講信	5,050원	
		合	52,660원	苗木代	23,650원	
				借入金	16,980원	
계축년 (1973) (음) 12월 19일	錢	留置金	4,000원	下刈作業時 經費	1,000원	0
		加火稅 (負當 300원)	22,440원	加火時 經費	1,850원	
		定稅	9,350원	講信	4,840원	
		合	35,790원	春期 苗木代	28,100원	
갑인년 (1974) (1975년 정월 20일)	錢	加火收入金	22,080원	加火時 (講信)	2,100원	0
		定稅 收入	9,420원	講信	14,200원	
		枝葉伐採 賣渡收入金	15,000원	苗木代金	30,200원	
		合	46,500원			
을묘년 (1975) (음) 12월 27일	錢	加火收入條	28,280원			41,386원
		定稅條	13,106원			
		合	41,386원			
병진년 (1976) (음) 12월 20일	錢	留置金	39,376원	講信	11,150원	36,496원
		이자 포함	48,640원			
		合	48,646원			

---

182) 회계결산 기록에 강신날짜가 기재되어 있지 않다.

강신일	錢/租	수입		지출		실재전/실재조
		내역	수량	내역	수량	
정사년 (1977) (음) 12월 21일	錢	留置金	36,496원	苗木代 (落葉松 6천 그루) & 運賃	80,020원	0원
		2개월 이자 수입	1,824원	財産稅	9,295원	
		稧員 出資金(1인당 1,500원, 55명)	82,500원	講信	5,225원	
		合	100,820원			
무오년 (1978) (음) 12월 15일[183]	錢	稧員 出資金(1인당 1,000원, 51명)	51,000원	過年度 造林地 下刈作業時 經費	6,000원	39,205원
		이자 수입	8,000원	講信	4,500원	
		合	59,000원			
기미년 (1979) (음) 12월 16일	錢	留置金	39,205원	財産稅	29,048원	3,157원
		이자 수입	8,700원	造林 및 下刈作業時 經費	7,000원	
		合	47,905원	修稧時 講信	8,700원	
경신년 (1980) (음) 1월 20일	錢	이월금(移越金)	3,157원			2,433,157원
		松稧員 出資金 (1인당 45,000원, 54명)	2,430,000원			
		合	2,433,157원			

*출처: 「동계 · 송계수계기(洞稧 · 松稧修稧記)」(1888년~1980년)를 토대로 작성.

___

183) 회계결산 기록의 서두에 "記上財産이 全無"라고 기재되어 있다.

〈부록 표 3-6〉 해방 이후 동계와 송계 유사 명단 (1945년~1980년)

회계연도	유사명
을유년(1945)	河東九, 金斗限
병술년(1946)	河東九(傳有司), 李根生(掌有司), 金斗限(掌有司)
정해년(1947)	李根生(傳有司), 金鳳俊, 蘇秉善
무자년(1948)	金鳳俊, 金斗限
기축년(1949)	李正哲, 金斗限
경인년(1950)	金斗限, 李良煥
신묘년(1951)	李春根, 金斗限
임진년(1952)	李●煥, 金斗限
계사년(1953)	李學祚, 金斗限
갑오년(1954)	金昊甲, 金斗限
을미년(1955)	李良煥, 金斗限
병신년(1956)	李交童, 金斗限
정유년(1957)	李良煥, 金斗限
무술년(1958)	李良煥, 權雲逢
기해년(1959)	李良煥, 權雲逢
경자년(1960)	權奉春, 權雲逢
신축년(1961)	權奉春, 權雲逢
임인년(1962)	李春根, 全應柱
계묘년(1963)	權奉春, 金宗錫
갑진년(1964)	金昊甲, 崔炳執
을사년(1965)	李南寧, 金文坤
병오년(1966)	李正章, 金宗錫
정미년(1967)	李炳國, 愼祥範
무신년(1968)	吳炳日, 孫鍾哲

회계연도	유사명
기유년(1969)	金淳基, 曺明洙
경술년(1970)	李正童, 愼祥範
신해년(1971)	李正培, 全熙順
임자년(1972)	金會性, 崔炳洙
계축년(1973)	權成奉, 曺明洙
갑인년(1974)	朴昌九, 趙龍龜
을묘년(1975)	全炳昌, 全熙順
병진년(1976)	명단이 기재되지 않음
정사년(1977)	全炳昌, 愼祥凡[184]
무오년(1978)	全炳昌, 崔炳洙
기미년(1979)	全炳善, 全熙順
경신년(1980)	全炳昌, 崔炳洙

*출처: 「동계‧송계수계기(洞稧‧松稧修稧記)」(1888년~1980년).

184) '신상범(愼祥範)'과 동일인으로 보인다.

회계연도 (강신일)	수입		지출		잔액
	내역	금액	내역	금액	
1990년도 (1990. 12.29.)	이월금(移越金)	34만원	공중전화 가설비	6만원	182만 2,030원
	환경재생관리 시상금	10만원	祝儀숨	8,000원	
	역구실 송계	74만원	가스통 및 바나	11만원	
	宋氏門中	50만원	마을주민관광 (독립기념관 및 현충사 관람)	57만 9,230원	
	희사금(서경석)	10만원	기타 마을경비	48만 5,480원	
	正月 마당밟기	31만원	合	127만 2,910원	
	宋○○ 父親 初喪時	10만 4,000원			
	李○○ 父親 初喪時	70만 3,000원			
	기타 및 예탁금 이자	13만 3,000원			
	도로구역 제초작업비	5만7,744원			
	合	309만 4,744원			
1991년도 (1991. 12.30.)	이월금	182만 2,030원	今年度 雜種金 및 雜費	15만 2,000원	234만 4,699원
	이자 수입	10만 9,669원			
	金○○ 母親 初喪時	22만원			
	李○○ 父親 初喪時	21만 3,000원			
	기타 (희사금 포함)	13만 2,000원			
	희사 내역 李宅煥	5만원			
	희사 내역 全炳化	채일 1채			
	合	249만 6,699원			

회계연도 (강신일)	수입		지출		잔액
	내역	금액	내역	금액	
1992년도 (1992. 12.29.)	이월금	234만 4,699원	상수도 잡비	139만 7,100원	263만 1,853원
	수익금	135만 3,000원	회관 보일러	77만 1,600원	
	(작년도) 이자 수입	17만 532원	상수도 관리비	3만원	
	송계금 合	94만 5,212원	불우이웃돕기	4만원	
	송계금 원금	90만원	전기요금	1만원	
	송계금 이자 수입	4만 5,212원			
	희사내역 희사금	3만원	稧日 講信料	9만 9,200원	
	희사내역 李正烈 母	1만원			
	희사내역 李正童 母	1만원			
	희사내역 徐公錫[185]	1만원			
	금년도 이자 수입	6만9,200원			
	合	491만 2,643원	合	234만 7,900원	
1993년도 (1993. 12.30.)	총 수입금[186]	358만 3,859원	마을 안길 경비	17만 1,000원	177만 6,359원
			마을 그릇 代	25만원	
			적십자 회비	4만 3,000원	
			마을회관 수리비	94만 3,100원	
			마을 잡비	40만 400원	

---

185) '서공석(徐共錫)'과는 동일인으로 보인다.

186) 여기서 총 수입금은 이월금, 이자, 자체 수익금 등을 망라한다. 회계결산 기록에 구체적인 수입 내역이 기재되어 있지 않다.

회계연도 (강신일)	수입		수입 금액	지출 내역	지출 금액	잔액
1994년도 (1994. 12.30.)	이월금		177만 6,359원	변소 신축금	51만원	261만 33원[187]
	이자 수입 (1994.10.04.까지 계산)		5만275원	年間 雜費	102만 1,601원	
	정자 고사목 매매대		170만원			
	희사 내역	희사금	15만원			
		李官寧	5만원			
		金圭衡	5만원			
		權基洙 母親	5만원			
	기타 수입		46만 5,000원			
	合		414만 1,634원	合	153만 1,601원	
1995년도 (1995. 12.27.)	이월금		261만33원	지출금 (중평 마을 회관 노인당 현판식 비용 포함)	274만 3,650원	320만 3,955원[188]
	수입 내역	수입금 (이자, 상부금 포함)	333만 7,472원			
		이자(1995.12.06.까지 계산)[189]				
		상부금(4분 본인상)[190]				
	合		594만 7,505원	合	274만 3,650원	

---

187) 회계결산 기록에 따르면, 261만33원은 정기총회 개최 날짜인 1994년 12월 30일자 마을 통장에 입금되어 있던 금액이다.

188) 회계결산 기록에 따르면, 320만3,955원은 정기총회 개최 날짜인 1995년 12월 27일 자 마을 통장에 입금되어 있던 금액이다.

189) 회계결산 기록에 이자 수입액은 기재되어 있지 않다.

190) 1995년 한 해 동안 李○○, 金○○, 權○○, 權○○ 등 4분의 본인상(本人喪)으로 동계에 들어온 상여금을 말한다. 회계결산 기록에는 '상부금'으로 기재돼 있으나 금 액은 별도로 기재되어 있지 않다.

회계연도 (강신일)	수입		지출		잔액
	내역	금액	내역	금액	
1996년도 (1996. 12.27.)	이월금	320만 3,955원	고추·두부 기계 구입비	44만 4,500원	613만 5,082원
	솔정지 경지정리 흡수에 따른 매매대금	98만 4,240원	郡·面 兩 체육회비	38만 4,000원	
	金○○ 母親 初喪時	10만원	회관 연료비(3회분)	45만 3,600원	
	李○○ 父親 初喪時	129만 9,000원	상수도지원금[191] 외 부족분 충당	30만원	
	道通山林畓 매각 분배대금	150만원	기타 잡비	33만 8,600원	
	기타 수입	96만 8,587원	合	192만 700원	
	合	805만 5,782원			
1997년도 [192]	이월금	613만 5,082원	지출금[193]	156만 3,350원	670만 6,896원
	수입금(이자 포함)[194]	213만 5,164원			
	合	827만246원			
1998년도 (1998. 12.30.)	이월금	670만 6,896원	상수도 내부공사비	658만 9,120원	1,229만 2,057원 [195]
	李○○씨 땅값	273만 1,870원	마을주민 관광비	135만원	
	全○○ 父親 初喪時	67만원	기타 잡비	63만 782원	

---

191) 정부의 상수도지원금 규모는 회계결산 기록에 기재되어 있지 않다.

192) 회계결산 기록에 강신 날짜가 기재되어 있지 않다.

193) 회계결산 기록에 지출 내역이 구체적으로 기재되어 있지 않다.

194) 1997년도 4분기(1997.12.31.일자) 이자 수입은 회계결산에 포함되지 않았음을 회계
결산 기록에 명시하고 있다. 또한 수입 내역에 대해서도 구체적으로 기재되어 있지
않다.

195) 회계결산 기록에 따르면, 1,229만2,057원이 정기예탁금통장과 자립예탁금통장에 나
눠 입금되었다.

회계연도 (강신일)	수입			지출		잔액
	내역		금액	내역	금액	
1998년도 (1998. 12.30.)	李○○ 母親 初喪時		136만 2,000원	合	857만 902원	
	金○○ 母親 初喪時		124만 4,000원			
	이자 수입[196]		60만 7,193원			
	상수도 정부지원금		593만 5,000원			
	戶當 거출금		160만원			
	合		2,086만 2,959원			
1999년도 (1999. 12.27.)	이월금		1,229만 2,057원	열차 관광경비	104만 4,140원	939만 7,059원
	자립예탁금 이자 수입 (1999년 하반기)		11만 1,036원	夏期 행사(비용)	116만 7,500원	
	출항인사 성금		100만원	會館 垈地 대금	400만원	
	金○○ 母親 初喪時		30만원	등기비용	14만 5,000원	
	희사금	영당회원 일동	10만원	기타 잡비	99만 4,100원	
	희사금	진안군수	10만원	合	764만 740원	
	희사금	劉永烈	10만원			
	희사금	金奎衡	10만원			
	기타 수입		297만 9,000원			
	출항인사 성금 (1997년 설날 세배 때)		45만원			
	이자 (수입)		10만 3,600원			
	合		1,063만 5,693원			
	경품 희사[197]	安鍾允	냉장고 1대			
		李正福	TV 1대			

---

196) 1998년도 하반기 이자 수입은 회계결산에 포함되지 않았음을 명시하고 있다.

197) 1999년 10월 3일 '면민의 날' 행사에서 당첨된 경품을 마을에 희사한 내역이 회계결산 기록에 기재되어 있다.

회계연도 (강신일)	수입		지출		잔액
	내역	금액	내역	금액	
2000년도 (2000. 12.20.)	이월금	939만 7,059원	회관건립비	6,425만 2,400원	1,141만 3,141원 (不足)
	희사금[198]	2,340만원			
	정부보조금	2,000만원			
	合	5,283만 7,059원			
2001년도 (2001. 12.22. 동지)	舊마을회관 보상비	1,925만 7,500원	마을회관 신축 (부족분)	1,141만 3,141원	542만 9,351원 [199]
			토지보상비 (李○○)	200만원	
			기타 잡비	141만 5,008원	
			合	442만 9,351원	
2002년도 (2002. 12.26.)	이월금	542만 9,351원	회관 표석 대금	163만 4,500원	1,285만 8,691원 [200]
	李○○ 初喪時	10만원	마을자재 사업비	256만 7,200원	
	李○○ 母親 初喪時	126만원	카세트물품대	35만원	
	회관 표석 헌금	344만 8,536원	꽹가리 장구 벅구[201] 물품대	26만원	
	마을자재 지원사업비	656만원	기타 잡비	288만 6,636원	
	기타 수입금	376만 9,840원			
	合	2,056만 7,027원			

198) 회계결산 기록의 말미에 마을회관 이전 및 신축을 위해 희사한 사람의 성명, 금액, 물품 등 희사 내역이 자세하게 기재되어 있다.

199) 542만9,351원을 2001년 12월 15일자로 다음연도 2002년에 이월하였다.

200) 1,285만8,691원 중에서 800만원은 김○○ 명의로 정기예금에 예치하였다.

201) 벅구는 법고(法鼓)에서 나온 말로, 농악에 쓰이는 작은 북이다. 법구 혹은 소고(小鼓)라고도 불린다(이보형, 1995).

회계연도 (강신일)	수입		지출		잔액
	내역	금액	내역	금액	
2003년도 (2003. 12.30.)	이월금	1,285만 8,691원	마을 창고	300만원	1,116만 415원[202]
	金○○ 父親 初喪時	118만 2,000원	마을 관광(구인사) 및 기타 잡비	169만 6,660원	
	정기예금 이자 및 기타 수입금	181만 6,384원	合	469만 6,660원	
	合	1,585만 7,075원			
2004년도 (2004. 12.28.)	이월금	1,116만 415원	각종 지출금	277만 5,900원	1,347만 8,241원
	李○○ 母親 初喪時	120만원			
	각종 수입금 (희사금, 거출금, 예금 이자, 전화단절금 포함)	389만 3,726원			
	合	1,625만 4,140원	合	277만 5,900원	
2005년도 (2005. 12.29.)	이월금	1,347만 8,241원	마을 관광 (롯데월드) 및 각종 경비	209만 9,900원	1,445만 9,275원
	韓○○ 母親 初喪時	60만원			
	각종 수입금 (희사금, 거출금, 예금 이자 포함)	186만 5,934원			
	合	1,655만 9,175원			
2006년도 (2006. 12.30.)	이월금	1,445만 9,275원	각종 경비	394만 5,880원	1,386만 4,080원
	李○○ 母親 初喪時	57만원			
	각종 수입금 (出資金, 희사금, 예금 이자 포함)	278만 685원			
	合	1,780만 9,960원			

---

202) 1,116만415원 중에서 841만7,139원은 정기예금에 예치하였다.

회계연도 (강신일)	수입		지출		잔액
	내역	금액	내역	금액	
2007년도 (2007. 12.30.)	이월금	1,386만 4,080원	각종 경비	323만 4,010원	1,764만 1,969원
	李○○ 母親 初喪時	180만원			
	河○○ 父親 初喪時	62만원			
	정기예탁금 이자	56만 1,276원			
	일시 예탁	4,423원			
	出資金, 희사금	362만 9,381원			
	合	2,114만 4,779원			
2008년도 (2008. 12.30.)	이월금	1,764만 1,969원	각종 지출	866만 2,600원	2,425만 4,499원
	총 수입금	834만원			
	이자	67만 9,380원			
	장수 건강 대처금	625만 5,750원			
	合	3,291만 7,099원	合	866만 2,600원	
2009년도 (2009. 12.30.)	이월금	2,425만 4,499원	각종 지출	769만 8,640원	2,491만 4,263원[203]
	각종 수입금	750만원			
	정기예금 이자	84만 4,683원			
	자립통장 이자	1만 3,721원			
	合	3,261만 2,903원			

---

203) 회계결산 기록에 따르면, 2,491만4,263원을 정기예금과 자립통장에 나눠 예치하였다.

회계연도 (강신일)	수입		지출		잔액
	내역	금액	내역	금액	
2009년도[204]	정기예금	2,084만 6,020원			3,249만 1,511원
	장수 건강 (대처금) 잔액 (4월 28일자)	1,030만 3,364원			
	일거리 창출	134만 2,127원			
	合	3,249만 1,511원			
2010년도 (2010. 12.30.)	이월금	3,249만 1,511원	각종 지출	648만 6,417원	3,448만 7,261원
	정기예금 이자	105만 5,611원			
	각종 수입금	742만 6,610원			
	合	4,097만 3,732원			
2010년도[205]	정기예금	2,789만 2,989원			3,448만 7,261원
	보통예금	659만 4,272원			
	合	3,448만 7,261원			
2011년도[206]	이월금	3,448만 7,261원	각종 지출 (마을 콩탈곡기 포함)	545만 9,250원	3,435만 5,042원
	정기예금 이자	103만 2,036원			
	자립통장 이자	4,995원			
	金○○ 初喪時	56만원			
	醵出金 및 희사금	373만원			
	合	3,981만 4,292원			

---

204) 회계결산 기록에 강신 날짜가 기재되어 있지 않다.

205) 회계결산 기록에 강신 날짜가 기재되어 있지 않다.

206) 회계결산 기록에 강신 날짜가 기재되어 있지 않다.

회계연도 (강신일)	수입		지출		잔액
	내역	금액	내역	금액	
2011년도[207]	농협 정기예금 (金○○ 명의)	3,000만원			3,435만 5,042원
	농협 자립예탁 (安○○ 명의)	435만 5,042원			
	合	3,435만 5,042원			
2012년도 (2013. 01.16.)	이월금	3,435만 42원	각종 지출	504만 3,000원	3,584만 1,420원
	정기예금 이자	123만 6,739원			
	金○○ 弟 初喪時	91만원			
	權○○ 母親 初喪時	115만원			
	安○○ 母親 初喪時	30만원			
	각종 수입금	504만 3,000원			
	合	4,062만 9,781원			
2012년도[208]	정기예금	3,300만원			3,584만 1,420원
	자립예탁	284만 1,420원			
	合	3,584만 1,420원			
2013년도 (2014. 01.20.)	이월금	3,584만 1,420원	마을 모정 土地代金	400만원	3,077만 4,751원
	釀出金 및 희사금	592만 2,690원	마을주민 여행 경비 및 기타 행사대금	698만 9,360원	
	合	4,176만 4,110원			
2013년도[209]	농협 정기예탁 (2014년 1월 14일자)	2,800만원			2,800만 원[210]

---

207) 회계결산 기록에 강신 날짜가 기재되어 있지 않다.

208) 회계결산 기록에 강신 날짜가 기재되어 있지 않다.

209) 회계결산 기록에 강신 날짜가 기재되어 있지 않다.

210) 회계결산 기록에는 기재되어 있지 않지만, 3,077만4,751원 중에서 2,800만원을 제한 잔액 277만4,751원은 자립통장에 예치된 것으로 추정된다.

회계연도	수입		지출		잔액
(강신일)	내역	금액	내역	금액	
2014년도 (2015. 01.02.)	이월금	3,077만 4,751원	마을 여행 (태안 나들이) 경비 및 각종 행사대금	625만 4,450원	2,993만 9,861원
	정기예금 이자	77만 560원			
	醵出金 및 희사금	414만 9,000원			
	合	3,619만 4,311원			
2015년도 (2016. 01.02.)	이월금	2,993만 9,086원	각종 지출	711만 2,060원	3,294만 4,134원
	醵出金 및 희사금	826만 2,305원			
	부녀회 이월금	185만 4,083원			
	合	4,005만 6,194원	合	711만 2,060원	
2015년도[211]	(농협) 정기예탁	3,000만원			3,294만 4,134원
	(농협) 자립예탁	294만 4,134원			
	合	3,294만 4,134원			
2016년도 (2017. 01.02.)	이월금	3,294만 4,134원	밥통 및 청소기	17만 2,000원	3,279만 4,051원
	정기예금 이자	63만 4,936원	두부공장 전기요금	1만 7,010원	
	설맞이 (합동세배)	34만 9,000원	마을회관 수도요금	5만 9,460원	
	安○○ 父親 忌日	20만원	플랭카드	3만원	
	술멕이 (잔치) 잔액	5만 9,700원	마을주민 문병 (李○○, 金○○, 金○○)	30만원	
	李○○ 父親 初喪時	50만원	마을회관 밥상 (4개)	36만원	
	각종 희사금 잔액	18만 7,240원	청자박물관 저녁 식대	64만원	
	合	3,487만 5,010원	이웃돕기 성금	19만 9,000원	
			연말 총회 경비	35만 4,800원	

---

211) 회계결산 기록에 강신 날짜가 기재되어 있지 않다.

회계연도 (강신일)	수입			지출		잔액
	내역		금액	내역	금액	
2017년도[212]	이월금		3,279만 4,051원	마을회관 수도요금	2만 2,220원	3,139만 5,295원
	정기예금 이자		46만 1,936원	두부공장 전기요금	1만 3,910원	
	자립예탁 이자		1,051원	콩탈곡기	210만원	
	설맞이 합동세배 잔액		19만원	마을주민 관광 (통영)	100만원	
	張○○ 父親 初喪時		50만원	마을회관 정화조 청소	4만 5,000원	
	희사금	유승열(서울)	30만원	가스 호스 교환	2만원	
		김병관	30만원	화장지 1돌	1만 6,000원	
		하수도소장	20만원	체육회 경비	50만원	
		권대현 칠순	50만원	가스통 2개 (및) 총회 경비	28만 5,000원	
		김회선 칠순	50만원	이웃돕기 성금	18만원	
	술멕이 (잔치) 잔액		31만 1,000원	合	598만 1,730원	
	체육회 잔액		14만원			
	콩탈곡기 보조금		80만원			
	合		3,737만 7,025원			

*출처: 「동적부(洞籍簿)」 (1990년~2017년)를 토대로 작성.

---

212) 회계결산 기록에 강신 날짜가 기재되어 있지 않다.

〈부록 표 3-8〉 중평마을 임원 명단 (1990년~2018년)

연도	이장	새마을 지도자	영농 회장	부녀 회장	개발 위원장	반장	비고
1990년	李正章						
1991년	安鍾允	金會善	全炳善	李玉淑	李正章	李正福, 李炳烈	
1992년	全炳昌	金會善		李玉淑	李正章	李正福,[213] 李炳烈	
1993년	全炳昌	金會善		李玉淑	李正章	李正福, 李炳烈	
1994년	金淳基	金會善		崔順子	李正章	李正福, 李炳烈	
1995년	李俊寧						
1996년	李炳烈						
1997년	李炳烈						
1998년	全炳善						
1999년	全炳善						
2000년	金淳基	李炳烈			全炳善		
2001년	金淳基						
2002년	安鍾允						
2003년	安鍾允	金海柱		姜福述	李正福	權基化, 金會性	
2004년	安鍾允	金海柱		姜福述	李正福	權基化, 金會性	
2005년	安鍾允	張俊哲		李正子	李正福	權基化, 金會性	

---

213) 「동적부(洞籍簿)」(1990년~2017년)에는 '이정배(李正倍)'로 기재되어 있으나, '이정복(李正福)'이 맞는 듯하다.

연도	이장	새마을 지도자	영농 회장	부녀 회장	개발 위원장	반장	비고
2006년	金會善	安鍾允	安鍾允	李正子	李正福	金海柱, 金洪君	안종선씨가 새마을지 도자와 영농회장을 겸 임함.
2007년	金會善						
2008년	金會善						
2009년	金會善						
2010년	金會善						
2011년	安鍾允						
2012년	安鍾允						
2013년	安鍾允						
2014년	安鍾允						
2015년	金太衡						
2016년	金會善	張俊哲					權大鉉 (노인회 총무)
2017년	金會善	張俊哲		이양례			李炳烈(노인회 회장), 權大鉉 (노인회 총무)
2018년	金會善	張俊哲		이양례			李炳烈(노인회 회장), 權大鉉 (노인회 총무)

*출처: 「동적부(洞籍簿)」(1990년~2017년).

**참조: 각 연도 수계기에 임원 명단이 기재되어 있지 않은 경우는 빈칸으로 남겨둠.

〈부록 표 4-1〉 일제강점기 송계 관련 수입 및 지출 내역 (1910년~1945년)

회계연도	수입 내역		지출 내역	
	항목	금액/곡식	항목	금액/곡식
1910년	松楸價	9냥6전5푼		
1911년	松楸價	8냥6전1푼		
1912년	松楸價	4냥7전4푼	松楸作伐時 推捉賞給	3냥
			蓼谷山測量費	9냥8전
1913년	松楸價	57냥9전		
1914년	伐松價	12냥2전1푼		
1915년	木松價	21냥8전		
1916년	松楸價	15냥6전4푼	兩里加火不足条	4냥8전
	雜木放賣錢	12냥		
1917년	松價	35냥2전1푼	測量費	41냥2전8푼
1918년	遮日價 · 松楸價[214]	57냥5전9푼	採伐認許書堂債	2냥
1919년	松楸價與遮日轎子價[215]	133냥7전4푼	松稧 下記	8냥
1920년	加火錢	36냥8전	區分測量費	52냥
	松楸價	61냥8전[216]	測量時 午飯費	5냥
			測量 ■數金■子	5냥5전
1921년	材木價	86냥5전	山林組合比	28냥4전5푼
	■木價	55냥		
	加火錢	36냥9전5푼		
	松楸價	67냥5푼		
	麻木價	5냥		

---

214) 松楸 판매금과 遮日 대여 수입이 함께 기재돼 있어 송추 판매금을 정확히 알 수 없다.

215) 松楸 판매금, 遮日과 轎子 대여 수입이 함께 기재돼 있어 송추 판매금을 정확히 알 수 없다.

216) 회계결산 기록에 "李○○ 二兩五戔 松價 加入"으로 기재되어 있는데, 이는 송추가 (松楸價) 61냥8전에 이미 포함한 수입 내역인지 확실하지 않다.

회계연도	수입 내역		지출 내역	
	항목	금액/곡식	항목	금액/곡식
1922년	松枝價	39냥9전5푼	山林組合費	28냥4전5푼
	加火錢	54냥5푼	(山林組合費) 七箇月 月利	9냥8전
1923년	春等松楸價	141냥4전5푼	山林組合費	28냥4전5푼
	秋等松楸價	135냥	苗木代金	58냥5전
			■木工價	2냥5전
1924년	松楸價	53냥4전	松木■出給条	140냥
			苗木条	55냥
1925년	松楸價	56냥3전	苗木價	70냥
	韓○○家 棺木價	15냥	森林組合費	45냥2전5푼
1926년	松楸價	35냥9전5푼	李○○ 材木草件	벼 10말
	材木價	20냥		
	入葬条(7인)	70냥		
1927년	松楸價	107냥5푼	楮木價	12냥
	店邨松價錢	22냥6전	折草禁■例	8냥
	金○○ 折草時 稧規則 違反 罰金	5냥		
1928년	松楸價	50냥6전5푼	苗■價	11냥5전
	材木價	7냥5전	森林組合費 不足条	10냥
1929년	松楸價	20냥	森林組合費	91냥
	加火錢	80냥3전5푼	測量費	벼 17말
1930년	松楸價	125냥1전5푼	森林組合費	98냥8전
	松楸價	27냥4전5푼	伐採申請条	20냥2전
	山田稅条	88냥8전	測量費 不足条	33냥2전5푼
	加火(錢)	벼 10말		
1931년	山田稅条	101냥2전5푼	苗木代金	75냥
	松楸價	40냥	山林組合費	101냥2전5푼

회계연도	수입 내역		지출 내역	
	항목	금액/곡식	항목	금액/곡식
1932년	松楸價	12냥5전	森林(組合)費 不足錢	14냥5전
	加火錢	51냥2전5푼	蓼谷山 ■■費	2냥5전
			森林組合 累年件保組[217]	1냥7전5푼
			蓼谷 守護	3냥
			■■■森林組合	55냥9전5푼
1933년	火束錢	26냥3전5푼	林野稅	121냥
	松木價	12냥5전	櫟木實査用	27냥5전
1934년	松楸價	80냥6전	里有林 林野稅	122냥
	山田稅条	100냥	楮苗代条	272냥
	稅太代条	9냥		
	楮木代条 不足 ■■戶 分播錢	117냥		
1935년	兩里山田稅	97냥5전5푼	林野稅	121냥
	楮木賣價	7냥5전		
	松楸價	48냥6전5푼		
	大木價	4냥		
	稅太代金	4냥5전5푼		
1936년	本年春間 松楸拔賣價	10원11전	昨年 林野稅中 ■債条	2원10전
	秋間 拔賣價	2원81전	加火執收日 講行	3원
	陽理峯 材木價	18원	林野稅	24원20전
	加火金	17원29전	伐採許可比	5원
	李○○ 許刈茅價	40전	安○○ 材木伐採解除条	4원
1937년	昨年 楮木價	1원	今春 林野稅 借用条	8원42전
	加火錢	20원37전	昭和 12年度 1期分 林野稅	12원10전
	松樵材木價	14원40전		

---

217) 회계결산 기록에 "金○○山니 松楔山 並入ᄒ야 森林組合 累年件保組 除下"라고
기재되어 있다.

회계연도	수입 내역		지출 내역	
	항목	금액/곡식	항목	금액/곡식
1938년	田稅 太價(2두 5승)	1원87전	加火執稅時 講信	5원
	楮木價	2원	本年春等 林野稅条 ■債	16원94전
	加火(錢)	26원53전		
	松楸價	8원50전		
1939년	火田收稅	21원37전	楮木代金	21원4전
	田稅 太價	2원38전	昭和 13年 1期 & 2期 林野稅	24원20전
	材木 松楸價	45원94전	火田收稅時 講信	7원40전
	楮木放賣價	6원50전	材木仲介費	3원
	火田 違反 (金○○, 裵○○)	60전	昭和 14年 林野稅 1期 & 2期	24원20전
1940년	加火錢	32원8전	苗木價	3원45전
	松楸價	23원24전	加火時 當日講信	11원
	柒木價	18원	1期 & 2期 林野稅	24원20전
	田稅 太價	1원60전		
1941년	蔘谷山 加火金	26원16전	1期 & 2期 林野稅	27원40전
	松楸伐条	11원50전	(昭和) 15年度 不足条[218]	5원36전
	太 (韓○○ 1승, 金○○ 2두)[219]	1원44전		
1942년	蔘谷山 加火錢	17원78전	前年度 林野稅 不足金 借入条	16원50전
	松楸及材木代	12원28전	崔○○ 炭木賣渡時 成語費	9원65전
	楮木代	2원60전		
	墓地價(●●○, 權○○, 韓○○, 李○○, 金○○)	20원		
	金○○ 棺木價	15원		

---

218) 임야세(林野稅)로 추정된다.

219) 산전세(山田稅)로 추정된다.

회계연도	수입 내역		지출 내역	
	항목	금액/곡식	항목	금액/곡식
1943년	蓼谷山 加火条	24원1전	加火時 講信	8원
	松楸價	6원86전	金○○ 棺木價 推尋費	1원97전
	辛○○ 墓地價	13원		
	山田稅	3원40전		
1944년	加火金	45원44전	加火時 講信	55원
	代木代	50원	1期 & 2期分 林野稅	48원40전
	李○○外 1人과 合六間木代와 棺木代	53원50전		
	金○○ 十一間材木代	9원		
	李○○ 三間材木代	3원		
	松楸價	1원71전		
	■木代	94원18전		
1945년	松楸材木價	11원10전	加火執結時 酒債	39원8전
	加火金	71원78전	苗木代条	100원
	柒木價	40원	植林時 人夫賃	49원85전
	炭木代条	250원	林野稅	56원45전
	稅太 (韓○○)[220]	벼 1말		
	稅太 (金○○)[221]	콩 2되		

*출처: 「동계·송계수계기(洞稧·松稧修稧記)」(1888년~1980년)를 토대로 작성.

---

220) 산전세로 추정된다.

221) 산전세로 추정된다.

〈부록 표 4-2〉 해방 이후 송계 관련 수입 및 지출 내역 (1945년~1979년)

회계연도	수입 내역		지출 내역	
	항목	금액/곡식	항목	금액/곡식
1945년	松楸材木價	11원10전	加火執結時 酒債	39원8전
	加火金	71원78전	苗木代条	100원
	柴木價	40원	植林時 人夫賃	49원85전
	炭木代条	250원	林野稅	56원45전
	稅太 (韓○○)	벼 1말		
	稅太 (金○○)	콩 2되		
1946년	松楸代	455원60전	加火時 下記	370원
	柴木代	80원	昨年 林野稅 不足金 (본전과 이자)	22원68전
	墓地價(散珠 마을 襄○○)	500원		
	墓地價(李○○)	300원		
	加火金	490원60전		
1947년			兩年 林野稅	547원92전
1948년	加火条	2,201원	林野稅	1,059원
	棺木及 材木 火木代	3,880원	加火時 講信	900원
1949년	立木 賣却代	20,000원	立木賣買 當時 講信	1,100원
	立木(雜木) 賣却代 (2차 賣却代 5,000원 포함)	12,000원	苗木代 (5개월 利息 2,000원 포함)	6,371원
	加火条	4,179원	林野稅	1,059원
	棺木	2,400원	火田 收稅時 講信	1,800원
	材木代	5,250원		
	火木代	1,890원		
	松枝代	1,575원		
1950년	加火条	5,119환	林野稅	2,000환
	田畓稅	1,050환		
1951년	加火条	2,050환	林野稅	2,000환
	田畓稅	1,010환		

회계연도	수입 내역		지출 내역	
	항목	금액/곡식	항목	금액/곡식
1952년	加火条	3,000환	林野稅	2,000환
	田畓稅	2,000환		
1953년	田畓稅	2,300환	林野稅	2,000환
	加火条	2,500환		
1954년	加火条	2,700환	林野稅	2,000환
	田畓稅	2,300환		
1955년	加火条	2,500환	林野稅	2,000환
	田畓稅	2,209환		
1956년	加火条	3,000환	林野稅	2,000환
	田畓稅	2,100환		
1957년	本松稷林野 立木 賣却代	15,000환	林野稅	2,582원
	加火条	2,582환		
	田畓稅	2,100환		
1958년	加火条	2,589환	林野稅	2,582환
	田畓稅	2,300환		
1959년	田畓稅	2,000환	林野稅	2,582환
	加火条	6,660환		
1960년	加火錢	16,080환	加火收集時 講信	2,000환
	田稅 (콩 1말2되 賣却代)	1,260환	辛丑年度 林野稅	2,342환
	畓稅 良租	벼 4말		
1961년	加火錢	11,690환	加火資料調査 當日講信	4,300환
	田稅 (콩 1말2되 賣却代)	1,380환		
	現年度 畓稅	벼 7말5되		
1962년	當年度 加火金	1,095원90전	加火時 (講信)	185원
	田稅 太(小斗)	콩 1말2되		
	畓稅 正租	벼 5말5되		

회계연도	수입 내역		지출 내역	
	항목	금액/곡식	항목	금액/곡식
1963년	加火錢	2,392원	加火時 講信	700원
	畓稅 租	벼 5말		
	田稅 太	콩 1말2되		
1964년	畓稅 (金○○, 벼 2말 代)	300원	廣木드름의 代	317원
	加火錢	3,166원	加火收稅 決定時 講信	950원
	畓稅 租 (河○○)	벼 3말	廣木드름의 代	콩 1말2되
	畓稅 租 (金○○)	벼 5말		
	田稅 太	콩 1말2되		
1965년	加火金	3,964원	加火時 講信	1,050원
			春期 植木時와 除草時 酒代	쌀 8말
			檢查時	쌀 3말
1966년	加火金	10,060원	加火時 (講信)	1,490원
	定稅	1,260원	苗木代	쌀 9가마니5말
	營林稧 創稧 出資米 (계원 55명 갹출)	쌀 10가마니 [叺]	植木時, 未登錄地 調査時 經費와 除草時 費用	쌀 7말5되
1967년	계원 출자금	52,000원	植木時와 除草時 費用	3,842원
	加火金	10,829원	加火時 (講信)	800원
			苗木代 (落葉松 7만6천 그루, 리기다 소나무 12만 그루)	64,218원
1968년	稧員 出資(金) (49명 x 200원)	9,800원	苗木代 (落葉松 4천3백 그루)	5,200원
	盜伐한 木代 (外弓里 주민) 合	6,000원	加火 未收入金	3,126원
	韓○○ (2건)	2,000원 (추정)		
	金○○ (3건)	3,000원 (추정)		
	高○○ (1건)	1,000원 (추정)		
	加火 太 (콩 6가마니5말9홉) (콩 1말당 270원)	17,550원		
	定稅 (벼 8말代)	1,450원		

| 회계연도 | 수입 내역 | | 지출 내역 | |
	항목	금액/곡식	항목	금액/곡식
1969년			苗木代 (落葉松)	3,400원
			苗木代 (리기다 소나무 3만5천 그루)	15,000원
			造林時 酒代	1,170원
			苗木 運搬	2,000원
1970년	稧員 出資太 代金 (콩 4가마니5말7되)	27,670원	造林地 苗木 (리기다 소나무 5만 그루)	39,200원
	稧員 出資米 代金 (계원당 5되, 18명 완납, 총 9말) (계원 30명 未收)	5,940원	營林計劃 設計費	15,000원
			牛車 運賃	350원
			食代	500원
1971년	過年度 太 未收條 (콩 3말4되) 代金	1,938원	營林計劃認可狀 受領時 雜費	3,000원
	正租 12말 代金	4,557원	造林 및 下刈作業時 經費	1,700원
	白米 1가마니3말 (26인분) 代金	10,920원		
	稧員 出資金 (38명) (각 200원)	7,600원		
	太 收入 (콩 4가마니9말 5되7홉) 代金	28,254원		
	蓼谷松 稧 田税 · 韓○○ 콩 1말	콩 5말2되, 벼 7말		
	金○○ 콩 4말			
	金○○ 콩 2되			
	金○○ 벼 2말			
	河○○ 벼 5말			
1972년	今年度 加火金 (負當 300원, 82負 + 8束)	24,840원	造林時 酒代	500원
	定税	6,240원	下刈作業時 酒代	500원
	稧員 出資金 (戶當 500원, 43명)	21,500원	加火時 (講信)	1,480원
			苗木代	23,650원

회계연도	수입 내역		지출 내역	
	항목	금액/곡식	항목	금액/곡식
1973년	加火金 (負當 300원)	22,440원	下刈作業時 經費	1,000원
	定税	9,350원	加火時 經費	1,850원
			春期 苗木代	28,100원
1974년	加火收入金	22,080원	加火時 (講信)	2,100원
	定税 收入	9,420원	苗木代金	30,200원
	枝葉伐採 賣渡收入金	15,000원		
1975년	加火收入條	28,280원		
	定税條	13,106원		
1977년	稧員 出資金(1인당 1,500원, 55명)	82,500원	苗木代 (落葉松 6천 그루) & 運賃	80,020원
			財産税	9,295원
1978년	稧員 出資金(1인당 1,000원, 51명)	51,000원	過年度 造林地 下刈作業時 經費	6,000원
1979년			財産税	29,048원
			造林 및 下刈作業時 經費	7,000원
1980년	稧員 出資金(1인당 45,000원, 54명)	2,430,000원		

*출처: 「동계·송계수계기(洞稧·松稧修稧記)」(1888년~1980년)를 토대로 작성.

〈부록 표 4-3〉 해방 이후 송계 회계결산 내역 (1980년~1992년)

회계연도 (강신일)	수입		지출		잔액
	내역	금액	내역	금액	
1980년도 (1980. 01.20.)[222]	稧員 出資金 (1인당 45,000원, 54명)	2,430,000원			2,430,000원
1980년도 (1980. 11.10.)	稧員 出資金 (1인당 199,700원, 46명)	9,186,200원	裁判費用	5,785,872원	755,792원
	其他收入金	524,000원	登記費	1,660,000원	
	合	9,710,200원	營林計劃樹立費	346,600원	
			取得稅	1,161,936원	
			合	8,954,408원	
1981년도 (1981. 12.30.)	保管金	755,792원	講信	20,860원	744,032원
	定稅	24,200원	臨時總會時 費用	15,100원	
	合	779,992원			
1982년도 (1983. 01.06.)	元額	744,032원	特別經費條	165,000원	829,480원[223]
	이자 수입 (1부 이자)[224]	135,000원	財産稅	81,682원	
	今年度 收入木 死木代	40,000원	下刈作業[225] 經費	3,950원	
	표고木代	150,000원	講信	19,820원	
	定稅條	20,900원	合	277,452원	
	合	1,089,932원			

---

222) 역구실산 보존등기에 관한 의결을 위한 목적으로 임시 소집된 강신회로 짐작된다.

223) 회계결산 기록에 잔액 829,480원은 "道路補修費條로 新有司에게 보관함"로 기재돼 있다.

224) 회계결산 기록에 따르면, 총회에서 1부(部) 이자로 대출하기로 의결하였다. 1부 이자는 월1%, 연12%에 해당한다.

225) 회계결산 기록에는 "下野作業"으로 기재돼 있다. 하예(下刈)는 나무의 생장에 방해가 되는 잡초나 잡목을 제거하는 일이다.

회계연도 (강신일)	수입		지출		잔액
	내역	금액	내역	금액	
1983년도 (1983. 12. 28.)	移越金	829,480원	蓼谷山 道路改設費	721,000원	240원
	借入金	529,000원	營林計劃樹立費 및 經費	393,000원	
	定税(콩 2말 4되, 벼 3말, 쌀 2되 作錢)	23,669원	財産税	69,709원	
	合	1,382,149원	道路改設當時 雜費	77,600원	
			造林地 下刈作業時 經費	12,820원	
			貸出當時 出資金 및 經費	19,000원	
			借入金 利子	19,280원	
			講信	15,500원	
			合	1,327,909원	
			全○○氏 未受金	54,000원	
1984년도 (1984. 12. 30.)	落葉松 間伐 元木代금	1,900,000원	過年(度) 債入金과 經費條	1,091,328원	338,832원
	梁○○ 木代	40,000원	勞賃代 (79명 x 일당 5,000원)	395,000원	
	全○○ 木代	20,000원	山坂決算會食 經費 不足金	44,500원	
	過年度 移越金	54,240원	講信	27,500원	
	田畓税(콩 2말2되, 벼 3말, 쌀 2되 作錢)	24,600원	外處稧員 電話料	2,500원	
	李○○件 移越金	104,420원	合	1,560,828원	
	合	2,143,260원	全○○ 稧員 未收金	243,600원	
1985년도 (1986. 01. 14.)	移越金	338,832원	山林組合費	72,920원	313,833원[226]
	이자	60,601원	作業時 濁酒代	13,000원	
	定税	21,420원	講信	21,100원	
	合	420,853원	合	107,020원	

---

226) 회계결산 기록에 따르면, 이중 260,000원은 월 2리로 식리하고 나머지 53,833원은 신유사에게 보관하였다.

회계연도 (강신일)	수입		지출		잔액
	내역	금액	내역	금액	
1986년도 (1987. 01.22.)	移越金	313,833원	林道改設負担金	7,632,000원	120,065원
	林道부지 木代	500,000원	總經費	1,145,611원	
	표고木代 豫約金	1,800,000원	人道擴張費	400,000원	
	定稅條	21,100원	財産稅	72,920원	
	第一次 借入金	4,400,000원	育林資金(2,000,000원) 이자	160,000원	
	第二次 借入金	3,632,000원	農協償還金(1,000,000원)과 農協借入金 (2,400,000원) 이자	107,817원	
	合	10,666,933원	표고木許可經費	8,020원	
			講信	20,500원	
			合	10,546,868원	
			借入金 (講信當日現在)	合	3,400,000원	
				山林組合育林資金 (연 5.5%)	2,000,000원	
				面農協표고資金 (연 10.5%)	1,400,000원	
1987년도 (1988. 01.21.)	移越金	120,065원	임도개설비	1,200,000원	1,026,474원
	87년 표고목 잔액	851,400원	표고목 작업비	800,000원	
	표고목 (6인치 이상) 賣買代	68,750원	88년 식재 苗木代 (3,300주 x 62원)	204,600원	
	표고목 끝단代	45,000원	87년 경비	467,113원	
	낙엽송 벌채 賣買代[227]	3,855,900원	육림자금 (이자 포함)	2,010,000원	
	낙엽송 피해목代	120,500원	표고자금 (이자 포함)	1,444,000원	
	87년도 定稅 (콩 2두2승 대금)	15,400원	87년 영림계획비	290,000원	
	88년도 표고목 예약금	2,800,000원	87년 매목조사 수수료	120,178원	
	合	7,787,015원	87년 표고목 허가작업비	85,830원	
			87년 有司 이병열씨 미정산금	8,000원	
			全○○씨畓 피해복구비	25,000원	
			講信	32,000원	

227) 회계결산 기록에 따르면, '87년도 낙엽송 벌채 매매대' 3,855,900원은 백미 90kg으

회계연도 (강신일)	수입		지출		잔액
	내역	금액	내역	금액	
1988년도 (1989. 01.27.)	移越金	1,026,474원	표고木 作業費	4,257,600원	421,850원
	표고木代	6,470,500원	過年度 표고木 豫約金	350,000원	
	예금 이자	73,020원	財産税	73,000원	
	定税	31,300원	造林經費	97,500원	
	合	7,601,303원	賣木調査 手數料	22,000원	
			苗木代	80,600원	
			其他經費	39,450원	
			講信	28,300원	
			合	4,948,450원	
			계원 환불 (還拂)	過去 白米 및 現金 出資分	2,025,000원	
				계원 4명 (全○○, 韓○○, 徐○○, 全○○, 5만원式)	200,000원	
				金○○ 分	6,000원	
1989년도 (1990. 01.29.)	移越金	421,850원	講信	28,700원	408,415원[228]
	利子	42,185원	財産税	72,920원	
	過年 預託金 利子	17,000원			
	定税	29,000원			
	合	510,035원			
1990년도 (1990. 12.19.)	역구실 송계	740,000원			
1992년도 (1992. 12.19.)	송계금	900,000원			
	송계금 이자	45,212원			
	合	945,212원			

*출처:「동계·송계수계기(洞稧·松稧修稧記)」(1888년~1980년),「중촌송림계수계기(中村松林稧修稧記)」(1981년~1990년) 및「동적부(洞籍簿)」(1990년~2017년)를 토대로 작성.

로 환산하면 48가마니[叺]로, 한 가마니당 8만원에 해당한다.

228) 회계결산 기록에 따르면, 이중 300,000원은 연 10%로 이식하고 108,415원은 신유사에게 보류(保留)하였다.

〈부록 표 4-4〉 중촌송림계 유사 명단 (1982년~1990년)

회계연도	유사명
임술년(1982)	河在龍, 孫宇善
계해년(1983)	李正倍, 張基萬
갑자년(1984)	金淳基, 金鍾碩
을축년(1985)	安鍾允, 金鍾碩
병인년(1986)	李炳烈, 金明根
정묘년(1987)	金會善, 金明根
무진년(1988)	權基化, 金明根
기사년(1989)	李俊寧
경오년(1990)	李正章, 金明根

*출처: 「중촌송림계수계기(中村松林稧修稧記)」(1981~1990년).

〈부록 표 4-5〉 중촌송림계 임원 명단 (1988년 1월 21일 강신회)

계임	명단
稧長	李正進
副稧長	全炳善
幹事	李炳國, 李正章
監事	安鍾允, 全炳昌
有司	權基化, 金明根

*출처:「중촌송림계수계기(中村松林稧修稧記)」(1981~1990년).

〈산림계 정관(山林契 定款)〉

第一章　總則

第一條　　　　　本契는 協同 自治 精神을 顯現하여 林業의 健全한 發展을 期함을
　　　　　　　　目的으로 한다.

第二條　　　　　前條의 目的을 達成하기 爲하여 下의 業務를 行한다.

　一. 鎭安郡 聖壽面 外弓里 山 七拾番地 百六壹町參反八畝에 造林 및 管理
　　　事業

第三條　　　　　本契는 中村松契라 稱한다.

第四條　　　　　本契의 區域은 鎭安郡 聖壽面 道通里 中坪部落과 同面 外弓里
　　　　　　　　店村部落에 居住民으로 한다.

第五條　　　　　本契의 事務所는 鎭安郡 聖壽面 道通里 中坪部落 內에 둔다.

第六條　　　　　本契의 契員은 中村區域 內에 居住者로서 世帶主로서 構成한다.

第七條　　　　　契員資格은 設立時 資金出資한 者로서 한다.

第八條　　　　　契員資格의 附與는 第六條에 規定된 其一의 事實이 本契事務所
　　　　　　　　에 備置된 宣誓簿에 記名調印함으로써 發效되어야 한다.

　　　　　　　　契員死亡으로 因하여 家戶相續이 開始되었을 時에는 其 相續日로
　　　　　　　　부터 被相 續人에게 代身하여 契員이 된다.

第二章　約定

第九條　　　　　本契의 目的을 達成하기 爲하여 契員相互間에 다음 各項을 遵守
　　　　　　　　하기로 約定한다.

　一. 法令에 違反되는 林産物의 採取는 하지 아니한다. 萬一 前項의 行爲를
　　　取行하는 者를 發見하였을 때에는 其事實을 本契事務所에 報告하여야
　　　한다.

　二. 本契 所有林野 山林의 守護를 爲하여 本契 指示에 따라 輪番巡山 病蟲
　　　害驅除 山火消防 等에 出力한다.

三. 林木을 伐採한 者는 (   )없이 伐採本數의 五倍 以上의 造林을 實施하여
　　야 한다. 但 本契의 別定基準에 依하여 相當金額을 本契에 納入함도 無
　　坊[229]하다.

四. 官에 對한 申請 또는 申告事項은 一切 本契의 總會決議에 依한다.

第十條　　　　　本契는 契員의 自家燃料 및 綠肥를 確保하기 爲하여 官의 許可를
　　　　　　　　얻어 一定한 期間을 定하고 採取하도록 周施한다.

第十一條　　　　契員은 設立基本資金 出資를 白米 壹斗를 一座로 하고 契員總座
　　　　　　　　數는 壹百 座未滿으로 하고 別紙 出資證書를 發行함.
　　　　　　　　但 營林計劃 作成時는 總會議決에 따라 出資한다.

第十二條　　　　本契 事務所에는 左記簿冊을 設置保存하여야 한다.

一. 一般文書綴

二. 契宣誓簿

三. 會議錄綴

四. 金錢出納簿

五. 資金出資證書臺帳

六. 事業計劃書

第三章 財政 및 契約

第十三條　　　　設立基本出資座數에 依하여 經費를 負擔하여야 한다.

第十四條　　　　第九條一項의 約定에 依하여 取得한 違反物品의 處分은 會費로
　　　　　　　　하되 其收 入金은 本契資金에 充用한다.

第十五條　　　　本契의 會計年度는 年末 治作하여 完了된다.

第十六條　　　　本契 財政의 支出一切은 幹事會의 決議에 依한다.

第十七條　　　　本契의 現金은 幹事에 留置하여야 한다.

第四章 機關

第十八條　　　　本契에 다음의 任員을 둔다.

契長　　　一名

副契長　　二名

幹事　　　一名

監事　　　一名

有司　　　一名

任員은 總會에서 選出한다.

---

229) '무방(無妨)'을 말하는 듯하다.

第十九條	契長은 任員을 代表하여 業務를 統理한다.
	副契(長)은 契長을 補佐하여 契長이 事故가 있을 때에는 그 職務를 代行한다.
	幹事 및 有司는 契長 및 副契長을 補佐하여 契의 業務를 執行하여야 한다.
第二十條	任員의 任期는 合 五年으로 한다.
	但 有司의 任期는 一年으로 한다.
第二十一條	任員은 名譽職으로 한다.
第二十二條	定期總會는 每年 十二月三十日에 契長이 召集하여 過年度의 事業實績과 收支決算報告 및 新年度 事業計劃과 收支豫算은 附議한다.
	臨時總會는 必要에 依하여 契長이 隨時 召集하여 幹事會에서 決議된 重要事項 報告 및 幹事會에서 總會에 附議된 契運營上 重要業務를 附議한다.
第二十三條	幹事會는 任員으로서 構成하고 契運營에 關한 重要事項을 附議하여 수시 契長이 召集한다.
第二十四條	幹事會는 任員 過半數로 成立된다.
第二十五條	總會 및 幹事會는 契長이 議長이 되고 契長이 事故가 있을 때에는 契의 業 務代行順으로 한다.
第二十六條	議事의 決議는 別定이 없는 限 出席者의 過半數로 한다.

*출처: 「산림계정관(山林契定款)(1960년대 추정)」.

<부록 표 5-1> 일제강점기 장학계 수입 및 지출 내역 (1916년~1927년)

강신일 (음력)	수입		지출		실재전 (實在錢)
	내역	수량	내역	수량	
1916년 (병진) (음) 10월 30일	본전(本錢) (이자 포함)	207냥7전3푼	講信	6냥	202냥9전3푼
			學童 紙筆墨價	3냥	
1917년 (정사) (음) 10월 21일	본전	202냥9전3푼	林○○家 未捧条	4냥2전	268냥2전9푼
	이자(四利) 포함	284냥1전1푼	書堂 學徒 燈油價	7냥	
	신입전(2명) (각 4냥5전 추정)	9냥	講信	9냥5전	
	合	295냥1전1푼	紙價	1전2푼	
			書■買賣中 利子金 欠縮[230]条	6냥	
1918년 (무오) (음) 10월 29일	본전	268냥2전9푼	講信	21냥	354냥6전1푼
	이자(四利) 포함	375냥6전1푼	學童 紙筆墨價	10냥	
	신입전(2명) (각 5냥 추정)	10냥			
	合	385냥6전1푼			
1919년 (기미) (음) 10월 15일	본전	354냥6전1푼	學童例下[231]	20냥	432냥9전5푼
	이자(四利) 포함	496냥4전5푼	講信	49냥5전	
	合	502냥4전5푼			
1920년 (경신) (음) 10월 15일	본전	422냥9전5푼	學童 紙筆價	20냥	540냥5전3푼
	이자(四利) 포함	606냥1전3푼	講信	30냥	
	合	606냥1전3푼	紙價	1전	

230) 흠축(欠縮)은 "일정한 수효에서 부족함이 생기는 것"을 말하며, 휴흠(虧欠) 혹은 흠결(欠缺)이라고 한다(네이버 국어사전, 2019/12/25 자료 접근).

231) 학동들을 위한 지필묵 등으로 추정된다.

강신일 (음력)	수입		지출		실재전 (實在錢)
	내역	수량	내역	수량	
1921년 (신유) (음) 10월 28일	본전	540냥5전3푼	梁文壽 學債米 十斗價	75냥	620냥2전9푼
	이자(四利) 포함	756냥7전5푼	學童 燈油價	20냥	
			講信	21냥1전	
			店邨 太田232) 二片價	17냥5전	
			庚申·辛酉兩年 李○○ 伐入条 出給	2냥8전6푼	
1922년 (임술) (음) 10월 15일	본전	620냥2전9푼	李○○家 28냥 / 李○○ 保證許에 徵出	10냥	469냥2전1푼
	이자(四利) 포함	868냥4전1푼	未捧条로 除置	18냥	
			講信	28냥5전	
			紙價	2전	
			契員 配分 (11냥5전 x 30명)	345냥	
			歲饌	7냥5전	
1923년 (계해) (음) 10월 23일	본전	469냥2전1푼	學童 油墨價	10냥	473냥8전
	이자(四利) 포함	656냥9전	講信	48냥	
			紙價	1전	
			茅亭 設立次	25냥	
			歲饌	100냥	
1924년 (갑자) (음) 10월 22일	본전	473냥8전	薛○○家 除置	17냥5전	479냥3전2푼
	이자(四利) 포함	663냥3전2푼	講信	67냥5전	
			契員 配分 (3냥3전 x 30명)	99냥	
1925년 (을축) (음) 10월 17일	본전	479냥3전2푼	講信	52냥5전	461냥8전5푼
	이자(四利) 포함	670냥8전5푼	白紙價	3전	
			洞中 座分	156냥2전	

232) 태전(太田)은 콩밭을 말한다.

강신일 (음력)	수입		지출		실재전 (實在錢)
	내역	수량	내역	수량	
1926년 (병인) (음) 10월 26일	본전	461냥8전5푼	書堂比用	81냥	952냥9전7푼
	이자(四利) 포함	646냥5전9푼	盖屋火木雇工價 金○○家	57냥5전	
	賣租錢 (1석9두2승)	70냥	木手別賞給	10냥	
	米價	267냥6전8푼	麻骨價	7냥1전5 푼	
	留置錢	172냥8전[233]	溺缸價	22냥5전	
	合	1157냥7푼	薪缸買 ᄒ기대	7냥5전	
			講信	66냥	
			鷄粥價	19냥2전5 푼	
			紙價	2전	
			朴○○家 未捧条	10냥	
			草席價	4냥	
1927년 (정묘) (음) 10월 26일	본전	952냥9전7푼	今年 秋間火木 雇傭價	30냥	813냥6푼
	이자(四利) 포함	1334냥1전6푼	全○○家 抜本而利条 特減	10냥	
			講信	45냥	
			紙價	1냥[234]	
			書堂 塗壁紙價	3냥	
			草席價	5냥	
			書堂 燈油價	22냥	
			今年 火木工價 先給	20냥	
			鷄粥價	5냥	
			座分 (11냥 x 25명)	275냥	

*출처: 「장학계원명부(獎學稧員名簿)」(1916년~1927년)를 토대로 작성.

---

233) 회계결산 기록에 유치전(留置錢) 225냥 중에서 서당비용(書堂比用) 81냥을 제외하고서 잔금[餘錢]이 172냥 8전이라고 기재되어 있다. 하지만 서당비용이 구체적으로 무엇인지는 알 수 없다.

234) 회계결산 기록에는 10戔으로 기재되어 있다. 1냥은 10전이다.

<부록 표 5-2> 장학계 유사 명단 (1916년~1927년)

연도	유사	비고
1916년(병진)	李根世	
1917년(정사)	李根世	
1918년(무오)	李根世	
1919년(기미)	李根世	
1920년(경신)	李時用	
1921년(신유)	李根世	
1922년(임술)	李根世	
1923년(계해)	李根世	
1924년(갑자)	명시되어 있지 않음	
1925년(을축)	명시되어 있지 않음	
1926년(병인)	명시되어 있지 않음	
1927년(정묘)	명시되어 있지 않음	

*출처: 「장학계원명부(獎學稧員名簿)」(1916년~1927년).

강신일	錢/租	수입		지출		실재조(實在租)/실재전(實在錢)
		내역	수량	내역	수량	
1929년(기사) (음) 10월 26일	租	수합조(收合租)	4석3두9승	先生學料	3석10두	0
		답세조(畓稅租)	10두	房火木雇價[235]	10두	
		전세태(田稅太)	1두6승	講信	15두5승	
		合	4석15두5승			
1930년(경오) (음) 10월 29일	租	수합조	6석1두	先生學料	4석	0
		답세조	10두	房木價	20두	
		전세태	4두	盖草價[236]	8두	
		合	6석15두	草席價	7두	
				講信	1석	
1931년(신미) (음) 10월 28일	租	수봉조(收捧租)	3석8두	先生學料	2석	0
		답세조	10두	房火木價	13두	
		전세태	3두	粥米價	8두	
		合	4석1두	盖屋費	7두5승	
				先生粮米	10두	
				鷄價	2두5승	
1932년(임신) (음) 10월 27일	租	수봉조	2석13두2승	先生學料	2석	0
		답세조	10두	防川費	7두	
		전세태	3두	盖屋費[237]	8두	
		合	3석6두2승	講信	11두2승	

---

235) 방화목고가(房火木雇價)는 서당 난방을 위한 땔감을 채취하는데 든 품삯을 말한다.

236) '개옥비(盖屋費)'를 말하는 듯하다.

237) 회계결산 기록에는 '盖屋比'로 기재되어 있다.

강신일	錢/租	수입		지출		실재조(實在租)/실재전(實在錢)
		내역	수량	내역	수량	
1933년 (계유) (음) 10월 30일	租	수봉조	4석13두	先生學料	5석	5두6승
		답세조	14두	盖屋費	8두4승	
		전세태	3두	講信	16두	
		李○○家 前年 當置租	14두			
		李○○ 庚午 未收租	6두			
		合	6석10두			
	錢	新入条(1명, 李○○)	50전			2원50전
		賣屋条	2원			
1934년 (갑술) (음) 10월 25일	租	본조(本租)	4두6승			6두4승 4합
		이자(四利) 포함				
	租	동중수합조 (洞中收合租)	692근(斤)	先生學料	816근	0
		新入租(1명, 李○○)	85근	全○○家 未捧条	18근	
		書堂畓稅	99근	盖屋價	50근	
		合	876근	果石金[238]	20근	
		又	28근			
	太	전세태	3두			콩[太] 3두
	錢	본전	3원90전	講信	4원54전	50전
		이자(四利) 포함	5원4전			
1935년 (을해) (음) 11월 6일	租	동중수합조	3석17두5승	先生學料	4석	4두
		(답)세조	14두	講信	6두	
		(전)세태	3두	學童 紙筆價	4두	
		合	4석14두5승			

---

238) 무엇을 뜻하는지 알 수 없다.

강신일	錢/租	수입		지출		실재조 (實在租)/ 실재전 (實在錢)
		내역	수량	내역	수량	
1936년 (병자) (음) 10월 20일	租	본조	4두	先生學料	3석	4두
		이자(二利半) 포함	5두	學生 紙筆價	6두	
		收合利租	4석	代金 (8원25전)	15두	
		合	4석5두			
	太	전세태	2두	太 代金 (1원30전)	2두	0
	錢	본금(本金)	70전	講信 (15두 代金)	8원25전	28전
		이자(四利) 포함	98전	漢文學童 紙筆價	2원10전	
		李○○■ 辛未年条 一斗代金	60전			
		太 2두 가	(1원30전)			
		租 15두가	(8원25전)			
1937년 (정축) (음) 10월 30일	租	본조	4두	講信	1석2두5승	0
		이자(二利) 포함	4두8승	紙價	5승	
		收入租	3석4두	歲饌	1석5두8승	
		답세조	14두	學生 紙筆代金	1석17두	
		전세태	3두			
		合	4석5두8승			
	錢	殖利金 (李○○家 未捧)	1원10전			1원10전

강신일	錢/租	수입		지출		실재조(實在租)/실재전(實在錢)
		내역	수량	내역	수량	
1938년 (무인) (음) 10월 18일	租	수봉조	3석4두	販賣執錢 (53원30전)	4석2두	0
		이자(二利) 포함				
		답세조	15두			
		전세태	3두			
		合	4석2두			
	錢	販賣執錢 (4석 2두)	53원30전	講信	17원	3원20전
		梧谷 李○○家 捧上[239]	6원	烟草價[240]	30전	
		合	59원30전	紙價	20전	
				學生 紙筆代	21원	
				償防處 內容費	80전	
				歲饌	16원80전	
1939년 (기묘) (음) 10월 27일	租	收捧租	4석16두	先生學料	3석	3두
		이자(三利) 포함		生徒 紙筆代	1석	
		田稅 三筆稅[241] (良租)	4두	講信	17두	
		合	5석			
	錢	본전	3원20전	酒價(講信)	1원70전	2원46전
		이자(三利) 포함	4원16전			

---

239) 봉상(捧上)은 '물품 따위를 바친다.'는 의미로, 봉납(捧納)이라고 불린다(네이버 국어 사전, 2022/03/04 자료 접근).

240) 연초(烟草)는 담배를 말한다. 아마도 훈장 선생께 드릴 연초로 짐작된다.

241) 밭 3필지에 대한 소작료로 추정된다.

강신일	錢/租	수입		지출		실재조(實在租)/실재전(實在錢)
		내역	수량	내역	수량	
1940년 (경진) (음) 11월 21일	租	收捧租	4석16두	講信	1석5두	1석
		이자(三利) 포함		家舍典執 借用 出終 (安○○외 2인)	1석10두	
		답세(조)	12두	學生 紙筆代	2석19두9승	
		전세	3두			
		유치조(留置条)(3두)				
		유치조 이자(三利) 포함	3두9승			
		新入条 (3명, 全○○, 李○○, 全○○)	1석			
		合	6석14두9승			
	錢	有司 留置	2원46전[242]			2원46전
1941년 (신사) (음) 11월 18일	租	수봉조	3석10두	李○○ 家屋 典執	12두	1석6두
		이자(二利) 포함		放賣代金 (71원)	3석11두	
		畓 小作料	10두			
		田 小作料	3두			
		전유사 유치조 (前有司 留置条) (1석)	1석6두			
		유치조 이자 포함				
	錢	放賣(3석 11두)	71원	講信	7원10전	3원20전
		家屋 放賣代金	25원	紙價	40전	
		유치전(留置錢) (2원46전)	3원20전	學生 紙筆代	88원50전	
		유치전 이자 포함				

---

242) 회계결산 기록에 "三圓二十錢 李○○家 未捧"으로 기재되어 있다. 흥학계에서 전년도(1940년)에 李○○에게 2원46원을 식리했으나, 강신회 당일까지 원금과 이자를 합친 3원20전을 수령하지 못했음을 알 수 있다.

강신일	錢/租	수입		지출		실재조(實在租)/실재전(實在錢)
		내역	수량	내역	수량	
1942년 (임오) (음) 11월 5일	租	본조	17석10두	柯南坪 所在 畓 水害處 復舊費	6두	17석10두
		이자(二利)	3석10두	講信	17두	
		田 小作料	3두5승	金○○ 利子 未捧	2두	
		合	3석13두5승			
				放賣代金 (53원35전)	2석8두5승	
	錢	放賣(2석8두5승)	53원35전	紙價	35전	0
				學生 紙筆代	53원	
1943년 (계미) (음) 12월 7일	租	본조	17석10두	放賣代金 (104원50전)	4석3두	17석10두
		이자(二利)	3석10두			
		田 小作料	3두			
		畓田稅	10두			
	錢	放賣代金 (4석3두)	104원50전	學生 紙筆代 (13인)	66원	33원40전
		金○○ 昨年 未捧 (2두 代金)	2원60전	煙草代	75전	
		合	107원15전	李○○ 紙筆代	5원	
				講信	2원	
1944년 (갑신) (음) 12월 17일	租	본조	17석10두	放賣代金 (91원)	3석10두	17석10두
		이자(二利)	3석10두	放賣代金 (9원35전)	10두	
		畓田稅	10두			
1944년 (갑신) (음) 12월 17일	錢	放賣(3석 10두)	91냥	外弓 前年 田稅 未收条	5원46전	4원9전
		前有司 留置金	33원40전	講信	30원	
		放賣(10두)	9원35전	■當畓 水利料	23원70전	
		合	133원75전	白紙代	1원	
				學生 紙筆代	69원50전	

강신일	錢/租	수입		지출		실재조(實在租)/실재전(實在錢)
		내역	수량	내역	수량	
1945년 (을유) (음) 12월 8일	租	본조	17석10두	講信	13두	17석 10두
		이자	5석5두	先生學料	3석10두	
		畓田稅	8두	學校 生徒 紙筆代	1석10두	
	錢	前有司 留置金	4원9전	白紙代	3원	1원91전
		유치금 이자(二利)	82전			
		合	4원91전			

*출처: 「흥학계안(興學稧案)」(1929년 ~ 1996년)을 토대로 작성.

〈부록 표 5-4〉 해방 이후 흥학계 수입 및 지출 내역 (1946년~1991년)

강신일[243]	錢/租	수입		지출		실재조(實在租)/실재전(實在錢)
		내역	수량	내역	수량	
1946년 (병술) 11월 6일	租	본조	17석10두	學校 生徒 紙筆代	1석4두	17석 10두
		이자(二利五毛)	4석7두5승	講信	16두5승	
		畓田稅	10두	先生學料	2석16두5승	
				當日 書堂 生徒 單子	5승	
	錢	先有司 留置金	1냥91전	白紙代	2냥29전	0
		留置金 이자 (二釐) 포함	2냥29전			
1947년 (정해) 10월 20일	租	본조	17석4두	書堂學料	3석10두	17석4두
		이자(四利)	6석17두6승	學校 兒童条	2석5두	
		畓田稅	11두	洞內成人 敎育費	1석	
				講信	11두6승	
				書堂 兒童 紙筆代	2두	
1948년 (무자) 11월 5일	租	본조	17석4두	學校 兒童条	2석5두	17석4두
		이자(三利)	5석3두2승	書堂 兒童 紙筆代	5두	
		田畓稅[244]	강신비용 충당	書堂學料	2석13두2승	
				講信	田畓稅	

---

243) 회계결산 기록에 강신날짜가 음력인지 혹은 양력인지 명확하게 명시되어 있지 않다. 하지만 전통 농경사회에서는 음력 표기가 보편적이었다.

244) 강신비용으로 충당된 전답세(田畓稅)가 얼마였는지 기재되어 있지 않다.

강신일	錢/租	수입		지출		실재조(實在租)/실재전(實在錢)
		내역	수량	내역	수량	
1949년 (기축) 10월 25일	租	본조	17석4두	學校 兒童条	1석16두[245]	17석4두
		이자(三利)	5석3두2승	書堂學料	6가마니[叺]	
		合	22석7두2승	兒童 紙筆代	2두	
		畓田稅[246]	강신비용 충당	講信	5두2승	
					畓田稅	
1950년 (경인)[247]	租	본조	17석4두	學童 紙筆代	5두7승	17석4두
		이자[248]	5두5승7합(合)	講信	12두	
		畓田稅	12두			
		合	18석5두7승[249]			
1951년 (신묘) 12월 1일	租	본조	17석4두	書堂學料	2석	17석4두
		이자(二利)	3석4두8승	學童 紙筆代	6두	
		合	20석8두8승	學校 紙筆代	1석1두8승	
		田畓稅[250]	강신비용 충당	講信	田畓稅	
1952년 (임진) 10월 20일	租	본조	17석4두	學校 兒童 紙筆代	3석8두8승	17석4두
		이자(二利) 포함	20석12두8승	講信	10두	
		田畓稅	10두			
		合	21석2두8승			

---

245) 회계결산 기록에는 1석16두가 '參叺六斗'로 기재되어 있다.

246) 강신비용으로 충당된 답전세(畓田稅)가 얼마였는지 기재되어 있지 않다.

247) 강신 날짜가 기재되어 있지 않다.

248) 회계결산 기록에 따르면, 본조 17석4두, 즉 34입(叺)4두에서 29입2두3승에 대한 이자는 무효로 처리하고, 나머지 5입5두3승을 빌려주고 얻은 이자 수입은 5두5승7합이다.

249) 본조, 본조 이자와 답전세를 합하면, 18석1두5승7합(合)으로, 회계결산 기록과는 차이가 있다.

250) 강신비용으로 충당된 답전세(畓田稅)가 얼마였는지 기재되어 있지 않다.

강신일	錢/租	수입		지출		실재조 (實在租)/ 실재전 (實在錢)
		내역	수량	내역	수량	
1953년 (계사) 11월 16일	租	본조	17석4두	契員 分播 (29명)	1석9두	17석4두
		이자(二利) 포함	20석12두8승	學校 兒童 紙筆代	3석1두8승	
		新入租(1명, 吳○○)	7두	講信	10두	
		新入租(1명, 金○○)	15두			
		田畓稅	10두			
		合	22석4두8승			
1954년 (갑오) 11월 10일	租	본조	17석4두	學校 兒童 紙筆代	3석8두8승	17석4두
		이자(二利) 포함	20석12두8승	講信	10두	
		田畓稅	10두			
		合	21석2두8승			
1955년 (을미) 11월 17일	租	본조	17석4두	學校 兒童 紙筆代	3석8두8승	17석4두
		이자(二利) 포함	20석12두8승	講信	10두	
		田畓稅	10두			
		合	21석2두8승			
1956년 (병신) 11월 11일	租	본조	17석4두	學校 兒童 紙筆代	3석8두8승	17석4두
		이자(二利) 포함	20석12두8승	講信	10두	
		田畓稅	10두			
		合	21석2두8승			

강신일	錢/租	수입		지출		실재조(實在租)/실재전(實在錢)
		내역	수량	내역	수량	
1957년 (정유) 10월 29일	租	본조	17석4두	學校 兒童 紙筆代	3석8두8승	17석4두
		이자(二利) 포함	20석12두8승	講信	10두	
		田畓税	10두			
		合	21석2두8승			
1958년 (무술) 10월 15일	租	본조	17석4두	學校 兒童 紙筆代 (分播)	3석8두8승	17석4두
		이자(二利) 포함	20석12두8승[251]	本稧畓 小溜池 負担金	10두	
		田畓税	10두	講信[252]	미개최	
		合	21석2두8승[253]			
1959년 (기해) 10월 15일	租	본조	17석4두	學校 兒童 (分播)	3석8두8승	17석4두
		이자(二利) 포함	20석12두8승[254]	講信	10두	
		田畓税	10두			
		合	21석2두8승[255]			
1960년 (경자) 10월 15일	租	본조	17석4두	學校 兒童 (分播)	5석3두2승	17석4두
		이자(三利) 포함	22석7두2승	講信	10두	
		田畓税	10두			
		合	22석17두2승			

251) 회계결산 기록에 21석12두8승으로 잘못 기입된 듯하다.

252) 회계결산 기록에 "本年은 形便에 依하야 講信을 免함"으로 기재되어 있다.

253) 회계결산 기록에 22석2두8승으로 잘못 기입된 듯하다.

254) 회계결산 기록에 21석2두8승으로 잘못 기입된 듯하다.

255) 회계결산 기록에 22석2두8승으로 잘못 기입된 듯하다.

강신일	錢/租	수입		지출		실재조(實在租)/실재전(實在錢)
		내역	수량	내역	수량	
1961년 (신축) 11월 18일	租	본조	17석4두	學童 (分播)	3석18두8승	17석4두
		이자(二利) 포함	21석2두8승	講信	10두	
		田畓稅	10두			
		合	21석12두8승			
1962년 (임인) 12월 2일	租	본조	17석4두	稧員 兒童 (52名) 分播	4석13두6승	17석4두
		이자(三利) 포함	22석7두2승	非稧員 兒童 (10名) 分播	6두	
		田畓稅	10두	講信	10두	
		合	22석17두2승	吳○○ 未收 (1두5승)[256]	3두6승	
				合	5석13두2승	
1963년 (계묘) 11월 6일	租	본조	17석4두	講信	10두	17석4두
		이자(三利) 포함	22석7두2승	稧員 兒童 (51名) 分播	4석16두9승	
		田畓稅	10두	前年度 稧員 兒童 錯誤 (2名) 分播	1두	
		合	22석17두2승	非稧員 兒童 (13名) 分播	3두8승	
				李○○ 關係 吳○○ 未收	1두5승	

---

256) 회계결산 기록에 따르면, "吳○○ 一斗五升 李○○ 二斗一升 未收"로 3두6승에 대한 내역이 기재되어 있다. 이후에 李○○로부터 2두1승을 모두 걷어 들인 것으로 보인다.

강신일	錢/租	수입		지출		실재조(實在租)/실재전(實在錢)
		내역	수량	내역	수량	
1964년 (갑진) 11월 9일	租	본조	17석4두	講信	10두	17석4두
		이자(三利) 포함	22석7두2승	稧員 兒童 (54名) 分播	4석17두2승[257]	
		田畓稅	10두	非稧員 兒童 (15名) 分播	4두5승	
		合	22석17두2승	李○○ 關係 吳○○ 未收	1두5승	
1965년 (을사) 11월 10일	租	본조	17석4두	講信	10두	17석4두
		이자(三利) 포함	22석7두2승	稧員 學生 (55名) 分播	4석19두[258]	
		田畓稅	10두	非稧員 學生 (18名) 分播	4두2승	
		合	22석17두2승			
1966년 (병오) 11월 4일	租	본조	17석4두	講信	10두	17석4두
		이자(三利) 포함	22석7두2승	稧員 學生 (54名) 分播 (1인당 18승씩 배분)	4석17두2승[259]	
		田畓稅	10두	稧畓 保修租로 保留	4두	
		合	22석17두2승	非稧員 學生 (6名) 分播	2두	

---

257) 회계결산 기록에는 9입[叺]7두2승으로 기재되어 있다. 1입은 10두이다.

258) 회계결산 기록에는 9입9두로 기재되어 있다.

259) 회계결산 기록에는 9입7두2승으로 기재되어 있다.

강신일	錢/租	수입		지출		실재조 (實在租)/ 실재전 (實在錢)
		내역	수량	내역	수량	
1967년 (정미) 11월 20일	租	본조	16석19두	講信	10두	17석
		이자(三利) 포함	22석7승	稧員 學生 兒童 及 非稧員 學生 兒童 分播	5석1두7승	
		李○○条260)	2두5승	白紙代	1두5승	
		田畓稅	10두			
		合	22석13두2승			
		殖利 (宋○○)	1두			
1968년 (무신) 10월 25일	租	본조	17석	講信	10두	17석
		이자(三利) 포함	22석2두	稧員 兒童 學生 分播	4석16두9승	
		田畓稅	10두	非稧員 學生 兒童 分播	5두1승	
		合	22석12두			
1969년 (기유) 11월 22일	租	본조	17석	講信	10두	17석
		이자(三利) 포함	22석2두	稧員 兒童 分播	4석14두4승 261)	
		田畓稅	10두	非稧員 學生 分播	7두6승	
		合	22석12두			

---

260) 회계결산 기록에 "李○○ 名儀로 元簿에 登載된 五斗 中 二斗五升은 蕩減하고 二斗五升은 本租로 收入하고 殘 拾六石拾九斗을 併三利로 ....."로 기재되어 있다. 추측컨대, 李○○이 빌린 원곡 5두를 갚지 못하자 2두5승은 탕감하고 2두5승만을 갚도록 하였던 것으로 추정된다. 따라서 본조 17석4두에서 5두를 제외한 16석19두만을 식리하였던 것이다.

261) 회계결산 기록에는 9입4두4승으로 기재되어 있다.

강신일	錢/租	수입		지출		실재조(實在租)/실재전(實在錢)
		내역	수량	내역	수량	
1970년 (경술) 11월 18일	租	본조	17석	講信	10두	16석19두5승[262]
		이자(二利)포함	20석8두	稧員 兒童 分播	3석8두[263]	
		田畓税	10두	非稧員 學生 分播	2두5승	
		合	20석18두			
1971년 (신해) 10월 25일	租	본조	16석19두5승	講信	10두	16석19두5승
		이자(二利)포함	20석7두4승	稧員 兒童 及 徐○○ 兒童(二人分) 分播	3석4두9승[264]	
		安○○ 本租	5두	非稧員 兒童 分播	3두	
		劉○○ 本租	5두	新有司 委任 殖利	10두	
		田畓税	10두			
		合	21석7두4승			

262) 회계결산 기록에 다음과 같이 기재하고 있다: "旦 李○○ 家屋에 對하여 稧員 決議에 따라 今年만은 利子 一斗를 삭감하고 宋○○ 破屋에 對하여 本租 五升을 控除하기로 決議하고 余 五升은 現在 宋○○ 家屋에 殖利함." 즉, 李○○ 가옥에 대한 이자인 1두는 공제하고, 宋○○ 가옥의 파손으로 5승을 공제하고 나머지 5승은 이자 놓기로 결의하였다.

263) 회계결산 기록에는 6입8두로 기재되어 있다.

264) 회계결산 기록에는 6입4두9승으로 기재되어 있다.

강신일	錢/租	수입		지출		실재조(實在租)/실재전(實在錢)
		내역	수량	내역	수량	
1972년 (임자) 11월 15일	租	본조	16석19두5승[265]	講信	10두	16석9두5승
		이자(二利)포함	19석15두4승	稧員 兒童 分播 (61명) (아동 1인당 1두씩)	3석1두[266]	
		前有司 委任 殖利租 併利	12두	非稧員 兒童 分播	2두1승	
		田畓稅	10두	有司 致賀租[267]	4두8승	
		合	20석17두4승	合	3석17두9승[268]	
				李○○ 家屋 (李○○ · 吳○○件) 破産 蕩減	10두[269]	
1973년 (계축) 12월 2일	租	본조	16석9두5승	講信	10두	16석16두5승
		이자(二利)포함	19석15두4승	稧員 兒童 (61명) 分(播)	3석1두	
		田畓稅	10두	非稧員 兒童 (22명) 分(播)	4두9승	
		新加入租 (金○○)	7두			
		合	20석12두4승			

---

265) 회계결산 기록에는 16석1입9두5승으로 기재되어 있다.

266) 회계결산 기록에는 6입1두로 기재되어 있다.

267) 치하조(致賀租)는 유사 사례금을 말한다.

268) 회계결산 기록에는 7입7두9승으로 기재되어 있다.

269) 회계결산 기록에는 1입으로 기재되어 있다.

강신일	錢/租	수입		지출		실재조 (實在租)/ 실재전 (實在錢)
		내역	수량	내역	수량	
1974년 (갑인)[270]	租	본조	16석16두5승	講信	10두	(기재되지 않음)
		이자(二利) 포함	20석3두8승	稧員 兒童 (58명) 分割 (1인당 1두)	3석7두3승[271]	
		田畓稅	10두	全學生 學用品 配定	9두3승	
		合	20석13두8승			
1975년 (을묘)[272]	租	본조	16석16두5승	講信	10두	16석 16두5승
		이자(二利) 포함	20석3두8승	稧員 兒童 (57명) 支出 (1인당 1두)	2석17두	
		田畓稅	10두	稧員과 非稧員 兒童 (57명 + 18명) 紙筆代 (均等 配分 決議)	10두3승	
		合	20석13두8승			
1976년 (병진) 12월 31일	租	본조	16석16두5승	講信	8두3승	16석 16두5승
		이자(二利) 포함	20석3두8승	稧員 兒童 (69명) 分播 (1인당 1두)	3석9두	
		田畓稅	10두			
		合	20석13두8승			

270) 흥학계의 계서약서(稧誓約書) 작성 날짜가 1975년 1월 11일인 점으로 봐서 강신회
도 같은 날 개최되었을 것으로 추정된다.

271) 계원 아동 1인당 1두씩 분배되었다면 아마도 2석18두가 맞을 것이다. 그래야만 다음
해인 1975년(을묘) 본조(本租) 16석16두5승과 일치한다.

272) 회계결산 기록에 강신 날짜가 기재되어 있지 않다.

강신일	錢/租	수입		지출		실재조(實在租)/실재전(實在錢)
		내역	수량	내역	수량	
1977년 (정사) 11월 12일	租	본조	16석16두5승	講信	10두	16석16두5승
		이자(二利) 포함	20석3두8승	稧員 兒童 (70명) 分播 (1인당 9승)	3석3두	
		田畓稅	10두	稧員과 非稧員 兒童 (70명 + 21명) 紙筆代	4두3승	
		合	20석13두8승			
1978년 (무오) 11월 21일	租	본조	16석16두5승	講信 (田畓稅)	10두	16석16두5승
		이자(二利) 포함	20석3두8승	堂員 學生 (65명) 分播 (1인당 9승)	2석18두5승	
		田畓稅	10두	李○○ 未收条	5승	
		合	20석13두8승	學生 學習帳条 分播	8두3승	
1979년 (기미) (음) 11월 4일[273]	租	본조	16석16두5승	講信	10두	16석4두5승
		이자(二利) 포함	20석1두4승[274]	李○○家 本租 (白米 5두9승 換算)[275]	12두	
		田畓稅	10두	學生 兒童 (67명) (1인당 1두)[276]	(기재되지 않음)	
		合	20석11두4승			
	白米	白米	5두			5두

---

273) 회계결산 기록에 '至月 初四日'로 기재되어 있는데, 지월은 동짓달로 음력 11월을 가리킨다.

274) 회계결산 기록에는 41입4승으로 기재되어 있으나, 40입1두4승을 잘못 기입한 듯하다.

275) 회계결산 기록에 "..... 李○○家 本租 拾貳斗을 白米 換算하며 白米로 五斗九升을 換保中 ....."로 기재되어 있다.

276) 회계결산 기록에 "..... 學生 兒童 六十七名에 對하여 一人當(小斗) 一斗式 分播則 良租 二斗이 不足中 九升을 白米에 控除하니 ....."로 기재되어 있다.

강신일	錢/租	수입		지출		실재조(實在租)/실재전(實在錢)
		내역	수량	내역	수량	
1980년 (경신)[277]	租	본조	16석4두5승	講信	田畓稅에서 충당	16석4두5승
		이자(二利) 포함	0[278]			
		田畓稅	강신비용 충당[279]			
		合	16석4두5승			
	白米	白米	5두			5두
1981년 (신유) 12월 27일	租	본조	16석4두5승	講信	田畓稅에서 충당	16석4두5승
		이자(二利)	3석5두2승			
		合	19석9두7승			
		田畓稅	강신비용 충당			
	白米	白米	5두	白米 販賣代金 (2만5천5백원)	5두	0
	錢	본조 이자(3석5두2승) 代金	13만4백원	稧員 學生 (71명) 分配 (1인당 1두 代金 2천원)	14만2천원	2천5백원
		白米(5두) 代金	2만5천5백원	移轉費用[280]	1만1천4백원	
		合	15만5천9백원			

---

277) 회계결산 기록에 강신 날짜가 기재되어 있지 않다.

278) 회계결산 기록에 따르면, 그해 대흉작으로 본조 16석4두5승에 대한 연이자를 걷지 않기로 결의하였다.

279) 회계결산 기록에 따르면, 1980년 강신비용은 전답세 수입으로 충당하기로 결의하였다. 과거 회계결산 자료를 통해 추측컨대, 전답세는 10두이었던 것으로 추정된다.

280) 회계결산 기록에 '이전비용'이 구체적으로 무엇인지는 기재되어 있지 않다.

강신일	錢/租	수입		지출		실재조(實在租)/실재전(實在錢)
		내역	수량	내역	수량	
1982년 (임술)[281]	租	본조[282]		講信	耕作料에서 충당	(기재되지 않음)
		본조 이자 停止[283]	0			
		耕作料[284]	강신비용 충당			
	錢	保留金[285]	2천5백원			2천5백원
1983년 (계해)[286]	租	田畓稅	강신비용 충당	講信	田畓稅에서 충당	0
		朴○○ 비계원 正租[287]	10두	正租 販賣代金 (2만7천2백 3십원)	10두	
	錢	保管金	2천5백원			2만9천7백3십원
		正租(10두)代金	2만7천2백3십원			
		合	2만9천7백3십원			
1984년 (갑자)[288]	租	田稅[289]	有司 報酬料	有司 報酬料	田稅에서 충당	0
		畓稅(一般米)	64kg	楔員 歲饌條	畓稅(一般米)에서 충당	
	錢	移越金	2만9천 7백3십원			2만9천7백3십원

281) 회계결산 기록에 강신 날짜가 기재되어 있지 않다.

282) 회계결산 기록에서 본조 이자를 부과하지 않기로 결의한 내용은 기재되어 있으나, 본조의 규모에 대한 언급은 전혀 없다.

283) 회계결산 기록에 따르면, 본조 연이자를 받지 않기로 총회에서 결의하였다. 하지만 본조의 규모나 향방에 대해서는 기재되어 있지 않다.

284) 경작료는 전답세(田畓稅)를 말한다.

285) 보류금(保留金)은 보관금(保管金), 이월금(移越金)으로도 불린다.

286) 회계결산 기록에 강신 날짜가 기재되어 있지 않다.

287) 회계결산 기록에 따르면, 비계원 朴○○이 흥학계로부터 빌린 정조(正租) 12두에 대해 2두는 흥학계에서 탕감해주고 나머지 10두의 대금으로 2만7천2백3십원을 수령하였다.

288) 회계결산 기록에 강신 날짜가 기재되어 있지 않다.

289) 회계결산 기록에 전세(田稅)의 규모는 기재되어 있지 않다.

강신일	錢/租	수입		지출		실재조(實在租)/실재전(實在錢)
		내역	수량	내역	수량	
1985년 (을축)[290]	租	田稅	강신비용 충당	講信	田稅에서 충당	0
		畓稅(一般米)	64kg	畓稅 販賣代金 (5만4천4백원)	一般米 (64kg)	
	錢	移越金	2만9천7백3십원	歲饌條 (25戶, 戶當 豚肉 1.5斤)[291]	7만5천원	1만5천76원
		이월금 이자 (二利)	5천9백4십원			
		畓稅 대금 (一般米 64kg)	5만4천4백원			
		合	9만76원			
1986년 (병인) 12월 30일	租	田稅	강신비용 충당	講信	田稅에서 충당	0
		白米 畓稅 (一般米)	64kg	畓稅 販賣代金 (5만2천원)	一般米 (64kg)	
	錢	移越金	1만5천76원	歲饌條 (26戶, 戶當 豚肉 1.5斤대로 2천 7백원 지출)	7만2백원	1백1십원 (不足)
		이월금 이자	3천15원			
		畓稅 대금 (一般米 64kg)	5만2천원			
		合	7만90원			

---

290) 회계결산 기록에 강신 날짜가 기재되어 있지 않다.

291) 회계결산 기록에 따르면, 작년도 강신회에서 금년도 세찬대는 계원들에게 돼지고기를 지급하기로 결의하였다. 가구당 돼지고기 1.5근을 계원 25가구에 세찬대를 지급하면, 돼지고기는 총 37.5근이다. 근당 가격이 2천원으로 계산하면, 총 세찬대 비용은 7만5천원이다.

강신일	錢/租	수입		지출		실재조 (實在租)/ 실재전 (實在錢)
		내역	수량	내역	수량	
1987년 (정묘) 12월 30일	租	田稅	강신비용 충당	講信	田稅에서 충당	0
		畓定稅 白米 (一般米)	8두	畓定稅 販賣代金 (5만 8천4백원)	8두	
	錢	畓定稅 대금 (白米 8두)	5만8천4백원	歲饌條 (26戶, 戶當 豚肉 1.5斤) (1근당 1천4백원)	5만4천6백원	3천6백 9십원
				過年度 不足分	1백1십원	
1988년 (무진) 12월 26일	租	畓稅 白米 (一般米)	8두 (64kg)	畓稅 販賣代金 (6만6천4백원)	8두	0
	錢	移越金	3천6백9십원	歲饌條 (25戶, 戶當 2천8백원)	7만원	9십원
		畓稅 대금 (白米 8두)	6만6천4백원			
		合	7만9십원			
1989년 (기사) 12월 29일	租	畓稅 (白米)	64kg	畓稅 販賣代金 (6만5천6백원)	64kg	0
	錢	移越金	9십원	작년 세찬 누락분(1戶)	2천8백원	2천3백 9십원
		畓稅 대금 (白米 64kg)	6만5천6백원	歲饌條 (26戶, 戶當 5천4백원)	14만4백원	
		귀목 賣渡代金[292]	8만원			
		合	14만5천6백9십원			

---

292) '귀목賣渡代金'이 구체적으로 무엇인지 알 수 없다.

강신일	錢/租	수입		지출		실재조(實在租)/실재전(實在錢)
		내역	수량	내역	수량	
1990년 (경오)[293]	租	畓稅 (白米)	64kg	畓稅 販賣代金 (7만3천6백원)	64kg	0
	錢	移越金	2천3백9십원	歲饌條 (26戶, 戶當 2천9백원)	7만5천4백원	5백9십원
		畓稅 대금 (白米 64kg)	7만3천6백원			
		合	7만5천9백9십원			
1992년 (임신) 1월 27일[294]	租	定畓稅 (白米)	64kg	定畓稅 販賣代金 (7만4천원)	64kg	0
	錢	留置金	5백9십원	歲饌條 (25戶, 戶當 3천원)	7만5천원	0
		定畓稅 대금 (白米 64kg)	7만4천원			
		合	7만4천9백9십원			

*출처: 「흥학계안(興學稧案)」(1929년~1996년)을 토대로 작성.

---

293) 회계결산 기록에 강신 날짜가 기재되어 있지 않다.

294) 1991년(신미) 흥학계 강신회가 개최된 날짜이다.

〈부록 표 5-5〉흥학계 유사 명단 (1929년~1996년)

연도	유사	비고
1929년(기사)	李鳳煥	
1930년(경오)	李鳳煥	
1931년(신미)	李鳳煥	
1932년(임신)	李鳳煥	
1933년(계유)	李根翊	
1934년(갑술)	李根翊	(추정) 유사명이 기재되지 않음.
1935년(을해)	李根翊	(추정) 유사명이 기재되지 않음.
1936년(병자)	韓季鳳	
1937년(정축)	李漢燁	
1938년(무인)	權春奉	
1939년(기묘)	金萬東	
1940년(경진)	李根生	
1941년(신사)	李逢春	
1942년(임오)	李春根	
1943년(계미)	金東俊	
1944년(갑신)	金炅甲	
1945년(을유)	河東九	
1946년(병술)	李東煥	
1947년(정해)	李交童	
1948년(무자)	河東九	
1949년(기축)	河在德	
1950년(경인)	河在德	
1951년(신묘)	河在德	(추정) 유사명이 기재되지 않음.
1952년(임진)	李交童	
1953년(계사)	李交童	
1954년(갑오)	李交童	
1955년(을미)	李交童	
1956년(병신)	李交童	

연도	유사	비고
1957년(정유)	李交童	(추정) 유사명이 기재되지 않음.
1958년(무술)	李交童	
1959년(기해)	李交童	
1960년(경자)	李正哲	
1961년(신축)	李正哲	
1962년(임인)	李鳳煥	
1963년(계묘)	李鳳煥	
1964년(갑진)	李交童	
1965년(을사)	權成奉	
1966년(병오)	安聖遠	
1967년(정미)	宋鍾煥	
1968년(무신)	李明善	
1969년(기유)	李交童	
1970년(경술)	宋鍾煥	
1971년(신해)	安導遠	
1972년(임자)	金會柱	
1973년(계축)	李俊寧	
1974년(갑인)	河正基	
1975년(을묘)	金洙童	
1976년(병진)	金鳳烈	
1977년(정사)	權基化	
1978년(무오)	權成奉	
1979년(기미)	宋鍾煥	
1980년(경신)	宋鍾煥	
1981년(신유)	河在龍	
1982년(임술)	河在龍	
1983년(계해)	河在龍	(추정) 유사명이 기재되지 않음.
1984년(갑자)	河在龍	
1985년(을축)	河在龍	

연도	유사	비고
1986년(병인)	河在龍	
1987년(정묘)	河在龍	
1988년(무진)	河在龍	
1989년(기사)	河在龍	
1990년(경오)	河在龍	
1991년(신미)	河在龍	
1992년(임신)	河在龍	
1993년(계유)	河在龍	
1994년(갑술)	河在龍	(추정) 유사명이 기재되지 않음.
1995년(을해)	河在龍	(추정) 유사명이 기재되지 않음.
1996년(병자)	**李炳烈**	흥학계 해체 관련 임시총회 의장

*출처: 「흥학계안(興學稧案)」(1929년~1996년).

제6장 부록

〈부록 표 6-1〉 중평 경로당 주요 행사 (2015년)

연월일	행사명	행사내용
2015.01.03.	경로당 연시총회	• 시간: 10:00~12:00 • 장소: 중평경로당 • 인원: 30명 • 내용: 2014년 결산총회(사업, 예산)와 2015년 사업 토의 등
2015.01.13.	경로당 및 회관 주위 대청소	• 시간: 13:00~15:00 • 내용: 경노당 및 회관 주위 대청소 및 마을 곳곳 쓰레기 줍기 등 전회원 대청소 참여
2015.01.28.	고추묘 파종 (공동작업)	• 일시: 2015.01.28.~01.29. (2일간) • 내용: 고추묘 파종 예정지 땅고르기 및 상자에 종자 파종 • 공동작업자: 전병선, 이병열, 김회성, 이준영, 김홍군, 권대현, 김회선, 안종윤, 장준철, 권기화, 이정복 등 내외자 22명 참여
2015.02.17.	구정맞이 마을 대청소	• 시간: 10:00~13:00 • 장소: 마을 전체 – 전주민 참석 • 내용: 구정맞이 대청소 (쓰레기 줍기, 회관 및 주위 청소, 재활용품 납품)
2015.02.19	설날 (마을합동세배)	• 시간: 10:00~13:00 • 장소: 마을회관(경로당) • 내용: 전 마을주민 회관에 모여 마을어른께 합동세배 후 떡국 나눔 및 대화 그리고 흥겨운 민속놀이(과녁맞추기대회, 윷놀이, 좌도농악공연) • 특기사항: 노인회 먹거리 준비 및 출향민 물품 다수 기증 등 ※ 노인 중심 세배받기 및 다같이 모여 덕담으로 하루종일 흥겹게 지냄
2015.03.05.	정월대보름놀이	• 일시: 2015.03.05. (전야제 03.04. 19:00~21:00) • 장소: 마을회관 및 마을 주위 • 내용: 전야제놀이(당산굿, 샘굿, 다리굿, 회관굿), 달집태우기 (03.05. 19:00), 찰밥먹기 "온마을 주민이 다함께 정월대보름놀이로 중평굿 시연과 올해의 안녕을 비는 행사를 실시하였음"
2015.03.06. ~ 03.10. (5 일간)	고추묘 이식재배	• 일시: 2015.03.06.~03.10. (5일간) • 장소: 각 가정 비닐하우스 • 내용: 중평노인회 주관으로 순번을 정하여 고추묘를 이식 (11농가, 약 4,000본)
2015.04.05.	중평경로당 봄여행	• 시간: 07:00~19:00 • 장소: 충남 태안군 신지도 (옹도등대) • 내용: 마을주민여행 (28명)

연월일	행사명	행사내용
2015.04.19.	경로잔치	• 시간: 04.19. 11:00~15:00 • 장소: 마을 산촌 마을회관 • 내용: 재경향우회 서경석 회장이 본 경로당 회원에게 경로잔치와 화합 한마당 잔치. 마을발전기금 기부 100만원과 회원에게는 슈퍼타이 1봉씩 증정(5kg)
2015.06.13.	마을입구 풀베기 작업	• 시간: 06:00~08:00 (참여인원: 19명) • 장소: 마을입구 도로 • 내용: 전 경로회원 마을입구 풀베기 및 청소작업
2015.07.28.	모정 대청소	• 시간: 13:00~17:00 • 장소: 모정 (2곳) • 참여인원: 23명(남 9명, 여 14명) • 내용: 舊모정 및 주위 청소(쓸기, 닦기), 新모정 쓸고 닦기, 회식
2015.08.08.	모정 전기가설	• 내용: 새로운 모정에 전기설치가 안 돼 선풍기 등을 쓸 수 없어 전기가설을 실시하였음 • 설치자: 본마을 출신 박춘규씨 봉사
2015.08.12.	마을입구 풀베기작업	• 시간: 05:30~08:00 • 장소: 마을입구 • 내용: 마을입구 풀베기작업 (참여인원: 14명)
2015.08.12.	마을 술멕이 잔치	• 시간: 10:00~19:00 • 장소: 마을 모정 및 회관 • 내용: 말복을 맞이하여 마을잔치 (노인정에서는 돼지고기와 김치 증정 20만원 상당) • 마을잔치를 축하해주신 분: 이정열, 장금철, 이임옥, 성수면장, 성수농협장, 김규형 등 다수 ※농악놀이와 윷놀이로 하루 종일 즐겁게
2015.09.20.	마을입구 도로 풀베기 작업 및 모정, 회관 청소	• 시간: 06:00~09:00 • 장소: 마을입구 도로 및 모정, 회관 • 내용: 추석맞이 입구도로 풀베기, 회관, 모정 대청소
2015.10.30.	신바람건강체조 경연대회 참가	• 시간: 07:00~17:00 • 장소: 홍삼축제 건강체조 경연장 • 인원: 16명(남 3명, 여 13명) • 내용: 신바람건강체조교실 경연대회 참가 (홍삼축제장에서 걷기운동도 함께 참석) ※우리 마을이 움직이는 체조경연으로 많은 박수갈채를 받음

연월일	행사명	행사내용

2015.12.01.	경로당 사랑나눔방 개소식	• 시간: 12:00
		• 장소: 마을경로당
		• 내용: 사랑나눔방 개소식
		※전주민이 경로당에 모여 개소식
		 −참석하신 분: 성수면 노인회장, 면복지담당 외 3명
		 −기타: 오지영씨가 떡·음료수·귤 등, 면사무소에서 소주
		  1 Box, 노인회장 소주 1 Box, 거석건설 이석만 사장
		  30만원 기부 등

2015.12.22.	동지팥죽행사	• 시간: 12:00 • 장소: 경로당(회관) • 내용: 동지팥죽 만들어 나눔 행사, 두부제조 나누어 먹기 (노인정 관련 인사 초청 오찬)
2016.01.08.	2015년 경로당 결산보고	• 시간: 오전[295] • 장소: 경로당(회관) • 내용: 2016년 결산보고 (개회선언, 회장인사, 감사보고 김회성, 결산내용보고 총무 권대현) ※결산보고 후 홍어탕으로 오찬. 면사무소담당과 파출소 서상곤 소장 등이 참석하였음

*출처: 중평노인회. 「노인회운영대장」(2015년~2016년).

---

295) 시간은 명시되어 있지 않다.

〈부록 표 6–2〉 중평 경로당 주요 행사 (2016년)

연월일	행사명	행사내용
2016.01.09.	중평 경로당 부회장 생일잔치	• 시간: 17:00~21:00 • 장소: 경로당 • 내용: 이준영씨의 생일을 맞이하여 보건소에 근무하는 이임옥씨가 광어회 파티를 열어줌 ※파티 후에는 마술사를 초청하여 마술과 노래와 춤 그리고 가면놀이로 즐겁게 잔치를 마련하였음
2016.01.11.	경로당 좌담회	• 시간: 14:00 ~ • 장소: 경로당 • 내용: 면장, 부면장, 산업담당 등이 참석하여 군정에 대한 설명과 주민과의 대화를 그리고 과일 파티를!
2016.01.21.	청자가마터 주민과의 대화	• 시간: 16:00~18:00 • 장소: 경로당 • 내용: 청자가마터 발굴작업에 대한 주민과의 대화 • 참석자: 군수, 문화체육과장, 면장 등 60여명 ※ 노인회장 이병열(의) 노인회관 리모델링에 대한 설명 및 군수에게 고맙다는 인사와 군수는 못다 이룬 공사관계 신속하게 처리하겠다는 말씀 (설명 후 노인회에서 준비한 다과회)
2016.02.01.	설맞이 플랭카드 게첨[296]	"전라좌도 중평굿 중평청자가마터 역사가 있는 곳 환영합니다 설맞이 여러분의 고향 방문을 중평경로당 노인회원 일동"

2016.02.08.	마을합동세배	• 시간: 10:00~15:00
		• 장소: 중평경로당
		• 주관: 중평경로당 노인회
		• 내용: 전주민이 함께 한자리에 모여 합동세배
		  – 노인회에서 마련한 떡국잔치
		  – 민속놀이
		  – 전라좌도 중평굿 경연
		• 협조내용: 이승호, 장금철, 장인철, 김회삼, 전태국, 안종용, 안종승 등 금일봉씨 협조하였음

2016. 02.14.~15. (2일간)	중평 정월대보름 전통행사	• 일시: 2016.02.14. 15:00 ~ 02.15. 23:00
		• 장소: 경로당 및 마을 일원
		• 참여인원: 80여명
		• 내용: 달집만들기 – 마을앞
		  당산굿치기 – 뒷동산 당산 및 마을다리굿
		  보름찰밥먹기 – 참여 전인원
		  달집태우기 – 진안 좌도농악 회원들 참여로 농악 시연
		※ 노인회장 – 마을안녕 소지 태우며 주문도 하고
		  외부인사 참여 – 농악전수회원들 40여명 참여

---

296) '게첨(揭添)'은 내어 걸어 붙인다는 뜻의 '게첩(揭帖)'을 의미하는 것으로 보인다.

연월일	행사명	행사내용
2016.02.23.	생일잔치	• 시간: 17:00~20:00 • 장소: 경로당회관 • 내용: 전병선 팔순, 김홍군 칠순 생일잔치로 두 분이 횟감을 가져와 전경로회원과 함께 잔치
216.04.01.	마을일원 대청소	• 모정철거작업장 잔해물 정리 (나무는 두부공장으로 이동) • 빈병 수거 및 농협에 납품 • 회관 대청소 등
2016.04.18.	노인회 봄나들이	• 시간: 08:00~20:00 • 장소: 여수방면 (이순신대교, 돌산향일암, 여수해상케이불카, 순천정원박람회장) • 내용: 경로당 봄나들이 27명 참석 (군수, 면장 등 아침에 인사)
2016.04.19.	노인회 여행 결산	• 2016.04.18. 노인회 여행 결산서 작성 • 노인회장, 이장, 전직회장 등에게 결재
2016.05.08.	어버이날 행사	• 시간: 12:00 ~ • 장소: 마을회관 • 내용: 간단한 주류와 삼겹살, 점심은 국수로
2016.05.10.	중풍, 당뇨 예방 교육	• 시간: 14:00 ~ • 장소: 마을경로당 • 내용: 중풍, 고혈압, 당뇨, 결핵 예방교육 (진안군보건소) ※고혈압 및 당뇨혈당체크
2016.06.20.	노인회 회의	• 시간: 14:00 • 장소: 마을모정 • 내용: 통일과 나눔 서명운동 및 모금운동 (28,000원 모금)
2016.07.02.	경로당 리모델링 작업 시작	• 장소: 마을경로당 • 내용: 창문, 안창문, 장판, 세척실, 창고 등 전반에 대한 리모델링 작업
2016.08.06.	여름철 마을입구 풀베기작업	• 작업자: 진안 현대샤워 허범석 사장 • 내용: 마을입구도로 1km 제초작업 • 전경로회원 참여 제초작업 및 도로정리작업 그리고 쓰레기줍기 등
2016.08.10.	마을경로잔치	• 시간: 10:00~19:00 • 장소: 마을모정 • 내용: 마을경로잔치 - 전주민 참여 ※읍면장, 농협장, 파출소장 등 관내기관장 참석, 마을출향민 참석 ※냉장고, 밥상 등 새롭게 구입

연월일	행사명	행사내용
2016.09.12.	마을 및 마을입구 대청소	• 시간: 06:00~08:00 • 장소: 마을회관, 마을안길, 마을입구도로 • 내용: 추석맞이 대청소 – 전회원 참가 • 인원: 31명
2016.10.06.	진안군 노인의날 행사 참석	• 내용: 진안군노인회 기념행사 참석 • 인원: 3명(회장, 사무장, 직전회장 등)
2016.10.07.	전라북도 노인의날 행사 참석	• 내용: 전라북도 노인의날 행사 참석. 중평경로당 – 모범 경로당으로 선정, 상패 수상 • 인원: 8명(회장, 이장, 사무장, 부녀회장, 회원 등)
2016.11.08.	중평노인회 선진지 견학	• 장소: 진안역사박물관, 부안진서청자박물관²⁹⁷⁾ • 내용: 중평 청자가마터 발전을 위한 사전 선진지 견학 • 인원: 24명
2016.12.29.	중평경로당 결산총회	• 시간: 11:00 • 장소: 중평경로당 • 내용: 2016년 운영 총 결산총회, 마을대동회도 병행 실시, 겨울위안잔치행사 • 인원: 23명

*출처: 중평노인회. 「노인회운영대장」(2015년~2016년).

---

297) 부안군 보안면 유천리에 위치한 부안청자박물관을 말한다. 현재까지 파악하기로, 부안군 관내 유천리에는 37개소, 진서리에는 40개소의 청자 요지가 분포해 있다(부안청자박물관 홈페이지, 2020/06/10 자료 접근).

〈부록 표 6-3〉 중평 경로당 주요 행사 (2018년)

연월일	행사명	행사내용
2018.01.01.	마을경로당 총회	• 시간: 11:00 • 장소: 마을경로당 • 내용: 연말 결산 및 신년도 임원 구성 등
2018.02.07.	마을경로당 생일잔치	• 시간: 11:00 • 내용: 성옥순(마을 최(고)연장자) 생일잔치 ※이재호님 생일잔치 비용으로 20만원 증

2018.02.16.	경로당 합동세배	• 시간: 11:00 ~
		• 내용: 합동세배 및 떡국잔치
		   – 전주민이 경로당에 모여 노인들에게 세배하고
		   – 경로당에서는 떡국 등 음식을 푸짐하게 장만, 한자리에서 즐겁게
		   – 농악놀이 등 함께 어우러져 명절을 즐김

2018.03.02.	정월대보름 행사	• 시간: 11:00 ~ 23:00 • 내용: 정월대보름 행사(찰밥먹기, 달집만들기 및 태우기, 대보름농악놀이) • 참가인원: 60여명정도 (부락민 및 외부인사 등)
2018.03.03. ~03.06.	금년도 고추농사 묘판 이식 공동작업	• 기간: 2018.03.03. ~ 03.06. (4일간) • 내용: 묘판에서 이식 공동작업 • 작업농: 김회선, 장준철, 김홍군, 김회성, 전병선, 이병열, 김순자, 권기화 • 특이사항: 공동작업으로 작업능률 향상
2018.04.10.	봄나들이 행사	• 장소: 남해안 꽃구경 (삼천포, 남해군, 남해대교, 하동 화개장터, 쌍계사 벚꽃길) • 인원: 28명 • 내용: 중평경로당 봄나들이 단합행사 • 경비: 구정 합동세배 세배돈 및 마을민공동기금 등
2018.06.19.	마을입구 및 모정, 경로당 대청소	• 시간: 05:00 ~ 07:50 • 인원: 전경로당 회원 • 내용: 마을입구 풀베기, 모정, 경로당 대청소 및 제초제 살포, 모정 소나무 전정 등
2018.07.05.	여름철 단합행사	• 시간: 13:00 ~ 20:00 • 장소: 경로당 및 모정 • 내용: 노인회원 여름보양식 시식 – 닭 20마리로 백숙 및 닭죽으로 노인회원 보양식 보충

연월일	행사명	행사내용
2018.08.14.	전라북도 한궁대회 참가	• 시간: 08:00 ~ 17:00 • 장소: 전주시 덕진구 서신동 노인복지회관 • 내용: 전라북도 노인회 한궁대회 　※우리 마을경로당에서 8명이 참가, 남자부 3위 입상
2018.08.16.	여름철 마을경로 행사	• 시간: 09:00 ~ 20:00 • 장소: 마을모정 및 경로당 • 참가인원: 전마을주민 및 노인회 회원 • 내용: 여름철 노인경로행사, 말복을 맞이하여 함께 어우러진 경로행사를 진행
2018.12.01.	겨울철 경로당 운영	• 장소: 경로당 • 인원: 전회원 • 내용: 겨울철 경로당 운영

*출처: 중평노인회. 「노인회운영대장」(2018년).

1. 1차 사료

「동계·송계수계기(洞稧松稧修稧記)」(1888년~1980년). (진안역사박물관 소장).

「장학계원명부(獎學稧員名簿)」(1916년~1927년). (진안역사박물관 소장).

「흥학계안(興學稧案)」(1929년~1996년). (진안역사박물관 소장).

「조본조합계(租本組合稧)」(1937년). (진안역사박물관 소장).

「현재가옥관리부(現在家屋管理簿)」(1964년). (진안역사박물관 소장).

「현재가옥관리부(現在家屋管理簿)」(1978년). (진안역사박물관 소장).

「산림계정관(山林稧定款)」(1960년대 추정). (진안역사박물관 소장).

「중촌송림계수계기(中村松林稧修稧記)」(1981년~1990년). (진안역사박물관 소장).

「동적부(洞籍簿)」(1990년~2017년). (중평 마을회관 소장).

「노인회운영대장(老人會運營臺帳)」(2015년~2016년). (중평 마을회관 소장).

「노인회운영대장(老人會運營臺帳)」(2018년). (중평 마을회관 소장).

2. 단행본

박재철·이상훈. (2014). 「진안의 마을숲」. 진안문화원.

배수호. (2019). 「한국적 지역공동체 사례연구: 복내이리송계(福內二里松契)」. 경기도 파주: 태학사.

배수호·이명석. (2018). 「산림공유자원관리로서 금송계 연구: 公有와 私有를 넘어서 共有의 지혜로」. 서울: 집문당.

이상훈. (1998). 「鎭安의 마을신앙」. 진안문화원.

이승철. (2015). 「전라좌도 진안 중평굿」. 진안중평굿보존회.

이해준. (2015). 「고을과 마을의 문화이야기: 지역문화와 생활문화」. 석학人文 강좌28. 서울: 세창출판사.

일연 지음. 김원중 옮김. (2002). 「삼국유사」. 서울: 을유문화사.

정순우. (2013). 「서당의 사회사: 서당으로 읽는 조선 교육의 흐름」. 경기도 파

주: 태학사.

진안군 · 진안문화원. (2016). 「진안군 향토문화백과사전」.

진안군마을축제조직위원회. (2018). 「진안군마을축제 10년의 이야기」.

최규영 편. (2010). 「진안군 마을지」. 진안문화원.

황익주. (2016). 서론: 왜 한국 도시에서의 지역공동체 형성에 주목하는가(제1장). 황익주 · 정규호 · 신명호 · 신중진 · 양영균. 「한국의 도시지역공동체는 어떻게 형성되는가: 현실 · 운동 · 과제」. 서울대학교출판문화원. 3-60.

Mattessich, P., & Monsey, B. (1997). *Community Building: What Makers It Work*. Saint Paul, MN: Publishing Center, Amherst H. Wilder Foundation.

Wilkinson, K. P. (1991). *The Community in Rural America*. New York, NY: Greenwood Press.

3. 논문

강성복. (2001). 「금산의 송계」. 금산문화원.

김미영. (1999). 계문화의 전통이 변하고 있다. 「실천민속학 새책」, 1: 85-99.

김성순. (2016). 한국인의 '공동체 지향성'과 결사結社: 향도 · 동계 · 협동조합. 「한국학논집」, 64: 39-68.

김재형. (2007). 「공유자원의 자율관리에 관한 연구: 영광 · 무안 어촌계의 제도론적 분석을 중심으로」. 조선대학교 박사학위논문.

김태영. (2006). 인터넷 가상공동체와 사회적 자본. 「한국행정논집」, 18(4): 959-980.

김학실. (2014). 지역공동체 위기에 대응한 공동체 주도발전전략(Community-Driven Development)에 관한 연구. 「한국위기관리논집」, 10(5): 179-201.

박병춘. (2012). 지역발전과 지역공동체: 지역공동체 활성화를 위한 모형 및 기본 정책 방향을 중심으로. 「지역사회연구」, 20(2): 1-26.

이선미. (2008). 근대사회이론에서 공동체 의미에 대한 비판적 연구. 「한국사회학」, 42(5):101-139.

이용기. (2017). 19세기 동계의 마을자치조직으로 전환에 관한 시론. 「사학연구」, 128: 309-358.

이은철 · 최문선. 2015). 국내의 실천공동체(Communities of Practice) 연구 동향 분석 및 성공 요인 분석. 「한국콘텐츠학회 논문지」, 15(3): 438-447.

이재열. (2006). 지역사회 공동체와 사회적 자본. 「지역사회학」, 8(1): 33-67.

이주형. (2007). 「鎭安郡 中坪마을 契조직에 관한 一檢討: 朝鮮末期부터 日帝强占期까지의 자료를 중심으로」. 전주대학교 석사학위논문.

이주형. (2010). 진안군 중평마을 계조직에 관한 일검토: 19세기 말~20세기 초 자료를 중심으로. 「전북사학」, 36: 115-131.

이해준. (2005). 한국의 마을문화와 자치·자율의 전통. 「한국학논집」, 32: 213-234.

채웅석. (2002). 여말선초 향촌사회의 변화와 매향(埋香)활동. 「역사학보」, 173: 95-125.

Hillery Jr., G. A. (1955). Definitions of Community: Areas of Agreement. *Rural Sociology,* 20(2): 111-123.

McMillan, D. W., & Chavis, D. M. (1986). Sense of Community: A Definition and Theory. *Journal of Community Psychology,* 14(1): 6-23.

4. 정책 보고서, 신문 기사 및 기타 자료

경향신문. (2020/01/16). 440년 마을 단체 세배 전통, '도배식' 강릉 30여개 마을서 열린다. (http://news.khan.co.kr/kh_news/khan_art_view.html?art_id=201701161228001#csidx2b4d42747151cedb74ecffafb78c240) (2020/07/14 자료 접근).

길림신문. (2011/12/26). 장백현 조선족향도계 장례를 문명하게 치른다. (http://www.jlcxwb.com.cn/society/content/2011-12/26/content_76258.htm) (2019/11/30 자료 접근).

김선태. 진안중평농악(鎭安中坪農樂). 한국민속대백과사전. (https://folkency.nfm.go.kr/kr/topic/detail/6539) (2020/07/10 자료 접근).

김우창 교수 강연. (2020/01/11). 「삶의 공간 – 공동체/마을, 고향, 민족, 국가, 세계, 우주」. 열린연단: 문화의 안과 밖 〈삶의 지혜 40강〉. (https://openlectures.naver.com/contents?contentsId=143493&rid=2951) (2020/07/20 자료 접근).

김종철. (1995). 보통교육(普通教育). 한국민족문화대백과사전. (https://encykorea.aks.ac.kr/Contents/Item/E0023579) (2020/06/02 자료 접근).

네이버 국어사전. 강미(講米). (https://ko.dict.naver.com/#/entry/koko/0d8d52e188ad41fb926b77b6e916c671) (2020/06/03 자료 접근).

네이버 국어사전. 마골(麻骨). (https://ko.dict.naver.com/#/entry/koko/25fc812c50224250a60fd1e864ab5eb8) (2020/05/20 자료 접근).

네이버 국어사전. 봉상(捧上). (https://ko.dict.naver.com/#/entry/koko/c90830abcc1a466cbbbef9cff8cf267d) (2022/03/04 자료 접근).

네이버국어사전. 봉초(封草). (https://ko.dict.naver.com/#/entry/koko/98d233a8dc0c46afa79ca1ee5c414581) (2020/01/30 자료 접근).

네이버 국어사전. 초석(草席). (https://ko.dict.naver.com/#/entry/koko/6cfc213e33834cd8a852edf6037d3080) (2020/05/20 자료 접근).

네이버 국어사전. 흠축(欠縮). (https://ko.dict.naver.com/#/entry/koko/ef356fd1a22c4b17b254f8026f06eed3) (2019/12/25 자료 접근).

디지털삼척문화대전. 삼굿구이. (http://samcheok.grandculture.net/samcheok/toc/GC06701061) (2021/12/08 자료 접근).

디지털조선일보. (2019/04/11). 고기 600g, 채소 400g⋯1근의 무게가 다른 이유는? (http://digitalchosun.dizzo.com/site/data/html_dir/2016/03/18/2016031811667.html?rel) (2020/05/20 자료 접근).

디지털진안문화대전. 데미샘. (http://jinan.grandculture.net/Contents/Index?local=jinan&dataType=01&contents_id=GC05800163) (2020/07/17 자료 접근).

디지털진안문화대전. 외궁리 점촌 도요지. (http://jinan.grandculture.net/Contents?local=jinan&dataType=0403&contents_id=GC058P028040) (2020/07/17 자료 접근).

매일건설신문. (2013/08/14). 진안 중평마을 '모두의 쉼터 생겼어요'. (http://m.mcnews.kr/a.html?uid=36044) (2020/04/06 자료 접근).

머니투데이. (2022/03/03). 1인당 국민소득 3.5만불 넘었다⋯인구 5천만 이상 중 6위. (https://news.mt.co.kr/mtview.php?no=2022030310453250637) (2022/04/19 자료 접근).

문화재청. (2017/08/10). 진안 도통리 청자요지에서 호남 최대 규모 '초기 청자' 가마 발견. (https://www.cha.go.kr/newsBbz/selectNewsBbzView.do;jsessionid=8M1VjnBg4ahoB2z9hyOyPWY0batno2RFDxfsgf3QeQFehq6Q0zYJ5iQKwtKitM45.new-was_servlet_engine1?newsItemId=155700379&sectionId=b_sec_1&pageIndex=58&mn=NS_01_02&strWhere=&strValue=&sdate=&edate=) (2020/07/16 자료 접근).

문화재청 국가문화유산포털. 전라북도 기념물 제134호 진안 도통리 중평 청자요지 (鎭安 道通里 中坪 青瓷窯址). (http://heritage.go.kr/heri/cul/culSelectDetail.do?s_kdcd=&s_ctcd=35&ccbaKdcd=23&ccbaAsno=01340000&ccbaCtcd=35&ccbaCpno=2333501340000&ccbaLcto=32&culPageNo=3&header=region&pageNo=1_1_2_0&returnUrl=%2Fh

eri%2Fcul%2FculSelectRegionList.do&assetnamel) (2020/07/16 자료 접근).

민속백과사전. 지월(至月). (http://folkency.nfm.go.kr/kr/topic/detail/4935) (2020/05/25 자료 접근).

부안청자박물관 홈페이지. 부안청자. (https://www.buan.go.kr/buancela/index. buan?menuCd=DOM_000001202001001000&&cpath=%2Fbuancela) (2020/06/10 자료 접근).

브레이크뉴스. (2015/08/07). 술멕이굿, 진안 중평굿 한마당: 진안전통문화 전수관서 8일 오전 10시~. (http://www.breaknews.com/386234) (2019/01/17 자료 접근).

서길수. (1995). 이자(利子). 한국민족문화대백과사전. (http://encykorea.aks. ac.kr/Contents/SearchNavi?keyword=%EC%9D%B4%EC%9E%90&ridx= 2&tot=41) (2019/08/20 자료 접근).

서울신문. (2019/09/03). '천년의 숨결' 고려시대 진안 도통리 청자가마터 사적 됐다. (https://www.seoul.co.kr/news/newsView. php?id=20190903023003) (2020/07/16 자료 접근).

세계한민족문화대전. 향도계. (http://www.okpedia.kr/Contents/ ContentsView?localCode=krcn&contentsId=GC05308497) (2019/11/30 자료 접근).

오마이뉴스. (2020/01/25). 설 맞이 '합동도배식' 경로당 중심 행해져. (http://www.ohmynews.com/NWS_Web/View/at_pg.aspx?CNTN_ CD=A0002606627&utm_source=dable) (2020/01/28 자료 접근).

오마이뉴스. (2020/01/28). 훈훈함이 넘치는 서귀포시 한남리 합동세배. (http://www.ohmynews.com/NWS_Web/View/at_pg.aspx?CNTN_ CD=A0002606902) (2020/01/28 자료 접근).

오마이뉴스. (2005/08/12). 일제 수탈의 상징 '가마니', 알고 쓰시나요? (http://www.ohmynews.com/NWS_Web/View/at_pg.aspx?CNTN_ CD=A0000273930) (2022/02/13 자료 접근).

우리역사넷. 공노비의 해방. (http://contents.history.go.kr/front/hm/view. do?treeId=010603&tabId=03&levelId=hm_107_0090) (2020/03/28 자료 접근).

위키백과. 학습공동체. (https://ko.wikipedia.org/wiki/%ED%95%99%EC%8A %B5_%EA%B3%B5%EB%8F%99%EC%B2%B4) (2020/07/21 자료 접근).

이보형. (1995). 벅구. 한국민족문화대백과사전 (http://encykorea.aks.ac.kr/

Contents/Item/E0022503) (2022년/02/28 자료 접근).

이종석. (1995). 요강(尿강). 한국민족문화대백과사전. (http://encykorea.aks. ac.kr/Contents/SearchNavi?keyword=%EC%9A%94%EA%B0%95&ridx=0 &tot=11) (2022/03/18 자료 접근).

임하영. 서당. 우리역사넷. (http://contents.history.go.kr/front) (2020/05/04 자료 접근).

중앙선데이. 평민 지식인 키운 서당이 신분해방의 요람이었다. (https://news. joins.com/article/22720977) (2020/02/12 자료 접근).

진안군청 홈페이지. 마을의 유래. (https://www.jinan.go.kr/town/board/ view.jinan?boardId=BBS_0000080&menuCd=DOM_00000030700 1003000&paging=ok&startPage=1&dataSid=30883) (2020/07/18 자료 접근).

진안문화관광. 등산. (https://tour.jinan.go.kr/sub_1/?p=5&n=1) (2020/07/19 자료 접근).

진안중평굿보존회 홈페이지. 진안중평굿보존회 연혁. (https://jinangut.modoo. at/?link=cyxtoojn) (2021/09/05 자료 접근).

진안중평굿보존회 홈페이지. 좌도굿의 꽃. (https://jinangut.modoo. at/?link=sz9kj5ab) (2020/07/14 자료 접근).

진재영. (2012). 실천공동체(Communities of Practice)의 의미와 도덕교육적 함의. 「한국초등교육」, 23(1): 75-93.

질병관리청. 코로나바이러스감염증-19 현황. (http://ncov.mohw.go.kr/ bdBoardList_Real.do?brdId=1&brdGubun=14&ncvContSeq=&contS eq=&board_id=&gubun=) (2020/04/19 자료 접근).

최인수 · 전대욱. (2014). 「지역공동체 활성화를 위한 선진형 행 · 재정적 지원 체계 연구」, 한국지방행정연구원 기본연구과제 2014: 1-212.

최재율. 모정(茅亭). 한국민족문화대백과사전. (http://encykorea.aks.ac.kr/ Contents/Item/E0018551) (2020/04/06 자료 접근).

한국일보. (2021/12/26). IMF, 한국 경제 규모 세계 10위 유지 전망… 내 년까지 3년 연속. (https://www.hankookilbo.com/News/Read/ A2021122617260004879) (2022/04/19 자료 접근).

한국의 산하. 내동산. (http://www.koreasanha.net/san/naedongsan_jinan. htm) (2020/07/17 자료 접근).

행정안전부 주민등록 인구통계. (http://27.101.213.4/?&cpath=%2Fstats) (2020/07/18 자료 접근).

환경부 금강유역 환경청 홈페이지. 금강의 발원지, 뜬봉샘. (https://www.

me.go.kr/gg/web/board/read.do?pagerOffset=84&maxPageItems=
6&maxIndexPages=10&searchKey=&searchValue=&menuId=2309
&orgCd=&boardId=289461&boardMasterId=234&boardCategory
Id=307&rn=89) (2020/07/18 자료 접근).

환경부 영산강유역환경청. 섬진강. (https://www.me.go.kr/ysg/web/content/
read.do?menuId=4531&contentId=654) (2020/07/18 자료 접근).

진안군 중평(中坪) 마을공동체

초판 1쇄 발행 2022년 10월 31일
초판 2쇄 발행 2023년 12월 29일

지은이 배수호
펴낸이 유지범
펴낸곳 성균관대학교 출판부
등록 1975년 5월 21일 제1975-9호
주소 03063 서울특별시 종로구 성균관로 25-2
대표전화 02)760-1253~4
팩스밀리 02)762-7452
홈페이지 press.skku.edu

© 2022, 대동문화연구원

ISBN 979-11-5550-560-1 94380
978-89-7986-275-1 (세트)

* 잘못된 책은 구입한 곳에서 교환해 드립니다.